CAUSERIES
DU LUNDI

PARIS. — IMPRIMERIE E. CAPIOMONT ET Cⁱᵉ
6, RUE DES POITEVINS, 6

CAUSERIES
DU LUNDI

PAR

C.-A. SAINTE-BEUVE

DE L'ACADÉMIE FRANÇAISE

TROISIÈME ÉDITION

TOME SIXIÈME

PARIS

GARNIER FRÈRES, LIBRAIRES-ÉDITEURS

6, RUE DES SAINTS-PÈRES, 6

CAUSERIES DU LUNDI

Lundi, 5 avril 1852.

LE MARÉCHAL MARMONT
DUC DE RAGUSE.

Parler aujourd'hui du duc de Raguse n'est pas une difficulté. Les passions et les intérêts de parti se sont depuis longtemps déplacés, et laissent à l'impartialité toute carrière. La réprobation qui, pendant de longues années, a pesé sur le nom du maréchal et qui a contristé son cœur, cette opinion de 1814, qui était venue se ranimer et se confirmer si fatalement en 1830, ne s'est conservée à l'état de préjugé populaire que chez ceux qui négligent tout examen : ce qui ne veut pas dire qu'il n'y ait encore quelque chose à faire pour porter une pleine lumière dans bien des esprits. Appelé un peu inopinément à l'honneur de venir ici entretenir nos lecteurs d'un homme de guerre aussi éminent, je dirai par quelle succession d'impressions j'ai passé moi-même à son égard. J'avais été de bonne heure à demi détrompé. Sans trop serrer de près les questions qui se rattachaient aux deux époques critiques de la vie du maréchal, j'avais entendu causer quelques-uns de ses amis, et j'avais été frappé du degré de chaleur et d'affection que tous mettaient à le défendre et à continuer de l'aimer. On le peignait, lui, le plus accusé des guerriers de ce temps, comme l'un des plus vifs précisément sur l'honneur, sur le sentiment de gloire et de patrie, sur le dévouement à la France, brillant, généreux, plein de chaleur et fidèle aux religions de sa jeunesse, enflammé comme à vingt ans, pour tout dire, et *tricolore*. Le petit ouvrage qu'il publia en 1845, intitulé : l'*Esprit des Institutions militaires*, et dont le maréchal Bugeaud disait que *tout* officier en devait avoir un exemplaire dans son porte-manteau, me le montra tel que ses amis me l'avaient fait entrevoir, mais avec une supériorité de vues et de lumières, une netteté d'exposition, une imagination même et une couleur de parole, tout un ensemble de qualités auxquelles bien peu certes auraient atteint parmi les maréchaux de l'Empire. Sa figure commençait à se dessiner pour moi, et je voyais dans le maréchal Marmont un militaire des plus instruits, des plus éclairés, animé du génie de son art, en possédant la philosophie, à la fois plein de flamme et de cœur, et finalement malheureux. Ce malheur, noblement porté durant les vingt et une années d'exil qu'il passa à l'étranger, donnait à sa physionomie une expression à part entre toutes celles de ses compagnons d'armes, dont plusieurs avaient été si durs pour lui. Un intérêt plus direct m'attirait désormais vers son nom et vers sa personne. Mais depuis que j'ai eu à examiner de plus près les récits qui le concernent, et à le suivre lui-même dans les pages qu'il a laissées, il m'a semblé que la méthode pour l'expliquer et le présenter sous le meilleur jour à tous était simple, et qu'il suffisait de raconter et d'exposer.

Je suis soutenu dans ce travail par un secours inappréciable, par une lecture rapide des Mémoires mêmes du maréchal, qu'il a légués à madame la comtesse de Damrémont, et dont, avec une confiance qui m'honore, elle a bien voulu me laisser prendre à l'avance quelques notes et quelques extraits.

Auguste-Frédéric-Louis Viesse de Marmont, qui vient de mourir à Venise le 3 mars 1852, le dernier et le plus jeune d'âge des maréchaux de l'Empire, était né le 20 juillet 1774 à Châtillon-sur-Seine, d'une famille toute militaire. Cette famille de Viesse était originaire des Pays-Bas, et habitait la Bourgogne depuis trois siècles. Les ancêtres du maréchal avaient servi sous le grand Condé, et son trisaïeul avait été placé par le prince dans la charge de prévôt des bailliages du nord de la Bourgogne. Le père de Marmont, capitaine au régiment de Hainaut, avait eu à vingt-huit ans la croix de Saint-Louis « pour avoir gardé, avec cent hommes de bonne volonté, la mine pendant toute la durée du siége de Port-Mahon. Pour remplir cette tâche il fallait être placé sur la mine ennemie, et se dévouer à des chances terribles, et cela pendant plusieurs jours. » Ce digne père, homme très-remarquable, ayant quitté le service à trente-quatre ans, épousa une fille de finances de Paris, très-belle, de plus de sens que d'esprit. Il en eut deux enfants : une fille, morte à douze ans, et un fils dont l'éducation devint son occupation principale. Il avait la passion de la chasse et il y aguerrissait son fils. Dès l'âge de neuf ans, celui-ci était formé par son père aux exercices violents et ne passait pas un seul jour sans chasser. Sa constitution s'y trempa vigoureusement, et ce qui eût été souffrance pour un autre n'était qu'un jeu pour lui. Son père ne négligeait point la portion morale, et il imprimait des préceptes mâles et sains dans cette jeune nature. Un de ses principes était : « Il vaut mieux mériter sans obtenir, qu'obtenir sans mériter; et avec une volonté constante et forte, quand on mérite, on finit toujours par obtenir. »

Le père de Marmont, bien qu'il donnât à son fils une éducation si fortement préparatoire pour la guerre, l'aurait voulu diriger cependant vers une autre carrière, et préférablement dans l'administration. Ce vieux chevalier de Saint-Louis avait, en effet, des idées philosophiques et politiques; il était de son siècle par les idées, sinon par les mœurs. Du milieu de sa vie de campagne, il appartenait au groupe de ceux qu'on appellera bientôt les patriotes de 89, voulant la liberté avant les excès, aimant la monarchie sans la faveur qui la corrompt. Son fils apprit, en quelque sorte, à lire dans le *Compte rendu* de M. Necker, et il retint de son père ce fonds de principes politiques qui, recouvert par tant d'événements et de pensées de tout genre, subsista toujours en lui.

Mais le jeune homme, par un instinct secret vers l'avenir, voulait la guerre et la carrière des armes : « Je me sentais fait pour la guerre, dit-il, pour *ce métier qui se compose de sacrifices.* » L'amour de la gloire avait, en quelque sorte, passé *dans son essence*, et au moment où il retrace ces souvenirs (1829), il ajoute : « J'en ressens encore la chaleur et la puissance à cinquante-cinq ans, comme au premier jour. »

A soixante-quinze ans, il les ressentait de même. Ayant lu, en mars 1849, le VIIIe volume de l'Histoire de M. Thiers, l'ayant lu tout entier en quatre jours avec la plus grande attention, il écrivait de Hambourg, sous l'impression vive qu'il en avait reçue :

« Toutes les fibres de ma mémoire et de mes anciennes sensations se sont réveillées. Je me suis cru reporté à quarante ans en arrière. Le plaisir que j'en ai éprouvé, je ne puis vous l'exprimer, mais je puis vous peindre la douleur et l'affliction que j'ai ressentie en me reportant au temps présent, et *voyant disparaître cette atmosphère lumineuse qui un moment avait apparu à mes yeux et venait de s'évanouir comme un songe.* »

Voilà le vrai maréchal Marmont dans toute cette jeunesse et cet éclat d'émotion, qui n'abandonna son cœur qu'avec la vie.

Il fut décidé par la famille, son père enfin y consentant, que le jeune homme étudierait pour entrer dans l'artillerie. Les études de Marmont furent assez bonnes; le latin était faible, mais les mathématiques excellentes. Il n'apprit pas les langues vivantes, et il le regrette. Il avait un goût prononcé pour l'histoire : celle de Charles XII par Voltaire le transporta. Pendant un temps, il fut saisi d'une admiration sans bornes pour le héros de Bender; il s'attachait à le copier en tout. A treize ans, on l'eût vu, monté sur son petit cheval, avec l'habit, les bottes, l'épée et le baudrier historiques, jouer Charles XII de pied en cap. Les épreuves plus sérieuses arrivèrent. Il fut envoyé à Dijon pour y achever les études nécessaires à son admission dans l'École d'artillerie. C'est là qu'il vit pour la première fois Bonaparte, alors en garnison à Auxonne. Cette connaissance première se renoua plus étroite à Toulon.

Il alla, conduit par son père, passer à Metz son examen sous La Place, dont la mine triste, froide et sévère lui imposa tant au premier abord, qu'il resta court, sans pouvoir dire son nom. Puis, se remettant à une parole encourageante du grand géomètre, il passa un bon examen, et fut reçu en même temps que Foy et Duroc. Il était élève sous-lieutenant d'artillerie à dix-sept ans.

La Révolution marchait déjà. L'École d'artillerie de Châlons était partagée : quelques élèves, parmi lesquels Duroc, avaient jugé convenable d'émigrer. Un petit nombre se rangeaient parmi les patriotes exagérés. Marmont suivit la ligne moyenne. Un violent amour qui le saisit durant ce séjour à Châlons, et qui avait pour objet une jeune dame de la ville, vint mêler ses orages à tous ceux qui fermentaient déjà dans son cœur. On le voit dès lors ce qu'il sera de tout temps avec les femmes, galant, dévoué, chevaleresque, capable d'entraînement. Il pensait jusqu'en ses dernières années qu'un homme, pour rester tout à fait comme il faut, doit passer, chaque jour, quelques heures d'entretien avec les femmes : cela maintient l'esprit et la délicatesse.

En février 1793, lieutenant en premier dans une compagnie d'artillerie qui n'avait pas de capitaine, il préluda par une espèce de commandement. Envoyé à l'armée des Alpes, il fit partie du camp de Tournoux, qui fermait la vallée de l'Arche. Les généraux le distinguèrent; il eut son premier combat à Maison-Méane; il y entendit pour la première fois le sifflement des balles et des boulets, qui lui parut des plus agréables : « J'avais une impétuosité et une ardeur extrêmes, dont l'effet me portait à vouloir toujours avancer. »

Envoyé au siége de Toulon, il y retrouve Bonaparte, qui l'emploie et le garde avec lui. Ici, les récits de Marmont dans ses Mémoires prennent un intérêt puissant, et une grande part s'en réfléchit sur l'homme extraordinaire dont il fut le compagnon, le lieutenant, et que nul n'a mieux connu que lui. Marmont n'est pas seulement un homme de guerre, c'est un homme d'esprit qui juge, qui a des aperçus supérieurs, et qui, en toute matière, pénètre à la philosophie et à la moralité de son sujet. Veut-on savoir, par exemple, comment il apprécie tout d'abord le politique en Bonaparte, lorsque, lié au siége de Toulon et depuis avec les révolutionnaires ardents, Robespierre jeune et autres, plus terribles pourtant de nom que de fait, le futur César les domine déjà et songe à se servir d'eux pour les chances possibles :

« Éloigné par caractère de tous les excès, dit Marmont de Bonaparte, il avait pris les couleurs de la Révolution, sans aucun goût, mais uniquement par calcul et par ambition. Son instinct supérieur lui faisait dès ce moment entrevoir les combinaisons qui pourraient lui ouvrir le chemin de la fortune et du pouvoir. Son esprit naturellement profond avait déjà acquis une grande maturité, plus que son âge ne semblait le comporter. Il avait fait une grande étude du cœur humain : cette science est d'ailleurs pour ainsi dire l'apanage des peuples à demi barbares, où les familles sont dans un état constant de guerre entre elles, et, à ces titres, tous les Corses la possèdent. Le besoin de conservation éprouvé dès l'enfance développe dans l'homme un génie particulier. Un Français, un Allemand et un Anglais seront toujours très-inférieurs sous ce rapport, toutes choses égales d'ailleurs en facultés, à un Corse, un Albanais ou un Grec; et il est bien permis de faire entrer encore en ligne de compte l'imagination, l'esprit vif et la finesse innée qui appartiennent comme de droit aux méridionaux, que j'appellerai les enfants du soleil. Ce principe, qui féconde tout et met tout en mouvement dans la nature, donne aux hommes venus sous son influence particulière un cachet que rien ne peut effacer. »

Marmont, à ce moment, est lié à toutes les vicissitudes de la fortune naissante de Bonaparte. Quand celui-ci est arraché à l'armée des Alpes et se voit à regret nommé au commandement de l'artillerie dans l'armée de l'Ouest, il emmène avec lui Junot et Marmont : « Quoique je ne fusse retenu auprès de lui qu'extraordinairement sur sa demande, dit Marmont, il me proposa de le suivre, et je me décidai à l'accompagner sans autre ordre que le sien. » En passant par la Bourgogne, Bonaparte s'arrête dans la famille de Marmont. Ce retard de quatre jours semble lui avoir été funeste. Arrivé à Paris, il se trouve rayé de son commandement dans l'Ouest et sans fonctions. Les voilà donc tous trois sur le pavé de Paris, « moi, sans autorisation régulière, dit Marmont, Junot attaché comme aide de camp à un général qu'on ne voulait pas reconnaître, et Bonaparte, sans emploi, logés tous trois *Hôtel de la Liberté*, rue des Fossés-Montmartre, passant la vie au Palais-Royal et au théâtre, sans argent et sans avenir. » C'est à cette époque que Bourrienne, qui avait connu Bonaparte à l'école de Brienne, essaya de profiter de ces heures de mécontentement et d'humeur pour l'associer à ses projets et à ses entreprises.

Marmont, qui avait gardé tout son feu, et qui ne perdait pas un commandement en chef, demanda à être employé au siége de Mayence : c'était une grande école pour un officier d'artillerie. « Comme ma ferveur, dit-il, contrastait avec le dégoût du jour, on me donna des lettres de service. J'aimais déjà la magnificence; j'achetai une jolie chaise de poste, un bel équipage de cheval, de très-bonnes cartes... » On aura remarqué ce trait de caractère : *J'aimais déjà la magnificence.* C'était de tout temps un des faibles du maréchal que cette disposition aux largesses et à la libéralité. Dans le beau portrait qu'il a tracé d'un général qui remplit toutes les conditions du commandement, il n'oublie pas celle-ci : « Un général doit être aussi magnifique que sa fortune le lui permet. »

Ce n'est pas mon fait ici de suivre pas à pas Marmont dans tous les degrés de sa carrière. Bonaparte le retrouve et le rappelle à lui dès qu'il rentre en scène. Marmont est son aide de camp au début de la première campagne d'Italie. Chef de bataillon à Lodi, il mérite par sa conduite un sabre d'honneur décerné par le Directoire, avec cette inscription sur la lame : « *Pour vaincre les tyrans.* » Il se trouve à toutes ces actions immortelles dont l'ensemble compose le chef-d'œuvre le plus accompli qu'ait jamais produit l'art de la guerre. Il y prend part de son bras; il en jouit aussi avec l'intelligence d'un guerrier qui entre dans les calculs du chef et qui comprend avec enthousiasme ce genre d'idéal : une géométrie sublime et vaste qui ne se réalise à chaque instant que par l'héroïsme.

Le caractère de Marmont dans toute cette première partie de sa carrière, où il ne commande pas en chef, est une valeur intelligente et un feu que le coup d'œil dirige. Dans l'expédition d'Égypte, à Malte, au passage, il est le premier à se signaler; il repousse la sortie des assiégés, s'empare du drapeau des chevaliers de l'Ordre.

Il est fait général de brigade pour ce fait d'armes à vingt-quatre ans (11 juin 1798), et Napoléon, plus tard, placera dans ses armes le drapeau de Malte comme trophée.

Revenu d'Égypte en France avec Bonaparte, Marmont, après le 18 brumaire, devint conseiller d'État pour la section de la guerre et présida à une nouvelle organisation de l'artillerie. Il en rendit militaires les trains qui, auparavant, étaient abandonnés à des espèces de valets ou charretiers sans discipline et destitués du mobile de l'honneur. Dans les années qui suivirent, il réforma les différentes parties de cette arme, il simplifia les calibres de campagne, rendit le matériel léger, d'un facile transport, et établit le système qui a fait le tour de l'Europe pendant toutes les guerres de l'Empire. Ce fut proprement son ouvrage. Il n'est pas besoin d'être spécial pour distinguer la nature du talent de Marmont dans les parties savantes de la guerre ou de l'administration militaire. Il est plein d'idées, fertile en ressources, en inventions, ennemi de la pédanterie, de la routine, accessible aux nouveautés et porté plutôt à devancer l'avenir qu'à le retarder et à le nier. Général en chef de l'armée de Portugal, c'est lui qui, en 1812, introduira parmi ses troupes l'usage des moulins portatifs qui permettent au soldat de faire lui-même sa farine et son pain, moyen le plus sûr pour qu'il n'en manque jamais. Ces moulins portatifs ont depuis été employés très-utilement, m'assure-t-on, en Algérie. Ainsi, en toutes choses, on retrouve en lui le militaire inventif, l'administrateur à idées ingénieuses et promptes, un digne membre de l'Académie des Sciences.

Au passage du Saint-Bernard, dans la campagne de Marengo, il fit le miracle, qu'on croyait impossible, de transporter l'artillerie pendant cinq lieues de chemins impraticables aux voitures : « Je fis démonter toute l'artillerie, dit-il; on porta à bras tous les affûts; des traîneaux à roulettes, faits à Auxonne, furent abandonnés parce qu'ils étaient d'un service dangereux sur les bords des précipices; ils furent remplacés par des sapins creusés en étui. Toutes les bouches passèrent ainsi, et, en peu de jours, l'équipage eut franchi les Alpes. On s'occupa de tout remonter, et l'opinion de l'armée me récompensa de ce succès. » — « Toutes ces dispositions, dit Napoléon à son tour, se firent avec tant d'intelligence par les généraux d'artillerie Gassendi et Marmont, que la marche de l'artillerie ne causa aucun retard. »

Le coup d'œil de Marmont à Marengo, au moment le plus critique, le feu qu'il dirigea à propos sur la colonne autrichienne, et qui donna comme le signal à la charge soudaine de Kellermann, nous le montrent général d'artillerie consommé, et aussi résolu qu'ingénieux.

Après Marengo, Marmont est placé sous Brune dans la campagne d'hiver sur le Mincio (novembre 1800). Tout en le secondant de ses talents, il juge de près ce général en chef, « homme médiocre et incapable, » qui refuse une victoire offerte pour ne pas changer son plan, et qui, victorieux, ne sait pas profiter de ses succès. Il le citera toujours ensuite comme un exemple de ces généraux plus heureux qu'habiles, et qui ont eu pour eux la fortune sans la mériter.

« Cette campagne m'avait été favorable, dit Marmont; on reconnaissait mes services, et on me supposait, avec raison, investi de la confiance du Premier Consul. Je passais pour le conseiller du général en chef (Brune). L'expérience de cette campagne m'a fait renoncer pour toujours à ce rôle *mixte et bâtard.* » Nous retrouvons ici un principe d'indépendance qu'il importe de noter pour la conduite future de Marmont. Il a trop de ressort, trop de fierté naturelle d'intelligence, pour se prêter, même avec d'autres que Brune, à ces rôles à la fois intimes et secondaires.

Le premier commandement en chef de Marmont fut, en mars 1804, au camp d'Utrecht ou de Zeist; c'est là qu'il apprit ce qu'il avait eu jusque-là peu d'occasions personnellement d'étudier et d'appliquer, la science et l'habitude des manœuvres, de la tactique proprement dite : « Si j'ai eu quelque réputation à cet égard, je la dois à mon long séjour au camp de Zeist, où, pendant plus d'une année, j'ai constamment été occupé à instruire d'excellentes troupes et à m'instruire moi-même, *avec cette émulation et cette ferveur que donne un premier commandement en chef dans les belles années de la jeunesse.* » Il n'est jamais revenu sans un éclair au front et sans une larme dans le regard au souvenir de ce qu'il appelait *ces camps de sa jeunesse,* « dont est sortie la plus belle et la meilleure armée qui ait existé dans les temps modernes, et qui, si elle est égalée, ne sera certainement jamais surpassée : je veux dire l'armée qui campa deux ans sur les côtes de la Manche et de la mer du Nord, et qui combattit à Ulm et à Austerlitz. » J'aime à multiplier ces citations qui me dispensent d'avoir un avis en de telles matières, et qui ont l'avantage, ce me semble, d'exprimer sensiblement aux yeux de tous le feu, l'éclat, la verve militaire de Marmont.

Cette verve chez lui ne dégénère jamais, comme il arrive trop souvent à de nobles guerriers, en orgueil et en louange excessive de soi-même. J'ai à cet égard un témoignage intime et touchant. Ayant écrit pour l'un de ses ouvrages, et peut-être pour ses Mémoires, quelques pages où il se ressouvenait, avec une sorte de complaisance, de l'influence salutaire qu'il avait exercée sur les troupes soumises à ses ordres, soit en 1804 dans ce commandement de l'armée gallo-batave, soit en 1805 à l'armée de Dalmatie, soit en 1811 à l'armée de Portugal, et bien qu'il terminât sa récapitulation par ces seuls mots : « L'ensemble de ces souvenirs fait la consolation de ma vieillesse, » il craignit d'en avoir trop dit, il raya les pages, et j'ai sous les yeux les feuillets condamnés avec ces mots en marge de sa main : « Je me décide à supprimer ce dernier paragraphe, *qui avait été inspiré par un mouvement d'amour-propre* (1). »

Dans la campagne d'Austerlitz, Marmont, après avoir contribué à la prise d'Ulm, reçut ordre de se mettre à la tête des troupes occupant la Dalmatie; elles étaient composées de ce qu'avait de moins bon l'armée d'Italie. Il les organisa, les exerça, les anima de son zèle. En 1809, elles firent merveille à leur arrivée à Wagram; elles furent signalées comme des troupes d'élite; tenues en réserve et ménagées le jour de la bataille, elles achevèrent la campagne dans la vigoureuse poursuite sur Znaïm, et couronnèrent par une victoire d'avant-garde cette marche « hardie et prudente, » pendant laquelle leur chef les avait guidées, en moins de cinquante jours, du fond de la Dalmatie jusqu'au milieu de la Moravie. Marmont reçut le bâton de maréchal de France à Znaïm (juillet 1809); il avait trente-cinq ans.

Dès le mois de mars précédent, il avait été élevé à la dignité de duc de Raguse pour récompense de son administration vigilante et créatrice dans cette province inculte de Dalmatie : « Quatre-vingts lieues de belles routes, dit-il, construites dans les localités les plus sauvages, au milieu des plus grandes difficultés naturelles, ont laissé aux habitants des souvenirs honorables et qui ne périront jamais. » Ces travaux étaient exécutés par les troupes, qui, noblement inspirées de la pensée civilisatrice du chef, y mettaient leur orgueil comme à une victoire. Des inscriptions gravées sur les rochers disaient aux

(1) Ces feuillets ont été conservés et m'ont été communiqués, avec beaucoup d'autres indications utiles, par M. le docteur Grimaud de Caux, longtemps établi à Vienne et à Venise, et qui avait voué au maréchal un vif et profond attachement.

voyageurs les noms des régiments et des colonels par qui s'étaient faites ces œuvres de paix. Marmont, dans ses rapports avec les troupes ou avec les populations, a toujours eu ce côté sympathique qui s'adresse au moral de l'homme. En 1810, il fit envoyer en France deux cents jeunes Croates pour y être élevés aux frais du Gouvernement dans les écoles militaires ou dans celles des arts et métiers : il en retrouva plus tard bon nombre encore remplis de reconnaissance, dans les longs voyages de son exil. A Raguse, il y avait une danse à laquelle on avait donné son nom.

Appelé en avril 1811 au commandement de l'armée de Portugal, Marmont entra dès lors dans cette carrière de lutte, de succès chèrement achetés, et de revers, qui occupe les dernières années de l'Empire. En prenant ce commandement des mains de Masséna, il ne se fait aucune illusion sur les difficultés de la tâche et sur la nature des moyens; après quelques considérations sur le pays, théâtre de la guerre, il en vient au moral et au matériel des troupes :

« De la misère, dit-il, de l'indiscipline, du mépris de l'autorité, un mécontentement universel, et un désir immodéré de rentrer en France de la part des généraux; une artillerie détruite en entier, et point de munitions; une cavalerie réduite à peu de chose, et ce peu dans le plus mauvais état; l'infanterie diminuée de près de la moitié : tel était tout à la fois le pays dans lequel je devais agir, et l'instrument dont il m'était donné de me servir. »

Une dépêche de lui au prince Berthier, à la date du 23 février 1812, expose à nu tout le péril de la situation et la nécessité d'y pourvoir, si on veut prévenir un désastre. Il indique comme première condition de salut le besoin d'établir l'unité de commandement, et de réunir sous une même autorité toutes les troupes et tout le pays depuis Bayonne jusques et y compris Madrid et la Manche. Le colonel Jardet, envoyé par lui à l'Empereur qui était à la veille de partir pour l'expédition de Russie, eut des audiences sans résultat : « Voilà Marmont, dit l'Empereur, qui se plaint de manquer de beaucoup de choses, de vivres, d'argent, de moyens. Eh bien ! moi, je vais m'enfoncer avec des armées nombreuses au milieu d'un grand pays qui ne produit rien. » Et puis, après une pause et un silence de quelques minutes, il s'écria comme au sortir d'une grande méditation : « Mais comment tout ceci finira-t-il ? » Jardet, confondu de cette question, répondit en riant : « Fort bien, je pense, Sire. » Mais en parlant ainsi, Napoléon s'adressait moins à un autre qu'il ne conversait avec ses propres pensées.

Marmont parvint pourtant, à force de soins, à donner à son armée consistance, confiance et ensemble. Quelques-unes des manœuvres qu'il fit en présence de Wellington, les deux armées se côtoyant, s'observant durant des jours, et chacun des adversaires évitant de s'engager à moins de se sentir l'avantage, sont des modèles du genre. Le génie des deux nations et le caractère des deux chefs se dessinaient encore, même dans ces marches méthodiques et prudentes. Marmont, fidèle au génie français, et l'un des plus distingués capitaines de cette école de l'armée d'Italie, penchait encore pour l'offensive et en prenait volontiers l'attitude, même quand son rôle était purement défensif. C'est ce qu'on vit au passage du Duero (16 juillet 1812); le duc de Wellington rendait hommage à cette marche offensive, mais prudente, qu'il ne put prévenir ni contrarier : « L'armée française, disait-il, marchait en ce moment comme un seul régiment. »

Mais, peu de jours après, la fortune tournait, et trahissait l'habileté même. Le 22 juillet, Marmont, comptant que les positions respectives des deux armées amèneraient non une bataille, mais un bon combat d'arrière-garde, où il prendrait suffisamment ses avantages, ordonna quelques dispositions en conséquence et quelques mouvements qui s'exécutèrent avec assez d'irrégularité. Il s'aperçut de ces négligences, et voulut les réparer. Au même moment, un général Maucune, « homme de peu de capacité, mais très-brave soldat, » qui ne pouvait se contenir en présence de l'ennemi, descendit sans ordre d'un plateau où il était posté, et qui, bien occupé, devait être inexpugnable :

« Je m'en aperçus, dit le maréchal, et lui envoyai l'ordre d'y remonter. Me fiant peu à sa docilité, je me déterminai à m'y rendre moi-même, et, après avoir jeté un dernier coup d'œil du haut de l'Arapilès sur l'ensemble des mouvements de l'armée ennemie, je venais de replier ma lunette et me mettais en marche pour joindre mon cheval, quand un seul coup de canon, tiré de l'armée anglaise, de la batterie de deux pièces que l'ennemi avait placée sur l'autre Arapilès (le plateau d'en face), me fracassa le bras et me fit deux larges et profondes blessures aux côtes et aux reins, et me mit ainsi hors de combat. »

Cet événement fatal, surtout dans un moment où il n'y avait pas une minute à perdre pour réparer les fautes, mit de la confusion dans les mouvements. Le général Bonnet, qui prit le commandement, fut blessé peu après, et le général Clausel se trouva commander de troisième main. L'incertitude et le décousu qui résulta de cette succession ou plutôt de cette absence de direction principale, n'échappa point au duc de Wellington, qui devint moins circonspect, et qui saisit le moment de combattre. L'armée française fut vaincue. C'est ce qu'on appelle la bataille de Salamanque ou des Arapilès, qui acheva de désorganiser notre défense en Espagne.

Marmont, mis hors de combat par de si graves blessures, fut transporté à Burgos et jusqu'à Bayonne, et reçu partout avec les honneurs dus à sa dignité : « Spectacle imposant, dit-il, de cette entrée en pompe d'un général d'armée mutilé sur le champ de bataille, porté avec respect devant les troupes, entrant au bruit du canon et escorté de tout son état-major. » Et comme il faut que l'esprit français se retrouve partout, même dans les revers : « Je fis la plaisanterie, ajoute-t-il, de dire que j'avais, pendant ce voyage, assisté plusieurs fois à l'enterrement de Marlborough. »

Sur la foi de son chirurgien Fabre, Marmont résista à toutes les insinuations qu'on lui faisait de se laisser couper le bras (qui était le bras droit); il aima mieux souffrir et obtenir une lente guérison.

Pendant qu'il se mettait péniblement en route de Bayonne pour Paris, le désastre de la campagne de Russie s'accomplissait; on recevait le fatal 29e bulletin de la Grande-Armée, et le lendemain arrivait Napoléon. Marmont le vit aussitôt :

« Je vis l'Empereur dès le lendemain de son arrivée : il me reçut très-bien. Mes blessures étaient encore ouvertes, mon bras sans aucun mouvement, et soutenu par une écharpe; il me demanda comment je me portais, et quand je lui eus dit que je souffrais encore beaucoup, il répondit : « Il faut vous faire couper le bras (1). » Je lui répliquai que je l'avais payé assez cher par mes souffrances, pour tenir aujourd'hui à le conserver; et cette singulière observation en resta là. »

La rude campagne de 1813 commençait, et Marmont y fut un des lieutenants de chaque jour les plus employés et les plus essentiels. Mais ce qui, dans le récit de cette campagne, m'a intéressé bien plus que la narration militaire elle-même, si claire toujours et si lumineuse chez Marmont, c'est le souvenir des entretiens fréquents qu'il eut avec Napoléon et dont il nous a transmis les particularités saillantes. Pendant l'armistice qui partage en deux cette campagne et dans les semaines qui précèdent la bataille de Leipzig, Marmont est conti-

(1) Le mot, tel qu'il fut prononcé, est exactement celui-ci : « Vous tenez donc bien à cette *loque?* »

nuellement rapproché de Napoléon, qui l'appelle, le consulte, admet la discussion sur les plans à suivre et passe outre, emporté par un mouvement plus fort d'impatience ardente et de passion :

> « Son esprit supérieur lui a certainement alors montré les avantages d'un système de temporisation, mais un foyer intérieur le brûlait ; un instinct aveugle l'entraînait quelquefois contre l'évidence, parlait plus haut et commandait. »

Peu après la reprise de la campagne, à Düben, Marmont, au moment de se coucher, est mandé de la part de Napoléon ; il est près d'une heure du matin. L'Empereur, qui a fait sa nuit depuis six ou sept heures du soir, n'est point pressé ; il garde avec lui son lieutenant jusqu'après l'heure du déjeuner qui a lieu à six heures du matin. Dans cette conversation de plus de cinq heures, il passe en revue tous les points importants qui l'occupent, discute les divers partis qui lui restent à suivre, et, après les questions militaires, il en aborde d'autres plus générales, comme il faisait souvent. Il se plaint de ses alliés, de son beau-père l'empereur François, et là-dessus il se jette sur une distinction entre *l'homme de conscience et l'homme d'honneur*. Avec l'homme d'honneur, avec celui qui tient purement et simplement sa parole et ses engagements, on sait sur quoi compter, tandis qu'avec l'autre, avec l'homme de conscience qui fait ce qu'il croit être le mieux, on dépend de ses lumières et de son jugement. Et développant sa pensée : « Mon beau-père l'empereur d'Autriche, disait-il, a fait ce qu'il a cru utile aux intérêts de ses peuples : c'est un honnête homme, un homme de conscience, mais ce n'est pas un homme d'honneur. Vous, par exemple (et il prenait le bras de Marmont), si, l'ennemi ayant envahi la France et étant sur la hauteur de Montmartre, vous croyiez, même avec raison, que le salut du pays vous commandât de m'abandonner, et que vous le fissiez, vous seriez un bon Français, un brave homme, un homme de conscience, et non un homme d'honneur. »

« Ces paroles, continue Marmont avec une émotion bien explicable, prononcées par Napoléon et adressées à moi le 11 octobre 1813, ne portaient-elles pas l'empreinte d'un caractère tout à fait extraordinaire? N'y a-t-il pas quelque chose de surnaturel et de prophétique? Elles sont revenues à ma pensée après les événements d'Essonne, et m'ont fait alors une impression que l'on conçoit, et qui jamais ne s'est effacée de ma mémoire. »

On verra plus tard comment à Vienne, après 1830, dans une conversation familière qu'eut le maréchal avec le duc de Reichstadt, avec le fils de Napoléon, ce jeune homme de mystérieuse et pathétique mémoire saisit l'occasion de reprendre, de rectifier en quelque sorte la parole de son père, et de porter une consolation délicate dans l'âme du noble guerrier. Il le lui devait; car, par un retour singulier du sort, ce fut Marmont, si maltraité finalement par Napoléon, qui, le seul de ses maréchaux, eut pour mission comme spéciale de voir son fils, de lui parler de son père, de lui démontrer, cartes en main, cette gloire militaire qui jusque-là n'était, pour l'enfant de Vienne, qu'un culte et qu'une religion. Ce sont là de ces jeux du sort, lequel, au milieu de ses rigueurs, a aussi ses réparations et presque ses piétés, et qui semble ici avoir voulu apprendre la réconciliation et la clémence aux hommes.

Au sortir de Leipzig où il soutint le poids de la défaite, et où une nouvelle blessure le frappa à la seule main dont il pût manier l'épée, Marmont, après quelque pause à Mayence, rentra en France, et, à la tête du sixième corps si réduit, il prit la part la plus active à l'immortelle campagne de 1814. Dans cette ruine finale, où, malgré les éclairs d'héroïsme, on voit qu'il n'espérait plus, il eut de belles journées, des heures où il retrouvait le soleil de sa jeunesse. En plus d'une occasion, notamment à Rosnai (le 2 février) il eut à décider l'affaire de sa personne et à se jeter au fort du péril, comme il avait fait dix-huit ans auparavant à Lodi :

« Il y a un grand charme, remarque-t-il à ce sujet, et une grande puissance à obtenir un succès personnel, à sentir au fond de la conscience que le poids de sa personne, et pour ainsi dire de son bras, a fait pencher la balance et procuré la victoire. Cette conviction partagée par les autres, et exprimée par un sentiment d'admiration et de reconnaissance, cause une félicité dont celui qui ne l'a pas éprouvée ne peut guère avoir l'idée. »

Les récits de Marmont s'animent ainsi naturellement, et sans qu'il y vise, de ces impressions morales et guerrières; on sent toujours l'homme en lui.

Les vicissitudes extrêmes de cette rapide campagne ont amené Marmont avec Mortier auprès de Paris, dont Napoléon est éloigné, et que les armées étrangères atteignent et pressent déjà. C'est là qu'il va livrer un des plus glorieux combats dont les annales françaises conservent le souvenir, le dernier combat de 1814. Arrivé à Charenton et sentant l'importance du poste de Romainville pour la défense de la capitale, il envoie un officier pour reconnaître si la position est déjà occupée par l'ennemi. L'officier, sans y aller, fait son rapport et dit que l'ennemi n'y est pas. Marmont s'y porte; il part de Charenton une heure avant le jour (30 mars) pour aller occuper le plateau avec 1,000 ou 1,200 hommes d'infanterie, du canon et quelque cavalerie. Il y arrive à la pointe du jour. L'ennemi y était et l'affaire s'engage; mais la défense à l'instant prend un tout autre caractère; elle est offensive et fière, et l'ennemi, étonné de cette brusque attaque, n'agit plus qu'avec circonspection, lui qui peut engager en tout plus de 50,000 hommes, quand les deux maréchaux ensemble n'en ont pas 14,000. Marmont n'avait à lui que 7,500 hommes d'infanterie appartenant à 70 bataillons différents, et par conséquent ne se composant que de débris, et 1,500 chevaux. Il tint constamment la tête de la défense.

Jusqu'à onze heures du matin, le combat se maintient avec une sorte d'équilibre. Vers midi, l'affaire, un moment très-compromise, se rétablit encore. Cependant le roi Joseph donne de Montmartre l'autorisation aux maréchaux d'entrer en pourparlers avec le prince de Schwarzenberg et l'empereur de Russie. Marmont envoie le colonel Fabvier pour dire au roi Joseph que, si les choses ne vont pas plus mal sur le reste de la ligne, rien ne presse encore; il avait l'espérance de pousser la défense jusqu'à la nuit. Le colonel Fabvier ne trouve plus le roi Joseph à Montmartre; le roi, emmenant le ministre de la guerre et tout le cortége du pouvoir, était parti pour Saint-Cloud et Versailles. Cependant, vers trois heures et demie ou quatre heures, l'ennemi, s'apercevant du peu de forces qu'il a en face de lui, déborde et débouche de toutes parts; on va être pris de vive force; c'est le moment de capituler. On envoie des officiers en parlementaires; un seul parvient à pénétrer jusque dans les rangs ennemis. Le maréchal, voulant s'assurer par lui-même, descend dans la grande rue de Belleville :

« Mais à peine avais-je descendu quelques pas, je reconnus, dit Marmont, la tête d'une colonne russe qui venait d'y arriver. Il n'y avait pas une seconde à perdre pour agir, le moindre délai nous eût été funeste. Je me décidai à prendre à l'instant même un poste de 60 hommes, qui était à portée; sa faiblesse ne pouvait pas être aperçue par l'ennemi dans un pareil défilé. Je chargeai à la tête de cette poignée de soldats avec le général Pelleport et le général Meynadier. Le premier reçut un coup de fusil qui lui traversa la poitrine, dont heureusement il n'est pas mort; et moi j'eus mon cheval blessé et mes habits criblés de balles. La tête de la colonne ennemie fit demi-tour. »

Les troupes françaises se replièrent sur le plateau en arrière de Belleville et où se trouvait un moulin à vent.

C'est alors seulement que l'officier envoyé en parlementaire, qui avait franchi les avant-postes ennemis, revint avec un aide-de-camp du prince de Schwarzenberg et un autre de l'empereur Alexandre, et que le feu qui durait depuis douze heures cessa. Il fut convenu que les troupes se retireraient dans les barrières, et que les arrangements seraient pris et arrêtés pour l'évacuation de la capitale.

« Telle est, dit Marmont en terminant cette partie de ses Mémoires, telle est l'analyse et le récit succinct de cette bataille de Paris, objet de si odieuses calomnies, fait d'armes si glorieux, je puis le dire, pour les chefs et pour les soldats. C'était le soixante-septième engagement de mon corps d'armée depuis le 1er janvier, jour de l'ouverture de la campagne, c'est-à-dire dans un espace de quatre-vingt-dix jours, et où les circonstances avaient été telles que j'avais été dans l'obligation de charger moi-même l'épée à la main, trois fois, à la tête d'une faible troupe. »

Pour achever de le peindre dans cette dernière attitude où nous l'avons vu, repoussant la colonne russe à la tête de 60 hommes, qu'on se rappelle que son bras droit était hors de service depuis la bataille d'Arapilès, que sa main gauche avait le pouce et l'index fracassés depuis Leipzig. Tel il était, à pied, car son cheval venait d'être blessé sous lui (le cinquième cheval depuis l'ouverture de la campagne). Il portait dans le combat cette tête haute qu'on lui connaît, la poitrine et le cœur en dehors. Joignez-y sa tenue martiale et ce costume qui lui est particulier, le frac sans broderie, le chapeau à plumes blanches, un pantalon blanc toujours et de fortes bottes à l'écuyère. C'est ainsi que nous le voyons rentrer dans Paris couvert de la poussière et frémissant de l'émotion du combat. Il n'avait à cette époque que quarante ans.

Est-ce là un noble guerrier? Est-ce un traître? et peut-il en trois ou quatre jours le devenir?

Il aurait dû mourir ce jour-là pour sa gloire, disent

des historiens que j'estime, mais qui ne voient que le côté brillant et purement militaire de la destinée; et peut-être bien que lui-même, à certaines heures, ulcéré dans son honneur de soldat, il aura dit comme eux. Et moi, je crois qu'il faut dire, en embrassant toute la condition humaine : « Il est mieux qu'il ait vécu pour montrer ce que peut le malheur, la force des circonstances, une certaine fatalité s'attachant, s'acharnant à plus d'une reprise à une belle vie, un cœur généreux ressentant l'outrage sans en être abattu, sans en être aigri, et finalement une belle intelligence trouvant en elle des ressources pour s'en nourrir et des résultats avec lesquels elle se présente aujourd'hui, en définitive, **devant la postérité.** »

Lundi, 12 avril 1852.

LE MARÉCHAL MARMONT
DUC DE RAGUSE.

(Suite.)

Au sortir du sanglant et glorieux combat du 30 mars, Marmont, rentrant à Paris en son hôtel rue Paradis-Poissonnière, vit arriver chez lui, dans la soirée, ce qui restait dans la ville de grands fonctionnaires, les chefs de la garde nationale, les magistrats municipaux, et les personnages marquants de tout genre. Il y reçut l'impression parisienne du moment, qui était très-vive, non-seulement celle de la banque et de la finance, mais celle de la bourgeoisie élevée et de tout ce qui avait le sentiment pacifique et civil. Ce passage de quelques heures à Paris eut la plus grande influence sur sa manière d'agir les jours suivants.

Chacun paraissait d'accord sur la chute de l'Empereur : le nom des Bourbons était déjà prononcé par quelques-uns. Celui qui, ce soir-là, en parla le plus énergiquement, était M. Laffitte; il plaidait pour eux et pour les chances favorables d'une Restauration. A quelques objections que Marmont lui adressa : « Eh! monsieur le maréchal, répondit-il, avec des garanties écrites, avec un ordre politique qui fondera nos droits, qu'y a-t-il à redouter? »

Les serviteurs les plus dévoués du régime impérial,

ceux qui plus tard en ont paru les martyrs, n'étaient pas alors des derniers à céder à la force des choses. M. de Lavalette, directeur général des postes, était ce soir-là chez le maréchal : celui-ci, voulant emmener avec lui le plus d'artillerie possible, lui demanda un ordre pour prendre tous les chevaux dont disposait l'administration. M. de Lavalette refusa, de peur de se compromettre.

M. de Talleyrand vint ce soir-là chez le maréchal avec une arrière-pensée. Il demanda à le voir seul; il l'entretint longuement des malheurs publics, et il cherchait jour sensiblement à une ouverture. Le maréchal ne lui en donna pas l'occasion. Il avait peu de goût pour M. de Talleyrand et pour ses manœuvres.

Ce qui n'était pas une manœuvre et une intrigue, c'était le sentiment public alors répandu dans les classes supérieures et aisées de la société, et qui faisait explosion pour la première fois. Marmont, par son esprit, par ses lumières, par cette rapidité d'impressions dont il était susceptible, s'y laissa gagner plus qu'il n'eût convenu à un homme qui n'eût voulu rester que dans sa ligne de soldat. Il sortit de Paris le 31 mars au matin, ayant reçu un choc électrique dans un autre sens que sa religion militaire.

Il avait compris la situation par tous ses côtés Trop comprendre est souvent une difficulté de plus pour agir. Il allait se trouver partagé.

N'ayant en tout ceci d'autre désir que d'être vrai et d'autre rôle que d'exposer fidèlement un caractère auquel le mot de traître ne convient pas, un de ceux auxquels il s'applique le moins, je demande à bien définir la question politique d'alors, telle que nos souvenirs calmés nous la laissent voir à cette distance, et je veux d'abord l'élever à sa juste hauteur.

Il y avait en 1814 deux opinions, deux sentiments en

présence. Il y avait l'honneur des armes, la défense patriotique du sol, le vœu fervent d'en repousser les étrangers, l'exaltation subsistante dans une partie de la jeunesse, dans les populations ouvrières des grandes villes et dans celles des campagnes en quelques provinces. Il y avait cette magie du nom de Napoléon enflammant la masse et les rangs inférieurs de l'armée, et restant pour elle synonyme de France; enfin, pour répéter un mot que je viens d'employer et qui dit tout, il y avait une *religion*.

De l'autre côté, il y avait des intérêts civils, patriotiques aussi, mais surtout positifs, des idées longtemps étouffées et qui voulaient renaître; idées en travail, intérêts en souffrance, lassitude profonde et besoin de paix, chez quelques-uns d'anciens sentiments qui se réveillaient, c'était tout un ensemble d'opinion déjà puissante et mal définie; mais surtout, à ces premiers jours de 1814, et en face d'une *religion* militaire qui épuisait ses derniers miracles, il y avait une *raison*.

Pour prendre des noms très-purs et presque consacrés qui représentent l'un et l'autre de ces deux aspects de la France, je nommerai comme expression de la raison publique alors, des hommes tels que M. Lainé, et comme type de la religion et de la fidélité militaire, le général Drouot.

Le malheur de Marmont est d'avoir été entre les deux, d'être allé à l'une, lui qui était de l'autre. Placé entre une religion et une raison, il les comprit, il les balança, il essaya de les concilier. Militaire et homme du drapeau, il donna accès, dès le premier jour, au sentiment civil : c'est là son seul crime. Dans le moment, il crut y voir son honneur. Pour ceux qui ont examiné, il est certain qu'aucune pensée de calcul étroit ni d'intérêt particulier n'entra dans ses résolutions.

Ou du moins, si l'instinct de la conservation y entra

pour quelque chose, s'il se dit que c'était assez de sacrifice, s'il eut ce sentiment commun et naturel alors à toutes les grandes existences établies de surnager et de survivre, il l'eut certes moins nettement, moins sciemment que beaucoup d'autres maréchaux, et il ne méritait pas plus de blâme.

Nous le suivrons dans les actes décisifs auxquels il prit part alors. Le 31 mars au matin, il quitte avec toutes ses troupes Paris qui a capitulé, et il occupe la position d'Essonne, en avant de Fontainebleau. Dans la nuit du 31 mars au 1er avril, il va trouver l'Empereur à Fontainebleau et lui rendre compte des derniers événements. L'Empereur le loue fort de sa belle défense devant Paris et lui ordonne de lui préparer une liste de récompenses. « L'Empereur comprenait alors sa position : il était abattu et disposé enfin à traiter. » Le lendemain, de bon matin, 1er avril, Napoléon arrive à Essonne et visite la position du 6e corps. Cette conversation du 1er avril fut marquée par divers incidents. Pendant que l'Empereur était là, arrivèrent les deux officiers que le maréchal avait laissés à Paris pour faire la remise des barrières aux Alliés, les colonels Fabvier et Denys (de Damrémont); ils apprirent à l'Empereur ce qui s'était passé à l'entrée des troupes ennemies dans la capitale; ils ne dissimulèrent pas les transports indécents qui avaient accueilli les Alliés à leur passage dans les plus brillants quartiers; ils lui firent part de la déclaration de l'empereur Alexandre, par laquelle les Souverains proclamaient « qu'ils ne traiteraient plus avec Napoléon ni avec aucun membre de sa famille. » Ce récit fit révolution sur l'esprit de Napoléon et changea à l'instant le cours de ses idées : il revint à la résolution de combattre en désespéré : « Eh bien! la guerre à tout prix, puisque la paix est impossible! » Il assigna aux 10,000 hommes du maréchal des mouvements et des positions, et, sur la remarque que lui fit Marmont que, loin de disposer de 10.000 hommes qu'il n'avait plus depuis longtemps, il n'en avait guère alors que la moitié, l'Empereur (soit calcul, soit oubli) continua de raisonner dans la supposition des 10,000. Comme il parlait de passer la Seine et d'aller attaquer l'ennemi là où on avait combattu devant Paris deux jours auparavant, il fallut que Marmont lui rappelât que la Marne était sur la route, et que tous les ponts de cette rivière avaient été détruits. Après quelques ordres de détails, l'Empereur, agitant ainsi le tumulte et l'orage de ses pensées, repartit pour Fontainebleau. C'est la dernière fois que Marmont le vit, et il dut conserver depuis lors de cet entretien inachevé un amer et douloureux souvenir.

De loin, aujourd'hui, il n'est pas jusqu'à cet instant de trouble et de confusion dans les idées qui ne nous touche chez le grand capitaine poussé à bout, et qui se retourne comme le lion blessé; cet éclair égaré est d'une beauté dramatique et d'une grandeur épique suprême.

Mais alors, mais dans le moment, Marmont demeura surtout frappé de ce soudain revirement dont il avait été témoin, et de l'inutile danger d'une lutte désespérée : et lui-même ne venait-il pas d'affronter cette lutte et d'en supporter tout l'effort? Les nouvelles de Paris se succédaient à chaque heure; les décrets du Gouvernement provisoire, les actes du Sénat arrivaient au quartier général d'Essonne. M. de Montessuis, ancien aide de camp du maréchal, lui fut envoyé de Paris cette journée même du 1er avril, avec des lettres de personnes considérables et de tout point honorables, et des sollicitations de tout genre. Sauvez la France, sauvez le pays. lui écrivait-on; donnez, par votre adhésion, appui et force au Gouvernement provisoire; repliez-vous vers Rouen, où est Jourdan, conservez dans la Normandie une armée à la France. — Le nom de Monk, le grand médiateur, si souvent invoqué, ne manquait pas de revenir comme exemple. Ici commence, dans l'esprit du maréchal, une lutte morale sur laquelle il faudrait lui-même l'entendre : d'un côté, un ami, un bienfaiteur, le plus grand capitaine dont il avait été de bonne heure l'aide de camp et l'un des lieutenants préférés, mais ce grand capitaine, auteur lui-même de sa ruine, qui semblait déjà consommée; de l'autre, un pays qui criait grâce, une situation politique désastreuse dont, plus éclairé que beaucoup d'autres, il avait le secret, et dont il envisageait toutes les extrémités. N'avait-il donc pas, durant toute cette campagne, et hier encore, payé personnellement toute sa dette à l'un, et n'était-il pas temps de songer à l'autre? Ce qu'on peut dire après avoir écouté Marmont, et ce que diront tous ceux qui l'entendront un jour, c'est que, dans la résolution qu'il prit, il n'entra rien de cet égoïsme qui songe avant tout à soi et non au bien public, et qui déshonore. « Il est facile à un homme d'honneur de remplir son devoir quand il est tout tracé; mais qu'il est cruel de vivre dans des temps où l'on peut et où l'on doit se demander où est le devoir! » Il fut donné à Marmont de se poser deux fois ce fatal problème : « Heureux, s'écriait-il, heureux ceux qui vivent sous l'empire d'un Gouvernement régulier, ou qui, placés dans une situation obscure, ont échappé à cette cruelle épreuve! ils doivent être indulgents. »

Ne voulant pourtant rien prendre sur lui sans avoir consulté ses généraux de division, il les assembla, leur fit part des nouvelles de Paris, obtint leur adhésion unanime, et il fut résolu qu'on reconnaîtrait le Gouvernement provisoire. Deux considérations agissaient surtout sur l'esprit de Marmont : donner à ce Gouvernement une force militaire et morale qui lui permît de compter près des Alliés, et obtenir pour Napoléon déchu des conditions meilleures.

Son corps d'armée en conséquence serait allé se joindre en Normandie au corps de Jourdan, et y aurait formé une sorte de petite armée nationale ou croyant l'être.

Une réponse fut faite en ce sens par Marmont aux ouvertures du prince de Schwarzenberg, et, en attendant l'acceptation définitive, une autre lettre fut préparée par lui et adressée à l'Empereur, dans laquelle il lui disait qu'ayant rempli ce qu'il devait au salut de la patrie, il venait désormais remettre en ses mains sa tête et sa personne. Cette lettre, qui ne fut point envoyée, ne paraîtra point invraisemblable à ceux qui connaissent Marmont; et, si incohérente que puisse sembler cette double action, elle est peut-être ce qui exprimerait le mieux la lutte et la contradiction de ses pensées dans toute cette crise. Tout pour lui eût été concilié en 1814, s'il eût pu dire : J'ai donné mon corps d'armée au Gouvernement provisoire pour l'aider à traiter, et moi je demande à aller à l'île d'Elbe. — De telles pensées ne passèrent dans son esprit sans doute qu'à l'état d'éclair, mais elles suffisent pour le peindre. Il aurait voulu accorder l'inconciliable.

Cependant les événements marchaient : les maréchaux, réunis à Fontainebleau, avaient arraché l'abdication de Napoléon. Macdonald et Ney, et le duc de Vicence, qui en étaient porteurs, passèrent le 4 avril au quartier-général d'Essonne, et y virent Marmont, à qui ils dirent l'objet de leur message : ils allaient plaider pour le Roi de Rome et pour une Régence. Marmont, dès les premiers mots, comprit que cette décision changeait tout, et qu'il ne pouvait continuer de s'isoler en négociant. Il apprit aux trois plénipotentiaires ce qu'il avait entamé, où il en était, et déclara qu'il ne ferait qu'un désormais avec eux. La première idée fut qu'il ne conclurait rien avant leur retour et qu'il se rendrait jusque-là invisible; la seconde idée, plus simple, qui vint des maréchaux et de Ney en particulier, fut : « Mais pourquoi ne venez-vous pas à Paris avec nous? Vous nous y aiderez. » Marmont y consentit avec empressement. Avant de quitter Essonne, il eut soin d'expliquer aux généraux à qui il laissait le commandement, Souham le plus ancien, Compans et Bordesoulle, les motifs de son absence, son prochain retour. Ordre fut donné devant les plénipotentiaires de ne faire aucun mouvement de troupes jusque-là.

Arrivés à Petit-Bourg, où était le quartier général, dans la soirée du 4 avril, pendant que les maréchaux parlementaient, Marmont vit le prince de Schwarzenberg, qui lui dit que ses propositions étaient acceptées; mais Marmont, lui expliquant le nouvel état de choses résultant de l'abdication, demanda à être dégagé ; ce qui fut entendu et convenu à l'instant. Arrivés très-tard dans la soirée à Paris, Marmont et les autres maréchaux furent reçus par l'empereur Alexandre, et aucun ne plaida plus vivement que lui pour la Régence et pour les droits du Roi de Rome. Les détails et les anxiétés de cette nuit mémorable du 4 au 5 avril sont dans les histoires. L'empereur Alexandre, hélas! tenait en ses mains la balance de nos destinées et semblait se plaire à prolonger l'incertitude. Au matin, Marmont était chez le maréchal Ney, lorsque le colonel Fabvier, arrivant en toute hâte d'Essonne, lui apprit que, contrairement à ses ordres, les généraux avaient mis les troupes en mouvement vers les lignes ennemies, et qu'une défection était imminente. Marmont dépêche, à la minute, un aide de camp et va partir lui-même pour tout arrêter, lorsqu'un autre officier survient annonçant que le 6ᵉ corps doit être, en ce moment, arrivé à Versailles, et qu'il est trop tard. Ce mouvement fatal, exécuté en un si fâcheux moment, avait été provoqué par une sorte de panique des généraux Souham et autres. L'Empereur avait envoyé dans la soirée du 4 avril plusieurs officiers d'ordonnance à Essonne pour mander Marmont à Fontainebleau, ou en son absence le général commandant à sa place. Craignant que l'Empereur n'eût été informé des négociations précédemment entamées, les généraux avaient pris sur eux de se soustraire à sa colère et d'emmener les troupes à travers les lignes ennemies.

Mais l'on n'était pas au bout de la journée (5 avril). Les troupes, en se voyant ainsi menées hors de leurs voies et contre leur vœu, se révoltent; elles crient à la trahison. Marmont qui, dans le premier moment, dès qu'il avait su la démarche irréparable, n'avait songé qu'à conserver les troupes au Gouvernement provisoire, à les maintenir sous le drapeau, et qui accourait pour cela à Versailles, apprend en chemin cette sédition furieuse. Tous les généraux lui conseillent de rétrograder: il n'en fait rien, il envoie aide de camp sur aide de camp pour tâcher de préparer les esprits, et lui-même il rejoint les soldats en désordre à Trappes. Il fait faire cercle d'officiers, il harangue les troupes, il les rallie. A force de présence d'esprit, d'émotion et de cordialité, il ramène à l'ordre ce corps d'armée, qui reprend les armes et le salue d'un dernier cri.

Un grand émoi régnait dans Paris : tout pouvait être grave alors. Aussi, quand, ce soir du 5 avril, Marmont revint et qu'il entra chez M. de Talleyrand, il fut fêté, entouré de tous. Bourrienne nous le montre dans le salon, dînant seul à part sur un petit guéridon, et devenu le héros du jour. On exaltait ses services. Il dut croire en avoir rendu un bien réel pour cet acte de vigueur qui avait empêché la dispersion et le sacrifice inutile de braves gens. Généreux comme il était, il pensa qu'il valait mieux tout couvrir, ne pas laisser peser sur ses généraux une responsabilité accablante; il voulut absoudre tout le monde au moyen d'une déclaration où il prendrait tout sur lui. La négociation avec le prince de Schwarzenberg, qui n'avait pas été contractée ni conclue, fut censée l'avoir été, et les pièces qui la constataient, mises *après coup* à la date du 4 avril, furent insérées au *Moniteur* le 7 ; le tout pour cacher la confusion et régulariser ce qui n'avait été que l'effet de la peur et du désordre.

Dans toute cette suite rapide de déterminations et d'actes si décisifs, on voit à chaque instant Marmont agir sous l'impression de sentiments vifs et sincères, qu'il ne croit pas avoir besoin de justifier. On l'en louait si fort dans le moment autour de lui, qu'il fut assez longtemps à s'apercevoir que cette flatterie des uns allait donner un redoublement de pâture à la calomnie des autres. Aussi, quand il lui fallut répondre là-dessus et se justifier, il le fit avec étonnement, avec surprise, et tout en mêlant l'indignation à la négligence. Une des pièces les plus positives qu'il eût pu produire et qui est une lettre du général Bordesoulle à lui adressée, par laquelle les généraux s'excusent d'avoir exécuté ce mouvement du 4 au 5 avril qu'on était convenu de suspendre, cette lettre avait été négligée, omise par le maréchal, et ne fut retrouvée au fond d'un tiroir qu'après 1830, par ses amis, occupés alors à le justifier.

Pendant les journées qui suivirent, Marmont était des plus vifs à défendre les intérêts de l'armée, le maintien des couleurs nationales qui représentaient pour lui tout un ordre de sentiments patriotiques et modernes. Pendant qu'on discutait là-dessus, M. de Talleyrand fit si bien, qu'on apprit tout à coup que le vieux maréchal Jourdan, en sa qualité d'ancien républicain, avait pris le premier à Rouen et fait prendre à son corps d'armée la cocarde blanche, ce qui tranchait de fait la question.

A Jourdan on avait fait accroire, pour le décider, que Marmont l'avait déjà prise, et à Marmont on répondait : « Mais que faire? voilà Jourdan qui l'a adoptée déjà. » Et malgré tout, lors de l'entrée à Paris de Monsieur, comte d'Artois, le 12 avril, Marmont fut du petit nombre des officiers qui avaient gardé la cocarde tricolore : ce dont on se souvint toujours, et dont on lui sut peu de gré. — Sa position fausse commençait déjà (1).

Je n'ai pas à faire son histoire durant les deux Restaurations, et il me suffit de dessiner sa ligne générale de conduite et d'opinion. En mars 1815, à la nouvelle du débarquement de Napoléon, Louis XVIII envoya un courrier à Châtillon-sur-Seine pour mander à l'instant Marmont, dont l'avis fut de tenir bon à Paris et de résister. De tels conseils étaient trop forts pour ceux qui les demandaient, et Marmont, nommé commandant de toute la maison militaire du roi, dut se borner à diriger la retraite vers la frontière et jusqu'à Gand. Au moment où s'ouvrit la campagne contre la France, le maréchal n'admit pas un seul instant qu'un corps français pût faire partie de l'armée anglaise et associer son drapeau à celui de l'étranger : lui-même il quitta Gand et alla à Aix-la-Chapelle, d'où il partit pour rejoindre le roi à Mons, lors de la seconde rentrée.

Pendant les Cent-Jours, il avait répondu, par un Mémoire justificatif daté de Gand (1er avril), à l'accusation de trahison lancée contre lui par Napoléon dans sa Proclamation du golfe de Juan. Qu'il nous suffise de

---

(1) M. de Vaulabelle, dans son *Histoire*, dit que, ce jour de l'entrée du comte d'Artois, *tous* les maréchaux avaient la cocarde tricolore, et il ne distingue point en cela Marmont. Mais, dans le temps, l'opinion royaliste pure sut très-bien le distinguer, et parce que l'on comptait davantage sur lui, et parce que, dans les discussions qui avaient porté sur ce point, il s'était mis plus en avant qu'un autre pour le maintien des couleurs nationales.

dire que lorsqu'un des officiers longtemps attaché au maréchal, le colonel Fabvier, se plaignit vivement de cette qualification dans une note écrite qui fut mise sous les yeux de Napoléon, l'Empereur répondit alors au général Drouot qui s'en était chargé : « Calmez Fabvier; ce que j'ai dit, j'ai dû le dire dans l'intérêt de ma politique. Je sais comment les choses se sont passées. Marmont s'est trouvé en face d'événements plus forts que les hommes; tout s'arrangera; il nous reviendra avant peu. »

Dans tout ce que je dis ici sur Napoléon, je sens combien la lutte est inégale entre lui et Marmont, et je ne prétends nullement l'établir : mais j'aime à recueillir les bonnes paroles, celles qui tendaient à réparer. Marmont, aux heures habituelles, aimait à résumer ainsi le sens de toute sa conduite avec Napoléon : « Tant qu'il a dit : *Tout pour la France*, je l'ai servi avec enthousiasme; quand il a dit : *La France et moi*, je l'ai servi avec zèle; quand il a dit : *Moi et la France*, je l'ai servi avec dévouement. Il n'y a que quand il a dit : *Moi sans la France*, que je me suis détaché de lui. » Je rappellerai plus tard des paroles de lui sur Napoléon plus émues et plus semblables aux impressions de sa jeunesse.

A la seconde Restauration, les compagnies des Gardes du corps ayant été réduites à quatre au lieu de six, Marmont cesse d'être capitaine des Gardes (ce qu'il avait été en 1814) et devient l'un des quatre majors généraux de la Garde royale, faisant service chacun par quatre mois. C'est par suite de ce roulement de service que les événements de Juillet 1830 retomberont sur lui un jour.

Sa conduite pleine de cœur en 1815, après la condamnation de Lavalette, mérite un souvenir. On lui demanda s'il voulait tenter quelque chose pour le sauver : « Tout ce qu'on voudra et tout ce que je pourrai, » répondit-il. Les paroles qu'il dit en sa faveur au roi étant restées sans réponse, il s'agissait, en désespoir de cause, d'introduire Mme de Lavalette au Château, nonobstant les consignes les plus sévères, et de la faire se trouver sur le passage du roi et de la duchesse d'Angoulême. On choisit exprès le temps où Louis XVIII était à la messe. On y mit une ruse singulière et du stratagème. Mme de Lavalette arriva dans une chaise à porteurs près du guichet du Pont-Royal, sans que le suisse y prît trop garde. Un aide de camp du maréchal était là pour la recevoir et l'introduire par un escalier particulier. Un rouleau de louis, donné brusquement à propos, étourdit un autre suisse, qui ne dit rien. Le maréchal lui-même tenant à son bras la suppliante, passait outre, et la guidait jusqu'à l'étage supérieur. Arrivé à la porte de la salle des Maréchaux par où le roi devait repasser, le garde du corps de faction refusait l'entrée; l'officier de service, M. de Bartillat, alléguait les ordres donnés : « Allons, monsieur de Bartillat, lui dit le maréchal, une bonne action pour quelques jours d'arrêt ! » Pendant ce colloque, Louis XVIII et la famille royale entraient dans le salon, revenant de la messe. Mme de Lavalette s'agenouilla en vain ; les passions du jour étaient plus fortes que le désir de pardonner. Le maréchal, un moment disgracié, dut partir pour Châtillon.

En 1817, la conduite du duc de Raguse à Lyon caractérise sa ligne politique, ligne de modération et d'humanité. Ce qu'étaient Lyon et le département du Rhône en septembre 1817, au moment où le maréchal y fut envoyé avec de pleins pouvoirs comme lieutenant du roi, se pourrait difficilement comprendre aujourd'hui. Le général Canuel, ancien jacobin devenu ultra, peu scrupuleux en moyens, homme ambitieux et sanguinaire, avait tiré parti de quelque conspiration pour en supposer d'autres et pour organiser la terreur dans le département. Un préfet honnête homme, mais faible, M. de Chabrol, s'était laissé dominer par son collègue violent. Quand le duc de Raguse arriva à Lyon, la Terreur au pied de la lettre, c'est-à-dire la guillotine, régnait dans les communes avoisinantes. Il remit l'ordre, rétablit les idées de justice, rendit courage à la portion judicieuse et saine du pays, et fut bientôt salué de la masse de la population comme un sauveur. C'était l'époque des fureurs de parti; des accusations s'élevèrent peu après au sein de la Chambre des députés contre le duc de Raguse, et les proscripteurs trouvèrent des apologistes. Le colonel Fabvier, qui avait accompagné le maréchal à Lyon, et qui avait été son chef d'état-major dans cette mission délicate et ferme, jugea à propos de rétablir les faits et de justifier par un écrit public ces actes que le ministère ne défendait que faiblement. Le maréchal lui-même ne voulut pas laisser le colonel sans appui : « J'étais à Châtillon, dit-il, occupé de mes affaires, approuvant complétement les assertions de Fabvier, toutes entièrement vraies, mais bien tourmenté par l'idée de le voir se mettre en avant pour défendre mes actes, et se battre pour moi, tandis que je restais à l'écart. » Il eut l'idée alors d'écrire une lettre au duc de Richelieu, président du Conseil, en le prenant à témoin des faits et en lui rappelant ce que le Gouvernement savait bien; il fit en sorte que cette lettre imprimée fût répandue dans tout Paris au moment même où elle était remise au ministre. Il en résulta tout un éclat qui finit par une disgrâce momentanée et une défense de paraître à la Cour.

En 1820, comme major général de la Garde royale, il faisait vigoureusement son devoir en déjouant la conspiration militaire du mois d'août, dont le capitaine Nantil était l'âme. Il se montra en même temps humain et moral, fidèle à ses principes de Lyon, en insistant pour qu'on prévînt la conspiration une fois connue, au lieu de la laisser à demi éclater comme quelques ministres l'auraient voulu

Vers ces années, pour se consoler des injustices de l'opinion publique à son égard, se sentant peu de goût d'ailleurs pour tout ce qui se pratiquait à la Cour, et croyant aussi qu'il était séant à une époque de paix d'inaugurer le rôle d'une espèce de grand seigneur industriel, il conçut l'idée de fonder dans sa terre de Châtillon un vaste établissement où il assemblerait toutes les industries, et moyennant lequel il doterait son pays des innovations utiles en tous genre. Ici il est permis de dire que, malgré les connaissances scientifiques très-étendues du maréchal et ses talents d'exécution, il aurait eu besoin de quelque contre-poids et de quelque contrôle. Son imagination, en ces matières, lui faisait tableau, et il était incapable par lui-même de ces lentes économies de détail qui seules assurent le succès des grandes entreprises particulières. D'autres ont profité pourtant de cette initiative libérale, dont il n'a recueilli que les embarras et les ennuis; et il est arrivé que les débris mêmes de son naufrage ont été pour Châtillon des bienfaits. Son existence toutefois s'en ressentira dans sa liberté d'action et son indépendance.

Envoyé pendant l'été de 1826 à la Cour de Russie pour y assister en qualité d'ambassadeur extraordinaire au couronnement de l'empereur Nicolas, il a laissé dans cette ambassade de quatre mois, tant à Moscou qu'à Pétersbourg, des souvenirs qui n'ont pas seulement ébloui les yeux, mais qui lui ont conquis une estime durable pour ses qualités personnelles.

Tel, on le voit, tel vivait le duc de Raguse pendant la seconde moitié de la Restauration, oubliant peu à peu ses disgrâces, très-aimé de ses amis, absous et plus qu'absous de tous ceux qui l'approchaient, et qui lisaient à nu dans cette nature vive, mobile, sincère, intelligente, bien française, un peu glorieuse, mais pleine de générosité et même de *candeur* (le mot est d'un bon juge, et je le reproduis); piquant d'ailleurs de parole, pénétrant dans ses jugements, parlant des hommes avec moquerie ou enthousiasme, des choses avec intérêt, avec feu et imagination, parfaitement séduisant en un mot, comme quelqu'un qui n'est pas toujours froidement raisonnable. Sa physionomie était des plus expressives; des sourcils noirs proéminents ombrageaient un œil bleu qui ne cachait jamais ses pensées.

Vers 1828, il songea à rédiger ses Mémoires. Établi à Grandchamp près de Saint-Germain, il repassait en idée ses souvenirs. Quatorze années de réflexions avaient succédé pour lui à l'époque de l'action et des combats. Il se demandait si c'en était fait pour lui de la grande gloire, si l'avenir lui réservait encore quelque occasion, et, comme il le disait amoureusement, « si la Fortune aurait encore pour lui un dernier sourire. » Un moment il crut avoir trouvé ce dernier retour de faveur qu'elle lui devait bien. On parlait de l'expédition d'Alger; bien des personnes en haut lieu paraissaient la croire impossible. On s'adressa à lui comme militaire éminent, et comme ayant eu affaire en Égypte et en Bosnie à des populations barbares et musulmanes. Il eut ordre de se livrer à un travail spécial pour éclairer la question. Il s'enferma avec l'amiral Mackau, réfuta les objections, indiqua les moyens et prépara tout le plan d'une expédition africaine. Il semblait naturellement être désigné pour la commander, et lui-même il se crut nommé jusqu'au jour où il vit le nom du général Bourmont, qui n'avait rien négligé pour le tromper, inséré, au lieu du sien, dans *le Moniteur* (1).

(1) Un ancien officier, attaché à l'état-major de M. de Bourmont,

Le sort lui réservait une autre tâche. Le lundi 26 juillet 1830, il était le matin à Saint-Cloud, où il avait couché comme major-général de service; il se disposait à venir à Paris pour aller à l'Institut (il était membre libre de l'Académie des sciences depuis 1816), lorsqu'un de ses aides de camp le prévint qu'on disait que *le Moniteur* renfermait de graves Ordonnances. Il fit chercher le journal officiel sans pouvoir le trouver à Saint-Cloud : il n'y avait dans tout le château qu'un exemplaire que le roi avait emporté en partant pour la chasse. Le maréchal arriva à Paris, rue de Suresne où il demeurait, et se procura *le Moniteur* chez son voisin le général de Fagel, encore aujourd'hui ministre de Hollande en France. Il jugea ces mesures comme tout homme sensé les appréciait alors; il en parla ainsi à toutes les personnes qu'il vit dans la journée, et à l'Institut même : « Jamais insulte plus grande n'avait été faite au bon sens d'une nation. »

Et j'irai ici au-devant de toute méprise. On est revenu de bien des illusions aujourd'hui, et je continuerai pourtant de parler des Ordonnances de Juillet à peu près comme on en pensait alors. On a vu depuis de grandes mesures de salut, et que les prudents eussent

---

M. d'Ault-Dumesnil, a cru devoir réclamer sur ce point par une lettre insérée dans *le Constitutionnel* du 27 avril 1852. Il allègue que M. de Bourmont, dans la liste de présentation au roi, avait placé le nom du maréchal Marmont en tête. Mais c'est précisément parce que M. de Bourmont faisait montre de cette liste, c'est parce qu'aux questions confidentielles et aux ouvertures du maréchal il répondait : « *Je ne veux pas être nommé; c'est vous que j'appuie et que je propose;* » c'est parce qu'il parlait ainsi, tout en sachant très-bien que le maréchal ne serait pas nommé et qu'il devait l'être lui-même; c'est par toutes ces raisons que j'ai dû m'exprimer sur son compte comme je l'ai fait. Les contemporains les mieux informés, et qui ne se payent pas de réponses officielles, savent très-bien comment l'illusion du maréchal Marmont, que M. de Bourmont favorisait de son mieux, dura jusqu'au dernier instant.

jugées impossibles, réussir et se réaliser. Mais qu'on n'établisse aucun parallèle. En politique, dans ces actes extraordinaires, tout dépend de la manière, du but et du moment. L'habileté, la prévision, le calcul précis, la force et la combinaison des moyens, la vigueur de l'exécution assurent le triomphe : mais il est autre chose encore que le triomphe du jour. Il y a l'effet produit sur le corps social. Dans le traitement des sociétés, il est tout différent d'agir au hasard, sans préparation, sans consulter l'état moral de l'ensemble, ou de tenir compte de ces données générales qu'on dirige et qu'on modifie ensuite, mais qu'on ne supprime pas. Une société qui a épuisé son feu et qui a vu en face les dangers, se présente tout autre qu'une société confiante en la théorie et qui a oublié l'expérience. La société française, en juillet 1830, était dans une situation d'esprit telle que la traiter comme on l'a fait, avec ce mélange de témérité et de légèreté, avec cette absence de connaissance et de crainte, était de la folie. Ce qui ne veut pas dire qu'elle-même alors fût très-sage. Cela dit, je reviens au maréchal Marmont.

Ses amis pourtant commençaient à s'alarmer du rôle imprévu qui pouvait lui échoir dans ce brusque changement de scène. Pour lui, il espérait que la résistance serait légale, qu'il ne serait plus de service au moment où les élections, avec leurs orages, commenceraient, dans les premiers jours de septembre prochain, et il se promettait alors de partir au plus tôt pour l'Italie. Ce lundi, au sortir de la séance de l'Institut, il dîna à Paris (1) et retourna coucher à Saint-Cloud. Le lendemain, mardi au matin, le roi le fit appeler et lui dit : « Monsieur le maréchal, j'apprends qu'il y a quelques

---

(1) Avec deux de ses confrères de l'Académie des ciences, MM. Arago et Champollion, je crois.

rassemblements à Paris. Vous allez vous y rendre pour y prendre le commandement des troupes; vous ferez dissiper les attroupements, et si, comme je l'espère, tout est tranquille ce soir, vous reviendrez coucher à Saint-Cloud. Dans tous les cas, passez chez le prince de Polignac, qui vous donnera des instructions. »

Le maréchal, arrivé à Paris, passa chez le prince de Polignac, à l'hôtel des Affaires étrangères, et c'est là seulement qu'il eut connaissance de l'Ordonnance signée depuis le dimanche, qui le nommait au commandement des troupes de la 1re division.

Marmont, depuis 1814, avait été accusé dans l'opinion pour avoir interprété trop librement son devoir militaire. Étrange retour ! en 1830, il allait être victime pour ce même devoir strictement suivi. « Le maréchal se perd, » dirent ses amis en apprenant cette nomination. Mais il n'est pas un militaire alors qui ne répondît pour lui : « Peut-il faire autrement? »

Au sortir de chez M. de Polignac, il se rendit à l'état-major de la Garde aux Tuileries, où il était vers une heure. Il n'y trouva que l'officier de service, et c'est en ce moment qu'il dut, en ces circonstances critiques, improviser toute une organisation avec des moyens épars que la plus souveraine imprévoyance semblait avoir pris d'avance à tâche d'affaiblir.

On a souvent écrit l'histoire des Journées de Juillet au point de vue parisien et populaire; au point de vue militaire, elle est encore à écrire, et j'ai sous les yeux des documents précieux où je ne puis que glaner (1).

Ce serait aujourd'hui la matière d'un chapitre assez piquant par le contraste, et qu'on pourrait intituler :

(1) Je regrette surtout de ne pouvoir mieux profiter d'un travail qui m'est communiqué par M. le général de La Rue, ancien aide-de-camp du maréchal, et où ce côté de la question est exposé en toute exactitude et précision.

« *Comment il faut s'y prendre quand on veut mal faire un coup d'État.* »

Non-seulement le prince de Polignac s'était mépris sur le chiffre de l'effectif des troupes qui étaient alors à Paris, prenant ce mot d'*effectif* au pied de la lettre sans les déductions considérables qu'il y faut faire ; mais encore la plupart des chefs étaient absents. La Garde royale comptait quatre lieutenants généraux, et tous les quatre se trouvaient absents de Paris pour le moment. La plupart des officiers de la Garde étaient allés par congé aux récentes élections et n'en étaient point revenus ; il y avait des compagnies où il n'y avait qu'un officier présent sur trois. Tout le reste était sur un pied analogue d'incurie et d'imprévoyance. Le maréchal, en arrivant à l'état-major, trouva les troupes dispersées par la ville, comme il arrive quand elles n'ont pas été consignées le matin ; on ne put les prévenir qu'à la rentrée, à la *soupe* de quatre heures. Ce ne saurait être un récit détaillé que je présente ici, et il n'y a que deux points qu'il importerait de constater :

1° Que, comme militaire, le maréchal usa avec force et habileté de tous les moyens incomplets qu'il put réunir ;

2° Que, comme Français et comme homme, il accueillit, il invoqua jusqu'à la dernière heure tous les moyens de conciliation qui étaient en son pouvoir.

Je crois que ces deux points, pour qui désormais examinera en détail et dans un esprit d'entière impartialité, seront résolus en faveur de Marmont.

Le mercredi matin fut l'instant décisif. De très-grand matin, le maréchal, qui ne recevait aucun renseignement de la Préfecture de Police, avait dû envoyer ses officiers d'état-major en bourgeois pour reconnaître l'état de la ville. L'insurrection se généralisait. Il écrivit à sept heures du matin une lettre à Saint-Cloud au roi ;

elle s'égara en chemin. Il en récrivit une autre, qui parvint au roi avant neuf heures. Après avoir rendu compte de l'état de Paris et des dispositions militaires qu'il prenait, il terminait ainsi : « Ce n'est plus une émeute, Sire, c'est une révolution qui se prépare. L'honneur de votre couronne peut encore être sauvé aujourd'hui : demain, peut-être, il ne serait plus temps. J'attends avec impatience les ordres de Votre Majesté. »

L'officier d'ordonnance porteur de cette lettre la remit au moment où le roi allait à la messe; elle ne fut ouverte qu'au retour de la chapelle, et resta sur un tabouret de la galerie pendant tout ce temps. Il n'y fut point fait de réponse.

A neuf heures, ayant réuni en conseil aux Tuileries les généraux de la Garde, le maréchal leur exposa son plan, et il fut décidé qu'on opérerait sur trois colonnes principales, agissant par la ligne des boulevards, par celle des quais, et par le centre jusqu'au marché des Innocents. Mais on était très-préoccupé alors de n'être point agresseur, et il fut dit et redit qu'on dissiperait les rassemblements, qu'on détruirait les barricades, et qu'on ne riposterait au feu que si l'on était attaqué. Le maréchal ajouta : « Vous entendez bien que vous ne devez tirer que si on engage sur vous une fusillade, et *je définis une fusillade non pas quelques coups de fusil, mais cinquante coups de fusil tirés sur les troupes.* »

On est bien revenu depuis de ces délicatesses. Si des politiques étaient tentés aujourd'hui de les trouver excessives, je rappellerai encore une fois que tout est relatif dans ces situations extraordinaires. De telles précautions morales étaient alors nécessaires dans l'état des esprits, et si une transaction avait été possible à quelque moment, comme l'espérait le maréchal, elle ne l'était que moyennant ces ménagements mêmes. Car, ne l'oublions pas, une transaction alors, dans une affaire si mal engagée, était la seule solution possible.

Les généraux et les troupes de la Garde (je ne parle pas des autres) exécutèrent prudemment et vaillamment ce qui leur était commandé. La place de la Bastille, l'Hôtel de Ville, le marché des Innocents, étaient occupés vers une heure; les troupes, après de rudes combats, étaient maîtresses de la situation; mais ce n'était qu'un instant, et, les cinq députés marquants s'étant présentés aux Tuileries pour transiger, il n'y avait pas de temps à perdre, il y avait urgence à les écouter.

M. Laffitte, celui même qui avait parlé si vivement pour les Bourbons le soir du 30 mars 1814 dans le salon du maréchal, rue Paradis-Poissonnière, s'adressant à lui encore, lui dit : « Monsieur le maréchal, nous venons nous adresser à un général qui a le cœur français, pour lui demander de faire cesser l'effusion du sang. » Le maréchal répondit qu'il était prêt à arrêter le feu des troupes si les hostilités cessaient du côté des habitants. Il s'offrit, s'il y avait trêve, à accompagner les députés à Saint-Cloud pour appuyer leurs instances, ne pouvant prendre de lui-même aucun engagement. Comme M. Mauguin commençait à discuter sur l'illégalité des Ordonnances, il l'interrompit en lui disant : « Monsieur Mauguin, quelles que soient les raisons que vous énumériez, j'en pense encore plus que vous n'en direz là-dessus; mais j'ai ici des devoirs militaires à remplir; j'en comprends toute l'étendue, toutes les conséquences, et, dussent la proscription et la mort être pour moi le résultat de ma conduite, je remplirai en homme d'honneur les devoirs militaires qui me sont imposés; — et j'en appelle à mes camarades, Messieurs de Lobau et Gérard, puis-je agir autrement? » — « Non, c'est vrai, » répondirent les deux généraux.

Passant alors dans la pièce voisine où étaient les ministres et M. de Polignac, le maréchal fit tout pour qu'on profitât de ces avances qu'avait amenées l'action très-vigoureuse des troupes, prévenant bien qu'il n'était pas en mesure de renouveler un semblable effort. Rien n'y fit. Le prince de Polignac se refusa à voir les députés, et le maréchal écrivit en toute hâte pour Saint-Cloud une lettre au roi, laquelle fut devancée par une autre qu'écrivit en même temps M. de Polignac.

Cette lettre du maréchal, importante et décisive, fut portée par son premier aide de camp M. de Komierowski. Arrivé à Saint-Cloud avant quatre heures, et introduit par le premier gentilhomme de la Chambre, il remit la dépêche. Le roi la lut, lui adressa quelques questions, et lui dit d'aller attendre la réponse. Comme cette réponse ne venait point, et que l'aide-de-camp sentait le prix des instants, il insista pour qu'on rappelât au roi qu'il attendait. Le premier gentilhomme de la Chambre allégua l'étiquette qui ne permettait point de rentrer si promptement chez Sa Majesté (1). Lorsque l'aide-de-camp fut enfin introduit, le roi lui fit cette seule réponse : « Dites au maréchal qu'il *groupe ses troupes*, qu'il tienne bon, et qu'il agisse *par masses*. »

Il serait pénible de pousser plus loin ce récit qui présenterait jusqu'à la fin les mêmes situations, les mêmes efforts infructueux, les mêmes récidives, avec des chances de moins en moins favorables à chaque minute écoulée. La patience, le sang-froid, le courage du maréchal, son humanité en ces extrémités irritantes, ne se démentirent pas un moment. L'obstination du côté de Saint-Cloud, non plus, ne se démentait pas encore. On sait comment il y fut reçu, les scènes qui l'y accueillirent dans la soirée du 30, cet accès de colère qu'il eut

---

(1) Non pas qu'on prétende que ce premier gentilhomme (le duc de Duras) ait dit en propres termes : « *L'étiquette* s'oppose... » Il suffit qu'il ait répondu : « Monsieur, ce n'est pas l'usage de rentrer si vite chez le roi. »

à essuyer de la part de M. le Dauphin, et dont ce prince lui a demandé ensuite pardon comme chrétien et comme homme. Le maréchal Marmont, voué par la force des circonstances à une cause qui était celle de son devoir bien plus que de son cœur, en accepta sans murmure toutes les conséquences. Dans ce lent voyage de Cherbourg, il maintint jusqu'à la fin l'ordre et un certain décorum militaire dans l'escorte royale : lui qui gardait encore sa cocarde tricolore le 12 avril 1814 à l'entrée de Monsieur dans Paris, il était le dernier maintenant à garder sur la terre de France cette cocarde blanche menacée. Monté sur le même paquebot que Charles X, il quitta le vieux roi en arrivant dans la rade de Portsmouth. Ce prince bienveillant et faible, et qui appréciait avec cœur des services dont il n'avait pas su profiter, lui fit cadeau de l'épée qu'il portait, en lui disant : « Monsieur le maréchal, je vous remets, en témoignage de haute estime, l'épée que je portais quand je voyais les troupes françaises. » Parole qui fait sourire, mais qui est touchante d'intention dans sa modestie même et sa faiblesse.

L'exil, d'où il ne devait point revenir, commençait pour le maréchal Marmont.

Lundi, 19 avril 1852.

LE MARÉCHAL MARMONT

DUC DE RAGUSE.

(Suite et fin.)

L'adversité va achever de nous développer le caractère du maréchal Marmont et nous confirmer dans l'idée que nous en avons pu prendre. Il porta son malheur jusqu'à la fin avec un mélange de dignité, de fierté même, de philosophie et de tristesse, de tristesse au fond, de distraction et de facilité à la surface, et toujours avec honneur. Quels furent ses goûts, ses occupations, l'emploi de ses heures et de ses années dans l'exil? La meilleure justification d'un homme sort de là.

Après n'avoir fait que passer à Londres et en Hollande, il alla à Vienne, et y résida habituellement jusque vers 1843, sauf les voyages qu'il fit dans l'intervalle. A dater de 1843, ce fut plus habituellement à Venise qu'il établit sa vie, sauf encore les absences qu'il aimait à faire à certaines saisons, et une retraite de plusieurs mois à Hambourg pendant les événements de 1848; mais c'est à Venise qu'il est revenu vivre dès 1849, et qu'il est mort.

Et avant tout, pour aborder sans hésitation une question délicate, et qui, soulevée un jour devant lui, fit rougir le front du noble guerrier, mais une question qui est trop chère à la calomnie pour qu'on la lui laisse, je dirai qu'à l'étranger, le maréchal Marmont, privé de ses traitements en France, vivait surtout de sa dotation d'origine et de fondation napoléonienne, datant de l'époque de ses grands services en Illyrie, dotation qui, par suite de la reprise des Provinces Illyriennes, lui avait été légitimement garantie dans les traités de 1814, comme cela arriva à d'autres grands feudataires de l'Empire en ces provinces. Il est donc inexact et faux de dire qu'il ait vécu à l'étranger d'une pension du Gouvernement autrichien : il continua de recevoir une indemnité régulièrement garantie et stipulée par des traités internationaux (1).

Arrivé à Vienne, il y fut l'objet de l'attention particulière et des témoignages d'estime de tout ce qu'il y avait de distingué. Mais, ce qui était fait surtout pour le toucher et ce qui nous intéresse le plus aujourd'hui nous-mêmes, il connut, il vit beaucoup le duc de Reichstadt, le fils de Napoléon, et il fut, dès le premier jour, recherché et considéré par lui. Ce premier épisode de l'exil de Marmont est aussi le plus attachant; c'est dans ses Mémoires qu'il le faudrait lire en entier. M. de Montbel, dans le livre qu'il a consacré à la vie du duc de Reichstadt, en a déjà dit quelque chose.

Le duc de Reichstadt, qui allait avoir vingt ans, élevé avec beaucoup de soin par des hommes instruits qui avaient cultivé en lui ses nobles instincts et qui les avaient fortifiés par des études positives, n'avait encore paru que dans les réunions de la famille impériale et les fêtes de la Cour. C'était le mercredi, 26 jan-

---

(1) Les seules dotations, ainsi respectées, furent celles dont les titres portaient sur des provinces qui, bien que conquises par l'Empereur, avaient été ensuite reconnues dans les traités de paix comme faisant partie de l'Empire français.

vier 1831, qu'il devait faire son premier pas hors de ce cercle et dans le monde proprement dit; il devait assister à un bal donné par lord Cowley, ambassadeur d'Angleterre. Le maréchal Marmont y était invité; il fut prévenu que le jeune prince désirait y causer avec lui. Et en effet, le duc de Reichstadt était à peine arrivé, qu'il s'approcha du maréchal et se félicita de faire la connaissance d'un guerrier qui avait servi avec tant de distinction sous les ordres de son père. Il exprima le désir d'entendre de sa bouche le récit détaillé et méthodique des campagnes d'Italie, d'Égypte et de toutes celles de l'Empire, en un mot « d'apprendre sous lui l'art de la guerre. » Le maréchal lui répondit qu'il serait entièrement à ses ordres. Cette conversation très-remarquée dura une demi-heure. Pendant le bal même, le maréchal s'approcha du prince de Metternich qui s'y trouvait, et voulut savoir, avant de s'engager davantage, si l'on ne voyait aucun inconvénient à une semblable instruction, à cette espèce de cours régulier qui lui était demandé. M. de Metternich répondit qu'il n'en voyait aucun, et qu'il ne demandait autre chose sinon qu'on apprît au fils de Napoléon, sur ces grands événements historiques, la vérité tout entière. Avant la fin de la soirée, le duc de Reichstadt s'approcha une seconde fois du maréchal, et, très-prudent et circonspect de caractère comme il était, il lui dit qu'il serait bon peut-être, avant de commencer, d'en dire un mot à M. de Metternich. Le maréchal lui ayant répondu qu'il était allé au-devant de sa pensée et que rien ne faisait obstacle, il fut convenu de se mettre au travail sans retard, et dès le surlendemain vendredi 28. A dater de ce jour, et pendant trois mois environ, le maréchal eut deux ou trois fois par semaine, les lundis, les vendredis, et quelquefois les mercredis, des conférences régulières avec le jeune prince, depuis onze heures du matin jusqu'à une heure.

Il commença par les débuts de son père, qu'il connaissait depuis le temps de l'École militaire, et depuis Toulon. Il lui raconta dans les moindres circonstances ces aventures premières, ces premiers jeux et triomphes de l'habileté et de la fortune ; il mena cet ordre de récits, sans discontinuer, jusqu'à la fin de la première campagne d'Italie. Le jeune homme écoutait avec anxiété, avec ferveur. Il avait le culte de son père, un culte qui n'était pas seulement la tendresse d'une race civilisée, mais qui tenait de l'ardeur des peuples sauvages ; il avait du Corse en cela. Beau d'ailleurs, remarquable de physionomie, de coup d'œil, de pâleur, de timbre et d'accent, et accusant visiblement aux yeux de tous le sang d'où il était sorti. Il avait cinq pouces de taille de plus que Napoléon ; son front était de son père ; son œil, plus enfoncé dans l'orbite, laissait voir quelquefois un regard perçant et dur qui rappelait celui de son père irrité ; l'ensemble de sa figure pourtant avait quelque chose de doux, de sérieux et de mélancolique. Par le bas du visage il tenait plutôt de sa mère et de sa famille allemande. Mais son teint était particulier et rappelait sensiblement le ton pâle du teint de Napoléon dans sa jeunesse.

Marmont, ramené lui-même à ces temps de splendeur et d'enivrante espérance, lui en exprimait avec feu l'esprit ; il lui parlait de son père, comme il l'avait vu, comme il l'avait aimé alors ; il ne craignit pas d'entrer dans les détails de nature et de caractère : il lui disait que son père avait été bon, avait été sensible, avant que cette sensibilité se fût émoussée dans les combinaisons de la politique ; il lui disait, comme il l'a dit depuis à d'autres, et avec une larme : « Pour Napoléon, c'était le meilleur et le plus aimable de tous les hommes, le plus séduisant, le plus sûr en amitié ; mais l'homme privé était tellement chez lui l'instrument de l'homme politique, que tout ce que l'on a dit de lui, tout ce que j'ai souffert moi-même de l'homme politique, tout cela se concilie avec le sentiment que j'exprime. » Et il avait deux traits singuliers qu'il aimait à citer comme indice et preuve de cette sensibilité première, et si bien recouverte ensuite, de Napoléon. Le premier était du temps de la première guerre d'Italie, et se rapportait à l'époque du traité de Campo-Formio qui brisa l'antique république de Venise. Le général Bonaparte avait en résidence auprès de lui un envoyé du Gouvernement vénitien, nommé Dandolo, non pas de la famille des illustres doges, mais d'une famille bourgeoise de juifs convertis, et qui avaient pris, comme c'était assez l'usage, le nom de leur parrain. Ce Dandolo, homme d'esprit, assez bon chimiste, occupé de sciences, d'améliorations et d'industrie, était une tête très-vive, et parlait avec facilité, abondance et feu. Aussitôt le traité signé, Bonaparte le fit appeler, et lui donna communication des dispositions qu'il renfermait, et desquelles il résultait qu'on sacrifiait Venise. Il lui dit tout ce qu'il put pour l'adoucir et l'amener à comprendre la situation, et il le renvoya à Venise pour préparer ses compatriotes. Mais les esprits ne s'y payèrent pas de ces explications politiques; ils furent saisis d'une soudaine exaspération dans laquelle entra Dandolo lui-même. Le Gouvernement provisoire vénitien décida alors de tout faire pour empêcher le Directoire de ratifier le traité. Il dépêcha à cet effet trois députés, desquels était Dandolo, avec espoir et mission de corrompre les Directeurs à prix d'argent. Bonaparte apprend leur passage à Milan, il envoie Duroc à franc étrier pour les arrêter; on les arrête aux frontières du Piémont; on les ramène à Milan. On peut juger de la violence et de la colère de Bonaparte au premier abord : « J'étais en ce moment dans le cabinet du général en chef, » dit Marmont. Quand il y eut moyen de parler, Dandolo répondit; et cette fois la nécessité, la circonstance extrême, lui inspira des forces et une audace inaccoutumée; il fut noble, courageux, éloquent; il fit résonner avec sincérité les grands mots de *patria*, *libertà;* il les appuya de raisons : « La force de ses raisonnements, sa conviction, sa profonde émotion agirent sur l'esprit et le cœur de Bonaparte, au point de faire couler des larmes de ses yeux. Il ne répliqua pas un mot, renvoya les députés avec douceur et bonté, et depuis il conserva pour Dandolo une bienveillance, une prédilection qui jamais ne s'est démentie. » C'est que ce Dandolo avait fait vibrer certaines fibres secrètes de son imagination et de son cœur.

L'autre trait que Marmont aimait à citer au duc de Reichstadt, et que d'autres encore ont entendu de sa bouche, est plus remarquable. On était à la veille du brusque départ d'Égypte, au moment où Bonaparte allait revenir faire son 18 Brumaire. Le secret du retour était gardé entre très-peu de personnes. Un ancien négociant de Marseille, nommé Blanc, ruiné par le maximum, était venu en Égypte pour rétablir sa fortune, et avait fait l'expédition avec le titre et les fonctions d'ordonnateur des lazarets; mais le mal du pays l'avait pris; il ne rêvait que France et retour; c'était plus qu'une maladie, c'était un délire. Il avait eu vent du départ, et s'était glissé à bord d'un des avisos qui devaient faire partie de l'escadre; mais cet aviso, sur lequel il était monté, ayant reçu ordre précisément de rentrer au port, Blanc se jeta dans une barque et gagna la frégate *la Muiron*, sur laquelle était le général en chef. Il essaya de s'y cacher, mais il fut découvert, amené sur le pont, et il essuya là une bourrasque des plus vives de la part de Bonaparte, qui le traita de déserteur, de lâche, disant que s'il revenait, lui, c'était pour le bien public. Blanc eut beau se jeter à ses pieds, exprimer son désespoir, son besoin d'embrasser sa femme et ses enfants, le général parut impitoyable et donna ordre de le rembarquer et de le remmener à terre. Toute cette scène cependant, les cris et les prières, l'éloquence naturelle et déchirante du fugitif l'avaient ému ; il se promena quelque temps en silence sur le pont et dit à Marmont : « Rappelez-moi cet homme quand nous serons à Paris et que nous pourrons quelque chose. » Or, on était à Paris; le 18 et le 19 Brumaire étaient consommés, et Bonaparte, Consul provisoire, s'installait au Luxembourg. Il y était à peine; il allait dicter un premier ordre; il se retourne vers Marmont et lui dit : « Et notre homme d'Égypte! » Marmont n'avait pas eu le temps d'y penser. Chose étrange! le premier acte de Bonaparte, Consul provisoire au Luxembourg, au 20 Brumaire, fut le rappel de Blanc, et le second acte fut sa nomination comme consul-général à Naples. Les accents de cet homme lui étaient restés dans le cœur, dans l'imagination; oui, il avait peut-être fait vœu, dans son imagination italienne, d'être pitoyable pour cet homme, si la fortune lui souriait à lui-même et si elle couronnait son retour. Il y a de ces superstitions dans les hommes du destin. Quoi qu'il en soit, Marmont citait ces deux traits au fils de l'Empereur comme preuve d'une sensibilité première subsistante avant l'excès de la politique et des combats.

Quand Marmont eut raconté tout d'une suite et d'une teneur au jeune prince l'histoire de son père jusqu'à la fin de la première campagne d'Italie, il passa sans transition à 1814, prenant le récit dans ses deux points les plus saillants et embrassant la destinée dans ses deux extrémités les plus décisives et les plus glorieuses. Le jeune prince comprit à l'instant les grandeurs et les faiblesses de cette dernière campagne de 1814, et par où elle avait manqué; il dit à ce sujet ce mot remarquable, et qui a déjà été cité : « Mon père et ma mère n'auraient dû jamais s'éloigner de Paris, l'un pour la guerre, l'autre pour la paix. »

La curiosité une fois apaisée sur ces parties à la fois les plus classiques et les plus vives, Marmont reprit chronologiquement la suite des campagnes, l'expédition d'Égypte, la campagne de Marengo, celles d'Austerlitz, d'Iéna, de Wagram, de Russie : il recommanda vivement au jeune prince, pour cette dernière, l'Histoire de M. de Ségur, non pas comme l'ouvrage le plus didactique ni peut-être le plus complet militairement, mais comme celui où l'on trouve le plus *la vérité de l'impression*. Il termina cette espèce de cours par un récit des événements de 1830.

Les réflexions du jeune prince se mêlaient sans cesse à celles du maréchal et souvent les résumaient d'une manière heureuse. Souvent aussi, il avait des pensées originales et nées de lui seul. En envisageant ces événements de 1830, le sentiment de sa destinée et de son droit se réveillait en lui comme malgré lui-même. Le droit de la branche aînée, il l'admettait encore ; il reconnaissait jusqu'à un certain point cette légitimité antique et antérieure : mais, à leur défaut, pourquoi d'autres ? « C'est moi qui suis le plus légitime et qui ai le droit, » pensait-il.

Quand ce cours de trois mois fut terminé, le maréchal annonça qu'il n'aurait plus l'honneur de voir aussi régulièrement le prince ; celui-ci lui fit promettre pourtant de revenir aussi souvent qu'il le pourrait. Il l'embrassa et lui envoya, peu de jours après, son portrait : « Le duc de Reichstadt, dit M. de Montbel, y est représenté à mi-corps, assis vis-à-vis du buste de son père, ayant l'air d'écouter avec beaucoup d'intérêt en dehors du tableau. » Au bas, il avait écrit de sa main les vers d'Hippolyte à Théramène :

> *Attaché* près de moi par un zèle sincère,
> Tu me contais alors l'histoire de mon père.
> Tu sais combien mon âme attentive à ta voix
> S'échauffait au récit de ses nobles exploits...

Le premier vers avait été un peu changé et, selon moi, gâté par le prince : il avait substitué le mot *arrivé* au lieu d'*attaché*. L'exactitude du sens l'avait emporté ici sur la grammaire ; c'est la seule faute : mais que de délicatesse et de tact en tout ceci ! Comme son père, il avait un art singulier pour plaire quand il le voulait.

Le maréchal continua de voir le jeune prince de temps en temps ; il lui donnait de bons conseils : le jeune prince, en plus d'un point, les aurait devancés. Il était très-prudent, très-réservé et secret ; il eût même été dissimulé s'il l'avait fallu. Sa nature originelle et les nécessités de sa position l'avaient averti de bonne heure à cet égard. Ceux qui l'ont le mieux connu ont signalé en lui la sagacité extraordinaire du jugement, une connaissance innée des hommes, qui lui faisait deviner ce qu'il n'avait eu ni le temps ni l'occasion d'observer. Son habile médecin Malfatti a curieusement noté en lui ce mélange de maturité et d'enfance, des jugements à la La Bruyère avec des restes d'enfant et d'adolescent. Ces contrastes se voient souvent dans les organisations vouées à une fin précoce. C'est une des méthodes et, pour ainsi dire, des compensations de la nature de hâter ainsi la maturité de ce qu'elle veut moissonner avant l'âge, et de rassembler en quelque sorte tous les développements du moral dans un court espace.

Un jour, l'ancien aide-de-camp du maréchal, M. de La Rue, était allé à Vienne ; le jeune prince s'entretenait avec lui et lui faisait raconter cette circonstance de la guerre d'Espagne, quand les grenadiers de la Garde royale imaginèrent de donner au prince de Carignan, qui servait comme volontaire, les épaulettes de laine, pour le féliciter de sa bravoure à l'attaque du Trocadero. « En Russie, observa tout à coup le jeune homme, quand on veut humilier et punir un général, on le fait soldat : en France, quand on veut glorifier un prince, on le nomme grenadier. » Et faisant un geste, il s'écria : « Chère France ! » Voilà bien l'expansion première qui se trahit dans toute sa jeunesse.

Le même officier, M. de La Rue, au moment de retourner en France, lui dit un autre jour tout naturellement qu'il était prêt à prendre ses ordres pour Paris. Mais ici la méfiance, déjà propre à cette jeune nature, se marqua à l'instant; sa physionomie se ferma : « Mais je ne connais personne à Paris, » répondit-il ; — et après une pause d'un instant : « Je n'y connais plus que la Colonne de la place Vendôme. » Puis s'apercevant qu'il avait interprété trop profondément une parole toute simple, et pour corriger l'effet de cette brusque réponse, il envoya le surlendemain à M. de La Rue, qui montait en voiture, un petit billet où étaient tracés ces seuls mots : « Quand vous reverrez la Colonne, présentez-lui mes respects. »

Au maréchal Marmont, comme à toutes les personnes avec qui il parlait de la France, le jeune prince exprimait l'idée qu'il ne devait, dans aucun cas, jouer un rôle d'aventure ni servir de sujet et de prétexte à des expériences politiques ; il rendait cette juste pensée avec une dignité et une hauteur déjà souveraines : « Le fils de Napoléon, disait-il, doit avoir trop de grandeur pour servir d'instrument, et, dans des événements de cette nature, je ne veux pas être une avant-garde, mais une réserve, c'est-à-dire arriver comme secours, en rappelant de grands souvenirs. »

Dans une conversation avec le maréchal, et dont les sujets avaient été variés, il en vint à traiter une question abstraite ou plutôt de morale, et comparant l'*homme d'honneur* à l'*homme de conscience*, il donnait décidément la préférence à ce dernier, « parce que, disait-il, c'est toujours le mieux et le plus utile qu'il désire atteindre, tandis que l'autre peut être l'instrument aveugle d'un méchant ou d'un insensé. » Se rappelant la conversation qu'il avait eue avec Napoléon avant Leipzig, à Düben, le 11 octobre 1813, et que les événements subséquents avaient gravée en traits brûlants dans son souvenir, le maréchal fut très-frappé de ce qu'il croyait une coïncidence fortuite; mais, comme il en parlait à une personne de la Cour, il sut que le jeune prince avait été informé par elle de cette conversation de Napoléon et des traces qu'elle avait laissées dans le cœur du maréchal. Il avait donc saisi l'occasion de lui être agréable et de réparer l'effet des paroles de son père. Ainsi, c'était de sa part mieux qu'un hasard qui éveillait la superstition, c'était une délicatesse qui méritait la reconnaissance.

Il mourut le 22 juillet (1832), anniversaire de la bataille de Salamanque, « jour deux fois funeste pour moi, » dit le maréchal.

Cet épisode touchant et pieux de l'exil de Marmont achèverait de réfuter, d'effacer les inculpations de 1814, si, après les explications qu'on a vues, elles laissaient encore quelque impression dans les esprits.

Cependant la douce et honorable hospitalité de Vienne ne suffisait pas au maréchal; il se sentait encore des forces, de l'ardeur, une curiosité active; pour la satisfaire, pour tâcher de donner « un nouvel intérêt à son existence, » il conçut le projet d'un grand voyage à travers la Hongrie, la Russie méridionale, jusqu'en Turquie, en Syrie et en Égypte. Il quitta Vienne le 22 avril 1834, et, dans un voyage de près de onze mois, il chercha les distractions sérieuses, un noble emploi de l'intelligence, et cette instruction que la vue des choses nouvelles et des hommes dissemblables ne cesse d'apporter jusqu'à la fin aux esprits restés jeunes et généreux. La puissance de Méhémet-Ali en Égypte était alors l'objet de l'attention des politiques et de la curiosité du monde : c'est par cette étude faite de près et sur les lieux, que le duc de Raguse termina ce voyage, et qu'il put dire en se rendant toute justice : « Il est dans mon caractère de prendre un vif intérêt à ce qui a de la grandeur et de l'avenir. Les vastes conceptions me plaisent, et je m'associe volontiers et d'instinct, par la pensée, aux belles créations, aux grandes entreprises. Sous ce rapport, rien d'aussi remarquable que ce qui se passe en Égypte n'est apparu depuis longtemps. »

L'intérêt de ces sortes de voyages est surtout relatif au temps où ils s'exécutent, et les événements qui surviennent leur ôtent de cette nouveauté et de cet à-propos qui sont leur premier mérite. Cependant les *Voyages* du duc de Raguse, publiés en 1837, et auxquels il ajouta en 1838 un volume sur la Sicile, seront toujours relus avec plaisir et profit par tous ceux qui parcourront après lui les mêmes contrées. Il a le sentiment prompt, facile, l'expression nette et simple, parfois émue. C'est le journal instructif d'un esprit supérieur qui prend intérêt avant tout aux choses de l'administration et de l'organisation sociale, et qui tient à les faire comprendre; mais ces remarques positives et spéciales n'absorbent pas le voyageur, et le récit perd, en avançant, toute sécheresse. L'homme d'ailleurs se montre toujours, et il y a même des moments où l'on entrevoit le peintre. Le maréchal a cette faculté de s'imprégner très-vite de l'esprit et de la couleur des lieux, du génie des races. Il participe aux impressions successives qui naissent du paysage et des souvenirs; lui qui, en Hongrie, avait débuté presque par de la statistique et des chiffres, il devient légèrement mythologique aux environs de Smyrne, homérique à Troie, chrétien en traversant le Liban. Le son des cloches des monastères le dispose par avance à croire et le remue. Le voilà au Jourdain : « Arrivé sur les bords de ce fleuve témoin de tant de saints prodiges, je me plongeai, dit-il, dans ses eaux. Il me semblait qu'en touchant cette terre sacrée, berceau de notre croyance, je commençais une nouvelle vie. » — « Oh ! qu'ils aillent dans la Terre-Sainte, s'écrie-t-il encore, qu'ils entrent à Jérusalem, même avec une foi douteuse, ceux-là qui sont avides de nouvelles émotions; pour peu que leur imagination soit vive, et leur cœur droit et sincère; elles arriveront en foule à leur âme. »

Le talent proprement dit, l'art d'écrire lui vient chemin faisant; il dira à propos des sépulcres restés vides, qui furent construits près de Jérusalem par Hérode-le-Tétrarque : « Alors, comme à présent, il y avait des grandeurs passagères; et des tombeaux promis et élevés ne recevaient pas les cendres qui devaient les occuper. »

Mais c'est l'Égypte surtout qui est le but où tend le voyageur; il y retrouve, en y mettant le pied, les souvenirs présents et les émotions héroïques de sa jeunesse. Ancien gouverneur d'Alexandrie en 1798, il est accueilli par Méhémet-Ali avec distinction, avec une confiance entière, une amitié qui ne se démentira pas, et qui ira le chercher plus tard à Vienne, dans la crise de 1839. Marmont apprécie ce prince remarquable avec équité, avec une haute estime exempte de flatterie; son administration y est jugée, critiquée même, et louée seulement là où il le faut. Ces questions politiques ont aujourd'hui perdu de l'intérêt actuel qui les rendait encore si vivantes il y a douze ans; je ne fais que les indiquer en passant; mais dans ces volumes du duc de Raguse, je voudrais citer pourtant, comme pages durables et dignes d'un moraliste social aussi judicieux que fin, l'appréciation qu'il fait de la race arabe, des *Arabes du Désert*, et des qualités essentielles qui les caractérisent :

« D'abord, dit-il, la patience qu'ils montrent en tout. C'est, en général, une des vertus de ceux qui sont placés en présence de l'immensité : l'homme qui est soumis à l'action d'une force supérieure, accoutumé à reconnaître son impuissance, se soumet facilement à l'empire de la nécessité. Ce sont les obstacles médiocres, les petits intérêts et les petites passions, les difficultés que notre esprit nous représente comme susceptibles d'être vaincues, qui nous irritent : alors l'impatience est comme un redoublement d'action, une exaltation de nos facultés vers le but que l'on veut atteindre. Mais quand l'homme se trouve en face d'une difficulté réelle, disproportionnée avec ses forces, il se résigne ; et si l'expérience lui a enseigné que le temps et un effort réglé et continu sont les seuls moyens du succès, il prend alors l'habitude de la patience, et cette habitude passe dans sa nature. Le Hollandais, devant le puissant Océan, son éternel ennemi, sait qu'il ne peut lutter avec avantage contre lui que par la patience ; qu'un travail momentané est insuffisant pour donner un résultat favorable, tandis qu'un combat de tous les moments finira par le faire triompher, et il souscrit à cette obligation sans en discuter les inconvénients. De même un Arabe, dont la vie se compose de marches dans le Désert, sait que, pour le traverser, il lui faut beaucoup de temps, qu'il doit ménager ses moyens et ses forces ; dès lors les jours s'écoulent à ses yeux sans précipitation ni lenteur, parce que d'avance il les a comptés ; il est entré dans un mouvement dont il a calculé les effets, auquel il s'abandonne avec confiance et tranquillité. Rarement l'approche de la mort cause de l'irritation : nous savons qu'elle a été la condition de notre existence, et l'on envisage l'Éternité du même œil que l'Arabe voit l'entrée du Désert dont il ignore la limite. »

Certes, de tels morceaux d'observateur qui unissent à la fois la finesse et l'élévation, peuvent se citer et tiennent leur place à côté des pages les plus sévères de Volney, ou des plus brillantes de Chateaubriand.

Une remarque qui ne saurait échapper à ceux qui ont lu ces *Voyages*, et qui en ressort sans aucune jactance, c'est à quel point le général Marmont, partout où il se présente, est accueilli avec considération, traité avec estime, et combien, par son esprit comme par ses manières, il soutient dignement à l'étranger la réputation de l'immortelle époque dont il est l'un des représentants. Non, la France ne saurait renier celui qui justifia si bien les grandeurs déjà commencées de l'histoire, et qui montra de sa présence et de sa personne, dans ces diverses contrées du monde où il parut, que la renommée lointaine ne mentait pas.

En 1845, le maréchal publia son *Esprit des Institutions militaires* que j'ai déjà cité plus d'une fois, et dont je n'ai pas à reparler en détail, n'ayant point crédit pour cela. Il dédia ce petit livre *à l'Armée*, dans cette allocution où son âme respire :

« Je dédie mon livre à l'Armée.

« L'Armée a été mon berceau, j'ai passé ma vie dans ses rangs, j'ai constamment partagé ses travaux, et plus d'une fois j'ai versé mon sang dans ces temps héroïques dont la mémoire ne se perdra jamais.

« Parvenu à cet âge où tout l'intérêt et les consolations de la vie sont dans les méditations sur le passé, je lui adresse un dernier souvenir.

« Les soldats, mes compagnons d'armes, réunissaient toutes les vertus militaires. A la bravoure et à l'amour de la gloire, naturels aux Français, ils joignaient un grand respect pour la discipline, et une confiance sans bornes en leur chef, premiers éléments du succès...

« Les soldats d'aujourd'hui marchent dignement sur les traces de leurs devanciers ; et le courage, la patience, l'énergie qu'ils ne cessent de montrer dans la longue et pénible guerre d'Afrique, prouvent que toujours et partout ils répondront aux besoins et aux exigences de la patrie.

« Les premiers étaient l'objet de mes soins les plus assidus et de ma sollicitude la plus vive ;

« Les derniers, tant que je vivrai, auront mes plus ardentes sympathies. »

On remarquera qu'il ne fait aucune allusion aux injustices de tout genre dont il était atteint. En effet, après le premier moment passé, il dédaigna toujours les justifications et les apologies : « Je ne puis paraître vouloir me justifier, disait-il ; je ne veux surtout pas laisser croire que j'en sens le besoin. »

Le Gouvernement de Juillet ne fut jamais bien pour Marmont ; d'anciens camarades maréchaux mirent peu d'empressement et de bonne volonté à le servir. Lui-même, il était incapable de ces ménagements et de ces adresses qu'il aurait fallu avoir pour se faire amnistier. Après le Procès des ministres, et sur l'impression favorable qu'avaient laissée les dépositions des témoins, il aurait, certes, pu rentrer en France : mais il n'était pas homme à y rentrer par la petite porte, et, de la nature qu'il était, il n'y pouvait reparaître que la tête haute. Disons tout : le Gouvernement de Juillet n'était pas, à l'égard de l'opinion, en position de combattre le préjugé populaire qui régnait encore sur les événements de 1814, et particulièrement sur ceux de 1830, dont il était issu. Pour avoir mission et vertu de relever dans la juste mesure le nom de Marmont, il faut être un Bonaparte même : c'est à la lance d'Achille à guérir la blessure.

Le maréchal, qui, en vieillissant, avait gardé tout son feu, sa vivacité d'impression et d'intelligence, vécut assez pour apprendre et juger les derniers événements qui ont changé le régime de la France. Il serait prématuré et peu convenable de détacher ici ces jugements, qui seraient nécessairement tronqués, et qui sembleraient intéressés sous notre plume. Vivant ou mort, il ne faut pas que, de la part du maréchal, une approbation, une louange exprimée dans l'intimité semble venir solliciter une faveur et une grâce; ce serait aller contre sa pensée. Comme on préparait, vers le temps de sa mort, une nouvelle édition de ses *Voyages*, et que l'un de ses amis avait songé que ce pourrait être une occasion de faire appel à la justice, il écrivait (**8 janvier 1852**) :

« En résumé, mon cher ami, je vous le répète, cette publication me fera plaisir, et j'espère qu'elle me donnera quelque jouissance. Je ne suppose pas qu'elle puisse influer sur ma position d'une manière notable. S'il en était autrement, j'en serais bien aise assurément; mais pour rien au monde, à quelque titre que ce soit et de quelque manière que ce puisse être, je ne voudrais pas que ce fût pour moi, ou de la part de mes amis pour moi, l'occasion d'une provocation. »

Ces événements du 2 Décembre, qu'il jugeait en homme qui considère avant tout le salut de la société européenne et celui de la patrie, et qui croit « que la civilisation ne marche d'une manière utile et prompte que lorsqu'elle est l'effet de la volonté du pouvoir, » contribuèrent pourtant à précipiter sa fin. Par un sentiment précurseur, et comme il arrive à ceux qui, loin du ciel natal, se sentent décliner et approcher du terme, il nourrissait depuis quelque temps un vif et secret désir de revoir la France. Il crut lire, dans l'avénement et l'affermissement du pouvoir nouveau, un ajournement désormais indéfini de ses espérances : le mal du pays le gagna ; ce cœur si fort fut brisé. Il expira le 3 mars 1852, à neuf heures et demie du matin, au palais Lorédan, à Venise, entouré de soins pieux par les plus nobles amitiés ; il avait soixante-dix-sept ans et sept mois. La maladie dont il mourut, restée assez obscure, paraît avoir tenu aux organes de la circulation et du cœur. Il garda sa présence d'esprit jusqu'aux derniers instants.

Ses restes seuls vont rentrer en France et reposer dans le cimetière paternel de Châtillon, où un tombeau l'attend. Que les haines, s'il en était encore, se taisent ; que les préjugés daignent achever de s'éclairer et de se dissiper ; que la justice et la générosité descendent, au nom de l'Empereur même, sur cette rentrée funéraire du dernier des grands lieutenants de l'Empire ; que les armes de nos soldats l'honorent et la saluent, et il y aura dans le cercueil de Marmont quelque chose qui tressaillera (1).

(1) Le vœu que nous exprimions s'est accompli. Les restes du maréchal Marmont, arrivés à Châtillon-sur-Seine le 3 mai 1852, y ont été reçus avec tous les honneurs militaires dus à son rang, et avec des témoignages unanimes d'affection et de sympathie de la part d'une population qui ne l'avait jamais oublié ni méconnu.

Lundi, 26 avril 1852.

MADAME SOPHIE GAY

La mort nous dicte des sujets d'étude dont quelques-uns sont des devoirs. Un critique qui est, comme nous le sommes, à son poste de chaque semaine, ne saurait laisser passer, sans les saluer, les pertes les plus remarquables que font la littérature et la société. Madame Sophie Gay, morte à Paris le 5 mars dernier, a été une personne de trop d'esprit et trop distinguée dans les Lettres pour être ensevelie en silence. Elle a beaucoup écrit, et, en ce moment, je n'ai guère moins d'une quarantaine de volumes d'elle rangés sur ma table, romans, contes, comédies, esquisses de société, souvenirs de salons, et tout cela se fait lire, quelquefois avec un vif intérêt, toujours sans ennui. Mais madame Gay était bien autre chose encore qu'une personne qui écrivait, c'était une femme qui vivait, qui causait, qui prenait part à toutes les vogues du monde depuis plus de cinquante ans, qui y mettait du sien jusqu'à sa dernière heure. Elle eut, vers le milieu de sa carrière, un bonheur dont toutes les mères qui écrivent ne se seraient pas accommodées : elle eut des filles qui l'égalèrent par l'esprit, et dont l'une la surpassa par le talent. La mère de madame Émile de Girardin présida longtemps aux succès et à la renommée poétique de sa fille; elle en reçut des reflets qui la réjouirent, qui la rajeunirent, et qui ne l'éclipsèrent pas. Quand on voyait madame Gay en compagnie de ses filles, de madame de Girardin et de madame la comtesse O'Donnell, ce qu'il y avait de plus jeune, de plus moderne de façon, de plus élégant en celles-ci, ce que leur esprit avait, si je puis dire, de mieux monté dans son brillant et de mieux taillé par toutes les facettes, ne faisait que mieux ressortir ce qu'il y avait de vigoureux et de natif en leur mère. C'est de ce caractère original, de cette vitalité puissante de femme du monde et de femme d'esprit que je voudrais toucher ici quelque chose, en rapportant madame Gay à sa vraie date, et en indiquant aussi, en choisissant quelques-uns des traits fins et des observations délicates qui distinguent ses meilleurs écrits.

Marie-Françoise-Sophie Nichault de Lavalette, née à Paris, le 1ᵉʳ juillet 1776, d'un père homme de finances, attaché à la maison de Monsieur (depuis Louis XVIII), et d'une mère très-belle, dont la ressemblance avec Mlle Contat était frappante, reçut une très-bonne éducation, une instruction très-soignée, et se fit remarquer tout enfant par la gaieté piquante et la promptitude de ses reparties. A l'une des cérémonies qui accompagnèrent sa première communion, comme elle était en toilette avec une robe longue et traînante qui l'embarrassait, et qu'elle se retournait souvent pour la rejeter en arrière, une de ses compagnes lui dit : « Cette Sophie est ennuyeuse avec sa tête et sa queue. » — « Toi, ça ne te gênera pas, répondit-elle, car tu n'as ni queue ni tête. » Toute la personne même de mademoiselle de Lavalette était celle d'une jolie brune piquante, avec des regards pleins de feu, plus faits encore pour exprimer l'ardeur ou la malice que la tendresse; d'une charmante taille, qu'elle garda jusqu'à la fin, d'une taille et d'une tournure bien françaises. Mariée à un agent de change,

M. Liottier, elle débuta dans le monde sous le Directoire ; elle a rendu à ravir l'impression de cette époque première dans plusieurs de ses romans, mais nulle part plus naturellement que dans *les Malheurs d'un Amant heureux.* Ce fut un moment de grande confusion et de désordre, mais aussi de sociabilité ; la joie d'être ensemble, le bonheur de se retrouver et de se prodiguer les uns aux autres, dominait tout. Un dîner chez madame Tallien, une soirée chez madame de Beauharnais, les Concerts-Feydeau, ces réunions d'alors avec leur mouvement et leur tourbillon, avec le masque et la physionomie des principaux personnages, revivaient jusqu'à la fin sous la plume et dans les récits de madame Gay. Bayle, le grand critique, a remarqué que nous avons tous une date favorite où nous revenons volontiers, et autour de laquelle se groupent de préférence nos fantaisies ou nos souvenirs. Cette date est d'ordinaire celle de notre jeunesse, de notre première ivresse et de nos premiers succès : il se fait là au fond de nous-mêmes un mélange chéri, que rien plus tard n'égalera. La date favorite de madame Gay, quand elle y songeait le moins et qu'elle laissait faire à son imagination, était celle précisément qui répond à la fin du Directoire et au Consulat ; jeune personne sous le Directoire et femme sous l'Empire, voilà son vrai moment, et qui lui imprima son cachet et son caractère, en littérature comme en tout ; ne l'oublions pas.

Au milieu des mille choses qu'une jeune femme, lancée dans le monde comme elle l'était, avait droit d'aimer à cette époque et à cet âge, il en était une que madame Gay mit dès l'abord sans hésiter au premier rang, je veux dire l'esprit, les talents, la louange et le succès qui en découlent. On la voit liée de bonne heure avec tout ce que la littérature et les arts offraient alors de distingué. Excellente musicienne, elle recevait des leçons de Méhul; elle composait des romances, musique et paroles. Le vicomte de Ségur avait pour elle une amitié coquette; le chevalier de Boufflers lui apprenait le goût; mais elle ne s'en tenait pas à des aperçus timides, et, sa nature l'emportant, elle prit bientôt la plume. Le premier usage qu'elle en fit fut d'écrire en faveur de la grande gloire controversée du jour, en faveur de madame de Staël.

Le roman de *Delphine* venait de paraître, et soulevait bien des questions et des querelles. Madame Gay, sous le masque et par une lettre insérée dans un journal, prit parti; elle brisa une lance. Le premier roman qu'on a d'elle, et qui date de ce temps, porte également témoignage de ses opinions et de ses couleurs. *Laure d'Estell,* publiée en l'an X (1802) par Madame ***, en trois volumes, n'est pas un bon roman, mais il y a déjà des parties assez distinguées. Une jeune femme, orpheline et veuve à vingt ans, se retire dans un château, chez sa belle-sœur, pour s'y livrer à son deuil d'Artémise auprès du mausolée de son époux, et s'occuper de l'éducation de sa fille. Elle y trouve, ainsi que dans un château voisin, une société qui lui donne occasion de développer par lettres à une amie ses principes et ses maximes. Madame de Genlis y est fort maltraitée : elle figure dans ce roman sous le nom de madame de Gercourt, sentencieuse, pédante, adroite et flatteuse, visant à une perfection méthodique, fort suspecte de mettre « les vices en action et les vertus en préceptes. » L'héroïne du roman, Laure, s'y félicite de partager l'antipathie de madame de Gercourt « avec deux femmes d'un grand mérite, dont les opinions, dit-elle, ont quelque rapport avec les miennes. » Ces deux femmes sont, la première, madame de Staël, et la seconde, je crois, madame de Flahaut. En contraste de madame de Gercourt et d'un abbé de sa connaissance, qui joue un fort vilain rôle dans le roman, l'auteur place un curé tolérant dans le genre de celui de *Mélanie*, plus occupé de la morale que du dogme : cette morale, il faut en convenir, à l'examiner de près, paraîtrait un peu relâchée, et madame de Genlis, si elle avait répondu, aurait pu prendre sa revanche.

Les scènes mélodramatiques de la fin et les airs de mélancolie, répandus çà et là dans l'ouvrage, sont la marque du temps ; ce qui est bien déjà à madame Gay, c'est le style net, courant et généralement pur, quelques remarques fines du premier volume; par exemple, lorsque Laure dit qu'en se retirant du monde pour vivre à la campagne, partagée entre les familles des deux châteaux voisins, elle avait cru se soustraire aux soins, aux tracas, aux passions, et qu'elle ajoute : « Eh bien ! mon amie, le monde est partout le même ; il n'y a que la différence d'une miniature à un tableau. »

Il y eut là une interruption dans la vie littéraire de madame Gay (1). Mariée en secondes noces à M. Gay, qui devint receveur général du département de la Roër, elle habita durant près de dix ans, tantôt à Aix-la-Chapelle, tantôt à Paris, et vécut pleinement de cette vie d'un monde alors si riche, si éclatant, si enivré. Elle nous a montré et décrit son salon à Aix-la-Chapelle, pendant un voyage qu'y fit Joséphine en revenant des eaux de Plombières, dans l'été de 1804. L'Empereur vint lui-même du camp de Boulogne, où il était alors, faire une apparition dans la ville de Charlemagne. M. Gay réclama l'honneur de loger M. Maret (depuis duc de Bassano). Ce premier commis impérial, labo-

---

(1) Ce roman de *Laure d'Estell* n'avait été écrit et publié par madame Gay que pour venir au secours d'un oncle et d'une tante, M. et Madame B... de L..., qui se trouvaient sans ressources en rentrant de l'émigration, et dans un temps où elle-même n'avait pas encore la fortune qu'elle eut depuis.

rieux, infatigable, donnait chaque nuit, après les représentations du jour, un certain nombre d'heures au travail, mais il trouvait là des veilleurs encore plus infatigables et plus intrépides que lui :

« Lorsque vers deux heures du matin, dit madame Gay, après en avoir donné trois ou quatre au travail, il entendait parler encore dans mon salon, nous voyions s'entr'ouvrir la porte de son cabinet, et il nous demandait s'il n'était pas trop tard pour qu'il vînt causer avec nous. Il me surprenait alors au milieu de ce qu'il appelait mon état-major : c'était un cercle de bons rieurs, de causeurs spirituels, d'artistes, où les aides-de-camp étaient en majorité. »

Elle nous y parle du jeu, qui se mêlait très-bien, assure-t-elle, à la causerie, et qui, tout follement engagé qu'il était, n'était point acharné alors comme aujourd'hui, et ne laissait perdre ni un récit amusant ni un bon mot. Elle se dessine là comme elle restera de tout temps. J'ai lu d'elle de très-spirituels et très-mordants couplets de cette époque, et qui emportaient la pièce, sur des ennuyeux et des ennuyeuses qui n'étaient pas de son monde : on ne les disait que portes closes. Mais elle composait aussi, en ces années, des romances sentimentales très-agréables, que chacun savait par cœur et qu'on applaudissait. Celle de *Mœris*, qui est d'elle, air et paroles, a eu bien de la vogue :

> Mais d'où me vient tant de langueur ?
> Qui peut causer le chagrin que j'ignore ?
> . . . .
> Quoi ! ces bosquets, ces prés fleuris,
> Dont j'aimais tant la fraîcheur, le silence,
> Ces chants d'amour, de jeux suivis,
> Tous ces plaisirs n'étaient que sa présence !...

Demandez à quelqu'une de vos tantes ou de vos mères de vous chanter cela.

M. Gay, homme d'esprit et qui recevait bien, était ami intime d'Alexandre Duval, de Picard, de Lemercier ; madame Gay, qui les connaissait déjà, se trouva plus liée que jamais avec eux tous : ce sont là ses premiers contemporains littéraires. Elle a son originalité de femme parmi eux.

Le second roman de madame Sophie Gay, qui parut avec les seules initiales de son nom, en 1813, est *Léonie de Montbreuse*, et, si j'osais avoir un avis en ces matières si changeantes, si fuyantes, et dans lesquelles il est si difficile d'établir une comparaison, je dirais que c'est son plus délicat ouvrage, celui qui mérite le mieux de rester dans une bibliothèque de choix, sur le rayon où se trouveraient *la Princesse de Clèves, Adèle de Sénanges* et *Valérie*.

Léonie a seize ans; orpheline de sa mère, elle a été élevée au couvent; elle en sort ramenée par son père, M. de Montbreuse, qui va songer à l'établir. En quittant son couvent, où elle laisse une amie indispensable, elle verse « autant de larmes qu'elle en eût répandu si l'on était venu lui dire qu'il y fallait passer un an de plus. » Léonie a l'imagination vive; elle ne conçoit rien de médiocre; elle est de celles qui veulent être des plus distinguées ou complétement ignorées : « Adorée ou indifférente! voilà, dit-elle, tout le secret des chagrins de ma vie. » Arrivée chez son père, Léonie voit une tante, madame de Nelfort, bonne personne, mais très-exagérée, et qui a pour fils un Alfred, joli garçon étourdi, dissipé, un peu fat déjà et lancé dans les aventures à la mode, colonel, je le crois, par-dessus le marché; car la scène se passe dans l'ancien régime et à une date indécise. Madame de Nelfort loue son fils, elle loue sa nièce; M. de Montbreuse, homme prudent, froid, et qui cache sa tendresse sous des dehors réservés, essaye de prémunir sa fille contre ces exagérations mondaines; il lui trace aussi la ligne de conduite qu'il voudrait lui voir tenir avec son cousin Alfred. Mais Alfred paraît; c'est à l'Opéra que Léonie l'aperçoit d'abord; il y est fort occupé auprès d'une élégante, madame de Rosbel ; ou plutôt, tandis que la foule des adorateurs s'agitait autour de la coquette, qui se mettait en frais pour eux tous, Alfred, plus tranquille, « lui parlait peu, ne la regardait jamais, et l'écoutait avec l'air de ne point approuver ce qu'elle disait, ou d'en rire avec ironie :

« Cette espèce de gaieté (c'est Léonie qui raconte) contrastait si bien avec les airs doucereux et flatteurs des courtisans de madame de Rosbel, que personne ne se serait trompé sur le genre d'intimité qui existait entre elle et M. de Nelfort. Cette première remarque, jointe à celle d'une plus longue expérience, m'a convaincue que les femmes sont souvent plus compromises par la froide familiarité de celui qu'elles préfèrent, que par les soins empressés d'un amant passionné. La sécurité de l'un trahit leur faiblesse, l'inquiétude de l'autre n'apprend que son amour. »

Voilà de ces remarques fines, comme madame Gay en avait beaucoup, plume en main. Quand elle causait, elle en avait aussi, mais elles disparaissaient au milieu de ce qu'il y avait de plus actif et de plus animé dans sa personne. On les retrouve plus distinctes quand on la lit.

Pourtant Léonie commence par se piquer d'honneur. Elle a entendu au passage madame de Rosbel la désigner du nom de *petite pensionnaire :* il n'en faut pas plus pour qu'elle en veuille à Alfred d'avoir souri à cette injure, et pour qu'elle débute avec lui par exiger une réparation. Alfred, auprès d'une si jolie cousine, ne demande pas mieux que de réparer ; une fois qu'il a le secret de ce dépit, il reprend aisément ses avantages. Il a l'air de sacrifier madame de Rosbel, et il croit à ce moment préférer Léonie. Dès le premier pas, les voilà engagés tous deux plus qu'ils ne pensent :

« Alfred me plaisait, je crus l'aimer, dit Léonie. Que de femmes sont tombées dans la même erreur ! Ne connaissant l'amour que par récit, le premier qui leur en parle émeut toujours leur cœur en leur inspirant de la reconnaissance ; et, dupes de cette émotion, elles prennent le plaisir de plaire pour le bonheur d'aimer. »

J'omets divers accidents qui engagent de plus en plus la jeune exaltée et l'aimable étourdi. Cependant M. de Montbreuse avait d'autres projets pour sa fille ; il la destinait au fils de l'un de ses meilleurs amis, et dont il était le tuteur : mais elle lui laisse à peine le temps de lui expliquer ce désir ; elle aime Alfred, elle n'aime que lui : *Jamais d'autre!* c'est sa devise. Bref, le mariage est fixé à l'hiver prochain ; Alfred, qui a été blessé à l'armée, a lui-même besoin d'un délai, bien que ce terme de huit mois lui semble bien long. On doit passer ce temps au château de Montbreuse dans une demi-solitude, et s'y éprouver l'un l'autre en préludant au futur bonheur. C'est ici que le romancier fait preuve d'un art véritable ; ces huit mois, destinés à confirmer l'amour d'Alfred et de Léonie, vont peu à peu le défaire, et leur montrer à eux-mêmes qu'en croyant s'aimer, ils s'abusent.

Et tout d'abord Alfred, à peine arrivé au château, trouve Suzette, une fille de concierge, mais élevée un peu en demoiselle, et, en la voyant, il ne peut s'empêcher de s'écrier assez militairement devant Léonie : « Ah! la jolie petite personne ! » —

« Dans ma simplicité, remarque Léonie, je croyais alors qu'un homme bien amoureux ne pouvait parler avec chaleur d'aucune autre beauté que de celle de l'objet de son amour ; mais l'expérience m'a prouvé, depuis, que les femmes seules étaient susceptibles d'un sentiment exclusif ; l'amant le plus passionné pour sa maîtresse n'en est pas moins sensible aux charmes de toutes les jolies femmes, tandis que celle qui aime ne voit que son amant. »

Ce n'est là qu'un commencement : la façon dont cet amour de tête chez Léonie se *découd* chaque jour insensiblement et comme fil à fil est très-bien démêlée. Alfred, dès qu'il se porte mieux, fait des sorties à cheval et court les champs; au retour, il a mille bonnes raisons pour s'excuser :

« En sa présence, dit Léonie, j'accueillais toutes ses raisons, et j'allais même jusqu'à me reprocher de l'avoir accusé; mais, dès qu'il me laissait longtemps seule, je m'ennuyais, et c'est un malheur dont on se venge toujours sur celui qui en est cause, et quelquefois sur ceux qui en sont innocents. »

M. de Montbreuse a beau faire à sa fille de petits sermons sur l'ennui, vouloir lui prouver que chacun s'ennuie dans sa sphère, et que savoir s'ennuyer est une des vertus les plus utiles dans le monde, elle n'en croit rien et trouve un tel héroïsme au-dessus de ses forces de dix-sept ans.

Quand Alfred se décide à rester au château, il ne réussit pas toujours mieux qu'en s'éloignant :

« Son esprit si vif, si gai dans le grand monde, où l'ironie a tant de succès, était d'un faible secours dans une société intime où l'on n'a point envie de se tourner mutuellement en ridicule. C'est là qu'il faut réunir toutes les qualités d'un esprit attachant pour y paraître longtemps aimable. Une bonne conversation se compose de tant d'éléments divers que, pour la soutenir, il faut autant d'instruction que d'usage, de bonté que de malice, de raison que de folie, et de sentiment que de gaieté. »

C'est Léonie, c'est madame Gay qui observe cela, et on ne dit pas mieux. Il y avait donc des moments où Alfred était tout à fait au-dessous de lui-même et des autres, quand ces autres étaient tout simplement un petit cercle de gens instruits et aimables; il le sentait, il en souffrait et en devenait de mauvaise humeur et maussade, par conséquent ennuyeux. Léonie le sentait aussi et en souffrait à sa manière, mais plus profondément : « On est si humilié, remarque-t-elle, de découvrir une preuve de médiocrité dans l'objet qu'on aime, qu'il y a plus de honte que de regret dans le chagrin qu'on en éprouve. »

Un certain Edmond de Clarencey, voisin de campagne,

se trouve là d'abord comme par un simple effet du voisinage ; il cause peu avec Léonie et semble ne lui accorder qu'une médiocre attention ; il accompagne Alfred dans ses courses et lui tient tête en bon camarade. Pourtant, quand il s'aperçoit de ses petits désaccords avec Léonie, il lui arrive une ou deux fois, et sans en avoir l'air, d'y prendre garde et de les réparer. Cette attention imprévue et détournée choque Léonie dès qu'elle s'en aperçoit, presque autant que l'inattention première ; car enfin, s'il entrait au moins quelque générosité dans la conduite de M. de Clarencey ! s'il sacrifiait quelque chose en s'intéressant ainsi au bonheur de son ami ! s'il lui enviait tout bas la douceur d'être aimé !

« Mais rien, nous dit Léonie, ne pouvait m'en donner l'idée, et j'avoue à ma honte que j'en éprouvai de l'humeur. Les femmes, habituées aux éloges, aux protestations de tendresse, ont cela de malheureux qu'elles ne peuvent supporter la pensée d'être indifférentes même aux gens qui les intéressent le moins. Le dépit qu'elles en ressentent les conduit souvent à faire, pour plaire, des frais exagérés qui les compromettent si bien qu'elles ne savent plus comment rétrograder, et bientôt elles se trouvent e.... ées sans avoir le moindre sentiment pour excuse. Je crois que ce... travers de la vanité a fait commettre plus de fautes que toutes les folies de l'amour. »

Ce n'est point ici le cas pour Edmond : Léonie est loin de s'engager avec lui ; mais peu à peu elle le remarque, elle lui en veut, puis elle lui sait gré ; enfin, elle s'occupe de lui, et tout le terrain que perd Alfred, Edmond insensiblement le gagne. Il y a, je le répète, beaucoup d'art et de nuance dans cette seconde partie du roman. Le tout se termine à souhait, puisque cet Edmond n'est autre que le pupille et le protégé de M. de Montbreuse, celui dont Léonie n'avait point d'abord voulu entendre parler, sans même le connaître. Elle finit par l'épouser sans qu'Alfred en souffre trop ; et la morale du roman, cette fois excellente, c'est que, « de tous les moyens d'arriver au bonheur, le plus sûr (pour une jeune fille qui sort du couvent) est celui que choisit la prévoyante tendresse d'un père. »

Dans ce roman gracieux, où il n'entre rien que de choisi et où elle a semé de fines observations de société et de cœur, madame Gay s'est montrée une digne émule des Riccoboni et des Souza (1).

Son troisième roman, *Anatole* (1815), est encore du même ton et a eu peut-être plus de célébrité, bien que je préfère *Léonie*. *Anatole* est de l'espèce des romans-anecdotes dont la donnée repose sur une infirmité ou une bizarrerie de la nature : ainsi, *Ourika* de madame de Duras, *Aloïs* de M. de Custine, *le Mutilé* de M. Saintine. Anatole, *le beau silencieux*, est un sourd-muet de naissance, mais on ne le sait pas d'abord, et c'est là qu'est le secret. Un soir, au sortir de l'Opéra, il sauve la vie de Valentine, de madame de Saverny, qui allait être écrasée sous les pieds des chevaux; lui-même est blessé et disparaît. Celle qu'il a sauvée, jeune veuve, pleine de beauté et d'une rare délicatesse de sentiments, le fait

(1) *Léonie de Montbreuse* était dédiée, dans la pensée de madame Gay, à sa fille madame la comtesse de Canclaux, née du premier mariage. Voici les vers faciles et maternels qu'elle avait écrits en tête de l'exemplaire donné à madame de Canclaux, qui venait de se marier au moment où le roman parut :

A MA FILLE AGLAÉ.

Comme un doux souvenir, accepte cet ouvrage.
Tu sais que pour toi seule il fut imaginé;
Alors que du malheur nous ressentions l'outrage,
    A te distraire il était destiné.
Parfois de ses chagrins tu plaignais Léonie,
Et, sans les imiter, tu riais de ses torts ;
Plus sage en tes projets, sans ruse, sans efforts,
Tu m'as laissé le soin du bonheur de ta vie.
Le choix de cet époux qui devait te chérir
A ma tendresse fut confié par toi-même ;
Je le vois t'adorer presque autant que je t'aime,
Et ce que j'ai rêvé, tu viens de l'accomplir.

chercher sans le découvrir d'abord, et pendant longtemps elle ne le connaît qu'à demi et dans un mystère qui l'empêche d'avoir la connaissance de son infirmité. Quand elle le sait, il est trop tard, elle l'aime; mais, comme bien peu de personnes ont le secret de cet amour, on la croit près d'épouser un chevalier d'Émeranges, fat spirituel, qui jusqu'alors semblait enchaîné par madame de Nangis, belle-sœur de Valentine, et qui lui est devenu infidèle. La jalousie de madame de Nangis, qui se croit sacrifiée à une rivale, produit des scènes assez belles et assez dramatiques, dans lesquelles la pauvre Valentine, poussée à bout par sa belle-sœur, en présence du mari de celle-ci, n'aurait qu'un mot à dire pour écraser la coupable et pour se venger : mais ce mot, elle ne le dit pas, et prend sur elle tous les torts. De son côté, Anatole, le bel Espagnol, doué de tous les talents et de tous les charmes, et à qui il ne manque que la parole, se croit également sacrifié, et il est disposé à s'éloigner pour toujours, lorsqu'un soir, à l'Opéra (car sans Opéra point de roman), Valentine, qui a voulu le revoir, et à qui il croit aller faire du regard un éternel adieu, lui adresse de loin un signe qui veut dire : *Restez !* Il n'ose comprendre, il regarde encore, quand un second signe, toujours dans la langue des sourds-muets, vient lui dire : *Je vous aime.* C'est à étudier cette langue de l'abbé Sicard et de l'abbé de L'Épée que Valentine a consacré ses matinées durant les trois derniers mois : « Lorsque j'ai senti, dit-elle, que rien ne pouvait m'empêcher de l'aimer, j'ai voulu apprendre à le lui dire. »

Cette première veine délicate et nuancée, cette première manière de roman s'arrête pour madame Gay avec *Anatole*, et elle ne la prolongea point au delà de l'époque de l'Empire. En 1818, madame Gay publia le premier volume d'un roman intitulé : *les Malheurs d'un Amant heureux*, et dont elle donna les deux volumes suivants en

1823. C'est censé écrit par une espèce de valet de chambre très-instruit et très-lettré, qui, au besoin, est homme à citer Horace en latin, Shakspeare en anglais, et à avoir lu *Corinne*. Malgré ces invraisemblances, le ton de ce roman, surtout du premier volume, est facile et naturel; c'est le *Gil Blas* de madame Gay, et elle s'y permet sous le masque des traits plus gais, plus vifs, plus lestes si l'on veut, que dans sa première manière. Elle y peint avec assez de naïveté et avec beaucoup d'entrain les mœurs de la société dans sa jeunesse, ce pêle-mêle de grandes dames déchues, de veuves d'émigrés vivants, de fournisseurs enrichis, de jacobins à demi convertis, dont quelques-uns avaient du bon, et à qui l'on se voyait obligé d'avoir de la reconnaissance :

« En vérité, il y a de quoi dégoûter d'une vertu qui peut se trouver au milieu de tant de vices, et il me semble qu'on ne lui doit pas plus de respect qu'à une honnête femme qu'on rencontrerait dans un mauvais lieu. — Soit ; mais c'est encore une bonne fortune assez rare pour qu'on en profite sans ingratitude. »

Les scènes du monde d'alors, les originaux qui y figurent et qu'on y raille, les talents divers qu'on y applaudit, depuis le chanteur Garat jusqu'au républicain Daunou, y sont retracés assez fidèlement, et ce premier tome de roman n'est guère, en bien des pages, qu'un volume de Mémoires. Les volumes suivants, dans lesquels le maître du valet de chambre narrateur est devenu aide-de-camp du général en chef de l'armée d'Italie nous rendent, à travers un romanesque surabondant, quelques échos sentis de cette époque d'enthousiasme et d'ivresse, « où l'on ne voulait pour prix de ses dangers que du plaisir et de la gloire. » Mme Gay, se rejetant en arrière, dirait volontiers avec les guerriers de ces années d'orgueil et d'espérance : « Nous étions jeunes alors ! »

Les femmes, pour peu qu'elles écrivent et qu'elles marquent, portent très-bien en elles le cachet des époques diverses, et, si l'on voulait désigner en leurs personnes les périodes successives de Louis XVI, du Directoire et de l'Empire, de la Restauration et du régime de Louis-Philippe, on arriverait à quelques aperçus de mœurs qui ne tromperaient pas.

Sous Louis XVI, la femme, la jeune femme qui écrit ou qui rêve, est sentimentale, d'un sentimentalisme qui tient à la fois de Jean-Jacques et de Berquin, qui s'embellit de Florian ou de Gessner, et s'enchante de Bernardin. Elle ne pense qu'à élever ses enfants selon les vrais principes, à concilier l'amour et la vertu, la nature et le devoir; à faire dans ses terres des actes de bienfaisance dont elle ne manque pas d'écrire aussitôt le récit, afin de jouir de ses propres larmes, — des larmes du *sentiment*. C'est là l'idéal; un amant, comme toujours, y trouve son compte; mais il faut qu'il se déguise en berger ou en vertueux. Les romans de Mme de Souza (pour prendre un type très-distingué) ont été sinon écrits, du moins rêvés sous Louis XVI.

Sous le Directoire, on est dans un tout autre monde, dans une vogue toute différente. Une belle impudeur y règne, on y affiche des principes hardis, et les moutons, bien qu'il s'en rencontre encore par les chemins, sont en train de disparaître. Avec le Consulat et l'Empire, la femme militaire paraît, celle qui aime franchement la gloire, qui l'admire et qui s'honore de la récompenser; qui a les sentiments en dehors, la parure d'éclat, le front haut, les épaules éblouissantes, l'esprit (quand elle en a) franc, naturel et pas trop compliqué. Comme la société pourtant et le cœur aiment les contrastes, il se mêlera, à cet amour avoué de la gloire et des exploits, des airs de rêverie et de romance.

La Restauration arrive : donnez-lui le temps de s'asseoir et de recueillir son esprit. Dès que cet esprit aura parlé par la voix de quelques écrivains, par le chant de quelques poëtes, vous avez une génération de femmes toutes différentes. A celles-ci il faut des idées avant tout, des sentiments, je ne sais quoi de métaphysique et de raffiné; elles ont lu les *Méditations* de Lamartine, et elles soupirent; elles aiment l'esprit, et elles s'en vantent; elles s'éprennent et se passionnent pour des orateurs; elles sont femmes à se trouver mal si elles ont rencontré, sans être prévenues à l'avance, le grand poëte de leur rêve. De la religiosité, un peu de mysticisme, des nerfs (on n'avait pas d'attaques de nerfs sous l'Empire), un idéal ou libéral ou monarchique, mais où il s'exhale quelque vapeur de poésie, voilà ce qui distingue assez bien la jeune femme de la Restauration. Un observateur physiologiste l'a dit : C'est l'avénement de la femme frêle, à qui un ton de langueur et de pâleur donne plus de prix : elle a remplacé la femme opulente. Les variations du goût s'expriment dans ces types de beauté à la mode. Je ne veux pas dire qu'à toutes ces époques diverses, on fasse des choses bien différentes, mais c'est la manière qui a changé.

Sous le règne de Louis-Philippe, malgré le caractère si moral de la famille régnante, le dirai-je? la jeune femme avait fort dégénéré, ou du moins elle s'était émancipée plus qu'on n'aurait pu croire sous un régime si sage. Il s'était glissé de bonne heure chez elle du Musset, un peu de George Sand, Eugène Sue brochant sur le tout, un peu de socialisme avant l'effroi, avant l'épreuve, *avant la lettre*, me dit un spirituel voisin; un peu de théorie et beaucoup de caprice. Le cigare, ou du moins la cigarette était de mise dans le boudoir. Je ne parle que des lionnes, dira-t-on; mais il y en avait à bien des degrés et à plus d'un étage. Tout cela, déjà, est un peu vieux, c'est de l'ancien régime; les jeunes femmes du régime nouveau s'essaient encore, et je ne les connais plus.

Madame Sophie Gay, par le caractère et par le tour natif, datait de bien avant la Restauration; elle est une des femmes qui avaient le plus d'esprit sous l'Empire; mais, comme il arrive, l'auteur chez elle retardait sur la femme du monde; ce n'est que dans les premières années de la Restauration et dans cette seconde moitié de son âge qu'elle a réalisé la plupart de ses productions littéraires. En avançant, elle s'est appliquée sa̴ns trop d'efforts à les tailler dans la forme du jour, à leur en donner la coupe et la couleur : elle y a réussi. Sans énumérer ici ses nombreux romans, nul, en la lisant, ne devinerait qu'elle fut, par ses débuts, et, je dirai mieux, par son chef-d'œuvre (*Léonie de Montbreuse*), d'une époque si antérieure. Qui a lu *le Moqueur amoureux* (1830), *un Mariage sous l'Empire* (1832), *la Duchesse de Châteauroux* (1834), ne s'est aperçu en rien que ce ne fût pas à un auteur du moment, et du dernier moment, qu'il ait eu affaire. *La Duchesse de Châteauroux*, particulièrement, obtint du succès dans le public; ce n'est que nous autres critiques qui nous sommes dit que c'est un de ces romans trop voisins de l'histoire pour intéresser véritablement les esprits amis du vrai en matière de faits ou en matière de sentiment et de passion. L'auteur, en y mettant, dès les premières pages, de cette érudition dont on est curieux aujourd'hui, est sorti de son genre et de sa nature. Son style aussi, en affectant plus de couleur, s'est tendu par endroits et s'est altéré; il est moins pur qu'autrefois. Ce n'est point dans *Léonie de Montbreuse* que l'auteur aurait dit, en parlant d'une excuse que fit M. de Maurepas, ministre, à madame de La Tournelle (madame de Châteauroux), et que celle-ci repoussa avec dédain : « Cette réponse dédaigneuse fut la *base* de l'inimitié éclatante qui a toujours régné depuis entre le ministre, sa femme et madame de La Tournelle. »

Mais laissons ces détails, et prenons madame Sophie Gay dans l'ensemble de son esprit et de sa carrière. Elle s'était de tout temps beaucoup occupée de théâtre, et plusieurs de ses pièces, soit à l'Opéra-Comique, soit au Théâtre-Français, furent représentées avec un certain succès. On se souvient à la Comédie-Française du *Marquis de Pomenars* (1820). Madame Gay jouait elle-même très bien la comédie en société ; elle aimait à la diriger ; elle était un régisseur excellent. On avait, à cet égard, à profiter de ses conseils : dans une esquisse qu'elle a donnée au salon de mademoiselle Contat, j'ai noté d'elle sur les différentes manières de prendre le rôle d'*Elmire* des remarques pleines de vérité et d'analyse morale.

Les personnes qui, comme madame Gay, vivent jusqu'à la fin et vieillissent dans le monde, sans se donner de répit et sans se retirer un seul instant, échappent difficilement à la longue, et malgré tout l'esprit qu'elles ne cessent d'avoir, à une certaine sévérité ou à une certaine indifférence. Je voudrais, dans les éloges qu'on peut lui accorder, en choisir quelques-uns qui parussent incontestables. Personne éminemment sociable, si elle menait de front trop de goûts à la fois, et qui même se nuisaient entre eux, on doit dire qu'elle ne sacrifiait jamais le goût de l'esprit. Elle en avait en elle un fonds qu'elle n'épuisa jamais. Il était impossible qu'une conversation dont elle était tombât dans le nul ou dans le commun ; toujours elle la relevait par une saillie, une gaieté, un trait d'ironie ou de satire, ou même un mot d'une douce philosophie. Vers la fin, elle promettait quelquefois à ses amis qu'elle irait mourir chez eux : « Je ne veux pas que *cette demoiselle* (disait-elle de la mort) me trouve seule. » Ne lui demandez pas dans ses jugements cet esprit de justesse et d'impartialité qui prend sa mesure dans les choses mêmes et qui rend à chacun ce qui lui est dû. Elle était femme en ce point, et des plus femmes. Elle aimait ses amis et les défendait, et brisait des lances pour eux à l'aventure. Quand elle vous aimait, me dit l'un de ceux qui l'ont connue le mieux, elle vous trouvait des vertus inattendues; de même, que quand elle ne vous aimait pas, elle vous aurait nié des mérites incontestables. Pourtant ses inimitiés ne tenaient pas; son esprit de coterie n'était point exclusif; elle était toujours prête à élargir le cercle plutôt qu'à le restreindre. Elle aimait la gaieté, la jeunesse, les gens d'esprit et ceux qui ont le collier franc. Sa parole, plus forte et plus drue quand elle causait que quand elle écrivait, rappelait parfois le tempérament de certaines femmes de Molière, bien qu'il s'y mêlât plus d'un trait de la langue de Marivaux.

Elle n'était point fatigante de marivaudage pourtant; que vous dirai-je? elle avait des aperçus, des idées, et cela sans jamais prétendre, comme tant de femmes, refaire le monde; elle n'aurait voulu refaire que le monde de son beau temps et de sa jeunesse. Et encore, bien souvent, elle n'y songeait pas; elle acceptait le présent avec émulation, avec philosophie, et les plus jolis vers qu'on a d'elle sont **ceux** qu'elle a faits sur *le Bonheur d'être vieille*.

Chez elle, me disent ceux qui ont eu l'honneur de la voir habituellement, elle était très-aimable, et plus que dans le monde; elle y avait tout son esprit, et de plus celui des personnes qu'elle recevait. Elle les faisait valoir avec une sorte de grâce familière et brusque, qui n'excluait pas un souvenir d'élégance.

Sa vanité n'était point pour elle ni pour ses ouvrages; elle ne la mettait que dans le succès de ses proches, de ses entours; quant à elle-même, qui avait tant produit, elle n'avait point d'amour-propre d'auteur : ce n'était qu'un amateur qui avait beaucoup écrit.

Le monde était pour elle un théâtre et comme un champ d'honneur dont elle ne pouvait se séparer ; elle était infatigable à causer, à veiller, à vouloir vivre. Un jour, ou plutôt une nuit, comme les bougies s'étaient plusieurs fois renouvelées et qu'elle sonnait pour en demander d'autres, le valet de chambre qui était à son service, familier comme les anciens domestiques, alla à la fenêtre, ouvrit brusquement les volets, et le soleil du matin entrant : « Vous voulez des lumières, dit-il, en voilà ! »

Dans ses dernières années, elle passait régulièrement une partie de la belle saison à Versailles ; elle s'y était fait une société et était parvenue à animer un coin de cette ville de grandeur mélancolique et de solitude. Elle y avait trouvé, il est vrai, de bien vifs et spirituels auxiliaires ; il suffit de nommer M. Émile Deschamps.

Ce petit nombre de traits qu'on pourrait multiplier font assez voir à quel point madame Sophie Gay était une personne de vigueur et de nature, une de celles qui payèrent le plus constamment leur écot d'esprit, argent comptant, à la société. Ce qu'il faut ajouter pour corriger ce que l'expression paraîtrait avoir de trop énergique, c'est que quelqu'un qui voudrait faire un livre intitulé : *l'Esprit de madame Sophie Gay*, n'aurait qu'à bien choisir pour le composer d'une suite de bonnes remarques sur le monde et sur les sentiments, d'observations à la fois fines, délicates, naturelles et bien dites.

Lundi, 3 mai 1852.

ARMAND CARREL

Ce qu'était Carrel, tous ceux qui l'ont connu le savent, et il ne leur est pas difficile, par la connaissance qu'ils ont du caractère de l'homme, de s'expliquer les phases différentes de sa destinée. Mais les générations venues depuis sa mort ne savent plus bien ce qu'était ce personnage intrépide et inachevé, si souvent invoqué comme chef dans les luttes politiques, cet écrivain dont il ne reste que peu d'ouvrages et un souvenir si supérieur à ce qu'on lit de lui. Carrel est pour eux tous un nom, une question, déjà une énigme. Qu'aurait-il fait s'il avait vécu, s'il avait assisté au triomphe de sa cause, de ce qui paraissait sa cause? C'est ce qu'on s'est demandé bien des fois depuis quatre ans. Nous n'essayerons pas de répondre ni de rechercher ce qu'il aurait pu être : il nous a semblé pourtant qu'il n'était pas inopportun de rappeler ce qu'il a été.

Il y a deux manières d'aborder Carrel, même en ne portant dans cette étude aucune préoccupation de parti ni aucune passion politique. Il y a une manière plus poétique, plus généreuse peut-être, plus magnifique, qui consisterait à voiler les défauts, à faire ressortir les belles et grandes qualités, à l'en envelopper et à l'en couvrir, à l'accepter selon l'attitude si chevaleresque et si fière dans laquelle il aimait à se présenter à tous, à ses amis, au public, aux adversaires, et dans laquelle la mort l'a saisi. En un mot, je conçois qu'on puisse dire : La statue de Carrel est une statue funèbre ; laissons dans le grandiose de son attitude le gladiateur mourant, sans discuter sa blessure.

Mais il y a un autre point de vue, plus vrai, plus naturel et plus humain, qui, tout en laissant subsister les parties supérieures et de première trempe, permet de voir les défauts, d'entrevoir les motifs, de noter les altérations, et qui, sans rien violer du respect qu'on doit à une noble mémoire, restitue à l'observation morale tous ses droits. Ce dernier point de vue, en n'y entrant d'ailleurs qu'avec discrétion et réserve, est le seul qui nous convienne ici. Et puis, nous n'oublierons jamais que la statue reste debout dans le fond.

Armand Carrel, né à Rouen, le 8 mai 1800, d'une famille de marchands, apporta en naissant l'instinct militaire et je ne sais quoi du gentilhomme. Il fit ses études au lycée de Rouen, d'assez bonnes études malgré ses fréquentes distractions. Il avait une mémoire excellente, et on l'a entendu, en 1828, réciter sans se tromper tout un livre de *l'Énéide* qu'il n'avait pas relu depuis le collége. Sa vocation pour le métier des armes était telle, que son père dut céder à ses instances, et le jeune homme entra à l'École de Saint-Cyr. Il y fut bientôt noté comme mal pensant, c'est-à-dire comme pensant beaucoup trop à ces choses de la Révolution et de l'Empire que la Restauration avait brisées et qu'elle se flattait d'avoir abolies. Un jour le général d'Albignac, commandant de l'École, fit sortir des rangs Carrel sur lequel il avait reçu plus d'un rapport défavorable, et lui dit, ou à peu près : « Monsieur Carrel, on connaît votre conduite et vos sentiments ; c'est dommage que vous ne soyez pas né vingt-cinq ans plus tôt, vous auriez pu jouer un grand rôle dans la Révolution. Mais souvenez-vous que la Révolution est finie. Si vous ne tenez aucun compte de mon avertissement, nous vous renverrons à Rouen pour auner de la toile dans la boutique de M. votre père. » A quoi Carrel répondit : « Mon général, si jamais je reprends l'aune de mon père, ce ne sera pas pour auner de la toile. » Il fut mis aux arrêts pour cette réponse. Cette aune, reprochée ainsi publiquement, lui resta longtemps sur le cœur; pourtant la phrase de début du général d'Albignac : « *C'est dommage que vous ne soyez pas né vingt-cinq ans plus tôt,* » réparait un peu l'impression en lui; l'à-propos de sa propre réponse était fait aussi pour le réconcilier avec ce souvenir, et il aimait plus tard à raconter l'anecdote à ses heures de bonne humeur et de gaieté, en imitant le ton de voix et les gestes du général (1).

Entré sous-lieutenant dans le 29e de ligne, Carrel s'y occupait à la fois des détails du métier et de la politique, alors si fervente. C'était le temps des conspirations militaires contre la Restauration (1820-1823); il y trempait, et ses chefs pourtant ne pouvaient s'empêcher

(1) On me raconte un fait antérieur à celui de Saint-Cyr, et qui rentre tout à fait dans le même esprit. C'était à Rouen, dans l'année scolaire 1818-1819, un jour de promenade; au moment de partir, Carrel, un des meilleurs élèves de seconde, essaya de piquer d'honneur ses camarades au sujet d'un châtiment humiliant infligé à l'un d'eux; il exprimait hautement son indignation. M. Lerond, le censeur, lui ordonna de sortir des rangs et lui dit : « Monsieur Carrel, rendez-vous sans retard à la prison; il est vraiment déplorable qu'un élève aussi distingué que vous ait une tête aussi mauvaise; avec les idées qui y fermentent, vous révolutionneriez le collége si on vous laissait faire. » — « Monsieur le censeur, répondit Carrel, il y a de ces idées dans ma tête plus qu'il n'en faut pour *révolutionner votre* collége de Rouen, il y en aurait de quoi révolutionner bien autre chose. » Il y a une anecdote de collége toute pareille qui est racontée par Marmontel, celui de tous les hommes qui ressemblait le moins à Carrel. Ces anecdotes ne valent que ce que le caractère et la destinée de l'homme les font ensuite.

de distinguer ce sous-lieutenant des plus incommodes, comme un jeune officier instruit, studieux et plein d'avenir. Étant en garnison à Marseille, il allait quelquefois à Aix pour y visiter les étudiants et tâcher d'en rallier le plus qu'il pourrait à la bonne cause. Un jour, dans un dîner où il s'était dit des propos de tout sel et de toute couleur comme il arrive entre jeunes gens, Carrel, qui avait laissé passer toutes ces grossièretés, se leva et se mit à débiter avec âme l'Ode sur le vaisseau *le Vengeur*. A l'instant, me dit un des convives, l'esprit de la réunion changea et s'épura, les cœurs s'élevèrent; il avait obtenu ce qu'il désirait. Ce qui frappe chez Carrel en tous temps, c'est la tenue calme, sérieuse, la dignité naturelle qui contrastait avec plus d'un milieu où il se trouva. Prenez-le à l'autre extrémité de sa carrière : il est dans les bureaux du *National*, c'est au lendemain ou à la veille de quelque journée de parti; on lui annonce une députation de *citoyens*; l'un d'eux entre et débute brusquement : « Citoyen Carrel, nous... » — « Donnez-vous la peine de vous asseoir, Messieurs, » dit froidement Carrel avec une politesse marquée. — « Citoyen... » — « Mais asseyez-vous donc, Messieurs, » reprend Carrel en montrant de la main des siéges, et il force, par ce simple accueil, ses interlocuteurs à changer de ton et à se rapprocher du sien.

C'est ainsi que partout il prend et garde sa place : au bivouac, en Espagne, il s'isole et ne permet point la familiarité, sauf à offrir d'échanger un coup de sabre avec l'indiscret qui le dérangera; et là où il n'a plus de sabre, dans les prisons de Toulouse ou de Perpignan, il tient également à distance et en respect la compagnie assez mêlée qui s'y rencontre. Partout où il est, le cercle se fait naturellement autour de lui.

La guerre d'Espagne, entreprise par la Restauration

et tant discutée à l'avance, commençait enfin : c'était une grande épreuve à laquelle l'armée allait être soumise. Carrel, qui espérait bien que l'épreuve tournerait contre ceux qui la tentaient, fut désigné pour rester au dépôt de son régiment, c'est-à-dire pour ne pas faire la campagne : ce n'était véritablement pas une grande injustice. Mais il prit ce prétexte pour envoyer sa démission, et, peu de jours après (mars 1823), il partait sur un bateau-pêcheur pour Barcelone, où il offrait ses services et son épée à la cause constitutionnelle espagnole.

Une quantité de Piémontais, de Polonais, anciens militaires de l'Empire, et un moindre nombre de Français, se trouvaient réunis dans cette ville; ils y furent organisés en légion, sous l'aigle et le drapeau tricolore, par le colonel Pachiarotti, officier piémontais d'un grand caractère, et dont Carrel ne s'est jamais souvenu depuis qu'avec un sentiment profond : il le citait toujours quand il parlait des hommes créés pour commander aux autres hommes. Se battre contre son pays est toujours une chose grave, et Carrel, si délicat en telle matière, dut le sentir autant que personne. Un homme sage, mêlé autrefois à ces guerres de parti, m'indique avec précision le point de conscience resté un peu sensible chez Carrel, et en même temps les circonstances qui triomphèrent de son scrupule. Les comités directeurs avaient dit aux libéraux français qu'ils envoyaient en Espagne : « Vous vous organiserez militairement; vous vous présenterez devant le front de la division française qui vous fera face; vous recevrez sans y répondre le feu de l'avant-garde, qui sera probablement contre vous, mais le gros de l'armée ne tardera pas à se rallier autour de votre drapeau. » C'est ce que firent exemplairement les réfugiés français de la Bidassoa, placés sous les ordres du colonel Fabvier; ils exécutèrent la consigne politique qui leur avait été donnée, et qui conciliait à la fois jusqu'à un certain point les devoirs de l'insurrection et le respect dû à la patrie : ils firent, en un mot, de l'insurrection *passive*. « Ils vinrent sur la Bidassoa agiter inutilement aux yeux de nos soldats des couleurs oubliées, et, avant d'enterrer ce drapeau qui trompait leurs espérances, ils crurent lui devoir cet honneur d'être encore une fois mitraillés sous lui. » C'est Carrel qui parle de la sorte. Quant à lui, qui probablement eût fait de même s'il se fût trouvé avec eux, il se vit, en débarquant en Catalogne, jeté dans un groupe tout différent ; il y rencontra des militaires la plupart étrangers, bien qu'ayant fait partie autrefois des armées de l'Empire, des Italiens, des Polonais, qui n'étaient liés par aucun scrupule envers la France du drapeau blanc. Son instinct de guerre le poussait à entrer dans leurs rangs : la peur de paraître avoir peur l'y obligeait. Le point d'honneur que nous retrouverons si souvent, et quelquefois si fatalement, dans sa vie, passa donc ici avant cette grande loi, la plus sûre de toutes, qui prescrit de ne point porter les armes contre son pays, dût-on faire le sacrifice de quelques-unes de ses idées. En repoussant avec indignation le nom de transfuge, il acceptait le nom de réfugié ou même d'*émigré français* pour cette époque de sa vie. Il résulta toujours de cette situation personnelle et du sentiment très-chatouilleux qu'elle avait créé en lui, une assez grande indulgence, plus grande qu'on ne l'aurait attendue de sa part, dans ses jugements sur les émigrés de couleurs différentes, pourvu qu'ils fussent braves et gens d'honneur.

Dans un des articles sur la guerre d'Espagne que Carrel inséra en 1828 à la *Revue française*, il a raconté avec intérêt et vivacité l'épisode de ce petit corps étranger dont il faisait partie, ses combats, ses vicissitudes, et sa presque extermination devant Figuières ; les quelques débris survivants n'échappèrent que grâce à une capitulation généreusement offerte par le général baron de Damas, et qui garantissait la vie et l'honneur des capitulés (16 septembre 1823) : « Quant à ceux des étrangers qui sont Français, était-il dit dans la convention rédigée le lendemain, le lieutenant général s'engage à solliciter vivement leur grâce ; le lieutenant général espère l'obtenir. »

Rentré en France à la suite de cette capitulation avec l'épée et l'uniforme, Carrel se vit arrêté à Perpignan et traduit devant un Conseil de guerre. Le premier Conseil de guerre s'étant déclaré incompétent, il fut traduit devant un second, qui eut ordre de passer outre, et il fut condamné à mort. Là-dessus il se pourvut à la fois en cassation et en révision. Disons vite que l'intention du Gouvernement d'alors ne paraît jamais avoir été que l'arrêt de mort fût exécuté : le baron de Damas, devenu à ce moment ministre de la guerre, croyait pouvoir répondre de la grâce et de la clémence du roi ; mais c'était une grâce, et Carrel, fort de la capitulation et des paroles données, croyait pouvoir réclamer pour lui et pour ses compagnons de fortune un droit. Ici, on le retrouve ce qu'il sera toute sa vie, combattant pied à pied, un peu formaliste, tenant à n'avoir pas eu un tort, retranché dans la question de droit, disputant le terrain comme il aurait pu le faire avec Mina dans les plis et replis des montagnes, tendant la situation au risque de la briser, jouant sa tête en toute témérité et bonne grâce plutôt que de se laisser entamer de l'épaisseur d'un cheveu ; en un mot, si j'ose le dire, à la fois chevaleresque et raisonneur comme le sont certains héros de son compatriote Corneille. Il ne lui suffisait pas d'avoir, en définitive, la vie sauve, il voulait avoir l'honneur sauf comme il l'entendait, et ne rien devoir de plus que ce qui avait été militairement stipulé. Cependant l'intérêt pour lui dans le public était extrême : sa jeunesse, sa fierté, sa constance à souffrir dans la prison, sa tenue ferme et simple aux audiences, son élévation naturelle de langage, ce quelque chose de contenu qu'il eut toujours et qui ne s'échappait que par éclairs, excitaient une sympathie universelle. Ses deux avocats, M. Isambert et M. Romiguières, lui donnaient les meilleurs conseils dans l'intérêt de sa défense et avaient peine à le faire plier. Traduit devant un dernier Conseil de guerre à Toulouse, il s'obstinait à vouloir plaider l'incompétence : M. Romiguières ne l'amena qu'après bien des efforts à un système de défense plus pratique, et il réussit à le faire acquitter (juillet 1824).

Carrel, libre enfin et n'ayant rien abjuré, vint à Paris pour y tenter une carrière ; militaire, il ne pouvait plus songer à l'être ; avocat, il n'avait pas fait sa philosophie et n'était point bachelier. Il n'y avait plus qu'à être homme de lettres, et il le fut, on va voir avec quelle distinction, quoique ce n'ait jamais été pour lui qu'une carrière provisoire en quelque sorte, et en attendant mieux. Il est de ces hommes qui se sentent et même qui paraissent toujours à la gêne par quelque côté, tant qu'ils ne sont pas en plein dans le champ de l'action.

Qu'aurait été Carrel à l'œuvre, et s'il lui avait été donné enfin d'agir et de se produire au grand soleil, comme cela serait arrivé s'il avait vécu douze années de plus? La fortune n'a point permis la réponse à cette question. On ne saurait que la poser, et c'est déjà un honneur pour celui qui la suscite. Il ne lui fut point donné de faire acte dans l'histoire; mais l'histoire du moins le nommera en passant, comme l'un de ceux sur lesquels elle avait droit de compter pour l'avenir.

Carrel ne fut donc qu'homme de lettres, et bientôt journaliste; et, comme tel, sa carrière se partage en deux parties bien distinctes. Il tâtonna, il s'essaya, il ne donna point sa mesure entière de talent tant qu'il ne fut point en chef et maître de tous ses mouvements : c'est sa première période jusqu'en août 1830. La Révolution de 1830, en détachant du *National* MM. Thiers et Mignet, les deux rédacteurs jusqu'alors les plus en vue, démasqua en quelque sorte Carrel. A partir de ce jour, il devint plus hardi, plus content, plus dégagé, à mesure que la responsabilité s'aggravait et qu'elle ne reposait que sur lui seul. Il était évidemment de ceux qui, plus ou moins éclipsés au second rang, ne brillent naturellement qu'au premier. Cette sérénité trop passagère, cette liberté d'allure, dont il fit preuve quelque temps au milieu des luttes de chaque jour, s'altéra de nouveau en lui vers la fin, quand les difficultés de la situation devinrent plus fortes et que les gênes de toutes parts recommencèrent. Nous ne le prendrons aujourd'hui que dans ce que j'appelle sa période d'essai et de tâtonnement.

Mais, à toutes les périodes de sa carrière, et même aux plus brillantes, selon moi, une remarque littéraire est à faire, et elle s'étend sur l'ensemble du jugement. L'homme de plume, chez Carrel, est toujours doublé d'un homme d'épée très-présent, et d'un homme d'action en perspective : seul, l'homme de lettres, si on ne le prenait que par ses phrases écrites, serait un peu inférieur à sa réputation méritée. Je veux m'expliquer plus clairement : si un véritable homme de lettres, bien simple, bien modeste, bien consciencieux, mais étranger à l'action, mais ne sachant ni payer de sa personne, ni représenter en Cour des Pairs ou en Cour d'assises, ni tenir tête aux assaillants de tout genre et de tout bord, ni dessiner sa poitrine avec cette noblesse dans le danger, avait écrit du fond de son cabinet la plupart des choses excellentes que Carrel a écrites (j'entends *excellentes*, littérairement parlant), il ne passerait, selon moi, que pour un bon, un estimable, un ferme, un habile et véhément écrivain; mais il n'eût jamais excité les transports et les ardeurs qui accueillirent les articles de Carrel : c'est qu'avec lui, en lisant et en jugeant l'écrivain, on songeait toujours à l'homme qu'on avait là en présence ou en espérance, à cette individualité forte, tenace, concentrée, courageuse, de laquelle on attendait beaucoup. Écrire, pour Carrel, n'était évidemment que son second rôle (le premier lui manquant); tenir la plume pour lui n'était que sa seconde préférence.

Il lui fallut même quelque effort pour s'y plier. Arrivé à Paris, il fut très-vivement recommandé à M. Augustin Thierry, qui achevait alors son *Histoire de la Conquête d'Angleterre*. M. Thierry l'eut quelque temps pour secrétaire, en voilant ce que ce titre avait d'inférieur par beaucoup d'attentions et de délicatesse. Carrel, à l'école de ce maître, exerça et fortifia ses qualités fermes et précises, et s'accoutuma à ne jamais les séparer de l'idée qu'il se formait du talent. Il composa pour la collection des Résumés historiques deux petites histoires, l'une d'*Écosse* et l'autre des *Grecs modernes* (1825). Dans des cadres si restreints et si commandés, il n'y avait guère d'espace pour déployer d'autres mérites que ceux de la concision et de l'exactitude. Vers le même temps, Carrel donnait quelques articles au recueil intitulé *le Producteur*, et dans lequel les écrivains, disciples de Saint-Simon, sous leur première forme scientifique, essayaient le développement de leurs doctrines. Je lis, dans le numéro 10, un article de Carrel où, à l'occasion d'une brochure de M. de Stendhal (Beile), il relève les légèretés de ce railleur, et venge la doctrine de ses nouveaux amis. Il les justifie du reproche de vouloir matérialiser la société; il y montre les travailleurs comme n'étant pas simplement une classe dans la société, mai la société même : « Le *travail*, dit-il, dont l'ingénieux Franklin fit toute la science du bonhomme Richard, sera le dernier réformateur de la vieille Europe. Les progrès des lumières et du bien-être feront germer des vertus publiques là où il n'y a trop longtemps eu que des vertus privées. » Il ne craint pas d'avancer que Saint-Simon dans cette voie est un précurseur, bien qu'on n'ait point à répondre de toutes ses pensées :

> « Nous avons été précédés dans cette carrière, dit-il, par un publiciste dont nous ne craignons pas de paraître les disciples. Toutefois nous n'avons usé qu'avec une extrême sobriété des pensées échappées à cette âme dévorée du besoin d'être utile. Nous avons distingué celles des *opinions de* Saint-Simon dont l'application est déjà possible, de celles qu'une prévision trop active n'a pu entourer de certitude, et dont la réalisation appartient à une époque beaucoup plus éloignée de nous. Et cependant, c'est de ces dernières que M. de Stendhal s'est toujours servi contre nous. Nous ne nous chargeons pas de répondre à toutes les excellentes plaisanteries lancées par lui contre un homme qu'il faudrait placer au rang des bienfaiteurs de l'humanité, n'eût-il établi qu'une vérité, celle qui nous sert d'épigraphe : « L'âge d'or, « qu'une aveugle tradition a placé jusqu'ici dans le passé, est devant « nous. »

Carrel donna encore dans *le Producteur* quelques autres articles de polémique, et il en fit aussi sur le commerce de la Grèce moderne, à le considérer sous un rapport de régénération politique et morale pour cette nation. Je crois pourtant que ce serait attribuer trop de portée à cette collaboration de sa jeunesse que d'y voir un commencement de doctrine sociale suivie, à laquelle il serait revenu dans sa période républicaine finale. Il y avait dans la pure doctrine saint-simonienne, toute pacifique et industrielle, quelque chose qui était antipathique avant tout à l'humeur guerrière et à la susceptibilité nationale de Carrel. Homme d'occasion et de lutte sur un terrain déterminé, habile à profiter du moindre pli, et sachant en définitive autant que personne combien la *fortune* et l'*humeur* gouvernent le monde, il était disposé par sa nature d'esprit à considérer les conceptions générales comme des rêves. On chercherait vainement dans l'ensemble de ses écrits une idée nouvelle de réformation radicale et un plan d'avenir. Ce n'est qu'un homme d'un sens ferme et d'une logique serrée, défendant pied à pied et au jour le jour le Gouvernement constitutionnel représentatif, d'abord sous forme de monarchie, plus tard sous forme de république. Il répugnait à tout ce qui aurait modifié profondément le rapport des classes, la base des fortunes, l'assiette de l'impôt : les preuves, en avançant, ne manqueront pas.

MM. de La Fayette, d'Argenson et d'autres de la petite Église républicaine de la Restauration, eurent vers ce temps (1826) l'idée de fonder une *Revue américaine*, destinée à faire connaître et, s'il se pouvait, à faire admirer les républiques du nouveau continent, tant celles du Nord que celles du Sud et de l'Équateur. Carrel fut chargé, sous la surveillance des actionnaires, de la rédaction de ce Recueil, qui n'eut, je crois qu'un volume. L'ennui qu'il ressentait de ce travail ingrat fut profond; il ne le dissimulait point à ses amis, et il l'a laissé glisser jusque dans les pages toutes pesantes de matériaux et où l'on chercherait vainement un seul éclair. Voir dans cette rédaction de *la Revue américaine* une preuve de ses opinions républicaines préexistantes, c'est lui prêter une théorie rétroactive. *La Revue américaine* de 1826 fut pour lui une besogne, et rien autre chose.

Il était plus dans sa voie et dans le courant naturel de ses idées quand il composait l'*Histoire de la Contre-Révolution en Angleterre sous Charles II et Jacques II*, publiée en 1827. Ce volume d'histoire pouvait sembler, à cette date, un pamphlet d'allusion et de circonstance. Il est évident, dès les premières lignes, que c'est une leçon à l'usage de la France que l'historien a voulu donner. Ces

Stuarts, ce sont les Bourbons; le rappel de Charles II par Monk, par Ashley-Cooper et le Parlement, c'est le rappel des Bourbons par M. de Talleyrand, par le Sénat et le Gouvernement provisoire. L'imprévoyance des deux côtés est la même : la Déclaration de Bréda, comme la Déclaration de Saint-Ouen, ou comme les promesses venues d'Hartwell qui avaient précédé, est acceptée sur parole; on ne stipule point les droits, on accepte comme octroyé ce qui aurait pu être l'objet d'un contrat. De là, selon l'historien, une position fausse, une lutte prolongée dans laquelle aucun des adversaires ne part du même principe, et qui n'a de solution possible que dans l'expulsion de la branche légitime. L'Angleterre, en détrônant Jacques II et en mettant en sa place Guillaume d'Orange, n'a fait que tirer la conclusion et a fini par comprendre « que, pour conserver la royauté avec avantage, il fallait la régénérer, *c'est-à-dire la séparer du principe de la légitimité.* »

Cette phrase, qui mettait la pensée trop à découvert, et qui indiquait trop nettement pour la France la solution d'Orléans comme le dénoûment naturel de la lutte engagée, était d'abord dans l'Introduction de l'ouvrage; elle fut supprimée, et on fit un carton dans lequel elle ne se retrouve pas. J'ai sous les yeux les deux imprimés.

Ce seul ouvrage déposerait, au besoin, des sentiments et des vœux de Carrel dans cette période de sa carrière : substituer à une royauté *légitime*, et qui se croyait de droit divin, une royauté *consentie*. Ses vœux n'allaient point au delà, et c'était déjà une grande hardiesse aux yeux de beaucoup de ses amis. « Et que mettrez-vous à la place de la monarchie légitime? » lui disait l'un d'eux, tout inquiet aux approches de Juillet 1830. — « Eh! mon cher ami! répondit Carrel, nous mettrons en place la monarchie *administrative*. » Ce n'était qu'une autre version, une variante de ce qu'il disait en 1827 dans l'Introduction de son livre sur la *Contre-Révolution d'Angleterre.*

L'ouvrage, qui est d'un tissu solide et substantiel, fit peu de sensation, malgré ses tendances, et ne méritait pas d'en faire. Il n'a ni éclat ni entraînement ; on y voudrait de la lumière et du relief ; le récit de l'historien n'est pas même clair toujours, à force d'être dense et continu ; c'est à la fois calcul et prudence chez lui jusque dans la hardiesse, et ce sera aussi un procédé habituel involontaire. Napoléon, quand il livrait une bataille, portait ses forces sur un point principal : « *Le nœud de la bataille* est là, » disait-il. On ne voit pas assez dans l'uniformité du récit de Carrel où est le nœud de l'action, et ce qu'il en veut dégager pour l'instruction, sinon pour l'agrément du lecteur. Il semble, durant tout ce livre, n'avoir voulu faire qu'une marche couverte. Il y a d'ailleurs beaucoup de bonnes idées, de bons jugements de détail, bien dits, fermement pensés, et qui sentent le politique. Il dira de Cromwell, au moment où il se saisit du pouvoir, en chassant les *indépendants* :

« Il fut heureux pour l'Angleterre qu'un tel homme prît sur lui la responsabilité d'une violence inévitable, parce que l'ordre vint de l'usurpation au lieu de l'anarchie, et que l'ordre était nécessaire. Partout et dans tous les temps, ce sont les besoins qui ont fait les conventions appelées principes, et toujours les principes se sont tus devant les besoins. »

Ce mot de *besoins* revient trop souvent, ainsi que celui de *nécessités*, de *terrain*, de *résultats*, d'*éléments.* Ces termes abstraits et doctrinaires étaient alors reçus, et je ne les relève chez un des bons écrivains de l'école historique que parce que les chefs de cette école et lui-même se montraient alors des plus sévères contre les écrivains qui appartenaient à l'école qu'on appelait d'imagination, et qu'ils se considéraient par rapport à ceux-ci comme infiniment plus classiques. Mais employer ces termes désagréables et ternes, c'était aussi une manière bien sensible de ne pas être du siècle de Louis XIV (1). Carrel, au reste, dès que sa passion fut en jeu, sut très-bien éclaircir son style et le débarrasser de cette teinte grise qu'il ne revêtait qu'en sommeillant.

Les premiers morceaux très-remarqués de lui furent les deux articles qu'il donna à la *Revue française* (mars et mai 1828) sur l'Espagne et sur la guerre de 1823. Il s'y élevait à des vues générales qui embrassaient toute la politique et la civilisation de ce pays; mais surtout il y exposait la campagne de Mina en Catalogne, et les aventures de la Légion libérale étrangère, avec feu, avec une netteté originale et une véritable éloquence; on sentait qu'il ne manquait à ce style un peu grave et un peu sombre, pour s'éclairer et pour s'animer, que d'exprimer ce que l'auteur avait vu et senti. C'était l'homme d'action qui n'arrivait au style qu'après bien des fatigues et des marches. Mais qu'importe, s'il remportait finalement la victoire? Parlant du beau caractère de ce colonel piémontais Pachiarotti, qui avait succombé devant Figuières dans sa protestation impuissante pour les souvenirs de l'Empire :

« Les choses, disait Carrel, dans leurs continuelles et fatales transformations, n'entraînent point avec elles toutes les intelligences; elles

(1) Voici, par exemple, une phrase obscure de la conclusion : « Or, entre les principes proclamés par la Révolution (d'Angleterre), il fallait distinguer ceux pour lesquels *elle avait entrepris de créer des faits*, et ceux qui n'étaient que *l'expression de faits plus anciens qu'elle*. La nation avait repoussé les *premiers*; les *seconds* étaient ceux que Charles Iᵉʳ n'avait pas voulu reconnaître. » J'ai noté un assez bon nombre de ces obscurités dans les premiers écrits de Carrel, et il en eut de tout temps.

ne domptent point tous les caractères avec une égale facilité, elles ne prennent pas même soin de tous les intérêts; c'est ce qu'il faut comprendre, et pardonner quelque chose aux protestations qui s'élèvent en faveur du passé. Quand une époque est finie, le moule est brisé, et il suffit à la Providence qu'il ne se puisse refaire; mais des débris restés à terre, il en est quelquefois de beaux à contempler. »

L'homme qui s'exprimait de la sorte était déjà un écrivain d'un ordre élevé et n'avait plus qu'à poursuivre.

J'ai omis de dire, parmi les tentatives précédentes de Carrel, qu'il avait essayé avec deux hommes, devenus depuis des administrateurs distingués (1), de fonder une librairie; il y eut commencement d'exécution, mais point de suite.

Sautelet, qui avait pris le même parti et qui y persévérait, ayant recueilli en 1829 les OEuvres complètes de Paul-Louis Courier, demanda à Carrel une Notice qui est un des bons morceaux de la littérature critique de cette époque. En jugeant un homme qui s'était formé seul à l'étude dans la vie des camps, Carrel, pour en donner la clef, n'avait qu'à s'interroger lui-même : mais, au milieu de tous les rapports d'originalité et d'indépendance qu'il pouvait se sentir avec Courier, il y avait un point sur lequel le désaccord était trop vif pour qu'il s'interdît de l'indiquer. Courier, peu zélé de tout temps pour le métier des armes et pour la gloire militaire, avait déserté son poste à l'heure de Wagram. Carrel, à travers tous les égards qu'un biographe doit à son auteur, ne put dissimuler son impression sur ce qu'il appelait cette *équipée*. Il attribuait à la honte secrète qu'en ressentait Courier l'exagération avec laquelle il avait toujours nié, depuis, le génie des héros et des grands capitaines. Combien de théories ne vien-

(1) M. Joubert qui depuis a été directeur de l'octroi de Paris, et M. Mahler, préfet.

nent ainsi qu'en sous-œuvre et après coup, et comme en aide à nos actes passés, à nos faiblesses secrètes! Madame Courier aurait bien désiré que le passage où se trouvait le mot d'*équipée* fût modifié et adouci, et elle visita Carrel : « Je vis là pour la première fois madame Courier, me dit un témoin fidèle, et je n'oublierai jamais ni l'esprit avec lequel elle défendit sa thèse, ni la grâce parfaite de Carrel, maintenant son dire et son jugement. »

Nous avançons lentement avec Carrel; c'est que ce n'est pas un talent littéraire tout simple ni de première venue : c'est un esprit éminent, un caractère supérieur qui s'est tourné par la force des choses aux Lettres, à la politique, qui s'y est appliqué avec énergie, avec adresse, et finalement avec triomphe, mais qui était plus fait primitivement, je le crois, pour devenir d'emblée un des généraux remarquables de la République et de l'Empire. Ce général (s'il l'avait été, en naissant vingt-cinq ans auparavant) aurait certainement écrit tôt ou tard; il aurait raconté ses campagnes, les guerres dont il aurait été témoin et acteur, comme on l'a vu faire à un Gouvion-Saint-Cyr ou à tel autre capitaine de haute intelligence; mais ici, dans l'ordre littéraire ou historique, ce n'est pas seulement ce qu'il a senti et ce qu'il a fait que Carrel doit exprimer; il est obligé d'accepter des sujets qui ne le touchent que par un coin, de s'y adapter, de s'y réduire, d'apprendre l'escrime de la plume, la tactique de la phrase; il y devient peu à peu habile, et, dès qu'un grand intérêt et la passion l'y convieront, il y sera passé maître. Pourtant l'effort longtemps est sensible et comme accusé.

La fondation du *National*, en janvier 1830, allait élargir pour Carrel le nouveau champ d'action et de manœuvre où il essayait de se naturaliser; mais ce ne fut point tout d'abord qu'il s'y sentit à l'aise, et il n'y eut point dès le premier jour ses coudées franches. Il dut subir les conditions un peu inégales de cette association militante dont il avait, assure-t-on, conçu la première idée. MM. Thiers, Mignet et Carrel devaient avoir successivement la direction de la feuille, et les deux premiers, comme plus en vue et plus connus du public, devaient commencer; Carrel ne serait venu comme directeur qu'à sa date, c'est-à-dire en troisième lieu, la troisième année probablement. On a essayé de dire qu'il y avait désaccord de vues politiques dès l'origine entre Carrel et ses deux amis : le plus simple examen, la lecture des articles que Carrel inséra dans le journal durant toute cette année 1830, avant et depuis les événements de Juillet, suffit pour détruire cette assertion. Mais ce qui est vrai peut-être, c'est que l'humeur de Carrel était alors plus ombrageuse et plus difficultueuse que ses principes mêmes. Il souffrait de n'être pas mis tout à fait sur la même ligne que ses deux amis; il en souffrait et vis-à-vis du public et vis-à-vis d'eux-mêmes qui, peut-être, tout en étant et se croyant bons camarades, n'allaient pas assez au-devant de ses susceptibilités cachées. Il semblait admis alors dans les bureaux du *National* que Carrel était très-bon pour faire un article à loisir, à tête reposée; mais, dès qu'il fallait payer de sa plume, c'était M. Thiers qui prenait les devants et qui ouvrait l'attaque. Carrel, comme le font volontiers les gens capables, fiers et un peu bilieux, dont on doute, se retirait d'autant plus et ne se proposait pas : il dut accumuler ainsi bien des mécontentements secrets, qui plus tard s'exhalèrent.

Et puis, médecins, moralistes, vous tous qui ne faites pas des oraisons funèbres, n'oubliez pas ceci : il avait eu précédemment une maladie de foie assez grave, et il en avait gardé de l'irritabilité.

C.

On le trouve très-remarquable cependant, à y regarder de près, dès cette première partie un peu contrainte de sa rédaction au *National* et avant les événements de Juillet, depuis l'article sur la mort de *Rabbe*, qui est dans le premier numéro (3 janvier 1830), jusqu'à celui sur *Vandamme*, qui est du 23 juillet. C'est là que son talent se déclare déjà tout formé dans ce qui le qualifiera proprement, et qu'il est curieux de le suivre. Un exemplaire unique du *National*, dans lequel les noms des auteurs sont indiqués d'une manière authentique au bas des articles (presque tous alors anonymes), me permettra de l'étudier durant ce laps de six mois et de le présenter au public avec certitude.

Mais, auparavant, j'ai à parler d'un article qu'il donna à la *Revue de Paris* en juin 1830, et qui, sous ce titre : *Une Mort volontaire*, contenait des réflexions inspirées par le suicide du jeune et malheureureux Sautelet. Carrel commence en rappelant les vers de Virgile sur le groupe sinistre des suicides : tout ce début de l'article est triste et morne, méditatif, un peu austère, et d'une morale qui, en restant purement philosophique, n'incline pourtant pas trop à l'indulgence. Puis peu à peu la figure de l'infortuné jeune homme apparaît; un rayon de vie descend. Cette physionomie gracieuse et pure, cette jeune tête riante et chauve de Sautelet se dessine avec beaucoup de finesse, et même par moments avec un éclair de gaieté; puis l'analyse reprend, exacte, sévère, presque impitoyable. Pour mieux dégoûter du suicide, l'ami ne craint pas de nous montrer l'impression d'horreur que cause même aux indifférents la vue d'un homme jeune et beau, d'une noble créature qui a ainsi attenté contre elle-même, et qui a tout fait pour dégrader et dévaster son image jusque dans les traits qu'une mort ordinaire et naturelle sait respecter. Il ne craint pas d'étaler ce spectacle épouvantable. Il fait plus, il remonte aux heures qui ont précédé ; il suit le malheureux dans ses derniers instants, dans ses lents préparatifs ; il nous fait assister à la lutte et à l'agonie qui a dû précéder l'acte désespéré ; il y a là une scène de réalité secrète, admirablement ressaisie :

« Quand on a bien connu ce faible et excellent jeune homme, on se le figure hésitant jusqu'à sa dernière minute, demandant grâce encore à sa destinée, même après avoir écrit quinze fois qu'il s'est condamné, et qu'il ne peut plus vivre. Sans doute il a pleuré amèrement et longtemps sur le bord de ce lit où il s'est frappé. Peut-être il s'est agenouillé pour prier Dieu, car il y croyait ; il disait que la création serait une absurdité sans la vie future. Ses mains auront chargé les armes sans qu'il leur commandât presque, et, pendant ce temps, il appelait ses amis, sa mère, quelque objet d'affection plus cher encore, au secours de son âme défaillante. Il était là, s'asseyant, se levant avec anxiété, prêtant l'oreille au moindre bruit qui eût pu suspendre sa résolution ou la précipiter. Une fenêtre légèrement entr'ouverte près de son lit a montré qu'après avoir éteint sa lumière et s'être plongé dans l'obscurité, il avait fait effort pour apercevoir un peu du jour qui naissait et qui ne devait plus éclairer que son cadavre.... Enfin, il a senti qu'il était seul, bien seul, abandonné de tout sur la terre ; qu'il n'y avait plus autour de lui que les fantômes créés par ses derniers souvenirs. Il a cherché un reste de force et d'attention pour ne se pas manquer, et sa main a été sûre.... »

Certes, si jamais une lecture peut dégoûter du suicide une âme mâle et ferme, c'est la lecture de cet article de Carrel. Hélas ! ce qu'il dit là contre le suicide ne pourrait-on pas en partie le dire aussi contre le duel, qui n'est souvent qu'une autre forme de suicide, comme cela fut trop vrai de lui qui écrit et de son cas suprême ?

Dans ces pages de Carrel sur *une Mort volontaire*, il a passé comme un frisson d'épouvante. C'est un bel article, sombre, fier, tendre sans faiblesse, moral sans déclamation, et comme avait seul le droit de l'écrire un homme qui avait sondé la vie et vu plus d'une fois en face la mort. — J'ai suivi jusqu'à présent Carrel un peu au hasard, et je me suis essayé comme lui : j'ai hâte de me recueillir à son sujet et de rejoindre sa vraie ligne, comme il fit bientôt en devenant tout à fait lui-même.

Lundi 10 mai 1852.

ARMAND CARREL

(Suite.)

JANVIER 1830. — MARS 1831.

Je voudrais présenter d'une manière claire et incontestable pour tout le monde la vraie situation de Carrel au *National,* dès l'origine en janvier 1830, et les diverses gradations d'idées, de sentiments et de passions par lesquels il arriva à la polémique ardente et extrême qui a gravé son image dans les souvenirs. On ne doit s'attendre à rencontrer dans cette étude aucune passion ancienne, pas plus qu'aucun appel aux directions sociales si inverses qui ont succédé : je parlerai de ces temps et de ces choses déjà si lointaines comme je parlerais de ce qui arriva en Angleterre sous Jacques II ou sous les ministères de la reine Anne. Je ne tiens qu'à bien faire comprendre et à bien décrire un personnage remarquable, et, malgré les restes de flamme qui peuvent s'attacher à son nom, à le mettre à son rang dans ce monde froid et durable où une critique respectueuse s'enquiert de tout ce qui a eu bruit et éclat parmi les hommes.

Le premier numéro du *National* (3 janvier 1830) contient un court article de Carrel sur Rabbe, ce Méridional mort à quarante-trois ans, qui « était entré dans le monde à la suite de brillantes études, avec un esprit remuant, un caractère intrépide, des passions vives; une belle figure, de l'esprit, du cœur, un geste mâle et parlant, une éloquence noble, hardie, animée, entraînante. » Défiguré en plein visage à vingt-six ans par une horrible maladie qui sentait son moyen âge ou son seizième siècle, il vivait à Paris de sa plume, nécessiteux, fier, ulcéré, s'échappant du milieu de ses besognes commandées en tirades éloquentes, saisi fréquemment d'accès de violence et de rage, envieux, misanthrope, et pourtant généreux par retours, applaudissant encore du fond de son malheur à ce qui annonçait quelque vigueur mêlée d'amertume. Carrel, à cet égard, l'avait séduit et avait réussi à l'apprivoiser. Le jour des funérailles il lui rendit, en cette demi-colonne de journal, un expressif et véridique hommage. Mais on ne sent pas impunément à ce degré de sympathie une nature comme celle de Rabbe. Nous avons vu Carrel débuter en quelque sorte au métier d'écrivain sous les auspices de M. Augustin Thierry, et se former au style net, ferme et sévère; si je voulais exprimer plus complétement encore la qualité de ce style de Carrel à sa formation et au moment où il va se tourner à la polémique, je dirais : Mettez-y une goutte de la bile de Rabbe.

Dans deux articles écrits à l'occasion de l'*Histoire de la Restauration* de M. Lacretelle (24 et 30 janvier 1830), et dans un troisième article écrit à l'occasion des derniers volumes de Bourrienne (10 février), Carrel expose toute sa théorie historique et politique de l'Empire et de la Restauration. L'Empire! à la différence d'une portion de l'école libérale d'alors, il est bien loin de le répudier; il en reconnaît tous les services et, selon lui, tous les bienfaits :

« Nous profitons de ses guerres; nous sommes régis en grande partie par ses institutions. Les lois existaient : il n'y a eu de renversé que le pouvoir qui, ayant fait de bonnes lois, restait placé au-dessus d'elles. La France doit immensément à l'homme qui était tout dans ce temps. Elle a pu se séparer de lui sans ingratitude; elle n'avait été ni insensée ni lâche en consentant à lui obéir. Le 18 Brumaire avait vu commencer non la servitude, mais l'enchantement de tous les esprits. »

Il y a là, dans cet article du 24 janvier, une admirable page d'histoire. Carrel sentait si vivement l'esprit et la grandeur de cette époque et de l'homme qui la personnifiait, il en parlait sans cesse avec tant d'intérêt et d'éloquence, que ses amis Sautelet et Paulin l'avaient engagé à écrire une Histoire de l'Empire. Ce fut longtemps son rêve et finalement son regret; il y revenait en idée dans les derniers temps, à travers les courts et sombres intervalles de réflexion que lui laissaient ses luttes de presse de plus en plus désespérées; c'était à une telle œuvre qu'il aurait aimé à attacher la gloire de son nom. Ces seuls articles que je cite prouveraient que le projet était déjà arrêté et mûri dans sa pensée dès avant 1830.

Sur la Restauration, il a pris son parti; il l'avait pris comme jeune homme passionné dès 1823, et comme homme de tactique depuis 1827. Il croyait que, le principe de l'octroi royal de la Charte étant posé par les uns, contesté par les autres, il n'y avait d'issue que dans un changement et une substitution de branche. Son livre sur la Contre-révolution d'Angleterre en 1827 avait été un mouvement dans ce sens : la manœuvre fut interrompue pendant le ministère Martignac, qu'il n'avait jugé que comme une fausse trêve. Après l'avénement du ministère Polignac, *le National* fut fondé exprès pour reprendre et continuer cette opération de sape, et pour préparer la substitution. Carrel participe en toute occasion à ce plan concerté, et notamment par un article intitulé : *Le livre du Contrat social et la Charte. — La Souveraineté du peuple et les trois Pouvoirs* (18 février). Il tâche d'y démontrer qu'on peut être pour une Charte non octroyée, sans être pour la souveraineté du peuple entendue à la Jean-Jacques. Il cherche à indiquer, indépendamment de toute abstraction, les pouvoirs qui ressortent nécessairement de la société telle qu'elle est depuis la Révolution; il en distingue trois : la royauté, une certaine aristocratie, et le peuple; il les qualifie trois *réalités indestructibles*, et qui sont sorties de l'épreuve de la Révolution même. Le peuple, sans doute, composé de la masse des laboureurs, ouvriers, soldats, marchands, écrivains, est à ses yeux « la plus imposante de ces réalités manifestées par la Révolution; » mais la royauté, de son côté, est une chose essentielle :

« La royauté d'abord! la royauté, ce n'est qu'un homme, qu'une famille tout au plus contre la nation entière; nous le savons. Mais cet homme, si nous le renversons, nous alarmerons toutes les têtes couronnées comme lui : car la royauté chez nous est sœur de toutes les royautés européennes. Nous verrons s'armer contre nous des coalitions qui ne poseront les armes que quand nous les aurons rassurées en rétablissant sinon l'ancien pouvoir royal, au moins quelque chose qui y ressemble. Voilà ce que la Révolution nous a appris quant à la royauté : aussi la place de la royauté est désormais marquée dans toute Constitution qui se fera sur l'expérience de la Révolution. »

Carrel dit quelque chose d'approchant de la seconde réalité, essentielle encore, selon lui, à toute Constitution politique qui dérive de la Révolution bien comprise : ce second pouvoir, c'est une certaine aristocratie, qui tient de l'ancienne noblesse et qui se rapporte assez exactement à la classe des grands propriétaires : « Nous la transformerons en pairie, dit-il, et nous vivrons bien désormais avec elle. »

Cet article, un peu enveloppé à cause du but, est

d'ailleurs plein de sens et fait bon marché des doctrines abstraites ou mystiques en sens inverse, tant de celle du droit divin que de celle des disciples de Rousseau :

> « Que si, croyant nous pousser à bout, vous nous demandez où réside enfin suivant nous *la souveraineté,* nous vous répondrons que ce mot n'a plus de sens ; que l'idée qu'il exprime a disparu par la Révolution comme tant de choses ; que nous ne voyons nulle utilité à la vouloir ressusciter ; que le peuple n'a plus besoin d'être souverain et se moque d'être ou non la source des pouvoirs politiques, pourvu qu'il soit représenté, qu'il vote l'impôt, qu'il ait la liberté individuelle, la presse, etc. ; enfin le pouvoir d'arrêter une administration dangereuse en lui refusant les subsides, c'est-à-dire l'existence même. La source de tous les pouvoirs est dans la bourse des contribuables ; ce n'est pas là du moins une abstraction pour laquelle on puisse s'égorger ; c'est l'invincible bon sens du bonhomme Jacques. »

Ainsi il substitue le bon sens du bonhomme Jacques à la doctrine de Jean-Jacques, et déconcerte par là ses adversaires.

Répondant (9 juillet 1830) au journal anglais le *Times* qui, aux approches du conflit, semblait s'effrayer pour nous et ne croyait pas à la compatibilité du principe monarchique et des idées libérales en France, Carrel nie que le pays ait une tendance républicaine, qu'on aille en France au système américain, ou même à une révolution un peu plus radicale que celle de 1688 en Angleterre. Sa ligne politique, à cette date, est là, et c'est aller plus vite que lui que de la chercher ailleurs.

Mais ce qui est plus fait pour nous intéresser dans ces six premiers mois de la collaboration de Carrel au *National*, ce sont les articles de variétés et de littérature qu'on ne s'attendrait pas à trouver sous sa plume : par exemple sur l'*Othello* de M. de Vigny (22 février), sur l'*Hernani* de M. Victor Hugo (8, 24 et 29 mars). Les romantiques, ceux qu'on qualifiait comme tels alors, rencontrèrent tout d'abord dans Carrel un rude jouteur. On peut croire qu'il choisit bien ses points d'attaque ;

les vers les plus étranges ne lui échappent pas ; il décrit spirituellement, et avec une verve railleuse assez légère, ce public des premières représentations d'*Hernani*, dont nous étions nous-même, public fervent, plein d'espérance et de désir, et qui mettait toute sa force en ce moment à tenter une révolution non pas précisément dans l'État, mais dans l'art. Carrel, qui voulait de l'une de ces révolutions, n'entend pas pour cela vouloir de l'autre ; il nie qu'il y ait aucun rapport entre innover dans les formes de la Constitution, et innover dans les formes du drame. Je me rappelle, à cette époque, une correspondance qui eut lieu entre lui et M. Victor Hugo. Le poëte, à la lecture du premier article de Carrel sur les représentations d'*Hernani*, lui avait écrit une lettre explicative, et dans laquelle il lui rappelait les singulières prétentions des soi-disant classiques du jour ; Carrel y répondit par une lettre non moins développée qui commençait en ces termes : « Je suis pour les classiques, il est vrai, Monsieur, mais les classiques que je me fais honneur de reconnaître pour tels sont morts depuis longtemps. » Dans la critique de l'*Othello* de M. de Vigny, il se faisait fort de prouver « que toute la langue qu'il faut pour traduire Shakspeare est dans Corneille, Racine et Molière. » Mais la seule combinaison de la langue de ces trois hommes ne serait-elle donc pas la plus grande et la plus neuve des originalités? On n'attend pas que je rentre ici dans des discussions épuisées, et dans lesquelles chacun a eu tort et raison tour à tour et sur des points différents. Je ferai une seule remarque qui touche au caractère général de l'homme.

En ces années finales de la Restauration, il y avait un effort dans l'ordre de l'esprit, un essor marqué qui s'essayait en bien des genres. Pourquoi le borner et le restreindre? pourquoi le limiter au domaine historique et politique? pourquoi le railler et, j'ose le dire, le fustiger comme vous le faisiez, en ce qui est de la poésie, au lieu de le favoriser en le conseillant avec sympathie et le dirigeant? On battait les buissons du côté de l'invention, et c'était tant mieux; on s'égarait sans doute en bien des pas, mais on ouvrait aussi des routes. « On ne peut attaquer par trop d'endroits à la fois une production pareille, disait Carrel en concluant sur *Hernani*, quand on voit par la Préface des *Consolations* la déplorable émulation qu'elle peut inspirer à un esprit délicat et naturellement juste. » L'éloge ici rachète certes la critique, et, venant d'un esprit aussi rigoureux, il honore. Mais, dans un article sur les obsèques de Sautelet (16 mai), Carrel lui-même ne disait-il pas, en voulant expliquer l'âme douloureuse de son ami : « La génération à laquelle appartenait notre malheureux ami n'a point connu les douleurs ni l'éclat des grandes convulsions politiques... Mais, à la suite de ces orages qui ne peuvent se rencontrer que de loin à loin, notre génération a été, plus qu'une autre, en butte aux difficultés de la vie individuelle, aux troubles et aux catastrophes domestiques... » Et pourquoi, s'il en était ainsi de cette génération, pourquoi interdire à la sensibilité particulière et sincère son expression la plus naturelle et la plus innocente qui est la poésie lyrique, consolation et charme de celui qui souffre et qui chante, et qui ne se tue pas? pourquoi n'en pas reconnaître l'accent et dans les grands poëtes du temps, dans ceux qui ont fait les *Méditations* et *les Feuilles d'Automne*, et même dans les moindres? Ce caractère restrictif et négatif, à l'article de la poésie moderne, n'est point particulier à Carrel ; il le partageait avec la plupart des hommes de l'école historique et politique ; mais il faut qu'il l'ait ressenti bien vivement pour s'être complu si fort à l'exprimer.

Là où il est sur son terrain, dans l'ordre de sa vocation, et véritablement maître, c'est quand, à propos du

Manuscrit de 1814 *du baron Fain* (25 avril 1830), il parle des choses de la guerre, de l'art et du génie qui y président :

> « Dans une belle opération de guerre, il y a une partie de savoir et de calcul qui n'est pénétrée que par quelques esprits ; mais il y en a une autre qui produit dans toutes les imaginations l'émotion du beau, et qui est toute en spectacle. C'est cette rapidité d'exécution, cette puissance, et pour ainsi dire cette inspiration de mouvement, qui partent de l'instinct supérieur à l'art et presque divin qu'on appelle génie. L'impression de cela est difficile à définir peut-être, mais c'est par elle que les merveilles du plus imposant et du plus désastreux des arts arrachent l'admiration du monde jusque dans les souffrances que la guerre cause. C'est par ce côté visible de son génie que Bonaparte, en tout ce qu'il a fait, s'est donné le peuple même pour juge... »

Il trouve particulièrement tous ces caractères de beauté soudaine et manifeste à la campagne de 1814. Il y montre Napoléon, bien que vaincu, n'y paraissant jamais inférieur à lui-même : « On le vit avec cinquante mille hommes vouloir en enfermer cinq cent mille au cœur de la France, et y réussir presque en les environnant de son mouvement, en trouvant moyen d'être toujours en personne sur leur passage... » *Les environnant de son mouvement,* voilà de ces expressions heureuses et pittoresques comme Carrel en a quelquefois, trop rarement pourtant, eu égard à l'excellent tissu de son style. Il lui manque un peu de ce qu'il a tant blâmé chez les hommes de l'école opposée, *l'imagination dans l'expression.* Mais, quand il la rencontre, elle est chez lui de toute vérité et de toute justesse.

C'est toutes les fois surtout qu'il parle de guerre que l'expression chez lui s'anime et s'éveille : lui qui, lorsqu'il traite des choses constitutionnelles d'Angleterre, dont le département lui était presque dévolu à cause de son précédent ouvrage, est assez terne et sans caractère, il devient lucide, intéressant, quand il parle de l'expédition d'Alger, de l'embarquement des troupes

(18 mai 1830); il se met au-dessus de ses antipathies politiques, il s'élève à un sentiment militaire patriotique, qui confond un moment tous les drapeaux. C'est ce même sentiment d'une générosité presque confraternelle qui lui inspira (21 juillet) les quelques lignes par lesquelles il honora le trépas du jeune Amédée de Bourmont, tué au début de l'expédition, quand, à peu de jours de là, il avait été si inexorable et d'une mémoire si vengeresse contre le père. On remarque encore un article mâle et simple sur Vandamme (23 juillet), qu'il dessine vivement en peu de traits. Vandamme avait commencé par être un chef de compagnie franche, et Carrel remarque finement « qu'il y a toujours eu dans la manière dont il faisait la guerre, aussi bien sous la République que sous l'Empire, du chef de compagnie franche. »

Les Ordonnances du 26 Juillet éclatent, et Carrel, ce jour-là, écrit les quarante lignes de protestation par lesquelles il déclare qu'il n'y a plus qu'une voie de salut offerte à la France, c'est de refuser l'impôt : « C'est aux contribuables maintenant à sauver la cause des lois. L'avenir est remis à l'énergie individuelle des citoyens. » Sa conduite, pendant ces journées de Juillet, fut pleine de fermeté; mais il n'espérait rien de la résistance armée du peuple, et il ne la conseillait pas. Homme de discipline, il croyait que la troupe aurait aisément raison de cette guerre de pavés et de rues. Il l'a confessé bien des fois depuis, en parlant des journées de Juillet : « Nous y étions, nous l'avons vu, nous tous qui en parlons, qui en discutons aujourd'hui; mais soyons de bonne foi, nous n'y avons rien compris. » (31 décembre 1830.) — Et encore : « Celui qui le 26 juillet, aux premiers coups de fusil tirés dans la rue Saint-Honoré, eût assuré que le peuple de Paris pouvait sentir, vouloir, soutenir jusqu'à la mort toutes ces choses, n'eût pas été cru ; on l'eût pris pour un fou, et peut-être il l'eût été, car personne ne pouvait avoir encore les données d'une pareille conviction. » (1er septembre 1830.)

Dès le lendemain du triomphe et pendant la lieutenance générale du duc d'Orléans, M. Guizot, comme ministre de l'intérieur, chargea Carrel d'une mission dans l'Ouest. Cette mission avait pour objet de sonder les dispositions de la Bretagne à l'égard du nouveau Gouvernement, et d'engager les officiers des troupes en garnison dans cette province à lui conserver leurs bons offices. « J'ai entendu M. Guizot, me dit un témoin digne de foi, louer avec chaleur la manière dont Carrel s'était acquitté de sa tâche et les rapports qu'il avait reçus de lui à cette occasion. »

Au retour de sa mission, Carrel apprit qu'il était nommé préfet du Cantal : il refusa à l'instant (29 août). Des circonstances de sa vie intérieure que chacun savait alors, et que ses amis arrivés au pouvoir auraient dû apprécier, le détournaient impérieusement d'accepter des fonctions publiques en province. Il disait plus tard en riant : « Je crois qu'on m'aurait gagné en août 1830 si, au lieu d'une préfecture, on m'avait offert un régiment. » Le mot est joli, et exprime l'homme. Mais, en réalité, il eût suffi, pour le rallier à ce moment, d'une position supérieure, à Paris, et qui ne marquât point de distance injuste entre lui et ses collaborateurs de la veille au *National*. On manqua l'occasion de l'engager. Eût-on réussi jamais à le fixer du côté du Gouvernement ? De l'humeur dont il était, j'en doute fort, à moins qu'il n'eût bientôt espéré d'imprimer de son propre caractère à ce Gouvernement. Mais, dans tous les cas, ses démarches, avec un point de départ si différent, eussent été toutes différentes aussi.

Il se décida donc à rester écrivain, à prendre la rédaction en chef du *National*, et il fit son article de déclaration le 30 août 1830. Pendant le mois écoulé, *le National* avait un peu flotté au hasard, ou plutôt il avait été purement gouvernemental, ce qui lui avait attiré bien des critiques de la part des feuilles plus vives. Carrel commence par bien établir la situation. Il justifie ses collaborateurs de la veille d'être entrés d'emblée dans le Gouvernement : « N'ayant cessé de vouloir, de demander pour la France la *royauté consentie* et telle qu'elle existe aujourd'hui, il serait surprenant, remarque-t-il, que les rédacteurs du *National* n'eussent pu, sans démériter, s'employer à la consolidation de l'édifice dont ils peuvent passer pour avoir jeté les fondements. » Quant à lui, qui reste en dehors du Gouvernement, il n'a qu'à poursuivre dans sa voie :

« *Le National* n'a point de profession de foi à faire ; son avenir est tracé par la conduite qu'il a tenue jusqu'à ce jour ; il est fier d'avoir si manifestement désiré ce qui existe, avant que personne même osât y songer. Le glorieux événement qui a porté au trône la famille d'Orléans est la réalisation de ses plus anciennes espérances. Il ne se tournera point contre un résultat auquel il a contribué de tous ses moyens ; et ce serait travailler contre le nouvel ordre de choses que d'accuser avec amertume l'administration actuelle des embarras inévitables d'une position aussi difficile que la sienne. »

Non-seulement *le National* ne voit point d'opposition à faire, « mais il croit que le mieux est de s'intéresser à cette administration si entravée sur son terrain couvert de débris, de la conseiller, de la pousser avec bienveillance, de la soutenir au besoin contre de ridicules inimitiés. » *Le National* restera donc à la fois favorable au ministère et indépendant : c'est là sa ligne, et c'est le vœu bien sincère alors, on peut le croire, de celui qui écrit. Les engagements et les déviations ne vinrent que pas à pas et successivement sur la pente glissante où il se plaçait, et où, malgré son jarret nerveux, il ne put se tenir.

Car il était, ne l'oublions jamais, l'homme de son humeur : cela perce déjà dans les dernières lignes de cet article tout pacifique et d'expectative; il prévient les questionneurs et adversaires du *National* qu'il ne s'agit plus désormais, dans ces critiques fort déplacées dont il est l'objet, d'attaques collectives : « Ces attaques, dit-il en terminant, ne s'adresseraient désormais qu'à une seule personne, celle qui s'est fait connaître hier pour directeur unique du *National,* et l'on doit s'attendre qu'elles seraient relevées. »

Voilà une pointe d'épée qui s'aperçoit : et combien de fois déjà ne s'était-elle pas montrée à la fin des articles de Carrel! Là est un faible, et qui, transporté de sa vie militaire à sa vie politique, domina toute sa carrière et finit par la briser. Qu'on lise, pour ne citer presque qu'au hasard, la note sur *le Drapeau blanc* (22 janvier 1830), celle sur le *Journal des Débats* (22 février), où les mots de *lâcheté* et de *fausseté* résonnent; la réplique (22 mars) à *la Quotidienne* qui a crié tout haut : *Vous mentez,* et où il est dit : « Ces choses-là s'entendent d'autant mieux qu'on les dit plus bas et de plus près. » Et plus tard qu'on lise encore la réponse au *Constitutionnel* (14 septembre 1830); la réplique au *Messager* (4 janvier 1831), celle au journal *le Temps* (16 et 18 mars 1831). On m'indique un autre démêlé avec le *Journal du Commerce,* dont le rédacteur en chef était des amis de Carrel. Cela, au reste, est perpétuel chez lui. Ce que je relève, ce n'est pas telle ou telle de ces notes, c'est l'habitude et l'intention qu'elles témoignent dès l'origine, de se tenir à la disposition du premier écrivain mécontent, qui demandera raison d'être ainsi châtié et blessé d'une façon si directe. Sans doute il importe que l'écrivain politique sérieux, et celui surtout qui médite une carrière d'action plus haute, se conserve dans son intégrité de bon renom et se fasse respecter. Il y a de plus, dans certaines positions d'avant-garde, comme un surcroît d'honneur et de valeur qui sied à quelques hommes par leurs antécédents, et qui ne saurait faire loi pour tous. La question, qui n'en est plus une, est celle-ci : Carrel n'a-t-il pas abusé de cette susceptibilité d'exception qui lui seyait dans une certaine mesure? Un jour, présidant une réunion des défenseurs des Accusés d'avril, l'un de ces défenseurs, avocat de province, demandait la parole et, ne l'obtenant pas, s'en plaignait assez impérieusement à Carrel, qui se tourna vers lui, et lui dit d'un ton froid et significatif : « *Quand vous voudrez*, Monsieur ! » L'avocat resta court. Ce mot, si bien infligé peut-être dans le cas dont il s'agissait, semblait être devenu trop habituellement la devise de Carrel ; il semblait trop dire à tout venant : *Quand vous voudrez, Monsieur !* et par là il donnait avantage et prise sur lui à quiconque n'aurait pas plus peur que lui.

Et puisque j'ai touché cette corde délicate, mais inévitable, je veux y insister encore. Ce même homme si chatouilleux sur le point d'honneur en ce qui le concernait, et qui laissait voir à l'instant la pointe de l'épée, était le plus conciliant et le plus soigneux quand il se voyait pris pour arbitre par d'autres. On cite plus d'un cas épineux où il parvint à rétablir l'accord. On ajoute que dans ces sortes d'arbitrage, qui d'ordinaire embarrassent et ennuient, il ne s'ennuyait pas; il aimait à prolonger la discussion, à tout balancer, à tenir compte des moindres circonstances en artiste, presque en casuiste : c'était amour de la forme. Au fond, ce qu'il tenait surtout à savoir, c'était si l'on était brave ; quand il vous avait *tâté* et qu'il était sûr de vous, vous étiez sûr, en un point, de son estime. « Ce qu'il exigeait particulièrement de ses amis, de ceux surtout qui pouvaient avoir quelques prétentions politiques, me dit un de ceux qui l'ont le mieux connu, c'était du courage personnel. Avant tout, il voulait savoir si les hommes qui briguaient son affection étaient bien pourvus à cet égard. Si le hasard lui procurait une nouvelle connaissance, il était rare (de 1825 à 1830) que Carrel ne la mît pas à l'épreuve sous ce point de vue. Il engageait alors une discussion plus ou moins vive, et, quand il savait à quoi s'en tenir sur la valeur du néophyte, il mettait un art infini à arranger les choses sans que la dignité de l'un ou de l'autre pût en souffrir. » Encore une fois, tout cela serait charmant et d'une singularité pleine de grâce dans un jeune et brillant militaire qui veut qu'on soit avant tout avec lui de la religion des braves; mais, transposé dans l'ordre de la discussion politique et dans un système qui professait une entière liberté de presse, cela criait et jurait à chaque pas.

Nous n'en sommes qu'au moment où, le 30 août 1830, Carrel ouvre sa campagne nouvelle au *National*, y dirigeant en chef pour la première fois. Rien n'annonce d'abord la vigueur de l'attaque à laquelle il sera prochainement conduit : « Une carrière nouvelle s'est ouverte aux journaux qui voudront être vraiment indépendants. » Sous la Restauration, il n'y avait que la guerre à faire à un pouvoir qui était ennemi par essence : « La véritable indépendance vis-à-vis d'un Gouvernement dont le principe est bon, mais qui peut bien ou mal se déterminer, suivant qu'il juge bien ou se trompe, l'indépendance, dit Carrel, sera aussi loin de l'opposition par parti pris, que de ce qu'on appela, sous le dernier Gouvernement, d'un mot odieux et flétri, le ministérialisme. Cette ligne d'indépendance est belle à tenir. » (5 septembre.) Il y vise pour son compte; il essaie d'appliquer ses principes. Il critique sans doute la Chambre : elle se conduit trop comme si le ministère

Polignac avait été vaincu tout bonnement par le refus de l'impôt, et comme si une révolution à main armée ne s'était pas accomplie; mais il ne critique point le Gouvernement; bien plutôt il le défend; il l'excuse de tâtonner. L'homme manque, dit-on, mais à qui la faute? Le peuple ayant tout fait en trois jours, on est arrivé trop tôt, et l'on a été pris à l'improviste. Il demande de la patience et du temps pour ceux qui gouvernent :

« Un ministère, quel qu'il soit, ne peut guère être aujourd'hui (6 septembre 1830) que *l'inactif spectateur de cette sorte de refonte de l'esprit public.* Jusqu'à ce qu'elle se soit opérée complétement et d'elle-même, le Gouvernement sera privé de sa direction la plus indispensable; il sera réduit à tâtonner comme il fait, à attendre, à se tromper, à encourir le reproche d'incapacité et d'esprit de coterie. »

Un journal avancé d'alors, *le Globe*, du 7 septembre, s'étant permis de critiquer cette idée qu'un ministère doit être un *spectateur inactif de la refonte sociale*, et ayant dit qu'il l'aimerait mieux ouvrier habile et intelligent, Carrel répliquait vertement à ce journal (8 septembre) et le raillait de son désir, de ce désir que lui-même devait reprendre plus tard pour l'exprimer à l'état de regret. Pour lui, à cette date, il ne concevait et ne proposait pas de mesure précise et décisive, soit dans le sens de la répression, soit dans celui d'une refonte hardie. Dans le numéro du 9 septembre, il décrivait la situation et exposait le nouveau droit constitutionnel de la royauté consentie; il ne dénonçait ni ne prévoyait point de grave désaccord :

« Dans ces huit jours d'éternelle mémoire, le principe du progrès a vaincu le principe étouffant du retour au passé. Une fois convenu pour tout le monde, roi, peuple, assemblées, qu'on ira à la découverte de l'avenir, il ne reste plus à disputer que sur le degré de vitesse à employer. Fera-t-on dix lieues ou cent lieues à l'heure? C'est à cela que se réduisent toutes les contestations actuelles. »

Il est un point très-décisif qu'il reconnut ensuite, mais dont il laissa passer alors le moment, et qui devait trancher le caractère de l'institution de Juillet, c'était de savoir si, au lendemain des journées, et après l'acceptation du pouvoir par le duc d'Orléans, on ferait, sous le coup même de l'impression de ces journées, et avec une loi électorale plus ou moins élargie, des élections nouvelles, si on donnerait à une situation, toute nouvelle en effet, une Chambre de même origine, ou bien si l'on continuerait de gouverner avec la Chambre antérieure et déjà un peu dépassée des 221. Carrel a reconnu plus tard qu'à son point de vue, le nœud de la question était là; mais lorsqu'il était temps de le faire, et avant que l'impression des événements de Juillet se fût détournée et altérée, il ne proposa rien de tel. Voici le point très-net : ne point continuer la Chambre née avant les événements, ne point la *proroger*, mais la dissoudre franchement, et consulter l'opinion vive du pays; obtenir de lui la même Chambre à très-peu près peut-être, mais retrempée et munie d'un droit incontestable. Je ne prétends point ici faire de la politique rétrospective : j'ignore ce qu'eût produit un tel baptême immédiat d'élections et ce qui en aurait rejailli sur l'institution de Juillet; la grande habileté parut être, durant dix-huit ans, d'avoir évité cette épreuve périlleuse; mais on ne saurait se dissimuler aujourd'hui que ce manque de consécration à l'origine a toujours pesé plus ou moins sur la dynastie déchue, et lui a ôté de son autorité morale. Dans tous les cas, Carrel ayant pris parti comme on va le voir en avançant, c'était la première chose qu'il aurait dû réclamer dès le jour où il ressaisissait la plume. Il perdit du temps. En général, la nature de son esprit était de ne comprendre les choses que par portions et graduellement. Sa politique se compose d'une suite de vues fermes, mais déterminées comme par étapes, et successives. Ajoutons que la nature de son caractère était, quand il avait fait une fois, et avec lenteur, un pas en avant, de ne s'en plus départir et de ne reculer jamais. Et c'est ainsi que, malgré son hésitation et même sa circonspection à l'origine, il s'est trouvé engagé peu à peu sur un terrain qui, à partir d'un certain moment, allait se rétrécissant toujours sous ses pas, jusqu'à ce qu'il fût acculé sans retour dans cette sorte de presqu'île républicaine de Quiberon où il était quand il mourut.

Tout ce prélude de sa politique pendant les derniers mois de 1830 ne se compose que de moyens termes, tels qu'en proposaient alors les hommes ralliés au Gouvernement. Il se hasarde (12 septembre) à demander la prorogation de la Chambre, disséminée à ce moment et incomplète. Durant cette absence d'un des pouvoirs de l'État, ce qui le rassure, c'est, d'une part, « la popularité et les intentions connues du prince, » et, de l'autre, la garde nationale, qui est « toute cette classe moyenne, aujourd'hui prépondérante ; » elle saura tenir les choses où elles sont. « On a conquis en principe le véritable Gouvernement représentatif » (13 septembre); que pourrait-on redouter encore? La pratique suivra :

« La révolution de Juillet ne nous a rendu ni plus ni moins ardents que nous ne l'étions sous le dernier Gouvernement... L'obstacle est écarté... il n'y a plus qu'à marcher avec un juste sentiment de ce qu'il y a d'avenir dans ce seul fait : *Plus de royauté ennemie des institutions;* et l'on arrivera à tous les biens que tant de systèmes successivement essayés ont promis sans jamais tenir. — Ce n'est pas là de l'optimisme, ajoute Carrel, c'est une juste confiance dans le principe essentiel de notre Gouvernement : *la souveraineté du peuple représentée par la souveraineté des majorités parlementaires.* »

Il n'est pas homme à donner dans les utopies; il ne veut pas que le mouvement des trois jours soit autre chose que l'emploi courageux du moyen commandé par la Constitution elle-même pour son propre salut : « Il est arrivé dans notre pays ce qui devait y arriver une fois, pour que la Révolution, commencée en 89, fût vraiment terminée. » La Révolution de 1830, pour lui c'est une fin; elle clôt 89 et ne laisse point à craindre de 93. Il montre les différences des temps, les motifs de confiance à l'intérieur et à l'étranger. En énumérant les cinq ou six grands sujets d'inquiétude qui préoccupent le pays (14 septembre), il y compte l'existence de quelques associations « dont les doctrines, encore confusément exprimées, semblent appuyer les réclamations des classes ouvrières, et vouloir étendre à la société une révolution *purement politique.* » Il dédaigne fort ces associations, et surtout ne paraît point les craindre (18 septembre). Cette sécurité apparente est souvent une tactique de journal; mais, à cette date, rien ne dénote encore de sa part la moindre arrière-pensée. Il exprime à plus d'une reprise la voie moyenne où il voudrait voir le Gouvernement marcher, et le sens qu'il tirait alors de la révolution de Juillet : « Si quelqu'un y voit une révolution non pas politique, mais sociale, qu'il le dise. » Lui, il ne l'entend pas ainsi, et il témoigne de son aversion pour ce qui est social. « D'un autre côté, si l'on s'imagine que les événements de Juillet n'ont fait autre chose que mettre un nom propre à la place d'un nom propre, une famille à la place d'une autre,... on se trompe d'une manière déplorable. » Ce n'est point là non plus sa solution. Il demande donc un progrès (qu'il définit du reste assez peu) dans la voie intermédiaire.

En aucun cas et sous aucun prétexte, il n'est déclamatoire : un de ses beaux et très-beaux articles d'alors, est celui qu'il fit (22 septembre) au sujet de la cérémonie expiatoire par laquelle on alla processionnellement honorer la mémoire de Bories et des sergents de La Rochelle autrefois immolés en place de Grève. Carrel n'approuvait pas cette manifestation ; il en donne les raisons en homme mûr : « L'ordre n'a peut-être rien à en craindre, comme cela a paru aujourd'hui, dit-il ; mais, pour qu'une chose soit raisonnable, il ne suffit pas qu'elle ne soit point dangereuse. » Il parle de cette démonstration de jeunes gens (dont nous étions nous-même) avec cette autorité qu'a un homme qui a risqué sa tête et qui apprécie son passé :

« Bien souvent, dit-il, entre hommes de bonne foi et qui avions couru comme eux la chance de porter nos têtes en place de Grève, nous nous sommes entretenus d'eux depuis huit ans, et, si nos souvenirs ne nous trompent point, c'était bien plutôt pour déplorer leur inutile trépas, que pour en glorifier notre cause. Nous disions, il y a trois ans, quand nous commençâmes à nous apercevoir que le respect de la légalité portait aussi ses fruits : Que ne nous sommes-nous résignés plutôt à nous faire gens d'affaires au lieu de conjurés !... Pourquoi avons-nous eu jamais la folle pensée qu'on pût renverser, par des complots d'élèves en droit et de sous-lieutenants, un Gouvernement appuyé sur les lois et sur la force d'inertie de trente millions d'hommes ? »

Et restituant à la révolution de Juillet son sens général et unanime, la montrant indépendante des menées souterraines du carbonarisme, régulière, pour ainsi dire, et légale, et avouable en plein soleil, il ajoutait ces mémorables paroles, où un vrai patriotisme respire :

« Cette victoire est celle de la nation entière, et la nation qui n'a jamais conspiré, la nation qui croit ne s'être pas insurgée, mais avoir réprimé et puni l'insurrection du pouvoir, la nation, disons-nous, s'étonnerait et s'alarmerait de manifestations qui ne lui rappellent point des efforts et une gloire à elle, mais des dévouements particuliers à des affiliations politiques, et qui ne peuvent être appréciés à toute leur valeur que par ceux qui les ont vus de très-près. »

Si jamais dans Carrel l'homme de maturité, l'homme de bon sens et d'une énergie toute désintéressée, a paru près de triompher de l'homme de passion et du noble ambitieux qu'emporte une veine ardente, c'est à cette heure et à ce jour que je me plais à surprendre au milieu de cette suite de journées et de feuilles rapides parmi lesquelles il est comme enseveli.

Cependant, des symptômes d'impatience et d'humeur se font sentir. La question belge commence à le préoccuper : il croit de ce côté à la guerre, il y compte. C'est sur cette question de guerre qu'il tournera bientôt et qu'il ouvrira son feu contre le ministère Périer, du 13 mars (1831), qu'il qualifiera *le ministère de la paix à tout prix*. En attendant, il se borne encore à faire la guerre à la Chambre, sans atteindre ni le ministère ni plus haut. Quelque mots pourtant avertissent qu'il commence à songer au chef : « Ce ne fut point une Chambre de Charles II ni de Jacques II, dit-il (26 septembre), qu'on appela à fonder la liberté sous Guillaume III... Guillaume III aussi était un homme politique, et il tint avant tout à ce qu'on ne pût mettre en question la légalité d'une assemblée qui devait parler au nom du droit de l'Angleterre, et faire une besogne à tout jamais respectée. » Il revient plus d'une fois à ce rapprochement avec Guillaume : « Guillaume III, ah! qu'on ne le cite jamais, ou bien que l'on médite profondément l'histoire de cet illustre fondateur de la royauté consentie des Anglais! » (17 janvier 1831.) Ces mots, jetés sans trop d'arrière-pensée, n'altèrent pas encore le fond. Il est question tout à côté, avec une sorte d'affection, de *notre jeune royauté consentie*. Les cordiales revues des gardes nationales et les effusions qu'elles amènent ne sont nullement dissimulées :

« Le roi était content; il parcourait les rangs des divers corps avec l'ardeur du jeune soldat de Jemmapes. Sa bonne mine et ses mots heureux électrisaient tout le monde. Il s'est arrêté quelques instants devant une des batteries d'artillerie de la garde nationale.... On s'est précipité autour du roi pour lui presser la main, comme le jour de son arrivée de Neuilly; un canonnier lui a présenté un verre de vin qu'il a bu tout à cheval.... »

Tel est le bulletin du 1er novembre (1830) de la plume de Carrel même, et rien n'annonce encore le duel personnel et la guerre à mort qui suivront.

Le procès des ministres, en excitant les passions, fait dévier Carrel de sa ligne; non pas qu'il ne déteste le désordre et que la vue des émeutes de décembre ne produise sur lui une impression pénible. Il blâmait la faiblesse du Gouvernement en ces journées. Se promenant dans les rues de Paris pendant ces mouvements de décembre avec un ami, il lui disait : « Je voudrais être préfet de police vingt-quatre heures pour mettre tout ce monde à la raison. » L'excitation pourtant le gagnait malgré lui. Généreux envers les vaincus, envers les captifs, tenant compte à M. de Peyronnet lui-même de son maintien dans tout le cours des débats, de s'être montré habile, ferme, et « d'avoir laissé apercevoir parfois, sous les formes de l'urbanité la plus recherchée, le *cœur indompté* qui ne pardonne point sa défaite, » il s'irrite contre les victorieux, et prenant fait et cause pour le général La Fayette destitué par la Chambre, il s'écrie, en tirant l'épée hors du fourreau (25 décembre 1830) :

« La Fayette était au-dessus de toute récompense, cela est vrai; mais on le croyait aussi au-dessus des indignités d'un *Parlement-croupion*. La réaction commence; la réaction sera écrasée. »

En même temps la question de guerre le préoccupe, et même l'entête un peu; non content d'applaudir à la réorganisation de l'armée par le maréchal Soult, qu'il exceptera toujours à l'avenir et ménagera plus ou moins dans ses virulences, il s'écrie (30 novembre) :

« Vienne le moment où se rencontreront en champ clos une avant-garde prussienne et une poignée de volontaires français!... Oui, vienne cette lutte que nous appelons de tous nos vœux parce que nous la croyons inévitable, parce qu'elle seule peut vider la querelle entre la vieille et la nouvelle Europe!... »

En vain Carrel a voulu se réprimer à force de raison et de prudence : cet effort, chez les bons esprits, mais qui sont doublés d'un cœur trop fervent et d'une bile trop ardente, cet effort pénible dure deux ou trois jours de la semaine : le quatrième, au plus tard, l'humeur reparaît, elle l'emporte et l'on s'abandonne. Au reste, comme talent, la pleine opposition va bien à Carrel ; l'opposition ambiguë le gênait et lui imprimait souvent une contrainte visible. Une fois lancé dans la contradiction ouverte, il est nerveux, il a plus de verve ; il lui faut un peu d'animosité pour avoir toute sa valeur. Là seulement il est tout entier dans la voie de son tempérament. Sa force, je crois l'avoir dit déjà, ne se sépare jamais de son amertume.

Il ne s'agit point pour nous de suivre Carrel dans cette série d'articles des premiers mois de 1831, ni dans le *tous-les-jours* de cette marche, où il se rencontrerait plus d'un accident et d'un retour : ce qui nous importe, c'est de noter les moments où la manœuvre change, et où il donne un coup au gouvernail. Il n'éclate que le jour où le ministère Périer est nommé, le 13 mars ; il sent que la question de guerre lui échappe, et, bien qu'il compte encore sur cette guerre inévitable, de laquelle il attend le triomphe de ses espérances et de ses instincts les plus chers, il sent que la royauté n'en veut pas. Il commence donc à s'aigrir et à se retourner directement contre elle ; mais il ne passera décidément le Rubicon et ne parlera hautement républicain que depuis janvier 1832. Voilà le nouveau champ où nous aurons à le suivre et à le caractériser. Mais il était essentiel de montrer Carrel, comme je l'ai fait aujourd'hui, dans ce que j'appelle la période *intermédiaire*, de même que je l'avais montré une première fois dans sa période de *tâtonnement*.

On l'a appelé, dans la forme définitive où il nous reste à l'étudier, le *Junius* de la presse française. L'expression a du vrai; à le lire, c'est comme le *Junius* anglais, quelque chose d'ardent et d'adroit dans la colère, plutôt violent que vif, plus vigoureux que coloré; le nerf domine; le fer, une fois entré dans la plaie, s'y tourne et retourne, et ne s'en retire plus; mais ce qui donne un intérêt tout différent et bien français au belliqueux champion, c'est que ce n'est pas, comme en Angleterre, un inconnu mystérieux qui attaque sous le masque; ici, Ajax combat la visière levée et en face du ciel; il se dessine et se découvre à chaque instant; il brave les coups, et cette élégance virile que sa plume ne rencontre pas toujours, il l'a toutes les fois que sa propre personne est en scène, et elle l'est souvent. On le voit d'ici, de taille au-dessus de la moyenne et bien proportionnée, avec cette maigreur nerveuse qui est le signe de la force, d'une tête singulière, ombragée de cheveux bruns assez touffus, au profil marqué et comme emporté dans l'acier, le sourcil aisément noueux, les traits heurtés, la bouche grande, mince, et qui ne souriait qu'à demi à cause de quelques dents de côté qu'il n'aimait pas à montrer, avec un visage comme fouillé et formé de plans successifs; l'ensemble de sa physionomie exprimait l'énergie, quelque chose d'éprouvé et de résolu. Tel qu'il était, il appelait aussitôt l'attention sans effort et la déférence naturelle autour de lui. Quand il voulait, il séduisait par une politesse simple et une grâce sobre qui tirait tout son prix de la force même qu'on sentait dessous.

Lundi, 17 mai 1852.

ARMAND CARREL

(Suite et fin.)

Je n'insisterais pas à ce degré sur Carrel, si ce n'avait pas été l'homme le plus remarquable de l'opposition anti-dynastique dans la presse sous Louis-Philippe, l'adversaire le plus élevé et le plus redoutable, et celui qu'on dut regretter le plus de s'être aliéné; si, à travers ses violences mêmes, il n'y avait pas en lui un fonds d'esprit juste et de bon sens sévère; si, dans l'expression et dans le style enfin, il ne se trouvait pas être un écrivain de vieille roche et de la meilleure qualité. Un enseignement moral, d'ailleurs, sortira de tout ceci et va se déduire de lui-même par le développement naturel de l'homme.

Voilà donc Carrel qui, en reprenant la plume après la révolution de 1830, s'est dit qu'il ne voulait pas faire d'opposition systématique; qu'il ne voulait que conseiller, appuyer de ses idées un pouvoir ami; qu'il n'y avait plus, en quelque sorte, que des questions d'intérieur et de ménage à éclaircir entre la royauté consentie et ceux qui en avaient procuré l'avénement; et, malgré tout, il est bientôt amené par le cours même des choses, par le train du jeu, par l'action et la passion qu'il y met, à devenir hostile, amer, et en peu de temps irréconciliable.

Au commencement de 1831, dans les mois qui précédèrent le ministère de Casimir Périer, la monarchie de Louis-Philippe, à peine naissante, semblait déjà sur le point de mourir, et elle s'en allait véritablement toute seule d'inertie et de langueur. Le ministère de M. Laffitte avait pris au sérieux toutes les théories de l'opposition des quinze ans, et, en les transportant dans le Gouvernement, il le rendait impossible. Qu'on n'impute point à Carrel d'avoir été dans de telles idées, dans de pareilles illusions sur ce que c'est que l'homme et la société. Parlant de la dévastation de Saint-Germain-l'Auxerrois, du sac de l'Archevêché, signalant la faiblesse de conduite et de langage des organes de la force publique, il en déplorait l'abaissement : « Pour calmer l'émeute, disait-il, on s'humilie devant elle... Une république fondée sur les lois, la république du Consulat, par exemple, ne s'accommoderait pas du désordre, et l'étrange monarchie conçue par les centres de la Chambre, la monarchie attendant des lois et n'osant en faire, s'arrange de ces déplorables scènes. » (16 février 1831.) — La république du Consulat ! Carrel donnait là l'idéal de sa forme préférée de Gouvernement : mais il restait par trop dans son rôle de journaliste, quand il accusait uniquement de ces désordres populaires le manque d'institutions. Les institutions, en ces heures de trouble et de crise, ne valent que ce que vaut l'homme qui les tient en main ; il n'y a de république du Consulat que quand il y a un Consul, un chef. Carrel le savait bien ; tout en saluant d'une expression de regret et de compassion le ministère Laffitte au moment de sa retraite, il disait, en le qualifiant d'un mot : « M. Laffitte a fait l'essai non pas d'un système, mais de l'absence de tout système, mais du *Gouvernement par abandon.* » Comment se fait-il donc qu'au moment où ce système à la dérive cessait, où un homme ferme et impérieux, Casimir Périer, se saisissait du pouvoir et allait par son énergie créer à la monarchie de Louis-Philippe le ressort sur lequel elle a vécu depuis, comment se fait-il que Carrel ait poussé un cri de colère, et l'ait dénoncé à l'instant comme le Polignac de la branche cadette, et qui allait consommer l'attentat contre les opinions véritablement nationales ?

Carrel était persuadé (et en cela il se trompa, il crut trop à ce qu'il désirait) qu'une guerre générale était alors inévitable, et que, puisqu'elle l'était, il en fallait saisir l'occasion pour se relever des traités de 1815. Dès lors, en voyant arriver un ministère qui disait : « J'éviterai la guerre au dehors, et pour cela je rétablirai, avant tout, l'ordre au dedans, » il frémit avec sincérité, il poussa le cri d'alarme en toute franchise :

« Malheur, s'écriait-il (16 mars), malheur à qui coupe les jarrets de son coursier pour n'être pas emporté par lui ! Le hardi cavalier sait qu'il a besoin des jambes de l'animal fougueux qui le porte ; mais il fait jouer à propos le mors et l'éperon. C'est par cette figure qu'un grand homme d'État anglais a donné l'idée la plus frappante de ce que doit être le Gouvernement chez une nation forte, une nation qui a de grandes facultés et de grandes passions : car il n'y a point de grandes facultés sans grandes passions ; et malheur aux nations qui ne sont point passionnées ! elles ne sont faites que pour l'esclavage. »

Il est revenu plus d'une fois, dans des pages dignes d'un vrai politique et d'un historien, sur ce que c'est que l'heure de l'entraînement dans une nation, et sur le parti qu'on en peut tirer pour de grandes choses :

« Il y a de profonds politiques, dit-il avec raillerie (26 septembre 1831), qui ne croient pas qu'on puisse faire autre chose que du désordre par l'entraînement, et qui prétendent que c'est la ressource de l'incapacité... Il y a aussi, dans l'opposition, des hommes qui ont lu l'histoire, et qui se sont persuadé qu'en politique comme en guerre, ce qui distingue le génie de la capacité vulgaire, c'est de saisir l'entraînement et de s'en servir. Mirabeau, Pitt et Bonaparte, pour ne pas aller chercher loin les autorités, n'ont jamais eu d'autre secret que celui-là. Ce n'est pas d'aujourd'hui que le monde est partagé par la querelle de l'esprit hardi et de l'esprit traînard. Le premier est propre aux grandes choses, et le second aux petites affaires. Ils ont chacun leur moment; car une nation ne peut pas toujours faire de grandes choses : il lui faut se reposer de temps en temps et reprendre haleine sous la main des spirituels diseurs de riens. Mais, le lendemain d'une révolution, il lui faut des hommes, parce qu'une révolution entraîne toujours après elle une grande besogne. Qu'eût fait l'Angleterre en 1688, sans son Guillaume III?

« On ne prêche pas l'entraînement, on ne le prêche pas plus que la force : il est ou n'est pas... »

Il reconnaissait, à la date où il écrivait ces lignes, que l'heure était déjà passée, et il en souffrait. Au fond, ces sortes de querelles, qu'agitait un opposant comme Carrel, sont insolubles. La politique qu'il conseillait ne saurait se séparer de l'homme même qui l'eût fait prévaloir et qui l'eût dirigée. Cet homme ayant manqué à l'heure opportune, le cours des événements et des opinions s'était dirigé autrement et au hasard; au point où le prit Casimir Périer, il fit la seule chose forte et hardie qui était possible alors : il mit un bras de fer dans la roue du char lancé à l'aventure, et l'arrêta. L'histoire lui a rendu toute justice aujourd'hui.

Carrel lui-même, si injuste avec lui dans le détail, lui niant perpétuellement ce qui allait se réaliser le lendemain, lui contestant l'énergie honorable qu'il montra en Belgique et à Ancône, et ces actes efficaces qui donnèrent alors au Gouvernement de Juillet une attitude; Carrel, si cruel une fois et si impitoyable pour lui, puisque, parlant du ministre déjà mourant, il disait (7 avril 1832) : « Espérons qu'il vivra assez pour rendre ses comptes à la France; » Carrel fut plus juste le jour de la mort de Périer, et il écrivit ces lignes (17 mai), où il lui rend témoignage pour la qualité que lui-même prisait le plus :

« M. Périer n'était pas fait pour l'opposition prise dans l'acception populaire du mot. Ses instincts, d'autres diront peut-être son génie, le conduisaient à sympathiser plutôt avec les idées d'ordre, de stabilité, de Gouvernement, qu'avec les principes de liberté, de réforme, de progrès. Aussi le pouvoir, qui l'a dépopularisé, l'a en même temps grandi. Comme la plus belle des facultés humaines est la volonté, il a pu montrer dans le Gouvernement, et à un assez haut degré, une espèce de volonté qui, dans l'opposition, ne semblait que de l'esprit de harcèlement. M. Périer avait du goût pour le pouvoir. Si sa volonté eût été aussi éclairée que tenace, c'eût été un chef de Gouvernement assez remarquable; mais il péchait par le jugement. La violence du tempérament étouffait en lui les considérations de la prudence... »

Et il rentre ici dans ses injustices d'opposant; mais on a pu sentir dans ces lignes un hommage qui est d'autant plus significatif qu'il est comme arraché.

Pendant toute la durée de ce ministère Périer, Carrel développa son opposition dans des articles d'une chaude véhémence et d'une logique aguerrie, qui constituent tout un art savant de bataille et où il ne fut pas toujours vaincu. On doit citer d'un bout à l'autre sa vigoureuse et légitime discussion contre l'hérédité de la pairie et sur l'impossibilité de créer une aristocratie nobiliaire en France. Il l'emporta ici sur le ministère même, qui fut contraint d'accéder à cette pairie sans hérédité et de la proposer telle, tout en désirant et regrettant le contraire. Carrel triomphait de cette inconséquence et de cette contradiction d'un si impérieux adversaire qui, vaincu sur un point de cette importance, ne se retirait pas. Il l'en raillait, il l'en poussait à outrance; on peut voir, entre autres morceaux à demi oratoires, une prise à partie poignante qui est un modèle de ce genre d'éloquence insultante et d'invective raisonneuse : « Si j'avais cru, il y a un an, etc. » (30 mars 1834.)

Si l'on voulait un jour donner idée du talent polémique de Carrel sur une échelle étendue, il faudrait réunir les cinq ou six grands articles qu'il a écrits dans cette discussion mémorable sur la pairie : c'est ce que j'appelle sa bataille rangée, la seule qu'il ait gagnée. Dans les autres questions qu'il engagea plus tard et hors du cercle constitutionnel, il fit plutôt la guerre en chef de partisans ou de guérillas dans les montagnes.

Dans ces parties où le talent de Carrel se développe et se déploie, il garde le même caractère que j'ai déjà indiqué. Le fond est d'un raisonnement serré, exact, enchaîné, et qui ne donne point prise; c'est un maître dialecticien. En cela, s'il est permis de comparer les discussions politiques aux controverses théologiques, je dirais que Carrel était de l'école ancienne d'Arnauld et de Nicole, de celle de Pascal les jours où Pascal ne se dessine pas trop. Nous avons eu, à côté de Carrel et de son temps, de très-habiles et très-distingués journalistes politiques; nous en avons, nous en avions hier encore, parmi les plus jeunes, de très-originaux et de très-saillants. Carrel n'avait rien de ces saillies à la moderne et un peu hasardées : sa forme est sévère ; elle est véritablement classique. Ce qu'on sent peut-être encore le mieux en le lisant, sous les violences de la passion ou les exigences du métier, c'est un bon et solide esprit. Nous connaissons tous l'excellent style et l'excellent esprit de notre ami M. de Sacy des *Débats :* eh bien, le style de Carrel, quant au fond, diffère peu de celui de M. de Sacy, et ce n'est guère que cette même langue, plus animée de passion, plus trempée d'amertume et plus acérée. En un mot, dans cette rude guerre qu'il soutint durant près de six années, les soldats de Carrel sont vigoureux, fermes, adroits, infatigables, ils ne sont pas brillants; ils n'ont pas de casque au soleil. Son expression luit rarement, et ne rit jamais. Il a une propriété de termes exacte et forte, et qui enfonce; mais il reste rarement, quand on l'a lu, des traits marquants, isolés, et comme des fragments de javelot, dans la mémoire.

Le rayon poétique lui a toujours manqué. Il avait parfois, ai-je dit, l'attitude d'Ajax : mais son casque était sans aigrette, et on n'y voyait pas, comme à celui de Manfred, l'aigle déployée aux ailes d'argent.

Chateaubriand le savait bien. Il admirait beaucoup Carrel; ils étaient unis tous deux mieux que par la haine qu'ils portaient à la même dynastie; ce qu'il y avait de valeureux et de chevaleresque en tous deux était un attrait, un lien. Mais on peut croire que Chateaubriand eût moins loué Carrel écrivain, si celui-ci eût eu dans le talent quelque chose de cet éclat particulier qui, de loin, signalait aux yeux l'épée de Roland dès qu'elle apparaissait dans la mêlée.

On fera un jour, nous l'espérons bien, un recueil des principaux morceaux de Carrel; nous souhaitons qu'on le fasse sans préoccupation politique, admettant tout ce qui caractérise la pensée de l'homme à ses divers moments, et ne songeant qu'à éviter le trop d'uniformité. Il faudrait dégager çà et là, extraire brièvement de bonnes vues historiques ou des élans oratoires qui sont enterrés dans des questions mortes aujourd'hui. Tel article n'offrirait à l'extrait qu'un ou deux paragraphes au plus. Ce qu'il importerait le plus d'éviter dans ce volume qui s'intitulerait *Armand Carrel*, ce serait la monotonie. Tout ce qu'on appelle variétés littéraires était rare, en effet, chez lui; il se permettait peu les distractions. Oh! que Carrel n'a-t-il fait un plus grand nombre de ces articles comme celui qui lui échappa un jour à propos d'un *Album* de Charlet (5 février 1834), une jolie, piquante et savante analyse, résumée en quelques lignes! Cela console le regard. On mettrait tout d'une suite dans ce volume les nombreux articles où il a parlé de Napoléon, son grand sujet favori et qui ne cessa de l'inspirer. On n'oublierait pas celui qu'il a écrit (4 octobre 1830) sur un premier refus de la Chambre de redemander les cendres de l'Empereur à Sainte-Hélène; on terminerait par celui qu'il écrivait sur les opuscules de Napoléon, publiés par M. Marchand (12 mars 1836). Dans ce volume de Carrel, au premier rang, on n'aurait garde d'omettre une simple colonne qu'il a écrite sur Zumalacarreguy, ce jeune et victorieux héros des provinces basques, enlevé au milieu de ses succès. De tous les articles de Carrel, c'est peut-être le plus brillant, celui où il se révèle le mieux dans cette portion de sa nature qui n'a point réussi. En peignant ce Vendéen d'au delà des Pyrénées, ce capitaine improvisé, d'un grand caractère naturel, d'un ascendant irrésistible, et créateur de tous les éléments qui avaient concouru à lui faire une renommée, Carrel se surprend (chose singulière!) à dessiner comme un profil de lui-même, et à nous retracer avec amour l'idéal de l'homme auquel il aurait le mieux aimé ressembler. Si j'osais traduire cette impression dans une langue toute littéraire et pour des littérateurs, je dirais : Zumalacarreguy, c'est son André Chénier :

« Il est des temps, disait-il (28 juin 1835), où avec de médiocres facultés on peut devenir rapidement fameux ; nous sommes, au contraire, à une de ces époques où tout conspire contre le développement des grands caractères, et où le travail des sociétés n'amène à la surface que des natures dégradées. C'est une double gloire que de se faire un grand nom à travers ces jours d'avilissement universel...

« Les hommes rares, ce ne sont pas ceux qui, avec beaucoup de millions, beaucoup de gendarmes, beaucoup de corruption, etc. (on voit trop à qui il s'adresse dans son injustice et son amertume)... ; ce sont, continue-t-il, ceux qui, par un ascendant irrésistible, s'imposent à tout ce qui les entoure, et sont obéis et suivis en vertu de la seule action qu'exerce leur personne.

« Zumalacarreguy a été un de ces hommes séduisants ; il a commandé, et il a été reconnu ; il a eu pour lui l'acclamation populaire, et les supériorités du rang se sont éclipsées ; il n'a rencontré que des seconds et pas de rivaux, et il ne faut pas s'étonner s'il a inspiré de la sympathie même à ses adversaires. *Quand un homme a mérité d'être envié à son parti par ceux qui le combattaient, il a touché à la véritable gloire*, et sa mort est un deuil jusque dans les rangs où son nom portait la terreur. »

Il y a dans ce portrait ce qui se rencontre rarement chez Carrel, un éclair lumineux qui tranche sur un fond de misanthropie, et le rayon de soleil.

Et quand on songe que Zumalacarreguy était un chef carliste espagnol, on y voit par un exemple sensible à quel point, dans l'estime de Carrel, le caractère de l'homme passait avant les opinions mêmes et le drapeau.

Mais je m'aperçois que j'ai laissé le journaliste dans sa guerre ouverte contre le ministère Périer, et nous ne sommes, ce me semble, avec lui qu'à mi-chemin. En janvier 1832, Carrel commença à ne plus marchander les termes, et le mot de *république* fut lâché. Selon lui, le malentendu de 1830 est désormais consommé; le divorce est manifeste aux yeux de tous, il est irréparable, et il faut songer à se pourvoir ailleurs. L'essai d'importation du Gouvernement anglais en France est pour lui, à cette date, une expérience manquée, et il se tourne en idée vers la forme de république américaine : « Les États-Unis, dit-il, n'ont eu depuis cinquante ans que des pouvoirs responsables; ils n'en ont pas eu de coupables. Le jeu des institutions a toujours élevé la capacité et la vertu au rang suprême. » (27 février 1832.)

Mais pourquoi, dirons-nous à notre tour, pourquoi l'importation américaine réussirait-elle mieux en France que ne l'a fait l'importation anglaise? Après expérience, nous savons là-dessus à quoi nous en tenir aujourd'hui. Et Carrel, si amoureux de la république consulaire, et qui ne prenait en bien des cas cette république américaine que comme une base nouvelle d'opérations et d'attaques, aurait pu se faire à lui-même la réponse; car il y avait bien loin de l'esprit américain d'un Franklin, d'un Washington et d'un Jefferson, à ce genre d'inspiration qui lui faisait dire dans le même moment :

« Loin de répudier les traditions politiques de l'Empire, nous nous

faisons gloire d'être de l'école de Napoléon. L'école de Napoléon, c'est celle de la Convention, de Louis XIV, de Richelieu, de Henri IV. Nous voulons la France aussi grande, aussi redoutée que possible, parce que c'est le seul moyen qu'elle soit prospère et respectée... »
(8 mars 1832.)

Comment concilier ce vœu si français de Carrel, cet élan d'une démocratie qui n'est jamais mieux qu'en uniforme et sous le drapeau, avec la pensée de ces républicains d'Amérique, calculateurs et économes, qui croient que, tout Gouvernement étant un mal, il faut rendre ce mal le moindre possible? Il y a dans cet assemblage d'idées, sans que j'y insiste, une de ces contradictions essentielles, et que la passion seule a l'art de réunir et de se dissimuler.

Laissons donc le détail d'une polémique dans laquelle il devient de plus en plus difficile de distinguer ce qui n'est que machine de guerre d'avec ce qui est pensée ultérieure et but véritable; et tenons-nous à constater quelques faits qui achèveront de nous donner idée de l'homme.

Durant ces années 1831-1832, Carrel s'était fait une belle existence, et la première dans la presse de l'opposition; il jouissait à cet égard par le talent, par le succès dans l'opinion, par l'ascendant marqué qu'il prenait chaque jour, et par la contradiction même qui allait à sa nature amie de la lutte. Les procès qui avaient été suscités au journal et que lui avait attirés plus d'une audace provoquante, avaient tourné heureusement; et devant le jury, Carrel, se possédant et se modérant au besoin, obtenait des acquittements qui embarrassaient fort ses adversaires. Il s'est peint lui-même au vrai dans une lettre familière de ce temps, et qu'il écrivait à un de ses plus anciens amis, M. Gauja, alors préfet de l'Ariége. Ce dernier, en lui envoyant une marque de souvenir, avait touché quelques mots de cette modération que Carrel avait montrée devant le jury, et avait semblé par là désirer qu'il l'observât encore ailleurs :

« Ai-je tort, ai-je raison? lui écrivait Carrel (17 avril 1832). Comme toute ma vie, j'obéis à mes passions et me livre du meilleur cœur du monde à tout ce qu'on en peut penser. Mais vous êtes certainement le seul préfet de France pour qui je ne sois pas un homme à pendre. C'est que vous connaissez le fond de l'homme mieux que personne. Nous avons vécu ensemble à cœur découvert. Il ne me serait pas plus facile de me faire à vous meilleur que je ne suis, qu'à un autre de vous persuader que je suis mauvais au delà de ce qu'en effet je puis l'être.

« J'ai été sensible surtout à l'impression qu'a faite sur vous ma défense en Cour d'asssises. La modération, après tout, était ici chose de tact et de goût; elle m'a bien servi; et toutes fois que vous me verrez paraître en mon nom, ne craignez pas que j'exagère. Si j'étais député, je ne parlerais pas à la tribune comme j'écris dans un journal ; mais il faut écrire dans un journal autrement que lorsqu'on parle en public. Quand on fait de la politique dans un journal, c'est comme si l'on criait au milieu d'une foule; l'individualité est absorbée, et les ménagements qui donnent un certain relief d'habileté à l'individu qui se présente et parle en son nom, éteindraient sa voix quand il parle au nom de tous et parmi tous. Je ne sais pas si j'exprime bien ce que je veux dire. En deux mots je désirais vous faire comprendre pourquoi *le National*, qui est en très-grande partie mon œuvre, n'a pas cette modération dans le ton et les formes, que vous avez louée dans ma défense.

« Je ne vous parle point politique, non que je craigne pour les lettres qui vous sont adressées les visites du Cabinet noir, mais c'est que nous nous connaissons trop pour que j'aie quelque chose à vous apprendre sur mes sentiments ou quelque curiosité à montrer sur les vôtres. Vous avez pris des engagements, et les suivez en homme d'honneur; moi, je n'ai pas pris d'engagements et ne m'en fais aucun mérite. Les choses ont tourné comme cela, et j'use de ma liberté jusqu'au caprice. Le fait est, et c'est là seulement ce qui vous intéressera, que je ne m'en trouve pas mal. *Le National* est une bonne situation et me permet une vie aussi large que celle que j'aurais pu me procurer en acceptant une fonction publique. J'ai joué gros jeu. J'ai risqué de compromettre une propriété assez considérable et qui n'était pas seulement mienne. J'ai gagné la partie, et désormais mon indépendance est assurée. Ce n'est pas la faim qui me fait crier; au contraire, j'aurais peut-être quelque avantage à me modérer, maintenant que *le National* a un public qui veut bien voir et penser par lui. »

Voilà l'homme au naturel, et qui se déclare à nous à

l'heure la plus favorable de cette situation de journaliste, où il n'était dans sa vocation qu'à demi.

Cependant les difficultés allaient augmenter pour lui. Le Gouvernement de Juillet, entré dans les voies de Casimir Périer, pouvait se ralentir de temps en temps, mais il ne devait plus reculer. Les conspirations de parti, les insurrections et les émeutes allaient provoquer des sévérités et des répressions dont Carrel, placé à l'avant-garde dans l'ordre de la presse, devait supporter le poids. Habile et prudent jusque dans ses colères, plus consommé qu'on ne le croirait dans l'art de se servir de la légalité et d'atteindre jusqu'à l'extrême limite sans l'outre-passer, il crut qu'il pourrait toujours gagner ses procès, et il se trompa. Pour couper court, je dirai qu'il y eut, selon moi, un moment décisif que Carrel manqua, et où il aurait dû comprendre que la partie, telle qu'il l'avait engagée et qu'il l'aurait voulu prolonger, était sans issue. Le 2 février 1833, il eut un duel avec M. Roux-Laborie au sujet de l'arrestation de la duchesse de Berry en Vendée et des malheureux propos de presse qui s'en étaient suivis; les deux adversaires, après une conduite des plus honorables, furent blessés. A cette occasion, Carrel, qu'on crut durant quelques jours dangereusement atteint, fut l'objet de témoignages publics unanimes, et de la part même du parti légitimiste adversaire, et de la part de tout ce qu'on appelait le juste-milieu (y compris le Palais-Royal), sans parler des opposants de toutes les nuances. Témoin de cette affluence publique qui dura plusieurs jours et qui ne se ralentit que lorsqu'on sut le blessé hors de danger, il m'a toujours semblé que Carrel, au lendemain de sa guérison, avait un autre rôle à prendre que celui de la veille, un rôle dans lequel il aurait tenu compte de l'importance même que les honnêtes gens de tout bord attachaient à sa conservation. Je ne dis pas qu'il se fût rallié, je ne dis pas qu'il eût désarmé ; et je sais que, lorsqu'on écrit chaque jour et au jour le jour, les ménagements et les moyens termes sont presque impossibles à tenir. Pourtant, s'il y a eu pour lui une heure où il put prendre acte d'un fait public pour ôter à son opposition ce qu'elle avait de trop personnel et de trop direct, de trop semblable à un duel continu, et pour lui donner une base sur laquelle il pût durer, ce fut ce jour-là. J'ai dit qu'il manqua l'occasion ; il n'interpréta point en ce sens public une démonstration générale si honorable pour lui ; il craignit de paraître déclamatoire, en datant hautement de ce point de départ nouveau dans sa reprise de plume au journal. Il fit donc un petit voyage pour se distraire et achever de se guérir, puis il rentra dans la polémique comme devant.

Pour exprimer l'idée qu'il se faisait de son rôle dans la presse, et la ligne originale de conduite qu'il aurait voulu se tracer à ce moment, je citerai encore un fragment d'une de ses lettres adressées à l'un de ses collaborateurs d'alors, qui avait parlé de lui dans la *Revue des Deux Mondes* (15 février 1833) :

« Je vous sais, disait-il, un gré infini d'avoir deviné et si bien exprimé ma double prétention d'être un homme politique en dehors de la hiérarchie, malgré la hiérarchie, et un journaliste de quelque influence sans être homme de lettres, ni savant, ni historien breveté, ni quoi que ce soit qui tienne à quelque chose. Vous avez fait de moi une espèce de partisan politique et littéraire, faisant la guerre en conscience pour le compte de ses opinions qui se trouvent celles du grand nombre, sans prendre ni recevoir de mot d'ordre d'aucune autorité organisée; ennemi du pouvoir, sans engagement avec l'opposition légale, ni même avec les affiliations populaires. Ce rôle est, en effet, celui que j'ai tâché de me faire, et je ne le croyais pas encore assez nettement dessiné pour qu'un autre que moi pût me l'attribuer. Je vous remercie sans façon aucune de m'avoir pris comme je m'efforce d'être... » (Lettre du 25 février 1833).

Dans l'état des partis, ce rôle personnel et d'isolement

armé n'était pas longtemps possible. Carrel, en effet, n'avait pas seulement à combattre le Gouvernement qui était en face de lui, il avait à côté et en arrière à tenir tête aux ardents et aux brouillons dont il disait : « Leurs qualités ne servent que dans les cas tout à fait extraordinaires;... leurs inconvénients sont de tous les jours. » Complétement étranger (est-il besoin de le dire?) à tous les genres d'attentats, étranger même aux insurrections, ne les apprenant guère qu'en même temps que le public, il se trouvait traité comme complice, impliqué dans les suites; et, en témoignant chaque fois son indignation de ce qu'il appelait un outrage, il ne faisait rien pour se mettre hors de cause dans l'avenir. Le lendemain de chaque défaite du parti, il se croyait obligé, par point d'honneur, de venir ramasser les blessés et de couvrir la retraite des violents. Mais lui, tant qu'il le pouvait, il était pour la politique de discussion, pour la politique civilisée; il tendait à y revenir dès qu'il y avait jour, et, dans une lettre écrite dans l'intimité à l'un de ses collaborateurs et correspondants qui était alors en Angleterre, il disait en 1835 :

« Je vous fais mon compliment bien sincère sur vos dernières lettres, elles sont beaucoup plus remarquables que celles que vous écriviez il y a bientôt deux ans. On voit que vous avez depuis lors beaucoup écrit et beaucoup étudié. Ce que vous nous envoyez est moins révolutionnaire et bien plus politique. Vous êtes dans la route que suivront, je l'espère, tous les bons esprits. Le temps de la politique brutale est passé, avec les défaites de la force brutale qui nous a plus ou moins poussés en 1831 et 1832, et à laquelle nous avons payé tribut *par esprit de chevalerie*. Je sens plus que personne que, depuis le licenciement de la force brutale, notre politique n'a plus l'importance qu'elle avait lorsqu'elle n'exprimait que l'emportement, les passions et l'audace du parti; nous dépendons encore du Procès d'avril; quand il sera terminé, nous aurons un système de guerre tout nouveau à suivre... »

Mais l'attentat de Fieschi éclatait quelques mois après; les lois de Septembre s'en suivaient, et la nouvelle ligne de politique projetée par Carrel s'ajournait indéfiniment.

L'*esprit de chevalerie*, n'oubliez jamais ce mot-là en jugeant l'homme, ç'a été le principe de son erreur. Il disait, en riant, du spirituel M. Fiévée, ce vieux royaliste et clichien, devenu son collaborateur républicain, et un collaborateur des plus actifs et des plus fervents : « Il a un avantage sur nous, il n'a jamais peur d'être plat. » Lui, Carrel, il péchait par l'excès contraire, il avait toujours peur de ne pas être assez brave, assez valeureux, assez fidèle à des engagements même qu'il n'avait pas pris. La dernière fois que je le vis, c'était en 1834 : après avoir touché quelques-uns des inconvénients croissants de sa situation, avoir exprimé son regret de ne pouvoir revenir aux grandes études d'histoire, il ajouta ces seuls mots : « Vous êtes bien heureux, vous! vous n'êtes pas engagé. »

Il dut souffrir beaucoup dans les trois dernières années de sa vie. Il ne partageait point les idées des diverses fractions socialistes du parti républicain : « Lisez dans le supplément du *National* d'aujourd'hui, écrivait-il à un collaborateur (25 février 1833), le discours prononcé par un membre de la Société des Amis du peuple (M. Desjardins sur *l'impôt progressif*). Je ne sais où nous mèneraient de telles idées si nous ne nous livrions nous-mêmes, pendant qu'il en est temps, à la recherche de vérités un peu plus praticables. Il faut donc que nous nous entendions pour préparer cet avenir dont la responsabilité pèse déjà sur nous. » Mais bientôt il se voyait obligé de compter avec ces idées qu'il appréciait si sévèrement. Une brochure de lui publiée en 1835 (*Extrait du dossier d'un Prévenu*, etc.) nous le montre, dans un travail pénible et embarrassé, essayant de maintenir une sorte d'union et de transaction entre les violents et les modérés du parti, de couvrir les dissidences profondes de doctrines, et, à cet effet, on le voit épuiser un art *infini* autour de cet odieux Robespierre, que les fanatiques mettaient toujours en avant. Il est amené, à son corps défendant, à discuter les derniers discours de celui qu'il appelait en d'autre temps le *chef sinistre* de la Montagne ; il y met toutes ses précautions et ses ressources d'analyse ; il cherche pour un moment à ôter à Robespierre sa férocité, pour ne lui laisser que la philanthropie : opération d'alchimie qui, certes, peut aussi s'appeler le grand œuvre.

En étudiant la vie de Carrel dans ses dernières années, une réflexion ressort à tout instant : Pour un prétendu esclavage qu'on veut éviter, combien l'on s'impose d'autres esclavages !

L'un des défenseurs des Accusés d'avril, il eut à exercer dans le cours de ce procès toutes ses facultés énergiques et réfléchies pour mettre un peu de discipline dans cette cohue d'avocats improvisés, pour parer aux incartades des imprudents, pour se faire respecter de tous, pour leur enseigner les moindres échappatoires de légalité. Mais que de talent et de qualités perdues dans des corridors obscurs !

Je ne dirai rien de sa déplorable fin, et de sa mort, à la suite d'un duel, le 24 juillet 1836. Il n'avait que trente-six ans. A ceux qui l'avaient connu dans l'intimité, et autrement que par son rôle public, il a laissé le souvenir d'un homme parfaitement bon, facile même dans l'ordinaire de la vie, ayant des négligences et des insouciances de soldat ou d'artiste, et parfois des accès de gaieté d'enfant. Son habitude, pourtant, était plutôt triste et pensive. Il était sobre, et il n'aimait de la vie large que ce qu'il faut pour donner à l'homme tout son ressort et toute son activité. Il était capable d'inspirer et de ressentir les plus délicats et les plus fidèles attachements.

En relisant attentivement sa longue polémique comme je viens de le faire, il m'a semblé quelquefois que Carrel ne faisait que se tromper de seize ou de dix-sept ans, que cette chute qu'il prévoyait et qu'il présageait dès 1831 à la dynastie de Juillet, n'avait fait que retarder, et que sa politique, reprise par d'autres, et cheminant imperceptiblement sous cette prospérité apparente de l'adversaire, avait triomphé après coup, et avait eu raison en définitive. Mais non : voyons les choses à leur jour et à leur heure, et telles qu'elles se passèrent en réalité : représentons-nous les hommes tels que nous les connaissons. Si Carrel avait assisté aux événements de Février 1848, il y aurait eu pour lui, on peut l'assurer, encore plus à souffrir qu'à s'enorgueillir dans le triomphe.

Disons-le donc en concluant, et sans craindre d'offenser ses mânes, il a fait fausse route à un certain moment; il s'est trompé, non pas tant en manquant le succès, ce qui peut arriver à tout homme noble et sensé, mais en s'obstinant dans une voie sans issue et dans une cause pleine de piéges et de ténèbres. L'habileté d'un Sertorius, comme dirait le cardinal de Retz, y eût échoué. Carrel a pu paraître un moment ce Sertorius de la presse; il l'a été jusqu'en 1833, par son habileté de tactique, son audace calculée et ses ruses; mais bientôt l'obstination s'est montrée trop à nu, et malgré ses habiletés d'intérieur, dont les gens de son parti avaient seuls le secret, il n'a plus paru au dehors que comme Charles XII à Bender, soutenant à peu près seul un siége dans sa maison. Et notez que, de plus que Charles XII, il avait en même temps à tenir tête à plus d'un turbulent dans le logis. Téméraire au dehors, il dépensait au dedans une prudence et des précautions désormais stériles. Enfoncé dans un parti qui ne se composait que de rivalités et de divergences, se considérant comme solidaire avec ceux qu'il ne retenait ni ne dirigeait pas, il ne pouvait se décider cependant à rompre. L'excès du point d'honneur, l'idée d'engagement à outrance, la gageure de ne jamais rendre l'épée (quand il ne s'agissait pas de la rendre, mais simplement de la remettre dans le fourreau), l'a égaré. Il y a eu là un travers qui a barré et finalement brisé sa forte vie; qui a rendu inutile son noble caractère, et qui ne laisse aujourd'hui apparaître et survivre que son talent d'écrivain. Par là, du moins, toutes guerres cessées, toutes animosités éteintes, il mérite des regrets de ceux même qu'il a combattus, et une place fort distinguée dans l'histoire littéraire. Il est sûr de l'obtenir quand on aura fait un bon choix, un choix impartial et sobre, de ses articles aux diverses époques (1).

(1) On a fait ce choix depuis, mais on l'a fait trop complet, trop compacte; la publication, malgré les soins qu'on y a donnés, n'a pas réussi et ne pouvait réussir.

Lundi, 24 mai 1852.

DE LA RETRAITE

DE

MM. VILLEMAIN ET COUSIN

C'est au commencement de ce mois que MM. Villemain et Cousin ont demandé leur mise à la retraite comme professeurs de la Faculté des Lettres. Si nous sommes bien informé, ils n'ont donné aucun motif de cette détermination, sinon qu'ils croyaient que pour eux l'heure de se retirer était venue. Le ministre de l'Instruction publique, M. Fortoul, a fait tout ce qu'on pouvait attendre d'un homme dont la jeunesse a été nourrie des vives leçons de cet enseignement littéraire élevé. A l'égard de M. Villemain particulièrement, auquel il devait sa première entrée dans l'instruction publique, M. Fortoul n'a négligé aucune démarche ni aucune instance pour le retenir, et ce n'est qu'après s'être assuré qu'il y avait un parti pris et une résolution irrévocable, que le ministre a proposé au Prince-Président d'admettre à la retraite l'illustre professeur. M. Villemain, nous le savons, a été touché, et il a dû l'être, de ces efforts si honorables et si sincères tentés pour le conserver : il a lu à plusieurs personnes la lettre qui lui a été adressée par le ministre, et nous croyons ne pas nous compromettre en disant qu'au milieu des expressions personnelles de souvenir et de reconnaissance, elle contient à peu près ces termes :

« J'ai cédé à votre demande, en proposant au Prince de vous admettre à la retraite. Les regrets d'un Gouvernement fait pour apprécier, autant que d'autres, les plus éminentes qualités de l'esprit, s'associent aux regrets que la France entière témoignera bientôt, en apprenant qu'un des plus illustres représentants de son intelligence et de son goût s'est condamné, avant le temps, à quitter la chaire qu'il avait consacrée. »

Ainsi, tout s'est passé dans les termes de la concorde et de la paix, ou, si l'on aime mieux, avec tous les honneurs de la guerre. On ne saurait reprocher au Gouvernement d'avoir provoqué les démissions que les honorables professeurs ont cru devoir donner. On ne saurait dire non plus que cette retraite, qui prive les listes semestrielles de la Faculté des plus beaux noms qui les décoraient, soit « un malheur public pour la jeunesse des Écoles » qui n'entendra plus désormais ces voix éloquentes; car il y a vingt-deux ans que ces illustres maîtres avaient cessé de professer, et qu'ils ne remplissaient plus leurs chaires que par leurs lieutenants. Leurs services, depuis ce temps, étaient d'un autre ordre et se poursuivaient dans l'administration ou dans la politique. Ce qu'il faut dire, c'est que cette retraite, si l'on y joint celle de M. Guizot, qui eut lieu à la suite de la révolution de Février, achève et clôt une belle et brillante époque, la plus belle qu'ait eue l'enseignement public en France. Jamais, avant ces trois professeurs célèbres, l'enseignement ne s'était montré avec autant d'éclat, de concert et de mouvement.

Il serait bien naturel d'ajouter qu'il ne retrouvera plus rien de pareil et d'égal désormais. Mais, si disposés que nous soyons à saluer et à honorer ce qui cesse, n'oublions jamais cette loi supérieure des choses : pas un individu n'est essentiel ici-bas, pas une génération n'est indispensable; la nature est féconde, et après les pertes les plus senties, et les plus irréparables ce semble, tout reprend bientôt et tout recommence. En littérature, la tradition sans doute est chose délicate, et qui ne se renoue pas si aisément; mais, outre que l'héritage de ces hommes célèbres est depuis longtemps déjà aux mains d'hommes instruits et habiles qui en savent le prix et le poids, je dirai que la grande tradition ne se continue jamais par les disciples, mais par de nouveaux maîtres qui, en paraissant, reprennent l'ensemble des faits et des idées par d'autres aspects, et qui se placent d'eux-mêmes sur des hauteurs qui font la chaîne. Pour donner à ces vrais successeurs le temps de venir, un peu d'intervalle parfois est nécessaire.

J'ai toujours éprouvé un regret, je l'avoue, quand je pensais à ces trois professeurs célèbres, dont l'enseignement (quoi qu'ils aient pu faire depuis) restera la plus grande gloire : ce regret, c'est qu'ils n'aient pas assez compris ce que je dis en ce moment, que leur vraie gloire et leur vraie force était là. A aucun moment, depuis vingt-deux ans, ils n'ont songé à reparaître dans leurs chaires. Quand je dis qu'ils n'y ont pas songé, j'ai peut-être tort. Combien de fois M. Cousin n'a-t-il pas exprimé, en causant, cette noble envie de reprendre tout simplement son Cours, de se remettre en communication directe avec cette jeunesse qui ne le connaissait plus que par ses écrits, de la ramener sur bien des points où on l'égarait ! Pourquoi lui ou quelqu'un de ses autres collègues n'a-t-il pas réalisé ce vœu si noble et si simple, si original, et si supérieur à tout ce qu'une demi-politique pouvait y opposer ? Y a-t-il eu en réalité un moment où l'un ou l'autre de ces trois maîtres ait pu ainsi reparaître dans nos écoles avec opportunité, avec convenance ? Je le crois. Leur talent n'a jamais été plus ferme et plus mûr que dans ces dernières années. Ils auraient montré à cette jeunesse, que de faux déclamateurs enivraient, ce que c'est que le vrai talent littéraire et historique quand il s'est encore aguerri dans la pratique, même incomplète, des affaires, et dans l'expérience de la vie. Mais s'ils en ont eu à quelque moment l'idée ou la velléité, ils n'ont pas osé; ils n'ont pas assez aimé la pure chose universitaire pour cela. La Harpe, dont on rit un peu, a été traversé par la Révolution de 89 et de 93, et par le coup d'État de Fructidor, et chaque fois il est remonté en chaire après; on peut dire qu'il est mort en professant. C'est trop. Mais il y a dans cet exemple un courage digne de respect. Nos trois illustres maîtres, en s'épargnant ce retour sur un théâtre où ils avaient tant donné, mais où ils avaient à terminer encore, ont fait, selon moi, comme Turenne s'il avait manqué ses deux dernières campagnes, ou comme Racine s'il s'était retranché *Esther* et *Athalie*.

Qu'ils me pardonnent ce regret où il entre une si haute idée de ce que je leur reconnais avant tout, de leur talent même. Telle qu'elle vit dans nos souvenirs, telle qu'elle est résumée et fixée dans leurs leçons recueillies, leur renommée de professeurs reste assez belle. On a de M. Guizot deux grands ouvrages qui représentent son enseignement historique de 1820 à 1822, et de 1827 à 1830. L'*Histoire de la Civilisation en France*, avec l'*Histoire générale de la Civilisation en Europe*, qui y sert d'introduction, appartient aux trois dernières années de son Cours (1827-1830), et l'*Histoire des Origines du Gouvernement représentatif en France* remonte aux années 1820-1822. C'est en 1851 seulement que M. Guizot a mis en ordre et rédigé cette dernière série d'anciennes leçons, qui n'avaient jamais été publiées avec l'étendue et le soin convenables. Il a fait paraître l'*Histoire des Origines du Gouvernement représentatif en France* dans un moment où l'on était bien peu disposé à en goûter les fruits, et où l'arbre, à force de monter en folles branches, compromettait toutes ses racines. M. Guizot raconte dans sa Préface comment, en 1820, sortant des affaires où il était entré en seconde ligne avec ses amis les doctrinaires d'alors, il crut devoir entreprendre d'expliquer dans son Cours l'origine et les principes du Gouvernement que lui et ses amis avaient essayé de pratiquer : même quand il fait de l'histoire, M. Guizot songe toujours à la politique d'à côté :

« Si j'appliquais aujourd'hui à ces études historiques de 1820, dit-il dans sa Préface de 1851, tous les enseignements que, depuis cette époque, la vie politique m'a donnés, je modifierais peut-être quelques-unes des idées qui y sont exprimées sur quelques-unes des conditions et des formes du Gouvernement représentatif. Ce Gouvernement n'a point un type unique, et seul bon, d'après lequel il doive être partout et nécessairement institué. La Providence, qui fait aux nations des origines et des destinées diverses, ouvre aussi à la justice et à la liberté plus d'une voie pour entrer dans les Gouvernements ; et ce serait réduire follement leurs chances de succès, que les condamner à se produire toujours sous les mêmes traits et par les mêmes moyens. »

Je ne me permets point de juger ce que fait ou ne fait pas la Providence, grand mot dont on abuse, et qui n'est souvent que la déification de notre propre pensée ; mais il me semble que si le Gouvernement représentatif n'a pas un type unique et seul bon, et s'il n'est pas lui-même l'unique Gouvernement possible, il faut se garder d'offrir toujours des types dans un ordre aussi changeant et aussi divers que celui de l'histoire, et dans lequel le fait donne à la théorie des démentis perpétuels. C'est cette histoire positive, vérace, à la Guichardin ou à la Machiavel, sans hypothèse, non adaptée aux vœux et aux combinaisons politiques du jour, toujours prête à voir ce qui est, ne relevant que de l'examen des faits et d'une connaissance sévère des hommes, qui est peut-être l'originalité à trouver et le correctif, après la manière de M. Guizot et dans une tout autre direction que lui. Car, dans l'ordre d'histoire ingénieusement et savamment construite et déduite, comme professeur il a peu laissé à faire, et parmi ceux même qui se croient assez loin de lui, je ne lui vois que des disciples.

M. Cousin, professeur de philosophie, a pris soin de recueillir, dans de nombreux petits volumes très-exactement revus, et très-curieusement remaniés, la série de ses leçons sur l'*Histoire de la Philosophie moderne*, tant celles de 1815 à 1820, que celles de 1828 à 1830. Il y a des parties excellentes pour tout le monde, et même agréables, quand M. Cousin en vient à des analyses particulières de certains philosophes ou moralistes. On s'expliquerait peu, en lisant ces volumes de M. Cousin, l'espèce d'attaque et de défaveur dont sa philosophie a été l'objet, et l'on a besoin d'y ajouter quelques éclaircissements pour le faire comprendre. Si M. Cousin n'avait voulu que rétablir, contrairement aux résultats du dix-huitième siècle, une philosophie où l'on prouvât, par diverses sortes de raisonnements plus ou moins rigoureux, l'existence de Dieu, la spiritualité de l'âme, son immortalité, la liberté morale de l'homme dans une certaine mesure, il y aurait eu peu à redire ; car une telle philosophie est la seule qui se puisse décemment enseigner, et elle a été généralement d'ailleurs la philosophie des Socrate, des Platon, des Descartes, des Bossuet, des Fénelon, des Daguesseau. Mais M. Cousin a voulu davantage : il a affecté la rigueur et l'invention dans la méthode ; il a prétendu serrer les choses de plus près que ses devanciers ; il a tenu à donner à sa philosophie une solidité indépendante de toute tradition révélée ; il a aspiré, en un mot, à fonder une grande école de philosophie intermédiaire, qui ne choquât point la religion, qui existât à côté, qui en fût indépendante, souvent auxiliaire en apparence, mais encore plus prolectrice, et, par instants, dominatrice, en attendant peut-être qu'elle en devînt héritière. C'est dans cette prétention, secrète ou affichée, qu'a paru le danger, et c'est de ce côté qu'a porté le fort de l'attaque. D'une autre part, les rigoureux observateurs de la nature humaine lui ont reproché de maintenir orgueilleusement certains dogmes qu'une philosophie plus positive et plus hardie se croyait en droit de contester, de ne tenir aucun compte de l'homme physique et naturel dans les opérations de l'esprit, de se soucier moins d'être un vrai philosophe (ce qui n'est donné qu'à peu d'hommes) que de vouloir fonder une grande école de philosophie (ce qui est bien différent), et d'aller jusqu'à faire ensuite de cette philosophie une doctrine d'État, ayant cours et influence. Il en est résulté que sa grande et ambitieuse tentative, qui mécontentait et inquiétait les hommes religieux et le Clergé, ne satisfaisait point d'ailleurs les savants et le petit nombre des libres philosophes; elle avait contre elle les croyants, et n'avait pas pour elle les physiologistes. Mais ce n'est point ceux-ci qui lui ont le plus nui.

En effet, les savants de nos jours s'aventurent peu dans les questions générales; mais le Clergé est redevenu important, considérable, et il est naturel que l'on compte avec lui. La raison en est claire et socialement manifeste. Bien des gens se souciaient médiocrement de l'Église quand ils ne la voyaient que comme un obstacle qui les gênait dans leurs idées de progrès et d'élargissement de la voie publique; mais, le jour où la société a été en danger d'être envahie, on s'est aperçu que l'Église faisait partie des fortifications et des remparts de la place, et c'est alors que bien des indifférents qui, la veille encore, auraient voulu la diminuer, sinon la détruire, ont compris l'importance de la défendre. Dans un tel état politique de défense et de siége, il n'y avait plus de place pour l'espèce de philosophie intermédiaire de M. Cousin, et le maître lui-même semble l'avoir compris en se réfugiant dans la littérature proprement dite, qui le distrait et le possède de plus en plus.

Des trois professeurs, c'est, ce me semble, M. Villemain qui a le moins perdu dans ce récapitulé final, parce que c'était celui qui avait le moins entrepris hors de son cercle. M. Guizot voulait, en effet, moins encore enseigner l'histoire que constituer et professer le Gouvernement moderne de la France; M. Cousin voulait moins encore exposer quelques doctrines consolantes et désirables pour l'esprit humain, et nous énumérer les ambitieuses chimères des philosophes, que faire prévaloir à son tour une école de plus, laquelle, au milieu de ses vues supérieures, avait aussi sa part d'ambition et de chimère. Quant à M. Villemain, il n'était que le plus brillant, le plus ingénieux, le plus éloquent des littérateurs, agrandissant et prolongeant sans doute le plus qu'il pouvait son domaine, un peu trop curieux, je le crois, d'y faire entrer avec une émulation visible les beautés parlementaires de nos voisins qui étaient à l'ordre du jour, mais fécondant d'ailleurs tout ce qu'il touchait, et nous en offrant le sentiment et la fleur. Les seules parties de son enseignement qui aient été recueillies, le *Tableau de la Littérature du Moyen Age*, et surtout celui *de la Littérature au dix-huitième siècle*, sont des modèles de goût, d'élégance dans les recherches et dans l'exposition, et de bon sens rapide revêtu de grâce.

Et quand tout cela était non pas lu, mais dit, mais chanté, né à l'instant et le matin même, quand on voyait tout ce talent jaillir de source pendant des heures et courir sous le regard; quand il en était de même des leçons plus grandioses et plus imposantes de M. Cousin, et de cette parole, déjà si nette et si tranchée de M. Guizot, qu'on juge de l'effet, de l'intérêt du spectacle mêlé à la satisfaction de l'esprit; qu'on y répande cette émotion générale et communicative qui régnait aisément pendant toute cette fin de la Restauration, et qui faisait croire à l'unité d'une opinion publique à la fois juste et puissante, et l'on comprendra ce qu'ont été ces fêtes de l'intelligence, dont les livres mêmes qui en sont sortis ne donnent qu'une idée froide et décolorée. Si l'un ou l'autre des trois professeurs s'était décidé ensuite à reprendre son Cours isolément et dans des circonstances si différentes, il lui aurait certes fallu, avant tout, faire un sacrifice d'amour-propre ; le mérite n'en eût été que plus grand, et bientôt le succès sérieux l'aurait payé. Mais laissons les regrets.

Aujourd'hui, s'ils ont cessé d'être professeurs titulaires, eux qui depuis longtemps n'étaient qu'honoraires; en effet, ces trois hommes célèbres sont loin d'avoir renoncé aux Lettres et aux travaux de l'esprit, et c'est ici, sous cette forme nouvelle, que j'aime à leur rendre hommage et à signaler tout ce qu'ils produisent, tout ce qu'on peut attendre d'eux encore.

M. Guizot, depuis deux ans, n'a cessé, indépendamment de ses écrits historiques, de recueillir et de publier, en les revoyant, d'anciens morceaux très-distingués (1), qui vont former toute une bibliothèque morale et littéraire : *Méditations et Études morales;* — *Études sur les Beaux-Arts en général;* — *Shakspeare et son temps;* — *Corneille et son temps.* Ce dernier volume, qui

---

(1) La plupart de ces morceaux déjà anciens sont tirés ou des *Annales de l'Éducation*, ou des *Archives philosophiques, politiques et littéraires*, ou de la *Revue française*, ou d'autres recueils auxquels M. Guizot prenait part; ou bien encore, ce sont d'anciennes préfaces et introductions qui avaient paru en tête de Collections que M. Guizot dirigeait. Un léger tort, qui tient de près au savoir-faire, c'est, en réimprimant ces morceaux, d'en dissimuler l'origine et la destination première, et de laisser croire que c'est du nouveau pour le public, un fond de portefeuille inédit.

va paraître, contient : 1° un morceau étendu, *De l'état de la poésie en France avant Corneille;* 2° une étude développée sur *Corneille* lui-même; 3° trois biographies d'auteurs du temps, *Rotrou, Chapelain* et *Scarron.* Il est curieux de retrouver M. Guizot sur ce terrain tout littéraire où il a fait, il y a quarante ans, ses premiers pas. Quand il parle de poésie proprement dite, il lui manque, je le crains, quelque chose : « Celui qui veut comprendre le poëte, a dit Goethe, doit aller dans le pays du poëte. » M. Guizot a trop vécu dans d'autres pays que celui-là : mais Corneille, mais Shakspeare, c'est encore l'histoire, et il est bon d'écouter un esprit aussi éminent et aussi ferme que M. Guizot revenant à ces analyses de drames et de comédies, et les discutant à fond comme il a discuté tant d'autres choses. Il y a des moments où la plume politique reparaît à l'improviste, et non à contre-temps, jusque dans ces appréciations plus légères. Ainsi, à propos de Ronsard, si méprisé par ses successeurs du dix-septième siècle, auxquels il n'avait fait cependant qu'ouvrir la route : « Les hommes qui font les révolutions, dit M. Guizot, sont toujours méprisés par ceux qui en profitent. »

M. Cousin n'avait pas attendu l'exemple de M. Guizot pour revenir aux Lettres pures, qui sont sa grande, son incontestable et charmante supériorité, n'en déplaise au philosophe. Qui n'a lu ses écrits sur Pascal, sur la sœur de Pascal, Jacqueline, qui lui doit une réputation; sur les femmes célèbres du dix-septième siècle, dont il s'est si vivement épris? M. Cousin, un jour, traçait ainsi le plan idéal d'une vie d'homme de lettres : « Un monument et beaucoup d'épisodes. » Le monument, il considère sans doute qu'il l'a fait dans sa traduction de Platon, et il en est aux épisodes. Nous ne trouverons jamais qu'il s'en permet trop. Il est arrivé dans ces derniers temps à M. Cousin ce qui arrive quelquefois aux philosophes eux-mêmes : il est devenu amoureux. Il l'est devenu, de qui? de madame de Longueville en personne, oui, de cette sœur du grand Condé, de cette beauté aux langueurs incomparables, qui, après avoir été une héroïne de la Fronde, est devenue un modèle de pénitence. M. Cousin, non content de l'étudier et de se plaire un instant avec elle, s'est mis à lui consacrer ses recherches, sa plume, son éloquence, et pourquoi ne le dirais-je pas? son cœur. Qu'on lise les huit articles qu'il a publiés dans le *Journal des Savants* (août 1851 — avril 1852), et qui ne sont pas finis; les deux articles qu'il a publiés dans la *Revue des Deux Mondes* (1ᵉʳ août 1851 et 15 mai 1852) : c'est une peinture toujours nouvelle, toujours recommençante, et ne craignant pas même de se recopier (il n'y a pas de redites en amour) (1), de cette personne *aux grâces immortelles*, et à qui il ne reconnaît plus de défauts. Les défauts mêmes de madame de Longueville deviennent des charmes pour son biographe entraîné et séduit. Madame de Longueville a l'esprit subtil ; elle aime la gloire sous toutes les formes, et, quand elle l'a épuisée sous celle du roman et de la guerre civile, elle la retrouve et la recherche encore sous celle de la pénitence illustre et de l'humilité la plus raffinée. M. Cousin abjure ici toutes les explications de la philosophie, et il s'en tient aux apparences. Il porte son illusion jusqu'au physique; il ne veut point, par exemple, que madame de Longueville, d'assez bonne heure, ait dépéri, qu'elle ait été peut-être un peu maigre :

« L'embonpoint, dit-il, et ses avantages ne lui manquaient pas. Quoi qu'en aient dit des gens mal informés, qui la peignent telle qu'elle a

(1) Ainsi dans l'article de la *Revue des Deux Mondes* du 15 mai 1852, on est tout surpris de relire des passages entiers qui étaient dans l'article du *Journal des Savants* du mois de mars précédent.

pu être aux Carmélites et à Port-Royal, elle possédait, je ne puis en douter en regardant les portraits authentiques qui sont sous mes yeux, ce genre d'attraits qu'on prisait si fort au dix-septième siècle, et qui, avec de belles mains, avait fait la réputation un peu usurpée d'Anne d'Autriche. »

On voit bien qu'il a pris parti dans la Fronde, et qu'il n'a pas été amoureux d'Anne d'Autriche. Il ne paraît pas soupçonner un défaut essentiel qu'avait madame de Longueville, et qu'il serait peu poli de rappeler en toutes lettres, mais dont Bussy et Brienne ont fait sentir quelque chose (1). A tout moment, en le lisant, on se redit les vers d'Horace ou de Lucrèce, si bien traduits par Molière, sur les illusions particulières aux amants qui donnent un joli nom à chaque défaut de la personne qu'ils aiment ;

<blockquote>Et dans l'objet aimé tout leur devient aimable!</blockquote>

Dans un des articles qu'il a consacrés à madame de Longueville, M. Cousin a exposé une théorie qui peut s'appeler la *théorie des appas*, et dans laquelle il a mêlé bien des idées ingénieuses et en partie vraies, à d'autres qui sont singulières et un peu hasardées. Il paraît croire (2) que, dans les grands siècles, les siècles classiques, « qui ont seuls le goût de la grande beauté, » il y a en effet et bien réellement une beauté plus abondante et plus exubérante que dans d'autres; et qu'ainsi au dix-septième siècle, non loin de Descartes, de Pascal ou de Malebranche (dussent-ils en user très-peu), il y a de plus belles femmes au physique qu'à côté de Condillac, d'Helvétius et de Galiani, qui les aimaient davan-

---

(1) La duchesse de Mecklembourg, « qui avait des façons de dire particulières, » disait de madame de Longueville « qu'elle *enchavignait* tout le monde. » Ce qui fait d'une pierre deux coups et nous apprend que M. de Chavigny avait le même inconvénient que madame de Longueville.

(2) *Revue des Deux Mondes* du 1ᵉʳ août 1851, page 395.

tage. Il ne dit pas seulement cela du type de beauté à la mode, mais de la réalité même. En un mot, il croit que la femme maigre était assez bonne pour les héros de Rosbach et pour les philosophes sensualistes du dix-huitième siècle, tandis que les héros de Rocroy et les contemporains spiritualistes de Descartes avaient droit à des beautés plus réelles, et à plus de solidité comme dirait madame de Sévigné; et, comme dit encore le proverbe, « Tant moins ils en voulaient, tant plus ils en avaient. » Le buste de madame Du Barry protesterait au besoin contre cette théorie dont M. Cousin, au risque de se tromper, a fait l'application à madame de Longueville.

Mais l'endroit où M. Cousin a le plus découvert sa passion pour madame de Longueville, c'est en ce qui est de M. de La Rochefoucauld. Il n'en parle pas comme un juge ni comme un critique, mais comme un rival : « Elle n'a aimé véritablement qu'une seule personne, La Rochefoucauld, » dit-il de madame de Longueville; et cela le mène à dire : « Je ne m'en défends pas, je n'aime pas La Rochefoucauld... » Dans cette véritable diatribe contre La Rochefoucauld, M. Cousin a trouvé l'une de ses plus belles pages (1), et comme lui seul en sait écrire. Il fait remarquer qu'en donnant ses *Maximes*, La Rochefoucauld a gravé son propre portrait :

« Et le portrait, ajoute-t-il magnifiquement, est aussi celui de l'homme de son temps, tel que La Rochefoucauld l'avait vu, et même de l'humanité tout entière. Car nous sommes tous de la même famille; nous avons tous les mêmes misères, auxquelles se mêle un rayon de grandeur : ce rayon-là, qui souvent ne brille qu'un moment et à travers mille nuages, La Rochefoucauld, ne l'apercevant pas en lui, quoiqu'il y fût sans doute mais bien caché, ne l'a pas reconnu dans les autres, ni dans Condé, ni dans Bossuet, ni dans M. Vincent, ni dans la Mère Angélique, ni dans mademoiselle de La Vallière, ni hélas! dans madame de Longueville (remarquez en passant cet *Hélas!*). Vain par-dessus tout, il a donné la vanité comme le principe unique

(1) *Journal des Savants* de 1851, page 714.

de toutes nos actions, de toutes nos pensées, de tous nos sentiments; et cela est très-vrai en général, même pour le plus grand des hommes, qui n'en est que le moins petit. Mais il y a tel instant où, du fond de cette vanité, de cet égoïsme, de cette petitesse, de ces misères, de cette boue dont nous sommes faits, sort tout à coup un je ne sais quoi, un cri du cœur, un mouvement instinctif et irréfléchi, quelquefois même une résolution, qui ne se rapporte pas à nous, mais à un autre, mais à une idée, à notre père et à notre mère, à notre ami, à la patrie, à Dieu, à l'humanité malheureuse, et cela seul trahit en nous quelque chose de désintéressé, un reste ou un commencement de grandeur, qui, bien cultivé, peut se répandre dans l'âme et dans la vie tout entière, soutenir ou réparer nos défaillances, et protester du moins contre les vices qui nous entraînent et contre les fautes qui nous échappent. Admettez un seul acte ou même un seul sentiment vraiment honnête et généreux, et c'en est fait du système des *Maximes*. Mais je ne les considère ici qu'au seul point de vue littéraire, et, à ce point de vue, on ne peut trop les admirer. »

On voit combien M. Cousin devient éloquent dans la passion. Malgré tout, malgré cet appel héroïque qui dit à l'humanité : *Montons au Capitole!* je crains que La Rochefoucauld, bien compris, n'ait en définitive raison; car, sans nier l'élan de l'amour-propre sous sa forme sublime et glorieuse, et en se bornant à l'expliquer, c'est précisément au solennel qu'il en veut dans l'habitude de la vie, c'est à toutes les comédies même sérieuses, à toutes les emphases et à tous les charlatanismes; il les voit, il les perce à jour, il les remet à leur place d'un mot.

Tout au contraire de La Rochefoucauld, M. Cousin aime mieux le grandiose que le fin, et s'il n'y prend garde, il va à la solennité aisément; il exagère. Ainsi il ne paraît pas soupçonner ce qu'il y avait de charlatan dans le philosophe Campanella, et il louera Turgot à l'excès, sans faire la part de ce qu'il y avait de gauche et de peu applicable en lui.

Quoi qu'il en soit, La Rochefoucauld pour lui est le grand adversaire et le rival qui, il y a deux siècles, l'a supplanté : aussi lui impute-t-il tous les torts de celle qu'il eût sans doute bien mieux dirigée en sa place : « Je mets, dit-il en parlant de l'héroïne de la Fronde, je mets tous ses mouvements désordonnés sur le compte de l'esprit inquiet et mobile de La Rochefoucauld. C'est lui qui est l'ambitieux, c'est lui qui est l'intrigant; c'est lui qui erre de parti en parti à tort et à travers... » A lui donc tout le mal et tous les torts, à elle tout le bien et surtout le mérite du retour chrétien et du repentir; car le philosophe éclectique, tant accusé, se montre simplement chrétien et sans aucune malignité d'analyse dans ces études toutes littéraires. Il est si soumis de ton et si révérencieux, que parlant de l'archevêque de Sens, il lui échappe de dire en un endroit de son texte, *Monseigneur de Gondrin*, ce qui, ce me semble, est un terme de surérogation au dix-septième siècle.

En s'introduisant dans le couvent des Grandes-Carmélites à la suite de madame de Longueville, M. Cousin prend une à une les plus célèbres filles du couvent; il les loue dans les termes mêmes des pieux panégyristes; ce sont les amies de son amie; il devient pour madame de Longueville, mais avec un éclair de plus, ce qu'était hier encore le très-regrettable M. Walckenaer pour madame de Sévigné. Études aimables, inoffensives, où notre sourire se joint à notre admiration et à notre applaudissement ! On dira un jour de M. Cousin, on gravera au-dessous de son buste, comme si l'on traduisait une épigramme de l'Anthologie : « Il a voulu fonder une grande école de philosophie, et il aima madame de Longueville. »

M. Villemain aussi a, depuis peu, redoublé de mélanges littéraires, et il a prodigué ses miscellanées brillantes. Il a du talent sur tout et à propos de tout; soit qu'il reprenne pour la dixième fois ses Pères de l'Église et qu'il en découvre un encore auquel il n'avait point songé, soit qu'en parlant du Concile de Nicée, il se ressouvienne un peu trop peut-être de la défunte Assemblée législative, soit surtout qu'il essaie, dans des morceaux d'une littérature exquise, de nous donner une flatteuse idée d'une Histoire de l'Académie française pendant les deux derniers siècles, dans tous ces fragments qu'il ne tient qu'à lui de multiplier chaque matin avec fraîcheur, M. Villemain se retrouve le premier des écrivains du jour pour le coloris poli et nuancé, pour le mélange du savoir et de l'élégance. L'an dernier, l'Académie française avait proposé un prix pour une traduction de Pindare : personne n'eut ce prix ; mais M. Villemain, voulant critiquer les traductions des candidats par son exemple, s'avisa de donner des échantillons de la vraie manière, selon lui, de traduire le grand lyrique grec; on assure que ces échantillons, en se multipliant, ont fini par se rejoindre, et que Pindare est traduit désormais. Ceux qui se piquent encore de littérature ont lu, dans une des dernières *Revues des Deux Mondes,* un brillant et éloquent morceau intitulé : *Une Visite à l'École normale en* 1812, dans lequel M. Villemain a trouvé moyen de faire parler Napoléon en personne sur les études classiques et sur le haut enseignement. L'intention n'est pas douteuse : c'est une critique détournée que M. Villemain a voulu faire de certaines mesures récentes, et qu'il a mise adroitement dans la bouche même de l'Empereur. D'ailleurs, si on le pressait là-dessus, il s'empresserait d'ajouter que, dans ce morceau, « il y a pour le moins autant d'adhésion que d'opposition. » De telles critiques ne sont pas dangereuses, elles mériteraient presque des récompenses ; elles méritent surtout qu'on leur accorde ce qu'elles recherchent, la louange et l'applaudissement. Jamais M. Villemain ne s'est montré rhéteur plus accompli (au meilleur sens du mot) que dans ce morceau où il parle précisément contre les rhéteurs, et où il traduit une pensée d'homme d'État.

Quelques mots, dont évidemment l'auteur s'est souvenu, et qui sont bien de Napoléon, sont enchâssés dans une trame habile, dont l'ensemble constitue le plus admirable discours d'un *Conciones* français. A y regarder de près cependant, il y a là des choses que n'a pu dire l'Empereur. Il a pu dire certainement : « Ma plus grande victoire, ce fut mon Gouvernement civil... » Il a pu dire de Tacite « qu'il était de la minorité. C'est un sénateur mécontent, un *boudeur d'Auteuil.* » Ce sont là des mots napoléoniens ; mais il me paraît très-douteux qu'il ait ajouté, en parlant du soin qu'il mit à rallier les chefs de file de tous les partis : « Sauf deux ou trois opiniâtres, je ne laissai rien de considérable en dehors, et j'enveloppai tout dans ma toge consulaire. »

Toge consulaire, il n'a pas dit cela. Il avait l'uniforme consulaire et non la toge. — Il se retrouve là un petit bout de la plume de ton plus brillant élève, ô Luce de Lancival !

En général, dans tout ce discours, il me semble que Napoléon et M. de Narbonne savent trop bien leurs livres et leurs auteurs; que M. de Narbonne est bien foncé sur son siècle des Antonins et sur son histoire de l'Empire; que le *Dialogue de Sylla et d'Eucrate* est resté bien longtemps ouvert sur la table de l'Empereur, et que Bossuet vient là vers la fin avec un peu trop de détail aussi. Ce sont les inconvénients inévitables de ce genre de discours refaits, lorsqu'en réalité il n'y a eu que des mots.

Il y en a assez d'excellents pour servir de clous d'or à ce fragment de pourpre, si heureusement drapé. Quant à ce qui ressort de tout le morceau, que « les Lettres, c'est l'esprit humain lui-même; » que « l'étude des Lettres, c'est l'éducation de l'âme, » qu'il me soit cependant permis de faire à ce sujet aussi mon petit discours, non pas napoléonien, mais d'humble bon sens et d'observation un peu sévère.

Oui, j'ai toujours aimé à le croire, les Lettres classiques, ce devrait être l'enseignement de l'âme, son baptême d'énergie, de désintéressement et d'indépendance à travers la vie. Mais, pourrait-on dire aujourd'hui à plusieurs de ceux qui ont le plus cultivé les Lettres dès leur jeunesse, qu'y avez-vous gagné pour la morale même et pour la pratique libérale de la vie? Vous, les maîtres dans les humanités classiques, quels préceptes de conduite en avez-vous tirés? Quelle élévation morale au-dessus des autres qui vous entouraient? De quel désintéressement particulier avez-vous fait preuve? Quelle passion personnelle avez-vous étouffée en vous? Non, les Lettres si aimées et si consolantes n'ont pas cette vertu qu'on leur supposait; cette vertu, l'éducation peut y aider sans doute, elle est avant tout dans une certaine nature première et dans le caractère même, qui ne se donne pas.

Vous paraissez vous plaindre que l'esprit ait le dessous en ce moment. Mais à qui s'en prendre? Il y a eu abus de l'esprit. Tout professeur célèbre, tout écrivain habile s'est cru propre à être politique, orateur, ministre et gouvernant. Pendant quelque temps, ces ambitions se sont contenues dans un cercle de personnes distinguées : mais bientôt, avec le débordement croissant, tout a été envahi. Tout jeune homme se croyait fait pour être homme de lettres, tout homme de lettres pour être journaliste, tout journaliste pour être ministre ou président de l'État. Il n'y avait plus de digue. On a dû mettre l'esprit aux arrêts. Le professorat n'est plus un état; le journalisme n'est plus une carrière; pour se faire homme de lettres à l'heure qu'il est, il faut se sentir une dure vocation. Tant mieux! les vrais talents gagneront peut-être à cette continence.

Nous qui parlons ici, nous en souffrons d'ailleurs autant que personne, et nous en ressentons la gêne. Il ne suffit pas, en effet, à la libre littérature, qu'on lui accorde une grande place et même du silence : elle a plus besoin encore d'attention et d'intérêt que de silence; elle s'accommode plus d'un amphithéâtre que d'une plaine trop vaste. Aussi joindrons-nous en partie nos vœux à ceux qu'a exprimés M. Villemain. Nous osons rappeler, au milieu des portions florissantes et triomphantes de la nation industrielle et militaire, qu'il y a aussi un pays moral, littéraire; et, sans trop imaginer les moyens de le rétablir et de le réconforter, nous désirons que de plus habiles que nous y songent. Il y a convenance et obligation à tout régime qui s'affermit dans notre France, et qui la rend calme et prospère, de susciter bientôt sa propre génération d'esprits et de talents.

Lundi, 31 mai 1852.

M. WALCKENAER

Avant que d'autres voix plus autorisées le fassent, je voudrais rendre un hommage bien dû à un homme d'investigation, de labeur et de conscience, à un érudit galant homme qui s'est exercé dans des branches bien diverses, qui a marqué par des travaux durables dans la géographie ancienne et dans l'histoire naturelle, et qui nous intéresse particulièrement comme l'un de nos devanciers et de nos guides dans l'histoire et la biographie littéraire. Le biographe ou plutôt le compagnon, l'introducteur assidu de madame de Sévigné et de La Fontaine, avait participé à la fortune et au bonheur de de ces deux noms, il s'était fait des amis, et ce n'est pas sans un vrai sentiment de regret qu'on a appris que M. Walckenaer était mort le 27 avril dernier, dans la quatre-vingt-et-unième année de son âge, au moment où il achevait de corriger les épreuves du cinquième volume de ses *Mémoires* sur madame de Sévigné, Mémoires infinis, courants en tous sens, amusement prolongé de sa vieillesse et qu'il ne devait point terminer.

M. Walckenaer était né à Paris le 25 décembre 1771, très-Parisien malgré ce nom de physionomie étrangère. Il tenait à l'une de ces familles de riche bourgeoisie qui avaient des occasions continuelles et même des liaisons avec les personnes du plus haut rang et de la première qualité. Il nous a très-bien rendu le milieu social au sein duquel se passa son enfance, dans une Notice biographique consacrée à M. Ducloz-Dufresnoy, notaire très en crédit et financier distingué, qu'il nommait son tuteur, je crois, ou son oncle, et dont il devait plus tard épouser la nièce (1). La première éducation du jeune Walckenaer fut à la fois très-libre et très-étendue. Élevé par un précepteur particulier dans une maison opulente en vue de toutes les séductions de la société, il fallait que ses dispositions fussent de bonne heure bien décidées, et son amour de l'étude bien ardent, pour pouvoir lutter contre de tels attraits. Sa famille possède ses cahiers manuscrits de ce temps. A dix ans il étudiait l'algèbre et la géométrie ; à douze, il traduisait Virgile, Horace et Lucrèce, non-seulement en français, mais en anglais. Parmi les notes et extraits de ses lectures, qui datent de cette époque, on lit comme par pressentiment une pensée de madame de Sévigné : « Ne quittez jamais le naturel, cela compose un style parfait. »

Pour le préserver pourtant, quelques années encore, des amorces d'un monde trop présent et pour diversifier ses études, M. Ducloz-Dufresnoy l'envoya en Angleterre suivre les cours des universités soit d'Oxford, soit de Glascow. Le jeune homme ne revint en France que vers 1791 ; il avait près de vingt ans. Il dut à cette excursion heureuse une connaissance toute naturelle de la littérature anglaise du dix-huitième siècle, et aussi des cadres brillants où se jouait sa sensibilité adolescente. Un de ses romans (car il fit aussi des romans) est

---

(1) Avec les années on peut tout dire : M. Walckenaer tenait à M. Ducloz-Dufresnoy et à une femme de qualité, madame d'Asfeld, au même degré et d'aussi près que M. Bazin à M. Raucou et à madame de Kercado, une femme de qualité également.

intitulé : *l'Ile de Wight, ou Charles et Angélina* (1798), et c'est dans cette île riante qu'il aimait à reporter ses premiers rêves d'idylle et de bonheur. Un autre roman ou nouvelle de lui, intitulée *Eugénie* (1803), est aussi l'histoire d'une jeune Anglaise restée en France pendant la Révolution, et y aimant presque à contre-cœur un jeune Français qu'elle finit par épouser à travers les discordes et les guerres qui séparent les deux nations. On croit sentir que, chez M. Walckenaer aussi, une part d'affection s'était trouvée de bonne heure engagée de l'autre côté du détroit et sur l'autre rivage.

Pour remonter à la vraie date, il y eut donc là, sous Louis XVI, un premier M. Walckenaer, frais, vif, rose et riant, peint par Greuze, menant de front les plaisirs et le travail, ardent à l'étude, au monde, à la société, sensible aux passions, présentant l'image d'une jeunesse à la fois sérieuse et amoureuse ; nous ne pouvons que le deviner, mais littérairement il se trahit, et toujours il gardera dans son style, dans sa manière de dire, même quand il voudra peindre le siècle de Louis XIV, quelque chose de ce qui caractérise l'époque de Louis XVI.

La Révolution vint interrompre cette vie qui était déjà si pleine, et où s'annonçaient des goûts si divers. En 1793, M. Walckenaer dut partir pour l'armée comme tous les jeunes gens d'alors. Après un séjour de dix-huit mois à la frontière des Pyrénées, à la division de Saint-Jean-Pied-de-Port, où il fut employé en qualité d'inspecteur général des transports militaires, il se dégagea, revint à Paris, s'y maria avec la nièce de M. Ducloz-Dufresnoy, mort tout récemment sur l'échafaud, et entra comme élève à l'École polytechnique au moment de la création. Il puisa dans cette grande École ce souffle qui en était l'âme à l'origine, l'amour vrai de la science et une confiance sincère dans les efforts de l'esprit humain dirigé par les méthodes. En ce sens,

M. Walckenaer appartient au mouvement scientifique de la fin du dix-huitième siècle et à cette impulsion généreuse dans l'ordre de l'intelligence. En attendant qu'il se fît connaître par des travaux plus précis, un ouvrage de lui, *Essai sur l'Histoire de l'Espèce humaine* (1798), nous le montre sous sa forme encyclopédique et traçant une esquisse d'une histoire naturelle générale de l'humanité et de la société. Il y distingue six périodes successives de naissance, de progrès, d'accroissement et de déclin, et, malgré son désir de les rapporter à des circonstances positives, il y laisse bien du vague et du conjectural. C'est un ouvrage prématuré, ainsi que l'auteur lui-même le reconnaît un peu dans sa préface, et qui n'est curieux que comme indice de sa disposition scientifique d'alors, et de cette première ambition enthousiaste qui embrasse tout.

Des observations et des investigations précises vinrent donner à cette activité du jeune savant un champ plus sûr, et où il devait laisser sa marque. Lié avec MM. Dacier et Gosselin, il fut encouragé par eux dans son application à la géographie ancienne. Un séjour à la campagne et des relations intimes avec M. Latreille le portaient, vers le même temps, à l'étude des insectes, particulièrement des araignées (les *Aranéides*), dont il étudia les mœurs, disposa les genres et donna les tableaux. Il remplit par là une lacune importante dans la science et ajouta plusieurs anneaux qui manquaient à la chaîne. Il compléta aussi en un point l'œuvre de Réaumur sur les abeilles ; il observa celles d'un genre particulier qui creusent leur habitation sous terre, et qui y vivent dans des cellules séparées. « Réaumur, entraîné par l'attrait que lui offrait l'étude d'autres abeilles plus industrieuses, n'avait jeté, en quelque sorte, qu'un coup d'œil distrait sur celles du genre *halicte*, et ne les avait signalées qu'en passant. » Ces abeilles solitaires, jusque-là négligées, ont trouvé dans M. Walckenaer un patient, exact et sympathique observateur. Ces qualités de persévérance, d'attention, de curiosité, et presque d'attachement pour son sujet, qui mènent un habitant de la campagne à passer les journées et une partie des nuits en sentinelle pour observer, sans les effaroucher, ces petits insectes, ne diffèrent pas essentiellement de celles qui dirigent le biographe attentif dans les bibliothèques et à travers les livres, à la piste des moindres faits qui peuvent éclairer l'âme et la vie d'un écrivain préféré. Nous retrouverons bientôt M. Walckenaer sur ce dernier terrain, qui nous est le mieux connu.

Ces divers travaux ne suffisaient pas encore à l'activité de M. Walckenaer. Il essaya, vers 1805, d'entrer dans l'administration et fut quelque temps placé auprès du comte Estève, trésorier général de la Couronne. Il se retira peu après et ne rentra en place qu'avec la Restauration : on le voit maire d'un arrondissement de Paris d'abord en 1814, puis secrétaire général de la Seine, et finalement préfet à Nevers et à Laon jusqu'en 1830. M. Walckenaer aimait l'administration ; il s'y entendait, et plus tard il y mettait même peut-être un peu d'amour-propre, lui qui en montrait si peu ; il ne se vanta jamais d'être un savant, et il se piquait d'être un administrateur. Il ne voyait pas dans les affaires les ennemis naturels des recherches littéraires et scientifiques telles qu'il les concevait, et il semblait qu'en changeant ainsi de sujet, il ne faisait que varier les applications d'un même esprit de méthode et de détail.

Laissant de côté ses Mémoires sur l'ancienne Gaule, qui le firent nommer dès 1813 à l'Académie des Inscriptions, et les nombreux travaux de géographie qui ne cessèrent de l'occuper depuis lors, « d'usurper, comme il le dit, le plus grand nombre de ses moments de loisir, » je ne voudrais insister ici que sur les services agréables que M. Walckenaer a rendus à la littérature et à tous les lecteurs amis du grand siècle par ses biographies si riches et si abondantes. Le premier, il introduisit en France ce genre de grandes biographies à l'anglaise, qui a remplacé la notice sèche et écourtée dont on se contentait auparavant. L'ouvrage de M. Walckenaer, qui est resté modèle dans cette forme développée et pourtant limitée encore, est l'*Histoire de la Vie et des Ouvrages de La Fontaine* (1820). M. Walckenaer a le goût du complet, en même temps qu'il en a le moyen dans la diversité de ses connaissances. S'il parle d'un homme célèbre, il le voit dans sa famille, dans sa race, dans sa province, dans ses relations de toutes sortes; s'il parle d'un des écrits de son auteur, il met de même cette production dans tout son jour; il la rapproche des événements qui lui ont donné naissance; il explique tout ce qui peut s'y renfermer d'allusions personnelles et de peintures de la société. Ainsi il a fait pour La Fontaine, et, sans excéder encore la mesure, il nous a donné de ce délicieux et grand poëte une histoire animée, coulante, facile comme lui-même et où il revit tout entier. Toutes les femmes qu'a aimées La Fontaine et qui le lui ont si bien rendu, qui l'ont recueilli, nourri et soigné dans les distractions et les oublis de sa vieillesse, ont leur place dans cette biographie de curiosité et d'affection. Quand on a lu ce volume, et qu'on a relu tous les vers que le biographe indique et qu'il rappelle, on sait tout de La Fontaine, on a été son ami, et l'on n'a plus, pour achever son idée, qu'à faire comme lui, à sortir seul en cheminant au hasard et à rêver.

En histoire littéraire comme en histoire naturelle, il y a le *groupe*, il y a ceux que certaines analogies rassemblent, et qui ont un air de famille auquel on ne se méprend pas. M. Walckenaer le sait bien, et, à côté de

La Fontaine, il n'a pas oublié son camarade Maucroix. Maucroix, chanoine de Reims et poëte, naïf comme La Fontaine, et, dans sa jeunesse, un peu plus romanesque que lui ; ce Champenois de l'Ile-de-France, qui parlait un français si pur, qui a trouvé quelques vers heureux dans la veine de Racan, et qui a du La Fontaine en lui, au génie près, mais qui en tient pour la bonhomie et pour le cœur ; Maucroix, l'ami aussi de Patru et de d'Ablancourt, était de cette race bourgeoise bien parlante, bien douée et paresseuse. Après un grand désespoir d'amour, il se fit traducteur pour s'occuper petit à petit sans trop d'effort et se consoler; il alla jusqu'à près de quatre-vingt-dix ans et survécut à La Fontaine, dont il gardait le cilice comme une relique. Nous devons à M. Walckenaer l'édition des Poésies de Maucroix, ce camarade et ce second indispensable, j'allais dire ce miroir involontaire de La Fontaine. En nous racontant, d'après Tallemant des Réaux (alors inédit), la grande aventure d'amour de Maucroix avec mademoiselle de Joyeuse, marquise de Brosses, M. Walckenaer pourtant a commis une de ces fautes que je me suis déjà permis ailleurs de signaler en lui. Au lieu de nous rendre ce récit dans les termes mêmes plus qu'à demi légers, plus qu'à demi narquois, et avec le sel de l'original, il a voulu le traduire dans sa propre langue, il y a mêlé une élégance trompeuse ; il parle en un endroit de la désolation que la volonté d'un père « porta dans le cœur de *la malheureuse Henriette* (mademoiselle de Joyeuse) ; » enfin, il attendrit un peu trop le récit de Tallemant et y répand ce que j'appelle une teinte du style de Louis XVI, ce qui est le plus loin du ton de de cette Régence de Mazarin.

On me pardonnera de noter cette faute qui est fréquente chez M. Walckenaer, et qui est sa seule infidélité comme biographe. Cette infidélité de ton, il l'aura en toute circonstance lorsqu'il parlera du grand siècle, et malgré sa familiarité si réelle avec les principaux comme avec les moindres personnages de ce beau temps. Ainsi, au tome III de ses *Mémoires* sur madame de Sévigné, s'il veut nous raconter l'histoire de cette séduisante et fragile marquise de Courcelles, au lieu de lui emprunter les expressions incomparables de sa propre confession, il les traduit, il les polit, il les modernise, c'est-à-dire il les altère; il ne paraît pas croire avec Paul-Louis Courier que la moindre femmelette de ce temps-là écrit et cause mieux qu'un académicien de nos jours. Ceci tient à un défaut général de l'époque où est venu M. Walckenaer. Car de dire qu'il lui a manqué, au milieu de cette éducation si solide et si diverse, un bon maître de rhétorique qui réprimât en lui toute velléité de fausse rhétorique, ce n'est pas toucher le point juste. Où était-il alors ce professeur de rhétorique excellent, qui apprît à ses élèves à s'en passer? Fontanes lui-même, qui revenait avec une simplicité relative au grand siècle, Fontanes avait ses scrupules, et n'aurait pas tout permis en matière de citations. Ce n'est que graduellement, et par une étude de plus en plus délicate, qu'on est arrivé à bien savoir, non-seulement les circonstances et les faits littéraires des diverses époques, mais à en sentir le *style* et à le respecter. Du temps de M. Walckenaer, on a vu le savant M. de Chézy, dans ses traductions de poëmes orientaux, chercher à reproduire je ne sais quel modèle d'élégance cérémonieuse et uniforme, plutôt que de calquer avec simplicité et énergie les originaux qu'il avait sous les yeux et qu'il admirait. C'est ainsi que M. Walckenaer, qui connaît si bien son dix-septième siècle, qui en sait les grandes et les moyennes et les plus petites choses, qui nous en redit les menus propos, n'est pas averti de bonne heure qu'il y a là un goût particulier, un style dont les négligences ont leur grâce, une saveur dans les moindres dires qui ravit ceux qui l'ont une fois sentie, et qu'un amateur comme il l'est devrait se bien garder de corriger.

M. Walckenaer est classique, mais il l'est à travers le goût de son temps et de sa jeunesse, et il y a une teinte première dont il ne s'est jamais débarrassé. En tête de sa petite nouvelle d'*Eugénie* (1803), où il ne veut qu'intéresser par une simple histoire touchante et vertueuse, il dit, dans la préface, que « la scène ne se passe ni en Russie, ni en Hongrie, ni au quatorzième siècle, mais en France et de nos jours. C'est assez faire entendre aussi, je pense, ajoute-t-il, que les personnages ne sont pas des Sauvages de l'ancien ni du nouveau monde; ils sont Français et costumés à la française : enfin, ce qui est encore plus extraordinaire, autant du moins qu'il a été possible à l'auteur, ils parlent français... » Il y a dans ces lignes une critique, une allusion directe au roman d'*Atala* qui venait de paraître. Et pourtant, ce Chateaubriand, qui semblait alors ne point parler français, revenait et nous ramenait par des hauteurs un peu escarpées et imprévues à la grande et forte langue, et c'était sur ses traces que le goût lui-même devait retrouver bientôt sa vigueur et son originalité. Ce goût réfléchi et acquis, mais réel, est une des conquêtes de la critique depuis M. Walckenaer. On sait maintenant et l'on sent, pour peu qu'on y prenne garde, en quoi le style de la première époque de Louis XIV diffère du style moyen du milieu du règne, et en quoi ce règne finissant a déjà sa manière confinant au dix-huitième siècle. Pascal, Retz ou La Rochefoucauld n'écrivent point comme La Bruyère, et la langue exquise et juste que madame de Maintenon dans sa vieillesse apprend au duc du Maine ne se laisse confondre avec nulle autre nuance de la langue du même temps. La seule critique fondamentale qu'on puisse adresser à M. Walckenaer comme biographe du grand siècle, c'est de n'avoir point paru soupçonner ces questions-là, et de ne les avoir point laissées se poser et se résoudre aux yeux du lecteur par l'art heureux des citations mêmes. Avec un zèle et un goût si louable d'étude et de retour aux sources, il n'a pas eu le sentiment des atticismes.

Ce n'est pas que M. Walckenaer n'eût aucun souci de ce qu'on appelle proprement *style;* il lui arrivait quelquefois de s'en préoccuper, et il y a de lui telle page où il a visé évidemment au tableau. J'en veux citer un qui, dans son genre, a de la grâce, et qui est un joli exemple de ce style d'après Louis XVI, dans lequel il entre une réminiscence très-sensible de Bernardin de Saint-Pierre, avec un peu de Marmontel. Je le tire des *Lettres sur les Contes de Fées* (1826), adressées à une femme dont l'auteur avait été l'ami d'enfance. Cette personne avait mis aux mains de sa petite fille les *Contes* de Perrault, et elle demandait à M. Walckenaer ce qu'il en pensait. Voici la seconde Lettre tout entière :

« Vous insistez encore, Amélie ; peut-être uniquement parce que je résiste. Vous espérez triompher de ma paresse en appelant à votre secours les souvenirs de notre enfance : vous me parlez de ce jour où, tous les deux blottis derrière une charmille, je vous lisais la terrible *Barbe-Bleue*, quand tout à coup apparut à nos yeux avec son tablier et son bonnet blancs, et son large couteau, le grand cuisinier de votre mère, qui venait nous chercher... pour dîner. — Vous demandez si je me rappelle encore la frayeur qu'il nous causa ? En me faisant cette question, vous paraissez avoir vous-même oublié les détails de cette journée : laissez-moi vous les raconter.

« Il faisait chaud, et, pour lancer ma balle avec plus d'agilité, je m'étais débarrassé de mes plus lourds vêtements. Ma chemisette ouverte flottait sur mes épaules. Je voulais jouer; vous vouliez lire. D'abord vinrent les prières, je résistai : puis l'impatience et la colère ; je m'éloignai. Enfin le dépit fit couler vos larmes ; alors je m'approchai, je jetai ma balle au loin, je m'assis près de vous... près de vous, Amélie... tel que j'étais. Je lisais, vous écoutiez, mais avec une telle attention, que vos yeux fixés sur moi semblaient suivre tous les mouvements de mes lèvres. Plus j'avançais dans ma lecture, plus j'apercevais dans vos regards et dans tous vos traits une expression de compassion et de terreur, qui me remplissait moi-même d'inquiétude et de crainte. — Quand parut le malencontreux cuisinier et que vous vîtes briller le fer qu'il portait à la main, vous vous précipitâtes aussitôt sur moi. Je sentis une de vos joues se presser sur mon cœur qui battait avec violence. Votre tête, ayant disparu sous les touffes de vos blonds cheveux qui emplissaient ma chemisette, deux fois se souleva craintive et deux fois se replongea dans sa cachette comme dans un asile tutélaire. Ce ne fut que la troisième fois, et en vous retranchant encore à moitié derrière mon épaule, que vous osâtes regarder en face ce bon Jacques, cause involontaire de tant d'effroi !

« Peut-être, Amélie, ce tableau fidèle d'une amitié d'enfance si vraie et si naïve, et accompagnée d'un si charmant abandon, vous fait-il aujourd'hui rougir : alors il ne faudrait plus tant vous enorgueillir de ce rare assemblage de belles qualités que l'on admire en vous, puisqu'il en est une dont vous avez à regretter la perte. En effet, ce scrupule de votre pudeur n'est-il pas un aveu tacite qu'il existe quelque chose de plus pur et de plus chaste que la vertu même?... c'est l'innocence. »

Cette lettre, je le répète, est un assez joli et assez naturel échantillon du style élégant comme on le concevait dans les premières années du siècle, avant l'effort de régénération de la langue à ses vraies sources : mais entre cette élégance et celle de Louis XIV, on conviendra qu'il y a tout un monde.

M. Walckenaer publia en 1840 un ouvrage dont le sujet est cher à tous ceux qui ont retenu quelque chose des études de l'antiquité, une *Histoire de la Vie et des Poésies d'Horace*, en deux gros volumes. Là encore, M. Walckenaer fait preuve d'une grande richesse de ressources, d'une instruction abondante qui environne en quelque sorte toutes les parties de son sujet, et vous y transporte sans trop de fatigue. Un critique érudit et délicat, qui est maître sur Horace, M. Patin, a discuté dans trois articles du *Journal des Savants* (1) plusieurs des vues et des explications du biographe. Pour moi, je ne puis

(1) Octobre 1841, janvier et février 1842.

qu'exprimer un regret qui rentre dans ce que je viens de dire tout à l'heure sur le goût et les urbanités du siècle de Louis XIV, c'est que le biographe, en abordant le siècle d'Auguste, n'ait pas assez senti que le plus grand charme d'une Vie d'Horace, pour le lecteur homme du monde, était l'occasion même de relire le poëte peu à peu et sans s'en apercevoir, moyennant des citations bien prises et qui feraient repasser sous les yeux tous ces beaux et bons vers, trésor de sagesse ou de grâce. M. Walckenaer traduit continuellement Horace, mais il n'en cite pas textuellement un seul vers durant ces deux volumes : entre lui et nous il s'interpose toujours. C'est ainsi que cette saveur du siècle d'Auguste échappe au moment où l'on était le plus avide et le plus près de la ressaisir. On me dira qu'il ne tient qu'au lecteur d'avoir son Horace ouvert sur sa table, tout à côté des volumes de M. Walckenaer, et de faire lui-même son butin. Mais l'homme, en général, est si paresseux ! et il n'est pas donné à qui veut d'être abeille.

On a relevé dans ces utiles et instructifs volumes quelques inadvertances singulières, notamment la traduction des vers de la quatorzième Épode, qui sont censés des reproches de Mécène à Horace : « Pourquoi cette molle paresse, cette torpeur où votre esprit s'oublie? Dans votre soif brûlante, avez-vous donc, Horace, vidé *deux cents* coupes des eaux assoupissantes du Léthé? » au lieu de : « Avez-vous donc vidé quelques coupes des eaux assoupissantes du Léthé? » *Pocula Lethæos... ducentia somnos*, et non *ducenta*. Ici une remarque générale est à faire : M. Walckenaer, laborieux, infatigable, occupé de bien des recherches à la fois, amassait des notes sur chaque sujet, mais il n'en tirait point parti à l'instant même. Revenant plus tard et après des intervalles sur ces précieux amas, il les coordonnait avec zèle, avec rapidité ; mais il n'y rentrait pas toujours de tout point avec une entière et rigoureuse précision. En voulant vérifier ses notes, il lui arrivait d'y introduire des confusions légères. Ici, dans le cas présent, il est évident qu'il avait d'abord bien traduit : « Avez-vous donc vidé plus d'une coupe des eaux assoupissantes du Léthé? » Ce mot *assoupissantes* qu'il avait mis l'atteste : *ducentia somnos.* Mais en revenant trop rapidement sur sa note, et cherchant à mieux traduire, il a cru lire *ducenta* au lieu de *ducentia :* de là cette surcharge singulière de *deux cents.*

Lorsqu'il publia en 1845 son excellente et louable édition (la première complète) de La Bruyère, il lui arriva de commettre un certain nombre de ces distractions qu'un bibliophile instruit, M. J. d'Ortigue, a relevées dans un article incontestable (1). Ce sont de ces corrections d'amateur qu'il faut noter en marge de son exemplaire, et qui n'ôtent en rien leur valeur à des travaux patients et consciencieux.

Un autre bibliophile plein de feu et original, M. Grille, dans une Correspondance (imprimée) avec M. Walckenaer, releva aussi, au milieu de mille éloges, une inadvertance singulière chez un aussi exact géographe : c'était d'avoir, au tome III de ses *Mémoires sur madame de Sévigné,* placé la terre des *Rochers* à un quart de lieue de Vitré et non à une lieue et demie. A quoi M. Walckenaer répondait (27 août 1845) : « Ma distraction d'avoir laissé imprimer que les *Rochers* étaient à un quart de lieue de Vitré est d'autant plus étrange, que, dans la première partie (tome Ier, chapitre VIII, page 107, 1re édition), j'avais, pour ne pas me tromper, mesuré cette distance sur la carte de Cassini... » Je sais plus d'un dévot à madame de Sévigné qui ne demanderait pas d'autre prétexte que cette petite discussion pour entre-

(1) *Revue indépendante* du 25 février 1848.

prendre le pèlerinage des *Rochers*. Le temps est beau, le printemps sourit, et ce chemin de Vitré aux *Rochers*, qui était long, montueux et malaisé, a été refait à neuf, nous dit-on : « maintenant il est macadamisé et fort commode. » Il ne s'agit donc plus que d'aller jusqu'à Vitré.

Dans son étude sur La Bruyère, M. Walckenaer a retrouvé l'indication d'un fait gracieux et charmant. La Bruyère, ce philosophe sévère et déjà sur le retour, âgé de plus de quarante ans, n'avait rien publié. Il venait presque tous les jours, à une certaine heure, s'asseoir dans la boutique d'un libraire nommé Michallet, où il feuilletait les nouveautés et s'amusait avec une fort gentille enfant, fille du libraire, et qu'il avait prise en amitié. Un jour, il tira un manuscrit de sa poche et dit à Michallet : « Voulez-vous imprimer ceci (c'était *les Caractères*)? Je ne sais si vous y trouverez votre compte, mais, en cas de succès, le produit sera pour *ma petite amie.* » Le libraire, ajoute-t-on, plus incertain de la réussite que l'auteur, entreprit l'édition ; mais à peine l'eut-il exposée en vente, qu'elle fut enlevée, et qu'il fut obligé de réimprimer plusieurs fois ce livre qui lui valut cent mille francs et plus. Telle fut la *dot imprévue* de sa fille, qui fit dans la suite le mariage le plus avantageux. — N'admirez-vous pas comme ce livre d'observation amère et un peu chagrine devient un don souriant du philosophe et fait la fortune de la petite Michallet?

Les *Mémoires touchant la Vie et les Ecrits de madame de Sévigné* commencèrent à paraître en 1842, et l'auteur, je l'ai dit, corrigeait hier de sa main mourante les épreuves du cinquième volume, qui en demandait un sixième encore. Il ne comptait faire d'abord que quatre volumes en tout. On peut dire que, dans ce sujet cordial et riche, M. Walckenaer s'est tant plu et complu, qu'il s'y est oublié. La biographie n'y est plus seulement copieuse, elle y est éparse et se verse dans tous les sens. Ne nous plaignons pas de ce trop d'abondance, et profitons, en lecteurs reconnaissants, de cette vaste lecture qui ne nous laisse plus rien ignorer de ce qu'elle traverse et de ce qu'elle rencontre. Combien de personnes n'ont-elles pas adressé tout bas à M. Walckenaer ces remercîments que lui écrivait un bibliophile déjà cité (M. Grille) : « Je lis, et, autour de moi, ma femme, mon fils et mes amis lisent votre ouvrage sur madame de Sévigné avec tout le plaisir que vous pouvez imaginer. C'est l'histoire d'une brillante époque prise par tous les côtés les plus curieux. Vous analysez et comparez les événements, les idées, et vous faites mouvoir les personnages dans un milieu que nul n'avait étudié, connu et montré comme vous et aussi bien que vous. *Je vous remercie pour nous tous d'un travail si long, si complet, et qui nous instruit si parfaitement de choses intéressantes que nous n'avions qu'à peine aperçues et effleurées.* » Voilà le véritable éloge et qui domine toutes les critiques de détail. Le livre de M. Walckenaer sur madame de Sévigné est un répertoire complet de tout ce qui a vécu sous Louis XIV. L'auteur apprécie avec beaucoup de bon sens les diverses époques, la Fronde et tout ce qui y a figuré. Il sait en temps ordinaire les tenants et les aboutissants de chacun, les parentés, les voisinages. Il a les noms de tous ceux qui ont visité madame de Sévigné tel jour et tel soir ; il a les noms aussi de ceux qui sont allés chez les bonnes amies de madame de Sévigné, chez madame de La Fayette, chez madame de Coulanges, ou même chez une simple connaissance, chez madame Pelissari. Ses informations secrètes lui ont tout donné, — tout, excepté la note juste du langage de ce temps-là. Il a de ces anachronismes de ton qu'on ne sait comment s'expliquer ; lorsqu'il dira, par exemple, à propos de madame de Maintenon entrant dans le monde à cette date brillante de sa jeunesse : « Ce qu'on appelle le monde, le beau monde, est un *Diorama*. » Je ne sais si madame de Maintenon, exacte et stricte comme elle est, lui aura pardonné ces discordances ; mais je suis bien sûr que madame de Sévigné n'y regarde pas de si près avec un tel ami, avec un d'Hacqueville si serviable et si nécessaire. Elle l'aura traité, le bon et savant vieillard, en le recevant parmi les Ombres, comme elle eût fait le vénérable M. D'Andilly, en le baisant de sa lèvre vermeille sur les deux joues, ou sur ses beaux cheveux blancs au front.

M. Walckenaer avait succédé à M. Daunou en 1840 comme Secrétaire perpétuel de l'Académie des Inscriptions, et en cette qualité il a fait plusieurs Notices et Éloges où l'on retrouve ses mérites habituels : il en est même (tel que l'Éloge de M. Letronne) où il a montré beaucoup de finesse et de distinction dans le choix des traits qui rendent la physionomie. Un Rapport sur les manuscrits inédits de Fréret abonde en recherches neuves, selon son usage ; ce genre de labeur sur tout sujet lui semblait facile et était comme passé dans sa nature. Il était peu disert d'ailleurs en public et dans l'improvisation : son débit ou même sa lecture, quand il n'était pas préparé, faisait trop assister ses auditeurs aux tâtonnements et aux empressements de son esprit. « Notre Secrétaire perpétuel, c'est Démosthène avant les cailloux, » remarquait un académicien. — « Dites pendant les cailloux, » ajoutait un autre.

Mais ce qu'il était surtout, c'était la droiture, l'antique probité, la candeur et la conscience même, une bonhomie éclairée pourtant de finesse ; laborieux jusqu'à la fin et infatigable ; aimant les Lettres, aimant la jeunesse et ce qui le chassait peu à peu et allait lui succéder ; prenant intérêt à ces recherches curieuses et innocentes qui dénotent la simplicité du cœur et l'intégrité conservée de l'esprit. Il n'avait jamais été irréligieux; dans les dernières années, il se laissa gagner aux impressions et aux croyances chrétiennes, auxquelles l'associait son aimable et respectable épouse. Lorsqu'il l'eut perdue, il dirigea plus habituellement sa pensée vers ce lieu du rendez-vous suprême que se donnent les âmes aimantes. Il a laissé à tous ceux qui l'ont connu de près un sentiment de respect et d'affection vive. Les sciences positives qu'il a cultivées et augmentées enregistreront son nom; la littérature française ne saurait désormais oublier non plus un nom qui se trouve lié d'une manière si inséparable à ceux de madame de Sévigné et de La Fontaine.

Lundi, 7 juin 1852.

LA REINE MARGUERITE

SES MÉMOIRES ET SES LETTRES (1).

Il y eut au seizième siècle les trois Marguerite : l'une, sœur de François Ier et reine de Navarre, célèbre par son esprit, ses Contes dans le genre de Boccace, et ses vers moins amusants ; l'autre Marguerite, nièce de la précédente, sœur de Henri II, et qui devint duchesse de Savoie, très-spirituelle, faisant aussi des vers, et, dans sa jeunesse, la patronne des nouveaux poëtes à la Cour ; la troisième Marguerite enfin, nièce et petite-nièce des deux premières, fille de Henri II, première femme de Henri IV, et sœur des derniers Valois. C'est de celle-ci que je parlerai aujourd'hui, comme ayant surtout laissé d'agréables pages historiques, et ouvert dans notre littérature cette série gracieuse de Mémoires de femmes qui désormais ne cessera plus, et que continueront plus tard, en se jouant, les La Fayette et les Caylus.

Ce sont de ces livres faits sans qu'on y pense et qui n'en valent que mieux. Voici à quelle occasion Marguerite eut l'idée d'écrire ses Mémoires, où elle s'est peinte en buste d'une plume si légère. Brantôme qui faisait

(1) Édition publiée par la *Société de l'Histoire de France*, et donnée par M. Guessard en 1847 ; c'est la seule exacte et correcte.

une galerie des *Dames illustres françaises et étrangères*, après y avoir fait entrer Marie Stuart, avait pensé à y mettre Marguerite comme un autre exemple des injustices et des inclémences de la fortune. Marguerite, à la date où Brantôme traçait d'elle ce portrait tout d'inspiration et d'enthousiasme, et jetait sur le papier cet éloge qu'on peut véritablement appeler délirant (1593), était enfermée au château d'Usson, en Auvergne, où elle était non pas prisonnière, mais bien maîtresse. Prisonnière d'abord, elle avait séduit celui qui la gardait, et s'était emparée de la place, où elle passa le temps des troubles, et bien au delà, dans un asile impénétrable. Le château d'Usson avait été fortifié par Louis XI, qui se connaissait en précautions et qui en avait voulu faire un lieu de sûreté pour y loger des prisonniers. Marguerite se sentait là non-seulement à l'abri d'un coup de main, mais même à l'épreuve du plus long siége et de tout assaut. Écrivant à Henri IV son mari en octobre 1594, elle lui disait en plaisantant que, s'il avait vu la place et la façon dont elle s'y gardait, il jugerait bien que c'était à faire à Dieu seul d'entreprendre de la réduire, et qu'elle avait bien raison de croire que « cet ermitage avait été miraculeusement bâti pour lui être une Arche de salut. » Ce château qu'elle comparait à l'Arche de Noé, et que d'autres de ses panégyristes comparaient au mont Thabor, tant ils supposaient à celle qui l'habitait des contemplations célestes, passait pour une Caprée et pour un repaire abominable auprès des ennemis qui n'y plongeaient de loin que des yeux de la haine. Ce qui est bien certain, du moins, c'est que la reine Marguerite n'y avait rien perdu des délicatesses de son esprit, puisque c'est là qu'elle entreprit d'écrire, en quelques après-dînées, ses Mémoires pour venir en aide au récit de Brantôme, et le rectifier en quelques points. Nous la suivrons, en nous aidant çà et là nous-même des renseignements d'alentour, sans trop appuyer, et en tâchant de dessiner en toute vérité un portrait singulier, où il entre à la fois du ravissant et, vers la fin, du bizarre.

Marguerite, née à Saint-Germain-en-Laye le 14 mai 1553, avait six ans quand son père, Henri II, fut tué dans ce fatal tournoi qui rompit la fortune de sa maison. Elle nous raconte quelques traits d'elle et de ses reparties d'enfant, qui annoncent un esprit précoce. Elle a grand soin de remarquer ce qui est chez elle, en effet, un signe, une note distinctive à travers les désordres même, c'est que, tout enfant, et quand la mode était à la Cour d'être huguenot, et que tous ceux qui *avaient de l'esprit*, ou qui voulaient passer pour en avoir, s'étaient retirés de ce qu'on appelait la bigoterie, elle résista toujours. Son frère d'Anjou, qui fut depuis Henri III, avait beau lui jeter au feu ses Heures pour lui donner en place des Psaumes et prières huguenotes, toujours elle tint bon et se préserva de cette manie de huguenoterie, qui, en effet, à cette date de 1561, était à la Cour une vanité, une mode française et mondaine, attrayante un moment pour ceux même qui peu après devaient tourner contre et la réprimer. Marguerite, au milieu de la vie la moins exemplaire, aura toujours avec sincérité ce coin de bonne catholique qu'elle tenait de sa race et qui, à ce degré et dans ce mélange, est plus peut-être d'une Italienne que d'une Française ; mais ce qu'il nous importe de noter, c'est qu'elle l'avait.

Tout enfant et quand les premières guerres de religion commencent, elle est envoyée à Amboise avec son jeune frère d'Alençon. Elle se trouve là en compagnie de plusieurs dames parentes de Brantôme, madame de Dampierre, tante de celui-ci, et madame de Retz, sa cousine, et elle commence avec la plus âgée des deux une véritable amitié ; car, avec la cousine plus jeune, cette amitié ne viendra que plus tard. Marguerite en donne très-gentiment une raison toute naturelle :

« Mais lors l'âge ancien de votre tante et mon enfantine jeunesse avoient plus de convenance, étant le naturel des vieilles gens d'aimer les petits enfants, et de ceux qui sont en âge parfait, comme étoit lors votre cousine, de mépriser et haïr leur importune simplicité. »

L'enfance se passe, et le premier éveil des choses sérieuses est donné à Marguerite vers le temps de la bataille de Montcontour (1569). Elle a seize ans alors. Le duc d'Anjou, depuis Henri III, âgé de dix-huit ans, beau, brave, et annonçant, à cet âge, une vertu et une prudence qu'il ne justifia jamais, avant de repartir pour l'armée prend sa sœur à part dans une des allées du parc du Plessis-lez-Tours, et lui témoigne désirer de l'avoir pour confidente et pour appui, durant son absence, auprès de Catherine de Médicis leur mère. Il lui tient un discours qu'elle rapporte au long, avec une sorte de complaisance :

» Ma sœur, la nourriture que nous avons prise ensemble ne nous oblige moins à nous aimer que la proximité... Nous avons été jusques ici naturellement guidés à cela sans aucun dessein et sans que telle union nous apportât aucune utilité que le seul plaisir que nous avions de converser ensemble. Cela étoit bon pour notre enfance ; mais, à cette heure, il n'est plus temps de vivre en enfance. »

Et il lui expose les belles et grandes charges où Dieu l'a appelé, où la reine leur mère l'a élevé, et où le tient le roi Charles IX leur frère ; il craint que ce roi, courageux comme il l'est, ne s'amuse point toujours à la chasse, et ne devienne ambitieux de se mettre à la tête des armées dont il lui a laissé le commandement jusqu'ici. C'est à quoi il veut parer :

« En cette appréhension, continue-t-il, songeant les moyens d'y remédier, je trouve qu'il m'est nécessaire d'avoir quelques personnes très-fidèles qui tiennent mon parti auprès de la reine ma mère. Je n'en connois point de si propre comme vous, que je tiens comme un second moi-même. Vous avez toutes les parties qui s'y peuvent désirer, l'esprit, le jugement et la fidélité. »

Le duc d'Anjou propose donc à sa sœur de changer sa manière de vie, d'être désormais assidue auprès de la reine leur mère à toutes les heures, à son lever, dans son cabinet tout le jour, à son coucher, et d'obtenir ainsi d'être traitée désormais non plus comme un enfant, mais comme une personne qui le représente pendant son absence. « Ce langage, ajoute-t-elle, me fut fort nouveau pour avoir jusques alors vécu sans dessein, ne pensant qu'à danser ou aller à la chasse, n'ayant même la curiosité de m'habiller ni de paroître belle, pour n'être encore en l'âge de telle ambition. » La crainte qu'elle avait toujours eue de la reine sa mère, et le respect silencieux où elle vivait d'habitude avec elle, la retenait aussi. Peu s'en fallut, dit-elle, qu'elle ne répondît à son frère comme Moïse à Dieu en la vision du buisson : « Que suis-je, moi ? envoie celui que tu dois envoyer. » Toutefois elle se sentit, à ces paroles, éveiller un courage nouveau et des puissances jusque-là inconnues, et elle consentit à tout, entrant avec zèle dans les desseins de son frère. Dès ce moment, il lui sembla qu'elle était *transformée.*

Cette liaison fraternelle et politique, ainsi nouée avec le duc d'Anjou, ne tint point. Au retour de la victoire de Montcontour, elle le trouva tout changé, méfiant, dominé par un favori, Du Gua, qui le possédait, comme depuis le possédèrent tant d'autres. Sa sœur désormais eut tort auprès de lui, et c'est avec son dernier frère, le duc d'Alençon, que Marguerite renouera bientôt et suivra, tant qu'elle le pourra, une liaison de ce genre, qui laissait place à tous les sentiments et à toutes les activités ambitieuses de la jeunesse.

Donna-t-elle en effet, dès ce temps-là, quelque prétexte au refroidissement de son frère d'Anjou, par sa liaison avec le jeune duc de Guise? Un historien qui a bien connu Marguerite et qui ne lui est point hostile, Dupleix, a dit d'elle : « Elle avoit aimé Henri duc de Guise, qui fut tué à Blois, et avoit logé si avant dès sa jeunesse toutes les affections de son cœur en ce prince qui avoit des conditions attrayantes, qu'elle n'aima jamais le roi de Navarre, depuis roi de France, de très-heureuse mémoire, qu'on lui fit haïr du commencement, et enfin épouser malgré elle et contre les lois canoniques. » Nous n'en sommes pas encore au roi de Navarre. Quoi qu'il en soit, le duc d'Anjou prit ce prétexte du duc de Guise pour rompre avec sa sœur dont il devint insensiblement l'ennemi, et il réussit à aliéner d'elle leur mère.

Marguerite, à cette fleur de sa jeunesse, était, selon tous les témoignages, d'une ravissante beauté. Cette beauté était moins encore dans les traits particuliers du visage que dans l'ensemble et la grâce de toute la personne, dans le mélange de séduction et de majesté. Elle était brune de cheveux, ce qui ne semblait point alors une beauté; c'était le blond qui régnait : « Je l'ai vue aussi s'habiller quelquefois avec ses cheveux naturels sans y ajouter aucun artifice de perruque, nous dit Brantôme; et, encore qu'ils fussent noirs, les ayant empruntés du roi Henri son père, elle les savoit si bien tortiller, frisonner et accommoder, en imitation de la reine d'Espagne sa sœur, qui ne s'accommodoit guère jamais que des siens, et noirs à l'espagnole, que telle coiffure et parure lui séyoit aussi bien ou mieux que toute autre que ce fût. » Vers la fin de sa vie, Marguerite, devenue à son tour une antique, n'avait plus du tout de cheveux bruns et faisait une grande dépense de perruques blondes : « Pour cela elle avait de grands valets de pied blonds que l'on tondait de temps en temps. » Mais dans sa jeunesse, quand elle osait être brune, au naturel, cela ne la déparait point, car elle n'en avait pas moins un teint d'un vif éclat, « un beau visage blanc qui ressembloit un ciel en sa plus grande et blanche sereneté, » — « un beau front d'ivoire blanchissant, » disent les contemporains et les poëtes, qui en ceci paraissent n'avoir point menti. N'oubliez pas l'art de s'accommoder et de se mettre, les inventions nouvelles en ce genre qui ne venaient que d'elle; elle était reine de la mode et de la *façon (fashion)*. Telle elle parut en toute circonstance solennelle, et notamment ce jour où, aux Tuileries, la reine-mère festoya les seigneurs polonais qui venaient offrir la couronne au duc d'Anjou, et où Ronsard présent confessa que la belle déesse Aurore elle-même était vaincue; et mieux encore ce jour de Pâques-fleuries à Blois, où on la vit à la procession, toute coiffée et comme étoilée de diamants et de pierreries, vêtue d'une robe de drap d'or frisé venue de Constantinople, qui eût par son poids écrasé toute autre, mais que sa belle, riche et forte taille soutenait si bien ; tenant et portant à la main sa palme, son rameau bénit, « d'une royale majesté, d'une grâce moitié altière et moitié douce. » Voilà la Marguerite des belles années avant les disgrâces et les fuites, avant le château d'Usson, où elle vieillit et s'immobilisa.

Cette beauté si réelle et si solide, et qui avait si peu besoin d'emprunt, avait, comme toute sa personne, ses bizarreries et ses superstitions. J'ai dit que le plus souvent elle déguisait ses cheveux noirs et leur préférait des perruques blondes « plus ou moins gentiment façonnées. » Son beau visage aimait à paraître « tout diapré et fardé. » Elle soignait tellement la fraîcheur de sa peau, qu'elle se la gâtait par des eaux et des recettes de toutes sortes, et se donnait des érésypèles et des *enlevures*. Enfin, elle était le modèle et partant l'esclave de la mode de son temps, et, comme elle y survécut, elle en devint à la fin une espèce d'idole conservée et de curiosité, comme on en a pour la montre. Quand Sully reparut un jour à la Cour de Louis XIII, avec sa fraise et son costume du temps de Henri IV, il prêta à rire à cette foule de jeunes courtisans : quand la reine Marguerite, revenue d'Usson à Paris, se montra à la Cour renouvelée de Henri IV, elle produisit un effet semblable sur le jeune siècle, qui souriait de voir cette survivante solennelle des Valois.

Comme tous les Valois, digne petite-fille de François Ier, elle était savante. Aux Polonais qui haranguaient en latin, elle marqua qu'elle les entendait et leur répondit sur l'heure éloquemment et pertinemment sans s'aider d'aucun interprète. Elle aimait les vers et elle en faisait, et s'en faisait faire par des poëtes à ses gages et qu'elle traitait volontiers en amis. Quand elle avait commencé de lire un livre, si long qu'il fût, elle ne laissait ni ne s'arrêtait jamais jusqu'à ce qu'elle en eût vu la fin; « et bien souvent en perdoit le manger et le dormir. » Mais ne devançons point les temps. Elle-même nous dit que ce goût de l'étude et de la lecture ne lui vint pour la première fois que dans une première captivité où Henri III la retint quelques mois en 1575, et nous en sommes encore aux années sans nuages.

On la maria, malgré les objections qu'elle fit comme bonne catholique, avec Henri, roi de Navarre, six jours avant la Saint-Barthélemy (août 1572). Elle a raconté avec beaucoup de naïveté, et d'un ton simple, les scènes de cette nuit d'horreur, qu'elle ignora jusqu'au dernier instant. On voit dans son récit ce gentilhomme déjà blessé et tout sanglant qui, poursuivi dans les corridors du Louvre, se sauve dans la chambre de Marguerite en criant : *Navarre! Navarre!* qui se jette sur elle pour se couvrir contre les assassins du corps de sa reine, elle ne sachant si elle a affaire à un fou ou à un téméraire. Quand elle sut de quoi il s'agissait, elle sauva ce pauvre homme, qu'elle fit coucher et panser dans son cabinet jusqu'à ce qu'il fût guéri. La reine Marguerite, si peu scrupuleuse en morale, est meilleure que ses frères; elle a des Valois finissants les qualités et bien des défauts, mais elle n'a pas la cruauté.

Après ce coup à demi manqué de la Saint-Barthélemy, qui n'avait pas atteint les princes du sang, on essaie de la démarier d'avec le roi de Navarre. Un jour de fête où elle devait communier, comme elle était au lever de sa mère, celle-ci la prend à serment de lui dire si véritablement le roi, son mari, s'était conduit jusque-là avec elle en mari, en homme, et s'il n'était pas temps encore de rompre cette union. Ici Marguerite fit l'ingénue, assure-t-elle, et n'eut pas l'air de comprendre :

« Je la suppliai de croire que je ne me connoissois pas en ce qu'elle me demandoit : aussi pouvois-je dire lors à la vérité comme cette Romaine, à qui son mari se courrouçant de ce qu'elle ne l'avoi averti qu'il avoit l'haleine mauvaise, lui répondit qu'elle croyait que tous les hommes l'eussent semblable, ne s'étant jamais approchée d'autre homme que de lui. »

On voit que Marguerite donne par là à entendre qu'elle n'avait jusqu'alors fait aucune comparaison d'un homme à un autre homme; elle joue l'innocente, et, par sa citation de la Romaine, elle fait aussi la savante, ce qui rentre tout à fait dans le tour de son esprit.

Car ce serait une grande erreur de goût que de considérer ces gracieux Mémoires comme une œuvre de naturel et de simplicité; c'en est une bien plutôt de distinction et de finesse. L'esprit y brille, mais l'instruction et la science ne s'y dissimulent point. Dès la troisième ligne nous avons un mot grec : « Je louerois davantage votre œuvre, écrit-elle à Brantôme, si elle ne me louoit tant, ne voulant qu'on attribue la louange que j'en ferois plutôt à la *philaftie* qu'à la raison; » à la *philaftie*, c'est-à-dire à l'amour-propre. Marguerite (elle nous le rappellerait si on l'oubliait) est par son éducation et par ses goûts de l'école de Ronsard et un peu de Du Bartas. Dans sa captivité de 1575, s'adonnant à la lecture et à la dévotion, dit-elle, elle nous montre l'étude qui ramène à la religion, et nous y parle du *livre universel de la nature*, de l'*échelle* des connaissances, de la *chaîne* d'Homère, de « cette agréable *Encyclopédie* qui, partant de Dieu même, retourne à Dieu même, principe et fin de toutes choses. » Tout cela est savant et même quintessencié. On l'appelait volontiers chez elle *Vénus-Uranie*. Elle aimait les beaux discours sur des sujets relevés de philosophie ou de sentiment. Dans ses dernières années, pendant ses dîners et ses soupers, elle avait ordinairement *quatre* savants hommes près d'elle, auxquels elle proposait, au commencement du repas, quelque thèse plus ou moins sublime ou subtile, et, quand chacun avait parlé pour ou contre et avait épuisé ses raisons, elle intervenait et les remettait aux prises, provoquant et s'atirant à plaisir leur contradiction même. Enfin Marguerite était essentiellement de sa date, et elle en porte le cachet dans son style. La langue de ses Mémoires n'est pas une exception à opposer à la manière et au goût de son temps, ce n'en est qu'un plus heureux emploi. Elle sait la mythologie, l'histoire ; elle cite couramment Burrhus, Pyrrhus, Timon, le centaure Chiron et le reste. Sa langue est volontiers métaphorique et s'égaie de poésie. Si Catherine de Médicis pour aller voir son fils le duc d'Anjou, fait le voyage de Paris à Tours en *trois jours et demi*, ce qui était bien rapide alors et ce qui essoufflait le pauvre Monsieur le cardinal de Bourbon peu accoutumé à de telles corvées, c'est que cette reine y est « *portée*, dit Marguerite, des *ailes* du désir et de l'affection maternelle. » Marguerite aime et affecte encore les comparaisons empruntées à une histoire naturelle fabuleuse. Elle les varie par des souvenirs d'histoire ancienne. Ainsi, lorsqu'en 1582 on la rappelle à la Cour de France, la tirant d'auprès du roi son mari et de Nérac, où elle avait été pendant trois ou quatre ans, elle y voit un projet de ses ennemis pour la brouiller avec son mari pendant l'absence ; ils espéraient, dit-elle, « que l'éloignement serait *comme les ouvertures du bataillon macédonien.* » Quand la fameuse Phalange était une fois ouverte, on y entrait aisément. Ce style, ainsi plein d'ornements et de figures, le plus souvent fin et gracieux, a aussi ses franchises et ses fermetés de ton. Parlant de l'expédition projetée par son frère le duc d'Alençon en Flandre, elle le montre, en termes d'une énergique beauté, représentant au roi : « Que c'étoit l'honneur et l'accroissement de la France ; que ce seroit une invention pour empêcher la guerre civile, tous les esprits remuants et désireux de nouveauté ayant moyen d'aller en Flandre *passer leur fumée et se saouler de la guerre;* que cette entreprise serviroit aussi, comme le Piémont, d'école à la noblesse de France pour s'exercer aux armes, et y faire revivre des Montlucs et Brissacs, des Termes et des Bellegardes, tels que ces grands maréchaux, qui, s'étant façonnés aux guerres du Piémont, avoient depuis si glorieusement et heureusement servi leur roi et leur patrie. »

Une des parties les plus agréables des Mémoires est le voyage de Flandre, du Hainaut et du pays de Liége, que fit Marguerite en 1577, voyage entrepris sous couleur de prendre les eaux de Spa, dont elle n'avait pas besoin, et en réalité pour gagner des partisans à son frère d'Alençon dans le projet d'enlever les Pays-Bas à l'Espagne. Tous les détails de magnificence galante et de cérémonial, si chers aux dames, ne sont pas oubliés :

« J'allois, dit Marguerite, en une litière faite à piliers doublés de velours incarnadin d'Espagne, en broderie d'or et de soie nuée, à devise ; cette litière toute vitrée, et les vitres toutes faites à devises, y ayant, ou à la doublure ou aux vitres, *quarante* devises toutes différentes, avec les mots en espagnol et italien, sur le soleil et ses effets. »

Ces *quarante* devises et leur explication étaient, dans les villes où l'on passait, une occasion toujours nouvelle de conversation galante. A travers cela, Marguerite, dans sa fleur alors épanouie de vingt-quatre ans, allait gagnant les cœurs, séduisant les gouverneurs de citadelles et ménageant d'utiles perfidies. On a, chemin faisant, de jolis tableaux flamands qu'elle rend à ravir : à Mons, par exemple, à ce festin de gala où la belle comtesse de Lalain (née Marguerite de Ligne), dont la beauté et le riche costume sont décrits si particulièrement, se fait apporter son enfant au maillot et lui donne à téter devant toute la compagnie, « ce qui eût été tenu à incivilité à quelque autre, dit Marguerite ; mais elle le faisoit avec tant de grâce et de naïveté, comme toutes ses actions en étoient accompagnées, qu'elle en reçut autant de louanges que la compagnie de plaisir. »

Au sortir de Namur, à Liége, on a la touchante et pathétique histoire de cette pauvre jeune fille, mademoiselle de Tournon, qui meurt de douleur d'avoir été méconnue et trahie par son amant qu'elle allait retrouver avec confiance, et qui lui-même, se ravisant trop tard et raccourant pour la consoler, ne rencontre plus que son cercueil. Il y a là, sous la plume de la reine Marguerite, l'esquisse achevée d'une petite Nouvelle dans le genre de madame de La Fayette, de même que, plus haut, il y avait un joli tableau flamand tout tracé. Au retour de ce voyage, les scènes de Dinant, dans lesquelles Marguerite fait preuve de beaucoup de sang-froid et de présence d'esprit, nous rendent encore un tableau flamand, mais non plus gracieux comme celui du festin de Mons et de la belle comtesse nourrice : c'est une scène d'ivrognerie populaire, de grotesque mutinerie bourgeoise, et de bourgmestres en gaieté. Un peintre n'aurait qu'à traduire et à copier, pour être fidèle, les lignes mêmes sur lesquelles Marguerite a si heureusement passé.

Au sortir de ces traverses, s'étant réuni en sa maison de La Fère, en Picardie, à son cher frère le duc d'Alençon, elle y réalise pendant près de deux mois, « qui ne nous furent, dit-elle, que deux petits jours, » un de ces paradis terrestres qui furent de tout temps le vœu de son imagination et de son cœur. Elle aimait avant tout ces sphères d'enchantement, ces îles Fortunées, mi-parties d'Uranie et de Calypso, et elle chercha à les retrouver, à les reproduire dans tous les lieux et sous toutes les formes, soit à sa Cour de Nérac, soit dans les rochers d'Usson, soit même finalement dans ce beau jardin le long de la Seine où est aujourd'hui la rue des Petits-Augustins, et où elle tâchait de tromper la vieillesse.

« O ma reine ! qu'il fait bon avec vous ? » s'écriait à toute heure son frère d'Alençon, tout ravi des mille imaginations gracieuses par lesquelles elle se mettait en frais pour lui varier et lui embellir ce séjour en sa maison de La Fère. Et elle ajoute naïvement en y mêlant son érudition chrétienne : « Il eut volontiers dit comme saint Pierre : *Faisons ici nos tabernacles*, si le courage tout royal qu'il avoit et la générosité de son âme ne l'eussent appelé à choses plus grandes. » Pour elle, on conçoit qu'elle y serait volontiers restée, prolongeant sans regret l'enchantement ; elle eût arrangé volontiers la vie comme ce beau jardin de Nérac dont elle nous parle encore « qui avoit des allées de lauriers et de cyprès fort longues, » ou comme ce parc qu'elle y avait fait faire, avec des promenoirs de trois mille pas de long au bord de la rivière, la chapelle étant tout près de la pour la messe du matin, et les violons à ses ordres pour le bal tous les soirs.

Quelque habileté et quelque finesse qu'ait pu montrer la reine Marguerite dans plusieurs circonstances politiques de sa vie, nous l'entrevoyons assez déjà, ce n'était point une femme politique : elle était trop complétement de son sexe pour cela. Il est très-peu de femmes qui, comme la princesse Palatine ou comme l'illustre Catherine de Russie, savent être à la fois galantes et sûres d'elles-mêmes, et qui établissent une cloison impénétrable entre l'alcôve et le cabinet d'affaires. La plupart des femmes mêlées aux intrigues de la politique y apportent et y confondent leurs intrigues de cœur et de sens. Aussi, avec tout l'esprit qu'elles peuvent avoir, elles échappent et fuient à un certain moment, et, à moins d'être celui même qui tient le gouvernail et qui leur donne décidément la boussole, on les trouve aisément perfides, infidèles, peu sûres, et pouvant à chaque instant s'entendre par la fenêtre dérobée avec quelque personnage du parti ennemi. Marguerite, avec infiniment d'esprit et de grâce, était de ces femmes-là. Distinguée et non supérieure, toute à ses passions elle avait des finesses, des artifices de détail, mais point de vues et encore moins de caractère.

Une des rares distinctions de ses Mémoires, c'est qu'elle n'y dit pas tout, c'est qu'elle n'y dit pas même la moitié de tout, et qu'au milieu de toutes les accusations odieuses et excessives dont on l'a chargée, elle reste, plume en main, femme délicate et des plus discrètes. Rien ne ressemble moins à des confessions que ses Mémoires : « On y trouve, dit Bayle, beaucoup de péchés d'omission ; mais pouvoit-on espérer que la reine Marguerite y avoueroit des choses qui eussent pu la flétrir ? On réserve ces aveux pour le tribunal de la confession; on ne les destine pas à l'histoire. » Tout au plus, en effet, quand on est averti par l'histoire et par les pamphlets du temps, peut-on deviner quelques-uns des sentiments dont elle ne fait que nous offrir la superficie et le côté spécieux. Quand elle parle de Bussy d'Amboise, elle contient mal son admiration pour ce brave cavalier, et l'on croit sentir, à l'abondance de la louange, que son cœur déborde; mais voilà tout. Les Lettres mêmes qu'on a d'elle n'en disent guère davantage. On a des lettres d'amour qu'elle adressait à l'un de ceux qu'elle a dans un temps le plus aimés, Harlay de Chanvalon. Ici ce n'est plus le style agréable, modérément orné et naturellement poli des Mémoires; c'est de la haute métaphysique et du pur phébus presque inintelligible et des plus ridicules. « Adieu, mon beau soleil! adieu, mon bel ange! beau miracle de la nature! » ce sont là les expressions les plus communes et les plus terre-à-terre; le reste monte et s'élève à proportion, et se perd au plus haut de l'Empyrée. Il semblerait, en vérité, à lire ces lettres, que Marguerite n'a point aimé de cœur, mais plutôt de tête et d'imagination; que, ne sentant proprement de l'amour que le physique, elle se croyait tenue d'en raffiner d'autant plus l'expression et de *pétrarquiser* en paroles, elle qui était si positive dans le procédé. Elle empruntait à la fausse poésie du jour tous ses oripeaux, pour se persuader que son caprice du moment était un culte éternel. On a cité d'elle un mot d'observation pratique, qui nous dit mieux le secret de sa vie : « Voulez-vous cesser d'aimer? possédez la chose aimée. » C'était pour échapper au moins en idée à ce prompt désenchantement, à ce triste et rapide réveil, qu'elle prodiguait ainsi les expressions figurées, mythologiques, impossibles : elle cherchait à se faire un voile; le cœur n'y était pour rien. Elle semblait dire de l'amour : Le fond en est si peu de chose, ou du moins c'est chose si rapide ! tâchons de le rehausser en discours, d'en prolonger l'image et le jeu.

Sa vie bien déduite et bien racontée ferait la matière d'un plein et intéressant volume. Ayant obtenu, après des persécutions et des difficultés, de rejoindre son mari en Gascogne (1578), elle y resta trois ans et demi, y jouissant de sa liberté et la lui laissant; elle comptait ces journées de Nérac, entremêlées, même à travers les guerres recommençantes, de bals, de promenades et « de toutes sortes de plaisirs honnêtes, » pour une époque de bonheur. Les faiblesses de Henri et les siennes se conciliaient alors merveilleusement, sans se contrarier. Henri bientôt dépassa pourtant la mesure dans ses licences, et elle de son côté également; ils n'étaient pas en reste l'un à l'égard de l'autre. Ce n'est pas à nous de tenir la balance et d'entrer ici dans des détails qui seraient vite indélicats et honteux. Marguerite, qui avait été passer quelque temps à Paris à la Cour de son frère (1582-1583), n'en revint auprès de son mari qu'après un affront odieux qui avait rendu publiques ses faiblesses. Depuis lors sa vie ne retrouva plus jamais sa première et riante félicité. Elle avait passé trente ans : les guerres civiles s'allumèrent pour ne plus s'éteindre qu'après des luttes acharnées et par l'entière défaite de la Ligue. Marguerite, devenue de reine aventurière, changea plusieurs fois de lieu, jusqu'à ce qu'elle trouvât dans le château d'Usson cet asile dont j'ai parlé et où elle ne demeura pas moins de dix-huit ans (1587-1605). Que s'y passa-t-il? sans doute bien des faiblesses vulgaires, mais moins odieuses que ne l'ont dit d'âpres et déshonorants chroniqueurs, seules autorités de ce qu'ils avancent. Pendant ce temps, la reine Marguerite ne cesse pas absolument de correspondre avec le roi son mari, devenu roi de France. Si la conduite des deux royaux époux laisse tout à désirer à l'égard l'un de l'autre et à l'égard aussi du public, reconnaissons que leur correspondance est celle d'honnêtes gens, de gens de bonne compagnie, et dont le cœur vaut mieux que les mœurs. Quand la raison d'État eut déterminé Henri IV à se *démarier*, à rompre une union qui n'avait pas été seulement scandaleuse, mais stérile, Marguerite s'y prêta sans résistance, et en paraissant toutefois sentir ce qu'elle perdait. Pour accomplir cette formalité du divorce, le pape avait délégué des évêques et cardinaux qui devaient interroger séparément les deux époux. Marguerite témoigne désirer que, puisqu'elle doit être interrogée, ce soit de personnes *plus privées* et plus familières, son courage n'allant pas jusqu'à pouvoir supporter si publiquement une telle *diminution :* « Et craindrois que mes larmes, dit-elle, ne fissent juger à ces cardinaux quelque force ou quelque contrainte, qui nuiroit à l'effet que le roi désire. » (21 octobre 1599.) Henri IV fut touché des sentiments qu'elle témoigna durant cette longue négociation : « Aussi suis-je très-satisfait de l'ingénuité et candeur de votre procédure, et espère que Dieu bénira le reste de nos jours d'une amitié fraternelle accompagnée d'une félicité publique, qui les rendra très-heureux. » Il l'appelait désormais sa *sœur*, et elle-même lui disait : « Vous m'êtes et père et frère, et roi. » Un biographe qui a judicieusement parlé de la reine Marguerite (M. Bazin), me semble avoir très-bien jugé de ce point en particulier : si leur mariage avait été des moins nobles et moins que bourgeois, « leur divorce fut royal. »

La reine Marguerite revint d'Usson à Paris en 1605; c'est ici que nous la retrouvons sous sa forme dernière, et un peu tournée en ridicule par Tallemant, écho du nouveau siècle. Ces dix-huit années de confinement et de solitude lui avaient donné des singularités et même des manies; elles éclatèrent alors au grand jour. Elle eut encore ses aventures galantes et sanglantes : un écuyer qu'elle aimait fut tué près de son carrosse par un domestique jaloux, et le poëte Maynard, jeune disciple de Malherbe, et l'un des beaux-esprits de Marguerite, fit là-dessus des Stances et complaintes. Pendant le même temps Marguerite avait des pensées sincères et plus que des accès de dévotion. A côté de Maynard pour secrétaire, elle avait Vincent de Paul, jeune alors, pour son aumônier. Elle dotait et fondait des couvents, tout en payant des gens de savoir pour l'entretenir de philosophie, et des musiciens pour l'amuser pendant les offices divins ou dans les heures plus profanes. Elle faisait force aumônes et libéralités, et ne payait pas ses dettes. Ce n'était point précisément le bon sens qui présidait à sa vie. Au milieu de cela, elle était aimée : « Le 27 du mois de mars (1615), dit un contemporain, mourut à Paris la reine Marguerite, le seul reste de la race de Valois, princesse pleine de bonté et de bonnes intentions au bien et repos de l'État, *qui ne faisoit mal qu'à elle-même*. Elle fut grandement regrettée (1). Elle avait soixante-deux ans.

Quelques-uns ont essayé de la comparer à Marie Stuart pour la beauté, pour les infortunes, pour l'esprit. Certes, au point de départ, il y eut entre ces deux reines, entre ces deux belles-sœurs, bien des rapports ; mais une telle comparaison ne saurait se soutenir historiquement. Marie Stuart, qui avait beaucoup en elle de cet esprit, de cette grâce et de ces mœurs des Valois, qui n'était guère plus morale comme femme que Marguerite, et qui trempa dans des actes assurément plus énormes, eut ou parut avoir une certaine élévation de cœur qu'elle acquit ou développa dans sa longue captivité, et qui se couronna dans sa douloureuse mort. De

---

(1) Journal et Mémoires de Pontchartrain.

ces deux destinées, l'une représente en définitive une grande cause et se termine pathétiquement en légende de victime et de martyre; l'autre se répand et se disperse en anecdote et presque en historiette à demi graveleuse, à demi dévote, et où il entre un grain de satire et de gaieté. Avec la fin de l'une on a fait mainte tragédie pleine de larmes; avec celle de l'autre on ne ferait qu'un fabliau. Ce qu'il faut rappeler à l'honneur de la reine Marguerite, c'est son esprit, c'est son talent de bien dire, c'est ce qu'on lit à son sujet dans les Mémoires du cardinal de Richelieu : « Elle étoit le refuge des hommes de Lettres, aimoit à les entendre parler; sa table en étoit toujours environnée, et elle apprit tant en leur conversation qu'elle parloit mieux que femme de son temps, et écrivoit plus élégamment que la condition ordinaire de son sexe ne portoit. » C'est par là, c'est par quelques pages exquises qui sont une date de la langue, qu'elle est entrée à son tour dans l'histoire littéraire, ce noble refuge de tant de naufrages, et qu'un rayon dernier et durable s'attache à son nom.

Lundi, 14 juin 1852.

BEAUMARCHAIS

Il n'y a pas plus de dix-huitième siècle complet sans Beaumarchais que sans Diderot, Voltaire ou Mirabeau ; il en est un des personnages les plus originaux, les plus caractéristiques, les plus révolutionnaires. Quand il est révolutionnaire, il l'est par entraînement, par verve et sans parti-pris d'aller aussi loin qu'on le croirait. Il a, en ce sens, bien du rapport avec Voltaire, avec qui il partage l'honneur d'être peut-être l'homme le plus spirituel de son temps ; je prends le mot esprit avec l'idée de source et de jet perpétuel. Mais Voltaire a de plus que Beaumarchais le goût ; Beaumarchais suivait son esprit sur toutes les pentes, s'y abandonnait et ne le dominait point. En parlant de lui, il faut se garder d'être systématique, car lui-même il ne l'était pas : ce n'a été qu'un homme de grand naturel, jeté, porté et parfois noyé dans les flots de son siècle et surnageant dans bien des courants.

Un écrivain de nos jours qui s'est fait connaître avec distinction dans le genre de la biographie, M. de Loménie, professeur suppléant au Collége de France, a consacré cette année plusieurs leçons à Beaumarchais, et il a éclairé le caractère de ce personnage extraordinaire à l'aide de documents particuliers qu'il tient de la famille même. M. de Loménie prépare de Beaumarchais une biographie complète qu'il fait espérer depuis longtemps; j'aurais aimé à être devancé par lui, mon but en ces esquisses rapides n'étant que de résumer le vrai et le connu, sans chercher à devancer personne. J'ai pu du moins profiter d'une conversation obligeante de M. de Loménie, en regrettant que ses communications se soient brusquement arrêtées là. Mais ce que j'ai fait, et ce que j'aurais fait en tout état de cause, j'ai beaucoup lu et feuilleté Beaumarchais, qui est l'homme le moins discret quand il parle de lui-même, et il me semble qu'à le bien écouter dans ses aveux et ses confidences familières, on en sait déjà presque assez.

Pierre-Augustin Caron, qui prit plus tard le nom de Beaumarchais, naquit à Paris le 24 janvier 1732, sur la paroisse Saint-Jacques-la-Boucherie. Sa famille, que M. de Loménie fera connaître en détail, originaire de Normandie, je crois, s'était depuis établie en Brie; elle avait été protestante. Le père de Beaumarchais, horloger de son état, et qui éleva son fils dans la même profession, paraît avoir été un homme bon, cordial, et qui avait conservé, des habitudes protestantes, un fonds de conviction et d'affection religieuse. Lorsque plus tard, dans ses fameux procès, on lui reprocha son extraction bourgeoise, Beaumarchais parla de ce père d'une manière charmante, et qui rappelle Horace :

« Vous entamez ce chef-d'œuvre, disait-il à madame Goëzman (sa partie adverse), par me reprocher l'état de mes ancêtres. Hélas! Madame, il est trop vrai que le dernier de tous réunissait à plusieurs branches de commerce une assez grande célébrité dans l'art de l'horlogerie. Forcé de passer condamnation sur cet article, j'avoue avec douleur que rien ne peut me laver du juste reproche que vous me faites d'être le fils de mon père... Mais je m'arrête; car je le sens derrière moi qui regarde ce que j'écris, et rit en m'embrassant. (*Quel prompt, facile et affectueux tableau!*)

« O vous qui me reprochez mon père, vous n'avez pas l'idée de son généreux cœur. En vérité, horlogerie à part, je n'en vois aucun contre qui je voulusse le troquer... »

Et lorsque ses ennemis voulaient consommer sa ruine dans le courant du même procès, lorsqu'il se voyait emprisonné, calomnié, ruiné, il montre la consternation de tous ses amis qui le visitaient dans sa prison :

« La piété, la résignation même de mon vénérable père aggravait encore mes peines. En me disant avec onction de recourir à Dieu, seul dispensateur des biens et des maux, il me faisait sentir plus vivement le peu de justice et de secours que je devais désormais espérer des hommes. »

Et il revient plus d'une fois sur ce caractère religieux de son père : « Mes amis se taisaient, mes sœurs pleuraient, *mon père priait.* »

Ce père *sensible, honnête, vertueux*, qui a de la solennité et de la bonhomie dans l'effusion des sentiments, écrivait un jour à son fils qui était en Espagne, et qui y était allé pour venger l'une de ses sœurs (1764), une lettre qu'on a publiée (1) et qui serait digne du père de Diderot, ou de Diderot lui-même faisant parler un père dans un de ses drames :

« Tu me recommandes modestement de t'aimer un peu. Cela n'est pas possible, mon cher ami : un fils comme toi n'est pas fait pour n'être qu'un peu aimé d'un père qui sent et pense comme moi. Les larmes de tendresse qui tombent de mes yeux sur ce papier en sont bien la preuve. Les qualités de ton excellent cœur, la force et la grandeur de ton âme me pénètrent du plus tendre amour. Honneur de mes cheveux gris, mon fils, mon cher fils, par où ai-je mérité de mon Dieu les grâces dont il me comble dans mon cher fils ! C'est, selon moi, la plus grande faveur qu'il puisse accorder à un père *honnête* et *sensible*, qu'un fils comme toi. Mes grandes douleurs sont passées d'hier, puisque je peux t'écrire. J'ai été cinq jours et quatre nuits sans manger ni dormir et sans cesser de crier. Dans les intervalles où je souffrais moins, je lisais *Grandisson*, et en combien de choses n'ai-je pas trouvé un juste rapport entre Grandisson et mon fils ! Père de tes sœurs, ami et bienfaiteur de ton père ! si l'Angleterre, me disais-je, a ses Grandisson, la France a ses Beaumarchais... »

Pour s'expliquer un peu l'enthousiasme et le ton, il

(1) Dans le journal *l'Assemblée nationale*, numéro du 1ᵉʳ juin 1852.

faut dire que Beaumarchais, à cette date, venait en effet, de se signaler par un acte énergique de dévouement envers les siens. Nous y voyons pourtant le style de la maison dans les moments assez rares où on n'y rit pas. Il y avait donc, nonobstant toutes les irrévérences et les impiétés filiales du futur Figaro, un fonds de nature, de sensibilité vraie dans cette famille de Beaumarchais. Il s'y mêlait de la déclamation également naturelle, et qui ne s'apercevait pas parce qu'elle se puisait dans les livres du jour. Une des sœurs de Beaumarchais l'a également comparé à Grandisson. Évidemment il était le héros et l'espoir de sa famille, fils unique entre cinq sœurs, dont trois seulement étaient restées en France, et qui toutes, soit pour l'esprit, soit pour le cœur, l'adoraient et l'admiraient. Doué des avantages physiques, d'un esprit inventif, plein de hardiesse et de gaieté, il avait dans ses actions et dans toute sa personne quelque chose qui prévenait en sa faveur; et il était lui-même le premier prévenu. Lorsqu'il débuta dans les Lettres, assez tard, tous ceux qui parlent de lui ont relevé, dès l'abord, cet air d'assurance et de fatuité. Cette assurance, qui n'était qu'une grande confiance dans son esprit et dans ses ressources, il l'eut toujours; mais la fatuité n'était qu'à la surface, car tous ceux qui l'ont vu de près, et les plus divers, lui ont reconnu depuis de la bonhomie.

Je laisse à son biographe le soin de nous raconter ses premiers essais en vers, en prose rimée. J'ai vu une lettre de lui écrite à l'une de ses sœurs d'Espagne à l'âge de treize ans, où il y a déjà, à travers l'écolier, du Chérubin et du libertin, une facilité courante et de la gaieté. Cette gaieté est la veine essentielle chez Beaumarchais, et qui ne le trompera jamais lorsqu'il s'y abandonnera, tandis que sa sensibilité le poussera quelquefois vers le pathos.

Il resta assez longtemps dans l'horlogerie, et sans en

souffrir dans sa vanité. Il y montra son talent d'invention par un *échappement* dont il était l'auteur et que le sieur Lepaute lui contesta. Le procès fut porté à l'Académie des Sciences, et Beaumarchais le gagna. Ce premier titre d'honneur lui resta toujours cher, et il en conservait dans un coffre le parchemin à côté du manuscrit de Figaro. Cependant, après être resté ainsi une partie de sa jeunesse entre quatre vitres, comme il dit, il s'ennuya et prit son essor. C'est ici qu'il serait curieux de tracer en détail ce qu'il appelait « le roman philosophique de sa vie. » Nous n'en indiquerons que quelques têtes de chapitres. Il aimait la musique, il chantait et faisait des couplets; il savait jouer de la guitare, de la harpe surtout, alors dans sa nouveauté, et il portait dans ces amusements cet esprit d'invention qu'il eut en toutes choses. Quel amateur délicieux, quel *Lindor* séduisant et insinuant ce devait être que Beaumarchais à vingt-quatre ans ! Il connut la femme d'un homme qui avait à la Cour un office subalterne ; elle l'aima, et, le mari étant mort, il eut la charge en épousant, le 27 novembre 1756, cette veuve qui avait nom Marie-Madeleine Aubertin. Il eut la douleur de la perdre bientôt et fut veuf dès le 29 septembre 1757. Il avait pourtant à la Cour cette petite charge, qui lui donnait un pied chez les plus grands. Comme musicien, comme jeune homme agréable et sans conséquence, il fut introduit, vers 1760, dans la société de Mesdames Royales, filles de Louis XV : « J'ai passé quatre ans, disait-il, à mériter leur bienveillance par les soins les plus assidus et les plus désintéressés, sur divers objets de leurs amusements. » Il était l'âme de leurs petits concerts; il s'insinuait avec grâce, avec respect, avec tout ce qu'on peut croire, jusqu'à exciter l'envie des courtisans. Il évitait ce qui eût trop rappelé l'infinie distance; il sentait qu'il était là pour plaire et non pour solliciter, et il savait observer une réserve, une dignité, qui ne laissait pas d'être utile.

Le grand financier Paris-Duverney, devenu, dans sa vieillesse, intendant de l'École militaire, dont il avait inspiré la première idée à madame de Pompadour, et dont il avait dirigé la fondation, souhaitait ardemment que la famille royale honorât d'une visite cet établissement patriotique où il mettait sa dernière pensée. C'était un de ces vœux de vieillard qui veulent être exaucés à tout prix, et pour lesquels on donnerait tout avant de mourir. Il n'avait pu obtenir encore ce suprême témoignage d'attention, quand Beaumarchais se chargea d'en éveiller chez Mesdames le désir, et de le communiquer par elles au Dauphin, et, s'il se pouvait, au Roi lui-même. Il y réussit. Duverney, reconnaissant, déclara hautement qu'il se chargeait de faire la fortune du jeune homme :

> « O monsieur Duverney! (s'écrie Beaumarchais dans l'un de ses Mémoires), vous l'aviez promis, solennellement promis à M. le Dauphin, à madame la Dauphine, père et mère du Roi (de Louis XVI), aux quatre princesses, tantes du Roi, devant toute la France, à l'École militaire, la première fois que la famille royale y vint voir exercer la jeune noblesse, y vint accepter une collation somptueuse, et faire pleurer de joie, à quatre-vingts ans, le plus respectable vieillard.
> « *O l'heureux jeune homme que j'étais alors!* Ce grand citoyen, dans le ravissement de voir enfin ses maîtres honorer le plus utile établissement de leur présence, après neuf ans d'une attente vaine et douloureuse, m'embrassa les yeux pleins de larmes, en disant tout haut : Cela suffit, cela suffit, mon enfant ; je vous aimais bien ; désormais, je vous regarderai comme mon fils : oui, je remplirai l'engagement que je viens de prendre, ou la mort m'en ôtera les moyens. »

Cette solennité pathétique fait un peu sourire, quand on songe que tout cela n'avait pour effet que d'associer Beaumarchais à des gains d'affaires, à des intérêts dans les vivres, et de le rendre riche à millions. Beaumarchais est le premier de nos écrivains qui ait ainsi porté la verve, et, jusqu'à un certain point, l'attendrissement, dans l'idée de spéculation financière et de fortune. En cela aussi il a fait école : des millions et des drames ! ç'a été, depuis, la devise de plus d'un.

Duverney tint parole. Après diverses offres avantageuses qui n'avaient pas rendu ce qu'il voulait, « il avait imaginé d'acquitter d'un seul coup ses promesses en me prêtant, dit Beaumarchais, cinq cent mille francs pour acheter une charge, que je devais lui rembourser à l'aise sur le produit des intérêts qu'il me promettait dans de grandes entreprises. » Cette charge, qui était, je crois, dans les forêts et domaines, bien qu'achetée par Beaumarchais, ne put être conservée par lui; il trouva comme obstacle insurmontable les prétentions liguées de la compagnie dans laquelle il voulait entrer, et qui ne l'en jugeait pas digne par ses antécédents d'horloger. Il fit ses réflexions philosophiques sur la sottise humaine, ne se chagrina point et se tourna autre part. Nous retrouvons, peu après, Beaumarchais propriétaire d'une autre charge en Cour, ayant acheté moyennant quittance des lettres de noblesse, et ayant titre : écuyer, conseiller-secrétaire du roi, lieutenant général des chasses au bailliage de la varenne du Louvre, dont le duc de La Vallière était capitaine. En cette qualité de lieutenant général des chasses, il connaissait de certains délits et était investi d'un office de judicature qu'il remplissait sans trop sourire

En 1764 (il avait trente-deux ans), se place un des épisodes les plus dramatiques de sa vie et qu'il a raconté lui-même dans un de ses Factums : c'est l'histoire de *Clavico* dont on a fait des drames, mais le seul vrai drame est chez Beaumarchais. Dans le procès qu'il eut dix ans plus tard contre le comte de La Blache et le conseiller Goëzman, ses ennemis et ses accusateurs cherchaient par tous les moyens à perdre Beaumarchais, et on fit circuler contre lui une prétendue lettre venue d'Espagne, qui allait à dénaturer et à flétrir un acte généreux de sa jeunesse. Beaumarchais, qui serait bien malheureux parfois et bien ennuyé s'il n'avait pas sur les bras toutes ces affaires, profite de cette occasion nouvelle (1) pour donner au public une page de son Journal de voyage d'alors, qui ne devait, dit-il, jamais être publié. C'est chez lui, c'est dans son quatrième Mémoire contre Goëzman (février 1774), qu'il faut relire cet incomparable récit où le talent vient tout mouvoir et tout animer. Si Beaumarchais avait réellement écrit ces pages dès 1764, il était dès lors un écrivain et un metteur en scène consommé.

Pour nous en tenir au simple sommaire, Beaumarchais est informé que de ses deux sœurs établies depuis longtemps en Espagne, la cadette, celle qui n'est pas mariée, a deux fois été près de l'être à un homme d'esprit, employé supérieur à Madrid, Clavico, qui deux fois a faussé sa promesse. Cette jeune sœur, mourante de son amour et de cet affront, invoque un défenseur et un vengeur. Beaumarchais part, muni de lettres de Paris-Duverney (y compris beaucoup de lettres de change), et appuyé de toutes manières auprès de l'ambassadeur. Il arrive à Madrid, va trouver Clavico sans se nommer, invente un prétexte, le tâte dans la conversation, le met sur la littérature, le flatte, le prend par l'amour-propre, puis tout à coup se retourne, aborde le point délicat, pousse sa pointe, tient quelque temps le fer en suspens pour mieux l'enfoncer encore : tout ce dialogue (avec la pantomime du patient) est un chef-d'œuvre de combinaison et de conduite, et qui, à chaque instant, touche au tragique et au comique à la

---

(1) Il en profita si bien qu'on le soupçonna même de se l'être suscité et « d'avoir fait courir contre lui la lettre injurieuse dont il avait tiré un si grand parti. » C'est La Harpe qui dit cela, et il n'est pas hostile à Beaumarchais.

fois. La fin de l'aventure pourtant répond peu au début, et peu s'en faut que Beaumarchais ne devienne la dupe du fourbe qu'il a démasqué et serré de si près. Cette affaire de famille terminée, et sorti des périls qu'elle lui a suscités, Beaumarchais resta encore toute une année en Espagne, à essayer de faire des affaires et des entreprises importantes au nom d'une compagnie française. Il s'agissait, autant qu'on l'entrevoit, de s'obliger d'approvisionner d'esclaves noirs, pour dix ans, différentes provinces de l'Amérique. Beaumarchais, même sans avoir réussi, laissa à tous ceux qu'il avait vus en Espagne une favorable idée de sa capacité et de ses talents. Il se montra un digne élève de Paris-Duverney, ayant en lui de ce qu'avaient les Orri, les Gourville, ces hommes à expédients, ces spéculateurs entendus et modérément scrupuleux. On verra bientôt Beaumarchais, entre deux comédies et entre deux procès, entreprendre de grandes choses, approvisionner d'armes et de munitions l'Amérique du Nord insurgée, avoir ses vaisseaux, *sa marine*, même un vaisseau de guerre qui se distingue dans les rencontres, et qui mérite, après le combat de la Grenade, un éloge de d'Estaing. Il y avait de l'Ouvrard et mieux, il y avait un coin du Fouquet de Belle-Isle dans Beaumarchais.

Jusque-là, et si nous le prenons à son retour d'Espagne (1765), il n'avait rien écrit pour le public; il va débuter, et ses premiers débuts ne sont pas heureux. Son drame d'*Eugénie*, donné en février 1767 à la Comédie-Française, est dans le goût du drame sérieux, honnête et domestique, que Diderot essayait de mettre à la mode. Dans l'*Essai* ou préface que Beaumarchais a fait imprimer en tête de son drame, il expose sa théorie, qui n'est autre que celle de l'imitation pure et vulgaire de la nature; il y révèle son absence de poésie élevée et d'idéal. Pour cette classe d'esprits, Sophocle et son

OEdipe, Phidias et son Jupiter n'ont jamais existé. Selon cette théorie d'un faux bon sens ennemi du grand goût, il suffirait de transporter purement et simplement toute action émouvante et attendrissante de la vie bourgeoise sur le théâtre pour avoir atteint le plus haut point de l'art : « Si quelqu'un est assez *barbare*, assez *classique* (il est piquant de voir ces deux mots accolés par Beaumarchais et pris comme synonymes), pour oser soutenir la négative, il faut lui demander si ce qu'il entend par le mot drame ou pièce de théâtre n'est pas le tableau fidèle des actions des hommes. » Dans ce drame d'*Eugénie*, et dans celui des *Deux Amis* qui suivit (janvier 1770), Beaumarchais n'est encore qu'un dramaturge sentimental, bourgeois, larmoyant sans gaieté, et procédant de La Chaussée et de Diderot. Celui-ci même ne l'avoue point pour élève et pour fils, et Collé, qui se connaît en gaieté, ne devine nullement en lui un confrère et un maître : « M. de Beaumarchais (nous dit Collé) a prouvé, à ne point en douter, par son drame qu'il n'a *ni génie, ni talent, ni esprit.* » Cette phrase de Collé, il la corrige dans une note pleine d'admiration et de repentir écrite après *le Barbier de Séville*.

Laissons une bonne fois ce Beaumarchais-*Grandisson* qui fait fausse route, et arrivons, à travers les divers incidents de sa vie, au Beaumarchais véritable dont la veine comique jaillira à l'improviste et d'autant plus naturelle, même avant qu'il soit devenu le Beaumarchais-*Figaro*. Il eut de tout temps de cette gaieté dans sa vie, mais il ne s'avisa que tard, et sous le coup de la nécessité, de la mettre dans ses ouvrages. Sa vie, comme particulier, était alors des plus agréables et voisine de l'opulence. Il s'était remarié, le 11 avril 1768, à une veuve, Geneviève-Madeleine Wattebled, veuve Lévesque; mais le malheur voulut (un malheur toujours consolé très-vite chez Beaumarchais) qu'il la perdît en novembre 1770. Paris-Duverney étant mort sur ces entrefaites avait laissé à Beaumarchais un règlement de comptes, en vertu duquel il reconnaissait lui redevoir une somme de quinze mille livres. C'est ici que la série des fameux procès commence. L'héritier de Paris-Duverney, le comte de La Blache, imagine de nier la dette des quinze mille livres et d'arguer le compte de faux. De là, procès, d'abord gagné en première instance aux Requêtes de l'Hôtel par Beaumarchais. Celui-ci, qui chassait plus d'un lièvre à la fois, toujours confiant et imprudent, eut, pendant que ce procès se poursuivait au Parlement, une altercation violente avec le duc de Chaulnes, pour une maîtresse, mademoiselle Mesnard, que ce duc et pair entretenait, et que Beaumarchais lui prit. Il en résulta, après quelques jours d'arrêts gardés par chacun dans sa maison, que le duc et pair fut mis dans une citadelle, et Beaumarchais emprisonné au For-l'Évêque. Son adversaire le comte de La Blache profite de l'à-prospos pour tirer sur le temps, comme on dit, pour pousser l'affaire des quinze mille livres devant le Parlement; il représente Beaumarchais comme un homme perdu, un scélérat qui a abusé de la confiance de tous ceux qu'il a approchés. On fait circuler de fausses lettres de lui ou contre lui; on insinue qu'il s'est défait par le poison de ses deux femmes, des deux veuves qu'il avait successivement épousées. Bref, le comte de La Blache, usant de toutes sortes de moyens, gagne son procès, fait saisir les meubles du prisonnier, le ruine de frais, et Beaumarchais se voit, en deux mois de temps, « précipité du plus agréable état dont pût jouir un particulier, dans l'abjection et le malheur : Je me faisais honte et pitié à moi-même, » dit-il.

C'est alors, c'est dans cette situation désespérée, qu'il fit preuve d'énergie et d'une rare sérénité. « Une des choses que j'ai le plus constamment étudiées, dit-il, est de maîtriser mon âme dans les occasions fortes. Le courage de se rompre ainsi, m'a toujours paru un des plus nobles efforts dont un homme de sens pût se glorifier à ses yeux. » Un fait singulier et des plus minces fut l'ouverture qu'il saisit pour rentrer dans ses avantages et reconquérir, à force d'adresse et de talent, tout ce qu'il avait perdu. Le point décisif de la destinée de Beaumarchais est à ce moment (juin 1773). C'est un homme de quarante ans, dont tout jusque-là peut sembler équivoque, même l'esprit. Il est poussé à outrance, il est vaincu, écrasé; il n'a plus pour ressource, dans une affaire désormais jugée et de nature déshonorante, qu'un chétif accessoire par où se rattacher au principal; il est mis en demeure d'avoir à l'instant de l'énergie, de l'esprit, du génie; il en aura.

L'incident dont je parle et qui lui servit de champ de bataille quand tout lui semblait enlevé, était celui-ci : prisonnier au For-l'Évêque, et devant, selon l'usage, solliciter ses juges, il avait obtenu la permission de sortir durant trois ou quatre jours, accompagné d'un agent. Dans ce court espace de temps, il avait plusieurs fois tenté inutilement de pénétrer jusqu'au conseiller Goëzman, rapporteur dans son affaire, et rapporteur prévenu et défavorable. C'est alors que, dans sa détresse et son désespoir, on lui apprit qu'il y avait un moyen d'arriver jusqu'au cabinet de ce juge; c'était de faire quelque cadeau à sa femme. Cent louis d'or, une belle montre à répétition enrichie de diamants, plus *quinze louis en argent blanc*, censés destinés à un secrétaire, tout cela fut successivement donné à la femme pour obtenir une audience de son mari, et avec promesse de sa part que tout serait rendu si le procès se perdait. Il fut perdu en effet, et la dame rendit assez galamment les cent louis et la montre; mais, par un singulier caprice, elle s'était obstinée à garder les *quinze* malheureux *louis* donnés en sus. De là bruit, plainte, parole hautaine du conseiller Goëzman, qui savait ou ne savait pas exactement tout ce détail, et qui eut l'audace de se porter accusateur de Beaumarchais comme ayant voulu corrompre son juge.

C'est, dis-je, de cette extrémité d'oppression et d'abattement que Beaumarchais se relève et qu'il se remet en campagne la plume à la main, s'adressant cette fois par quatre Mémoires consécutifs à l'opinion et au public, qu'il a l'art de saisir et de passionner. Pour concevoir comment il put ainsi retourner l'opinion, n'oublions pas que ce Parlement à qui il avait affaire était celui que le chancelier Maupeou avait substitué à l'ancien Parlement exilé et aboli. L'art de Beaumarchais fut de confondre insensiblement sa cause dans l'injure de tous, et de se faire, par ses plaisanteries acérées, le vengeur universel. Toutes les scènes où il met en cause madame Goëzman, tête légère, assez jolie femme. qu'on retournait par un compliment, qu'on jetait hors d'elle par une vérité, et qui présentait dans toute sa conduite un mélange de coquinerie, d'impudence et d'innocence, sont des scènes parfaites de comédie. La pauvre femme! dans ses confrontations il lui fait dire blanc et noir, il la met en colère et il l'apaise; quand elle ne sait plus que dire, ni comment débrouiller ses contradictions, elle met le tout, le plus ingénument du monde, sur le compte de certaine indisposition critique qu'elle avait ce jour-là; quand il l'a poussée trop à bout, elle le menace d'un soufflet; quand il lui dit une galanterie, et qu'elle ne paraît que dix-huit ans au lieu de trente, elle sourit malgré elle, ne le trouve plus si impertinent et va jusqu'à lui demander la main pour la reconduire à son carrosse. C'est d'une gaieté, d'une finesse, d'une ironie délicieuse. Ainsi de tous ceux qu'il met en cause et en scène : on les connaît; on ne les oublie plus. On peut voir, dans la Correspondance de Voltaire, l'impression et le reflet de cette lecture chez un esprit supérieur et de la même famille, qui revient de ses préventions : ce qui arriva là à Voltaire en faveur de Beaumarchais dut arriver également à tout le monde : « J'ai lu, écrivait-il, à d'Argental, tous les Mémoires de Beaumarchais, et je ne me suis jamais tant amusé. J'ai peur que ce brillant écervelé n'ait au fond raison contre tout le monde. Que de friponneries, ô ciel! que d'horreurs!... » — « Quel homme! s'écrie-t-il encore. Il réunit tout, la plaisanterie, le sérieux, la raison, la gaieté, la force, le touchant, tous les genres d'éloquence, et il n'en recherche aucun, et il confond tous ses adversaires, et il donne des leçons à ses juges. *Sa naïveté m'enchante*; je lui pardonne ses imprudences et ses pétulances. » Ses imprudences et pétulances, selon lui, étaient celles « d'un **homme passionné, poussé à bout, justement irrité,** *né très-plaisant* et très-éloquent. » Voltaire disait encore : « Qu'on ne me dise pas que cet homme a empoisonné ses femmes, il est trop gai et trop drôle pour cela. »

Et Beaumarchais disait de même en résumant sa vie :

« Et vous qui m'avez connu, vous qui m'avez suivi sans cesse! ô mes amis! dites si vous avez jamais vu autre chose en moi qu'un homme *constamment gai*; aimant avec une égale passion l'étude et le plaisir; *enclin à la raillerie, mais sans amertume*; et l'accueillant dans autrui contre soi, quand elle est assaisonnée; soutenant peut-être avec trop d'ardeur son opinion quand il la croit juste, mais honorant hautement et sans envie tous les gens qu'il reconnaît supérieurs; confiant sur ses intérêts jusqu'à la négligence; actif quand il est aiguillonné, paresseux et stagnant après l'orage; insouciant dans le bonheur, mais poussant la constance et la sérénité dans l'infortune jusqu'à l'étonnement de ses plus familiers amis. »

Voilà une page de l'excellent Beaumarchais dans le ton d'apologie de l'abbé Prévost, sans mauvais goût, sans fausse veine, avant l'ivresse et la fumée à la tête, avant la tirade de Figaro. Et il revient continuellement sur ce caractère essentiel de sociabilité et de gaieté qui exclut dans le passé tout grave reproche. Oh! comme il en veut à ses ennemis, lui qui ne hait personne, d'avoir ainsi cherché à noircir « sa jeunesse si gaie, si folle, si heureuse! »

Du mauvais goût, il y en a rarement quand l'auteur est dans cette veine de gaieté toute naturelle. Horace Walpole a pourtant très-bien remarqué que, si ses plaisanteries sont très-bonnes, il s'y complaît trop et en abuse. Mais c'est quand il donne dans la sensibilité ou dans la solennité, qu'il y a surtout des endroits fréquents où il force les tons et où il nous avertit des défauts d'alors qui étaient aussi les siens. Il a des images peu agréables, et où le manque d'idéal, parlons plus nettement, où le trivial se trahit : « Finissons, *la sueur me découle du front*, et je suis essoufflé, etc., etc... » Et encore : « Je le répéterai *jusqu'au tronçon de ma dernière plume*, j'y mettrai l'encrier à sec, etc., etc. » Joignez-y bien des apostrophes qui sentent le voisinage de Diderot et de Jean-Jacques, et que le genre du plaidoyer excuse; mais il en use trop largement. Sur les femmes, toutes les fois qu'il a à en parler, il y a de petites hymnes galantes et comme de petits couplets destinés à plaire aux belles et sensibles lectrices; il a de ces tirades dans le procès Goëzman, il en aura plus tard dans le procès Kornman : « Et je serais ingrat au point de refuser, dans ma vieillesse, mes secours à ce sexe aimé qui rendit ma jeunesse heureuse! Jamais une femme ne pleure que je n'aie le cœur serré. » Même dans ce procès de 1773, où il dénonce et désole une femme, il a pour le sexe en général de ces hommages qui viennent là on ne sait pourquoi ni comment : « Objet de mon culte en tout temps, ce sexe aimable est ici mon modèle!... » Il veut dire son modèle, en ce sens que les femmes savent beaucoup souffrir sans que leur nature en soit altérée. — Peignant la vieillesse de Paris-Duverney assiégée de collatéraux avides, il en tirera argument contre le célibat et fera une allocution vertueuse et morale aux célibataires : « Amants du plaisir ! amis de la liberté ! imprudents célibataires !... » Tout cela était loin de nuire alors à l'effet de ces Mémoires, mais c'en est aujourd'hui la partie faible, un peu déclamatoire et déjà passée.

Il suffit que l'ensemble et nombre de parties restent agréables, riantes et vives. Un des plus célèbres morceaux est au début du quatrième Mémoire, quand, par une prosopopée hardie, l'auteur, l'orateur se suppose dans un colloque avec Dieu, « avec l'Être bienfaisant qui veille à tout, » comme on disait alors. Cet Être souverain daigne s'abaisser un jour jusqu'à lui et lui dit :

« Je suis Celui par qui tout est ; sans moi, tu n'existerais point ; je te douai d'un corps sain et robuste, j'y plaçai l'âme la plus active : tu sais avec quelle profusion je versai la sensibilité dans ton cœur, et la gaieté sur ton caractère ; mais, pénétré que je te vois du bonheur de penser, de sentir, tu serais aussi trop heureux si quelques chagrins ne balançaient pas cet état fortuné : ainsi tu vas être accablé sous des calamités sans nombre ; déchiré par mille ennemis, privé de ta liberté, de tes biens ; accusé de rapines, de faux... »

Et lui, se prosternant devant l'Être des êtres, répond en acceptant toute sa destinée :

« Être des êtres, je te dois tout, le bonheur d'exister, de penser et de sentir. Je crois que tu nous as donné les biens et les maux en mesure égale ; je crois que ta justice a tout sagement compensé pour nous, et que la variété des peines et des plaisirs, des craintes et des espérances, est *le vent frais qui met le navire en branle et le fait avancer gaiement dans sa route.* »

J'ai voulu citer cette image heureuse et fraîche, et comme faire sentir cette brise matinale qui lui arrivait, malgré tout, à travers les barreaux de sa prison. Tel était chez Beaumarchais l'homme vrai, non-seulement plus vrai que celui des libelles, mais qui s'est quelquefois forcé et, je dirai, calomnié lui-même dans Figaro. Figaro se grime; et ici, nous avons le Beaumarchais naturel, épanoui.

Continuant donc de s'adresser humblement au souverain Être, il lui demande, puisqu'il doit avoir des ennemis, de les lui accorder à son choix, avec les défauts, les sottes et basses animosités qu'il lui désigne; et alors, avec un art admirable et un pinceau vivifiant, il dessine un à un tous ses ennemis et ses adversaires, et les flétrit sans âcreté, dans une ressemblance non méconnaissable : « Si mes malheurs doivent commencer par l'attaque imprévue d'un légataire avide sur une créance légitime, sur un acte appuyé de l'estime réciproque et de l'équité des deux contractants, accorde-moi pour adversaire un homme avare, injuste et reconnu pour tel... etc. » Et il désigne le comte de La Blache si au vif que tous l'ont nommé déjà; de même pour le conseiller Goëzman, de même pour sa femme et pour leurs acolytes; mais ici la verve l'emporte, et le laisser-aller ne se contient plus; à la fin de chaque portrait secondaire, le nom lui échappe à lui-même, et ce nom est un trait comique de plus : Suprême Bonté!... *Donne-moi Marin!*... — *Donne-moi Bertrand!*... — *Donne-moi Baculard!*... Il ne s'arrête que devant le premier président Nicolaï, son dernier et imprévu adversaire, après l'avoir désigné et au moment où il va le nommer à la suite de ces tristes acolytes de Goëzman; cette réticence envers un nom respecté, qui s'est mis si bas, devient un nouveau trait d'éloquence. Tout ce *motif*, la manière dont il est conçu et exécuté, avec tant de largeur, de supériorité, de gaieté et d'ironie, tout d'une venue et d'une seule haleine, compose un des plus admirables morceaux d'éloquence que nous puissions offrir dans notre littérature oratoire.

Cela peut être mis en regard des plus mémorables endroits qu'on cite dans les dernières *Provinciales* de Pascal.

L'opinion publique s'était prononcée, et en quelques mois Beaumarchais avait reconquis plus que l'estime, il avait la popularité, cette faveur de tous, alors souveraine et triomphante, et qui ne connaissait point encore ses limites. Dans ces termes nouveaux où il était désormais, peu lui importait presque la sentence du Parlement. Le jugement, attendu par le public de toutes classes avec une curiosité inexprimable, fut bizarre et à double tranchant : par arrêt du 26 février 1774, madame Goëzman fut condamnée à être mandée à la Chambre « pour, étant à genoux, y être blâmée; » et Beaumarchais de même; de plus, ses Mémoires furent condamnés à être brûlés par la main du bourreau, comme injurieux, scandaleux, diffamatoires. Pour ce beau jugement, le Parlement resta assemblé depuis cinq heures du matin jusqu'à près de neuf heures du soir. Le soir même de la condamnation, Beaumarchais devait souper dans le plus grand monde, chez M. de Monaco, où il avait promis de lire *le Barbier de Séville*, dont la représentation était retardée, mais que la Dauphine (Marie-Antoinette) prenait hautement sous sa protection. Cette aimable Dauphine, image mobile de la nation, arborait en quelque sorte la cocarde même de Beaumarchais par une coiffure dite à la *Ques-aco*, ainsi nommée d'une des plaisanteries des *Mémoires*. Le soir de cette condamnation, le prince de Conti venait s'écrire chez Beaumarchais, et l'invitait à passer chez lui la journée du lendemain : « Je veux, disait-il dans son billet, que vous veniez demain; nous sommes d'assez bonne maison pour donner l'exemple à la France de la manière dont on doit traiter *un grand citoyen tel que vous.* » Toute la Cour suivit l'exemple du prince et s'écrivit chez le condamné. Ainsi celui qui, au commencement de sa riposte, n'était encore que *le brillant écervelé*, comme l'appelait Voltaire, avait subitement passé à l'état de *grand citoyen*. Partout où Beaumarchais se montrait, on l'entourait, on l'applaudissait avec fureur. Le lieutenant de police, M. de Sartine, lui conseillait de ne point paraître en public : « Ce n'est pas tout d'être *blâmé*, lui disait-il, il faut encore être modeste. » Tels étaient ces temps d'engouement facile et de chaleur universelle. Peu après, pour sauver une position plus brillante que sûre, et malgré tout périlleuse, Beaumarchais passa en Angleterre avec une mission secrète du roi, relativement au chevalier d'Éon, des mains de qui il s'agissait de retirer des papiers d'État. Pendant ce temps-là le Parlement Maupeou croulait; on jouait *le Barbier de Séville* à Paris; Beaumarchais, relevé de son jugement avec pompe, saisissait tous les à-propos, toutes les occasions de faire bruit et fortune, épousait les causes à la mode, devenait l'approvisionneur et le munitionnaire général des États-Unis insurgés, et entrait, le vent en poupe et toutes voiles dehors, dans cette vogue croissante qui ne s'arrêta plus qu'après *le Mariage de Figaro*.

Lundi, 21 juin 1852.

BEAUMARCHAIS

(Suite.)

Le lendemain de son blâme par le Parlement et de son triomphe devant l'opinion, Beaumarchais me paraît être entré dans un léger état d'ivresse et d'exaltation dont il ne sortira plus, et qui se conciliera très-bien toujours avec beaucoup d'habileté et de présence d'esprit dans le détail. Les Lettres qu'on a de lui à cette date (1774-1775) nous le montrent émerveillé lui-même de sa destinée, se retournant, se regardant de profil pour se dire combien elle est étrange et bizarre, courant le monde, l'Angleterre, l'Allemagne, faisant sept cent quatre-vingts lieues en six semaines, et plus de dix-huit cents lieues en huit mois, et s'en vantant, attentif dans ses absences à ne point se laisser oublier, à se remettre de temps en temps sur le tapis par des récits de périls et d'aventures qui n'arrivaient qu'à lui seul. Il eut, pendant qu'il voyageait en Allemagne dans l'été de 1774, chargé d'une mission secrète de Louis XVI, une aventure de brigands près de Nuremberg, et il en adressait des bulletins plaisants à ses amis de Paris. Peu s'en faut qu'il ne se comportât avec ces brigands de la Forêt-Noire comme il avait fait avec Clavico et avec Goëzman, et qu'il ne fît rire à leurs dépens. Voici un échantillon de la scène : s'étant écarté seul un moment de sa chaise de poste, et étant entré dans une forêt de sapins assez claire, il se trouva en face d'un homme armé d'un long coutelas, qui lui demanda, en allemand, la bourse ou la vie. Beaumarchais, au lieu de sa bourse, tire de son gousset un pistolet, et, de l'autre main, il tient sa canne pour parer les coups. Tant qu'il n'a qu'un homme en face de lui, il se sent fort : « Je me suis bien étudié, écrivait-il à son ami Gudin, tout le temps qu'a duré l'acte tragique du bois de Neustadt. A l'arrivée du premier brigand, j'ai senti battre mon cœur avec force. Sitôt que j'ai eu mis le premier sapin devant moi, il m'a pris comme un *mouvement de joie, de gaieté même*, de voir la mine embarrassée de mon voleur. Au second sapin que j'ai tourné, me voyant presque dans ma route, je me suis trouvé *si insolent*, que, si j'avais eu une troisième main, je lui aurais montré ma bourse comme le prix de sa valeur, s'il était assez osé pour la venir chercher. En voyant accourir le second bandit, un froid subit a concentré mes forces, etc... » Et il continue de s'analyser et de rire tout blessé qu'il est, et de démontrer comme quoi en ce monde « il y a de plus grands maux que d'être mal assassiné. » Tout cela tenait en haleine le monde parisien, et l'empêchait de s'endormir sur le Beaumarchais jusqu'à la première représentation du *Barbier de Séville*.

Ce charmant *Barbier* était composé et annoncé depuis longtemps. Il avait été reçu à la Comédie-Française en 1772 ; on devait le jouer comme une farce de carnaval dès le mardi-gras de 1773, lorsque survint la violente querelle de Beaumarchais et du duc de Chaulnes, dans laquelle ce dernier voulut poignarder l'autre. Le gai *Barbier* supporta ce contre-temps : ce sera pour le carnaval prochain. En février 1774, on devait le jouer encore : le jour était pris, la Dauphine devait assister à la première représentation : la salle était louée pour six soirées. Nouvelle défense et interdiction au dernier moment, en raison du procès pendant de Beaumarchais devant le Parlement. *Le Barbier* en prit encore son parti ; l'auteur, au lieu d'une comédie, en donna une autre : *le Barbier* n'ayant pas été représenté comme il devait l'être le samedi (12 février), le lendemain dimanche, l'auteur mettait en vente, la nuit même, au bal de l'Opéra, ce fameux quatrième Mémoire dont il se débitait six mille exemplaires et plus, avant que l'autorité eût le temps d'intervenir et de l'arrêter. Cependant, de retard en remise, de carnaval en carnaval, l'heure du *Barbier* arrivait ; il fut représenté le 23 février 1775 ; mais voilà bien un autre mécompte. Le public, sur la foi des récits de société, s'était attendu à tant de rire et de folie qu'il n'en trouva pas assez d'abord. La pièce était primitivement en cinq actes, et elle parut longue ; faut-il le dire ? le premier jour elle ennuya. Il fut besoin, pour qu'elle réussît, que l'auteur la mît en quatre actes, qu'il se mît *en quatre*, comme on disait, ou plus simplement qu'il ôtât, comme il le dit lui-même, une cinquième roue à son carrosse. C'est alors que *le Barbier*, tel que nous l'avons, se releva et se mit à vivre de sa légère et joyeuse vie, pour ne plus mourir. Beaumarchais, en l'imprimant plus tard, se donna le plaisir de mettre au titre : *Le Barbier de Séville*, comédie en quatre actes, représentée et *tombée* sur le théâtre de la Comédie-Française, etc. Il excellait à ces malices, qui ajoutent au piquant et qui fouettent le succès.

Ce n'est pas aujourd'hui qu'un critique peut espérer découvrir quelque chose de nouveau sur *le Barbier de Séville*. L'auteur, en introduisant pour cette première fois Figaro, n'avait pas encore prétendu en faire ce personnage à réflexion et à monologue, ce raisonneur satirique, politique et philosophique qu'il est devenu plus tard entre ses mains : « Me livrant à mon gai caractère, dit-il, j'ai tenté dans *le Barbier de Séville* de ramener au théâtre l'ancienne et franche gaieté, en l'alliant avec le ton léger de notre plaisanterie actuelle; mais, comme cela même était une espèce de nouveauté, la pièce fut vivement poursuivie. Il semblait que j'eusse ébranlé l'État... » La nouveauté du *Barbier de Séville* fut bien telle que Beaumarchais la définit ici. Il était naturellement et abondamment gai; il osa l'être dans *le Barbier :* c'était une originalité au dix-huitième siècle. « Faites-nous donc des pièces de ce genre, puisqu'il n'y a plus que vous qui *osiez rire en face*, » lui disait-on. Collé, qui était de la bonne race gauloise, n'avait ni l'abondance ni le jet de verve de Beaumarchais, et il se complaisait un peu trop dans le graveleux. Beaumarchais y allait plus à cœur ouvert; et, en même temps, il avait le genre de plaisanterie moderne, ce tour et ce trait aiguisé qu'on aimait à la pensée depuis Voltaire; il avait la saillie, le pétillement continuel. Il combina ces qualités diverses et les réalisa dans des personnages vivants, dans un seul surtout qu'il anima et doua d'une vie puissante et d'une fertilité de ressources inépuisable. On peut dire de lui qu'il donna une nouvelle forme à l'esprit.

Le fond du *Barbier* est bien simple et pouvait sembler presque usé : une pupille ingénue et fine, un vieux tuteur amoureux et jaloux, un bel et noble amoureux au dehors, un valet rusé, rompu aux stratagèmes, et qui introduit son maître dans la place, quoi de plus ordinaire au théâtre? mais comme tout ce commun se relève et se rajeunit à l'instant! Quel plus vif et plus engageant début que celui de la pièce, quand le comte et Figaro se retrouvent et se rencontrent sous le balcon! Dès ce premier dialogue, il y avait des gens qui vous disaient alors qu'il y avait trop d'esprit. N'a pas ce défaut qui veut. Beaumarchais nous a parlé quelque part d'un *Monsieur de beaucoup d'esprit, mais qui l'économise un peu trop :* lui, il n'était pas ce Monsieur-là. Il a tout son esprit à tous les instants; il le dépense, il le prodigue, il y a des moments même où il en fait, c'est alors qu'il tombe dans les lazzis, les calembours; mais le plus souvent il n'a qu'à suivre son jet et à se laisser faire. Sa plaisanterie a une sorte de verve et de pétulance qui est du lyrisme dans ce genre et de la poésie.

Les scènes de Rosine et du docteur au second acte, dans lesquelles la plus innocente, prise sur le fait, réussit à son tour à faire prendre le change au jaloux; celle de Bartholo qu'on rase pendant le duo de musique au troisième acte; l'excellente scène de stupéfaction de Bazile survenant à l'improviste et que chacun s'accorde à renvoyer en lui criant qu'il a la fièvre, si bien que le plat hypocrite s'éloigne en murmurant entre ses dents : « Qui diable est-ce donc qu'on trompe ici? » tout est fait pour amuser et pour ravir dans cette charmante complication de ruse et de folie. Et qu'est-ce que cela fait, je vous prie, que ce ne soit point parfaitement vraisemblable? Depuis quand la vraie gaieté au théâtre n'enlève-t-elle point l'invraisemblable avec elle? Tout l'ensemble du *Barbier* est gai de situation, de contraste, de pose, de motif et de jeu de scène, de ces choses que la musique traduira aussi bien que la parole. La parole de Beaumarchais qui court là-dessus est vive, légère, brillante, capricieuse et rieuse. Attendez! bientôt sur ce canevas si follement tracé viendra une musique tout assortie, rapide, brillante aussi, légère, tendre, fine et moqueuse, s'insinuant dans l'âme par tous les sens, et elle aura nom Rossini.

Le Barbier était destiné d'abord à être mis en musique. Beaumarchais voulait en faire un opéra-comique;

on dit même qu'il le présenta sous cette première forme aux *Italiens* de son temps. Il changea heureusement d'avis. Il voulait être le maître au théâtre, et le musicien voulait l'être aussi; il n'y avait pas moyen de s'entendre. Beaumarchais avait sur la musique dramatique des idées fausses : il croyait qu'on ne pourrait commencer à l'employer sérieusement au théâtre que « quand on sentirait bien qu'on ne doit y chanter que pour parler. » Il se trompait là dans le sens de la prose, et c'est tant mieux qu'il se soit trompé. On lui a dû de refaire sa comédie telle que nous l'avons, et, plus tard, un autre génie a repris le canevas musicalement et a fait la sienne.

L'œuvre dramatique de Beaumarchais se compose uniquement de deux pièces, *le Barbier* et *le Mariage de Figaro;* le reste est si fort au-dessous de lui qu'il n'en faudrait même point parler pour son honneur. Je vais en venir au *Mariage de Figaro;* mais disons-le tout d'abord, il ne faut point tant de raisonnement pour expliquer la vogue et le succès de Beaumarchais. On en avait assez des pièces connues, et très-connues; il y avait longtemps qu'il n'y avait point eu de nouveauté d'un vrai comique. En voilà une qui se présente : une veine franche y jaillit, elle frappe, elle monte, elle amuse; l'esprit moderne y prend une nouvelle forme, bien piquante, bien folle et bien frondeuse, bien à propos. Tout le monde applaudit; Beaumarchais récidive et l'on applaudit encore.

En récidivant il abuse, il généralise, il a du système; il fait un monde à l'envers d'un bout à l'autre, un monde que son Figaro règle, *régente* et mène. Malgré tout, il y a eu là une infusion d'idées, de hardiesses, de folies et d'observations bien frappées, sur lesquelles on vivra cinquante ans et plus. Il a créé des personnages qui ont vécu leur vie de nature et de société : « Mais qui sait combien cela durera? dit-il plaisamment dans la préface du *Barbier*. Je ne voudrais pas jurer qu'il en fût seulement question dans cinq ou six siècles; tant notre nation est inconstante et légère ! »

« Qui dit *auteur* dit *oseur*, » c'est un mot de Beaumarchais, et nul n'a plus justifié que lui cette définition. En mêlant au vieil esprit gaulois les goûts du moment, un peu de Rabelais et du Voltaire, en y jetant un léger déguisement espagnol et quelques rayons du soleil de l'Andalousie, il a su être le plus réjouissant et le plus remuant Parisien de son temps, le Gil Blas de l'époque encyclopédique, à la veille de l'époque révolutionnaire; il a redonné cours à toutes sortes de vieilles vérités d'expérience ou de vieilles satires, en les rajeunissant. Il a refrappé bon nombre de proverbes qui étaient près de s'user. En fait d'esprit, il a été un grand *rajeunisseur*, ce qui est le plus aimable bienfait dont sache gré cette vieille société qui ne craint rien tant que l'ennui, et qui y préfère même les périls et les imprudences.

Beaumarchais est le littérateur qui s'est avisé de plus de choses modernes, bonnes ou mauvaises, mais industrieuses à coup sûr et neuves. En matière de publicité et de théâtre, il est maître passé, il a perfectionné l'art de l'affiche, de la réclame, de la préface, l'art des lectures de société qui forcent la main au pouvoir et l'obligent d'accorder tôt ou tard la représentation publique; l'art de préparer ces représentations par des répétitions déjà publiques à demi et où déjà la claque est permise; l'art de soutenir et de stimuler l'attention, même au milieu d'un succès immense, moyennant de petits obstacles imprévus ou par des actes de bruyante bienfaisance qui rompent à temps la monotonie et font accident. Mais n'anticipons point sur les ressorts et ficelles de *Figaro*, remarquons seulement que le succès du *Barbier de Séville* fut l'origine d'une grande réforme dans les rapports des auteurs dramatiques et des comédiens.

Jusqu'alors les auteurs étaient à la merci des acteurs qui, après un certain nombre de représentations et quand la recette était descendue au-dessous d'un chiffre déterminé (ce qu'il était toujours facile d'obtenir), se croyaient en droit de confisquer les pièces et de s'en appliquer désormais les profits. Après trente-deux représentations du *Barbier*, Beaumarchais, qui ne croyait pas que « l'esprit des Lettres fût incompatible avec l'esprit des affaires, » s'avisa de demander son compte aux comédiens. Ceux-ci éludèrent et voulurent s'opposer à ce que l'on compulsât leurs registres. Beaumarchais tint bon; il exigea, non pas une somme payable argent comptant (qu'on lui offrait bien volontiers), mais un compte exact et clair, un chiffre légitime qu'on refusait poliment; il l'exigeait moins pour lui encore qui n'en avait pas besoin, que pour ses confrères les gens de Lettres, jusque-là opprimés et dépouillés. L'affaire dura des années : Beaumarchais la poursuivit à tous les degrés de juridiction, depuis les gentilshommes de la Chambre jusque devant l'Assemblée constituante. Bref, il parvint le premier à bien établir ce que c'est que la propriété en matière d'œuvre dramatique, à la faire reconnaître et respecter. La Société des auteurs dramatiques, constituée de nos jours, ne devrait jamais s'assembler sans saluer le buste de Beaumarchais.

Pour consoler sans doute les comédiens de cette lutte où l'homme de Lettres ne consentait plus à être pris pour dupe, et pour les payer, eux aussi, en monnaie glorieuse, Beaumarchais, le premier, imagina, au lendemain de ces représentations qui étaient pour lui comme une bataille et une victoire, de faire son bulletin, et en imprimant sa pièce, après le signalement minutieux de chaque personnage, de distribuer l'éloge à l'acteur. On peut voir cela en tête du *Mariage de Figaro*.

Ce fameux *Mariage* était fait depuis longtemps et ne pouvait se produire au grand jour. C'était le prince de Conti qui, après *le Barbier de Séville*, avait porté à l'auteur le défi de reprendre ainsi son Figaro et de le montrer une seconde fois dans des circonstances plus développées, plus fortement nouées et agrandies. Beaumarchais tint la gageure, et *le Mariage* fut écrit ou crayonné dès 1775 ou 1776, c'est-à-dire dans cette période que je considère comme celle où Beaumarchais fut en possession de tout son esprit et de tout son génie, et après laquelle nous le verrons baisser légèrement et s'égarer de nouveau. Il y eut là pour lui cinq ou six années uniques (1771-1776) où, sous le coup de la lutte et de la nécessité, et dans le premier souffle de la faveur, il arriva à la pleine expansion de lui-même, et où il se sentit naître comme des facultés surnaturelles qu'il ne retrouvera plus jamais à ce degré. Il fallait encore plus d'esprit, a-t-on dit, pour faire jouer *le Mariage de Figaro* que pour l'avoir fait. Beaumarchais s'y employa durant des années. Il avait contre lui le roi, les magistrats, le lieutenant de police, le garde des sceaux, toutes les autorités sérieuses. Avec cette assurance et cet air osé qui n'est qu'à lui, il chercha aide et appui auprès même des courtisans, c'est-à-dire de ceux dont il s'était le plus moqué :

FIGARO.

. . . . . . J'étais né pour être courtisan.

SUZANNE.

On dit que c'est un métier si difficile !

FIGARO.

Recevoir, prendre et demander, voilà le secret en trois mots.

C'est donc aux courtisans directement qu'il s'adressa. Nul ne l'était plus que M. de Vaudreuil; mais il l'était avec orgueil et prétention, et en se piquant de ne pas l'être. Et quelle plus belle preuve d'indépendance et de détachement que de protéger *Figaro!* « Il n'y a, disait celui-ci, que les petits hommes qui craignent les petits écrits; » et il le leur avait persuadé en effet. La société française était alors dans une singulière disposition d'esprit; c'était à qui s'y moquerait le plus de soi-même et de sa classe, à qui en ferait le plus lestement les honneurs et en hâterait la ruine. Cela semblait le seul beau rôle des gens comme il faut. Beaumarchais, par le monde de M. de Vaudreuil et de madame de Polignac, par le côté de la reine et du comte d'Artois, par la curiosité excitée des femmes et des courtisans, vit bien qu'il triompherait de la résistance de Louis XVI : ce n'était pour lui qu'une question de temps. On a presque jour par jour la suite de ses manœuvres et comme de ses marches et contre-marches dans cette entreprise effrontée : « Le roi ne veut pas permettre la représentation de ma pièce, donc on la jouera. » Le 12 juin 1783, il fut près de l'emporter par surprise. Moyennant une tolérance tacite due à la protection du comte d'Artois, et sur une parole vague hardiment interprétée, il était parvenu à faire répéter sa pièce sur le théâtre des Menus-Plaisirs, c'est-à-dire sur le théâtre même du roi. Il y avait eu un certain nombre de répétitions à demi publiques : on allait passer outre et jouer. Les billets étaient distribués, portant « une figure gravée de *Figaro* dans son costume. » Les voitures arrivaient à la file; le comte d'Artois s'était mis en route déjà pour venir de Versailles à Paris, quand le duc de Villequier fit signifier aux comédiens qu'ils eussent à s'abstenir de jouer la pièce, sous peine « d'encourir l'indignation de Sa Majesté. »

A cet ordre du roi, Beaumarchais, déçu et furieux, s'écria devant tous avec impudence : « Eh bien! Messieurs, il ne veut pas qu'on la représente ici, et je jure, moi, que plutôt que de ne pas être jouée, elle le sera, s'il le faut, dans le chœur même de Notre-Dame. »

Ce n'était que partie remise. M. de Vaudreuil, l'un des patrons de l'auteur, obtint de faire jouer chez lui la pièce à Gennevilliers (26 septembre 1783), par les Comédiens-Français, devant trois cents personnes. La reine, pour cause d'indisposition, n'y put assister; mais le comte d'Artois, la duchesse de Polignac y étaient. Toute cette fleur de l'ancien régime venait applaudir à ce qui la perdait et la ridiculisait. Beaumarchais, présent, était dans l'ivresse : « Il courait de tous côtés, dit un témoin (1), comme un homme hors de lui-même; et, comme on se plaignait de la chaleur, il ne donna pas le temps d'ouvrir les fenêtres, et cassa tous les carreaux avec sa canne, ce qui fit dire, après la pièce, qu'il avait doublement cassé les vitres. »

Fort de toutes ces approbations et presque de ces complicités, et sur un mot vague de M. de Breteuil, dont il s'était emparé comme d'une autorisation, Beaumarchais avait si bien fait qu'il avait persuadé aux comédiens de représenter sa pièce dans les derniers jours de février 1784; la répétition avait déjà eu lieu, et il fallut que le lieutenant de police (M. Le Noir) mandât l'auteur et les comédiens pour leur remémorer la défense formelle du roi. Beaumarchais repoussé ne se tint point pour battu.

Enfin, le 27 avril 1784, l'explosion eut lieu, et la défense étant levée, la pièce put être représentée à Paris. Rien ne manqua à la solennité ni à l'éclat de cette première représentation :

« Ç'a été sans doute aujourd'hui, disent les *Mémoires secrets*, pour

(1) Madame Lebrun, au tome I*er*, page 147, de ses *Mémoires*.

le sieur de Beaumarchais qui aime si fort le bruit et le scandale, une grande satisfaction de traîner à sa suite, non-seulement les amateurs et curieux ordinaires, mais toute la Cour, mais les princes du sang, mais les princes de la famille royale ; de recevoir quarante lettres en une heure de gens de toute espèce qui le sollicitaient pour avoir des billets d'auteur et lui servir de *battoirs;* de voir madame la duchesse de Bourbon envoyer dès onze heures des valets de pied, au guichet, attendre la distribution des billets indiquée pour quatre heures seulement ; de voir des Cordons bleus confondus dans la foule, se coudoyant, se pressant avec les Savoyards, afin d'en avoir ; de voir des femmes de qualité, oubliant toute décence et toute pudeur, s'enfermer dans les loges des actrices dès le matin, y dîner et se mettre sous leur protection, dans l'espoir d'entrer les premières ; de voir enfin la garde dispersée, des portes enfoncées, des grilles de fer même n'y pouvant résister, et brisées sous les efforts des assaillants. »

« Plus d'une duchesse, dit Grimm, s'est estimée ce jour-là, trop heureuse de trouver dans les balcons, où les femmes comme il faut ne se placent guère, un méchant petit tabouret à côté de mesdames Duthé, Carline et compagnie. »

« Trois cents personnes, dit La Harpe, ont dîné à la Comédie dans les loges des acteurs pour être plus sûres d'avoir des places, et, à l'ouverture des bureaux, la presse a été si grande, que trois personnes ont été étouffées. C'est une de plus que pour Scudéry... La première représentation a été fort tumultueuse, comme on peut se l'imaginer, et *si extraordinairement longue*, qu'on n'est sorti du spectacle qu'à *dix heures*, quoiqu'il n'y eût pas de petite pièce ; car la comédie de Beaumarchais, remplit le spectacle entier, ce qui est même une sorte de nouveauté de plus. »

Cette énormité de durée était de quatre heures et demie ou quatre heures, la pièce ayant commencé à cinq heures et demie.

Ainsi lancée après une telle résistance, la pièce alla au delà de cent représentations et fut un des grands événements politiques et moraux de ce temps-là. Ici il ne s'agissait plus, comme dans *le Barbier*, d'un simple imbroglio gai, piquant, amusant ; il y avait dans *le Mariage* une Fronde armée, tout ce que le public, depuis que la pièce était défendue, avait cru y voir et y avait mis, tout ce que l'auteur lui-même cette fois avait songé bien réellement à y mettre. Napoléon disait de

Figaro que « c'était la Révolution déjà en action. » Les gens sensés et modérés du temps ne pensaient pas autrement. M. Suard en jugeait comme Napoléon, et La Harpe écrivait : « Il est facile de concevoir les jouissances et les joies d'un public charmé de s'amuser aux dépens de l'autorité, qui consent elle-même à être bernée sur les planches. » Mais, où le rire général se mêle et où l'ivresse éclate, que peuvent les prévisions et les réserves de quelques esprits? que peuvent quelques La Harpe clair-semés, quelques froids et minces Suard, fussent-ils aussi nombreux qu'ils sont rares, contre un jouteur de la force et de l'entrain de Beaumarchais? Il y a des moments où il semble que la société tout entière réponde aux avis du docteur comme Figaro : « Ma foi! Monsieur, les hommes n'ayant guère à choisir qu'entre la sottise et la folie, où je ne vois point de profit je veux au moins du plaisir; et vive la joie! qui sait si le monde durera encore trois semaines? »

Pour peindre ce public français de la première représentation de *Figaro* et son pêle-mêle d'enthousiasme flottant, deux faits suffisent : lorsque le héros de nos flottes, le bailli de Suffren entra dans la salle, il fut applaudi avec transport; lorsqu'un moment après, la charmante actrice madame Dugazon, relevant d'une maladie dont on savait trop la cause, parut sur le devant de sa loge, on l'applaudit également.

Après que les événements sont accomplis, quand les révolutions ont eu leur cours et se sont chargées de tirer toutes les conséquences, ces choses d'un jour, dont la portée ne se sentait pas, prennent une signification presque prophétique, et nous pouvons dire aujourd'hui : L'ancienne société n'aurait pas mérité, à ce degré, de périr, si elle n'avait pas assisté ce soir-là, et cent fois de suite, avec transport, à cette gaie, folle, indécente et insolente moquerie d'elle-même, et si elle n'avait pas pris une si magnifique part à sa propre mystification (1).

Quand on relit aujourd'hui ou qu'on revoit *le Mariage de Figaro* après toutes ces veines et toutes ces satires épuisées, voici ce qu'il semble. Rien de charmant, de vif, d'entraînant comme les deux premiers actes : la comtesse, Suzanne, le page, cet adorable Chérubin qui exprime toute la fraîcheur et le premier ébattement des sens, n'ont rien perdu. Figaro, tel qu'il se dessine ici dès l'entrée et tel qu'il se prononce à chaque pas en avançant dans la pièce, jusqu'au fameux monologue du cinquième acte, est peut-être celui qui perd le plus. Il a bien de l'esprit, mais il en veut avoir ; il se pose, il se regarde, il se mire, il déplaît. Un homme d'esprit et de sens, que j'aime à consulter sur ces choses et ces personnages d'expérience humaine (2), me fait remarquer qu'il y a de la prétention et du métier dans les mots et les reparties de Figaro. Ce n'est plus un Gil Blas tout simple et naturel, se laissant aller au cours des événements et au fil de la vie pour en tirer ensuite une expérience non amère. Le Figaro du *Mariage* affecte la gaieté plus encore qu'il ne l'a ; il est devenu un personnage, et il le sent ; il régente et dirige tout un monde, et il s'en pique. Quand il s'arrête sous les marronniers au dernier acte, et qu'au lieu de songer tout simplement à ne pas être comme Sganarelle, il se met à se tourner vers le parterre, et à lui raconter sa vie en drapant la société et en satirisant toutes choses, il est pédant, il y a un commencement de clubiste en lui ; il n'est pas loin de celui qui montera le premier sur une chaise au jar-

---

(1) Nous nous croyons bien plus sages et à l'abri de ces illusions c'est là une illusion même. J'ai connu un préfet de Louis-Philippe qui était allé sept fois à la représentation de *Robert Macaire*, qui le disait, et déclarait ne voir à la pièce aucun inconvénient.

(2) Quoique son proche voisin au *Constitutionnel*, je ne vois pas pourquoi je ne le nommerais pas ici ; — M. Véron.

din du Palais-Royal et qui fera également un discours en plein vent et à tout propos. Avec cela de l'intérêt et de la cupidité affichée, tendant la main sans honte, croyant à l'or et le disant, y mettant même une sorte de cynisme, c'est ce qui déplaît en lui. Je sais que dans une troisième pièce, dans *la Mère coupable*, il se corrigera et que l'auteur essaiera de l'ennoblir; mais laissons ce Figaro final vertueux et dégénéré, qui ne se ressemble plus à lui-même. Il n'y a plus de vrai Figaro chez Beaumarchais après *le Mariage*.

Au contraire, les autres personnages plaisent et séduisent par une touche légère et d'une nuance bien naturelle : et Suzanne, « la charmante fille, toujours riante, verdissante (1), pleine de gaieté et d'esprit, d'amour et de délices, » très-peu sage, quoi qu'on en dise, très-peu disposée du moins à rester telle, mais qui n'en est encore qu'à la rouerie innocente et instinctive de son sexe; de même, dans un ordre plus élevé, la comtesse, si habile déjà à son corps défendant, et si perfectionnée en femme du monde, sans avoir pourtant failli encore au devoir et à la vertu. Le comte Almaviva, au milieu de situations qui perdraient et dégraderaient tout autre, sait conserver son grand air, sa noblesse et un fonds d'élévation qui n'est pas à l'usage ni à la portée de Figaro; il est toujours dupe et jamais colère, ou du moins jamais rancunier ni méchant; c'est l'homme qui supporte le plus décemment le ridicule; il le sauve par la bonne humeur et par des sentiments qui se sentent de leur origine. Bref, il est *bien né*, on ne l'oublie pas malgré ses fautes, et, si Beaumarchais avait songé à faire par lui une critique de son Figaro, il y aurait

---

(1) Ce riant et ce brillant de peinture me rappelle le joli passage de Plaute (*Truculentus*, acte II, scène IV) :

. . . . Ver vide :
Ut tota floret! ut olet! ut nitide nitet!

réussi. Dans ses conversations avec Figaro, le comte n'a pas toujours tort. Après cette fameuse tirade sur la politique : « Feindre d'ignorer ce qu'on sait, de savoir tout ce qu'on ignore, etc..., ». quand le comte répond à Figaro : « Eh! c'est l'intrigue que tu définis, » et non la politique, il a simplement raison. Enfin, si l'on prend les deux personnages comme types de deux sociétés aux prises et en présence, il y a lieu à hésiter (quand on est galant homme) si l'on n'aimerait pas mieux vivre, après tout, dans une société où régneraient les Almaviva, que dans une société que gouverneraient les Figaro.

Figaro est comme le professeur qui a enseigné systématiquement, je ne dirai pas à la bourgeoisie, mais aux parvenus et aux prétendants de toutes classes, l'insolence.

Chérubin, à lui seul, est une création exquise et enchanteresse de Beaumarchais; il y a personnifié un âge, un premier moment de la vie de chacun, dans toute cette fraîcheur et cette émotion naissante, fugitive, irréparable : il n'a jamais été plus poëte que ce jour-là. Quand on veut pourtant bien apprécier les qualités propres du talent de Beaumarchais, et ses limites du côté de la poésie et de l'idéal, il convient de lire, après ces scènes de la comtesse et de Chérubin, celles du premier chant du *Don Juan* de Byron, où ce jeune Don Juan à l'état de Chérubin engage sa première aventure avec l'amie de sa mère et la femme de Don Alfonso, avec Doña Julia. On y verra la différence d'un premier crayon naturel et vif à une peinture passionnée et pleine de flamme.

Je n'ai jamais pu goûter les derniers actes du *Mariage de Figaro*, et c'est tout si j'ai jamais bien compris le cinquième. La pièce pour moi se gâte du moment que la Marceline, en étant reconnue la mère de celui qu'elle prétend épouser, introduit dans la comédie un faux élément de drame et de sentiment : cette Marceline et ce Bartholo père et mère me salissent les fraîches sensualités du début. Il y a jusqu'à la fin de délicieux détails ; mais le tout finit dans un parfait imbroglio et dans un tohu-bohu d'esprit. La prétendue moralité finale est une dérision. Une telle pièce où la société entière était traduite en mascarade et en déshabillé comme dans un carnaval de Directoire ; où tout était pris à partie et retourné sens-dessus-dessous, le mariage, la maternité, la magistrature, la noblesse, toutes les choses de l'État ; où le maître-laquais tenait le dé d'un bout à l'autre, et où la licence servait d'auxiliaire à la politique, devenait un signal évident de révolution. Je n'assurerais pas que Beaumarchais en ait senti lui-même toute la portée ; je l'ai dit, il était entraîné par les courants de son siècle, et, s'il lui arriva d'en accélérer le cours, il ne les domina jamais. On le voit, pendant tout le temps de la vogue de *Figaro*, occupé de sa pièce comme un auteur entendu qui sait les rubriques du métier, et qui ne songe qu'à en tirer tout le parti possible pour le bruit et pour le plaisir. Dès la quatrième représentation, on vit pleuvoir des troisièmes loges dans la salle des centaines d'exemplaires imprimés d'une chanson satirique contre la pièce, que quelques-uns attribuaient tout bas à un grand personnage, à un prince (le futur Louis XVIII), et où ce bel-esprit classique et caustique avait peut-être trempé. Mais l'impression et la distribution, à ce qu'on assurait, s'étaient faites par ordre secret de Beaumarchais. C'était une des manœuvres qui lui étaient réputées familières : s'emparer d'une calomnie, d'une méchanceté dont il était l'objet, et la propager pour y mieux répondre, pour en tirer avantage et se faire des amis de tous les badauds indignés. Quelques jours après, c'était une lettre de lui qui courait et qu'on disait adressée à un duc et pair qui lui aurait demandé une petite loge grillée, d'où quelques femmes de la Cour voulaient voir la pièce sans être vues :

« Je n'ai nulle considération, monsieur le duc (disait Beaumarchais dans la lettre qui courait le monde), pour des femmes qui se permettent de voir un spectacle qu'elles jugent malhonnête, pourvu qu'elles le voient en secret; je ne me prête point à de pareilles fantaisies. J'ai donné ma pièce au public pour l'amuser et non pour l'instruire, non pour offrir à des bégueules mitigées le plaisir d'en aller penser du bien en petite loge, à condition d'en dire du mal en société. Les plaisirs du vice et les honneurs de la vertu, telle est la pruderie du siècle. Ma pièce n'est point un ouvrage équivoque, il faut l'avouer ou la fuir.

« Je vous salue, monsieur le duc, et je garde ma loge. »

Mais bientôt, si l'on remontait à la source, on s'apercevait que la lettre n'était point adressée à un duc et pair, et Beaumarchais en convenait lui-même, ce qui rabattait fort de la hardiesse et de l'insolence; elle était tout simplement adressée au président Dupaty, ami de l'auteur, et écrite « dans le premier feu d'un léger mécontentement. » En attendant, l'effet était produit, et c'avait été pendant quelques jours, dans le grand monde, une nouvelle réclame en faveur de ce *Figaro* qui en avait si peu besoin.

Après la trente-et-unième représentation de *Figaro*, on dit que le total de la recette s'élevait à cent cinquante mille livres. Quand on fut près de la cinquantième, Beaumarchais sentit qu'il fallait quelque peu d'invention pour doubler ce cap à pleines voiles; et, comme la bienfaisance était chose très à la mode, il eut l'idée, très-sincère en partie, d'y recourir. La cinquantième représentation fut donc publiquement donnée au profit des *pauvres mères nourrices;* il fit des couplets nouveaux à cette intention dans le vaudeville final. Sur quoi il courut une épigramme qui se terminait par ces mauvais vers :

Il paye du lait aux enfants.
Et donne du poison aux mères.

Ce qui caractérise bien l'époque, ce sont ces espèces de chapitres de Sterne, ces actes de bienfaisance sentimentale à la Geoffrin, qui servaient comme d'intermède au *Mariage de Figaro*, et qui en accompagnaient le succès. Un amateur s'étant avisé, dans le *Journal de Paris*, de soulever une chicane, et d'adresser une question relativement à la *petite Figaro*, dont il était question dans *le Barbier de Séville*, et dont parlait Rosine, et cet amateur s'étant étonné qu'il n'y eût plus trace, dans la seconde pièce, de cette *petite Figaro* antérieure au mariage. Beaumarchais répondit gaillardement que cette *petite* n'était autre qu'une pauvre enfant adoptive dont Figaro, à Séville, prenait soin par humanité; que depuis lors elle avait passé en France, avait épousé à Paris « un pauvre honnête garçon, gagne-denier sur le port Saint-Nicolas, nommé *L'Écluze*, qui venait d'être écrasé misérablement, au milieu de tous ses camarades, par la machine qui sert à décharger les bateaux :

« Il a laissé, ajoutait-il, sa pauvre femme, âgée de vingt-cinq ans, avec un enfant de treize mois et un de huit jours qu'elle allaite, quoiqu'elle soit très-malade et qu'elle manque de tout. Les pauvres camarades de son mari, touchés de son triste sort, se sont tous cotisés pour la faire vivre un moment. Ils m'ont invoqué ce matin par la plume de leur inspecteur. Je me suis joint à eux avec plaisir, et je ne doute pas, Monsieur, que vous n'en fassiez autant. J'ai donc envoyé un louis pour elle à M. Merlet, inspecteur du port Saint-Nicolas, et j'en joins deux autres à cette lettre, etc., etc. »

Tout ceci était adressé au rédacteur du *Journal de Paris*. C'était, à propos d'une fable, tout un échafaudage réel et moral. Là-dessus, on vit les louis d'or pleuvoir pour cette pauvre *mère nourrice*, ainsi désignée. La pauvre femme y trouvait son compte, et Beaumarchais aussi, qui faisait du même coup une libéralité, une malice, et, de plus, une réclame ingénieuse, et d'un genre tout à fait neuf, pour *le Mariage de Figaro* qui en était à sa soixante-et-onzième représentation.

Cette affaire eut pourtant des suites étranges et plus graves qu'on ne l'aurait cru. Il parut dans *le Journal de Paris*, une lettre d'une ironie froidement piquante, censée écrite par un ecclésiastique, lequel trouvait peu morale cette manière de faire l'aumône à une pauvre femme, en la désignant pour ce qu'elle n'était pas, et en la baptisant d'un nom de comédie, peu honorable après tout, et qui pouvait devenir préjudiciable à son enfant :

> « Cette célébrité de nom qui fait votre gloire, Monsieur, disait-on, peut faire le malheur des honnêtes gens que vous avez obligés. Ne pouviez-vous pas soulager la détresse de cette pauvre veuve L'Écluze sans la faire passer pour cette *petite Figaro ?*... Comment n'avez-vous pas pressenti que ce nom, prodigué à ce qu'il y a de plus bas et de plus ridicule, devenait une insulte pour une brave femme à qui on l'applique si légèrement ? L'influence de ces sobriquets parmi le peuple est plus importante qu'on ne pense ; ils ne se perdent presque jamais. La plupart des noms propres n'ont été dans leur origine que des sobriquets. »

A cette leçon un peu pédante qui lui était publiquement adressée, Beaumarchais répondit comme il savait faire, et d'un ton plus sérieux et plus animé que le sujet peut-être ne comportait. Il croyait n'avoir affaire dans cette polémique qu'à M. Suard, rédacteur du *Journal*, et son adversaire habituel. Il se trompa sur un point. Un plus chatouilleux auteur, Monsieur, comte de Provence (toujours le futur Louis XVIII), était caché derrière cette ironie de l'abbé. Irrité du ton de la réponse, il s'en plaignit ou l'on s'en plaignit pour lui à Louis XVI qu'importunait ce bruit perpétuel de Beaumarchais et qui n'estimait pas l'homme. Il fut décidé que Beaumarchais serait immédiatement arrêté et conduit, non à la Bastille (c'eût été trop noble pour lui), mais dans une maison de correction, à Saint-Lazare, où l'on mettait, non pas encore les filles, mais les mauvais prêtres scandaleux, les fils de famille libertins et consorts. Louis XVI, quand il prit cette décision, était au jeu : ce fut sur une carte, sur un *sept de pique* qu'il écrivit au crayon, avec le crayon dont on marquait les *bêtes* (1), cet ordre inconcevable d'enlever Beaumarchais et de le conduire à Saint-Lazare (7 mars 1785).

On peut juger de l'éclat et de l'étonnement que produisit cette nouvelle dans le public. Au moment où on vint l'enlever, Beaumarchais avait à souper chez lui le prince de Nassau, l'abbé de Calonne, frère du contrôleur général, et autres personnages de marque. Il ne fut arrêté et détenu que six jours, après quoi on le relâcha. D'un côté, cent carrosses à la file venaient chez lui pour le féliciter; de l'autre, on faisait contre lui des couplets, on affichait des caricatures où on le voyait battu de verges par un lazariste, et dans une posture ridicule. Il ressentit profondément cet affront, qui lui venait dans le plein de son triomphe; il se tint quelque temps chez lui dans la retraite, ne répondant que peu aux questions, aux lettres des curieux et admirateurs. Dans une réponse pourtant qu'il fit à l'un d'eux (juin 1785), on lit:

« Vous me demandez s'il est vrai que le roi m'ait accordé des secours puissants dans ma détresse actuelle; je n'ai pas plus de raisons de dissimuler les traits de sa justice, que je n'en eus de cacher l'affliction profonde où me plongea sa colère inopinée. Le roi trompé m'a puni d'une faute que je n'ai pas commise; mais, si mes ennemis sont parvenus à exciter son courroux, ils n'ont pu altérer sa justice...

« Oui, Monsieur, il est très-vrai que Sa Majesté a daigné signer pour moi, depuis ma disgrâce, une ordonnance de comptant de 2,150,000 livres sur de longues avances dont je sollicitais le remboursement auprès du roi, tandis qu'on m'accusait du crime odieux de lui manquer de respect. »

Je ne sais si j'ai bien fait toucher du doigt au lecteur

(1) Les *bêtes*, c'est-à-dire ceux qui n'ont pas fait de levées. — J'emprunte ces détails aux *Souvenirs d'un Sexagénaire* d'Arnault, tome I, page 129.

tous les points singuliers et les traits distinctifs de cette destinée et de cette fortune bizarre du *Mariage de Figaro*, une représentation arrachée, malgré le roi et les magistrats, par la Cour, par le public et par l'auteur, triomphante et déréglée, se tournant contre ses propres spectateurs, s'aidant tour à tour de tous les moyens auxiliaires de scandale, de sensibilité et de bienfaisance, et menant au plus beau moment son héros à Saint-Lazare; traitement infamant et indigne, dont il se trouve toutefois presque consolé, puisqu'il en est sorti une ordonnance de comptant de *deux millions cent cinquante mille livres*. Voilà ce qui peut s'appeler des dommages-intérêts. Il est bien clair que nous entrons dans un monde d'une moralité et d'une industrie nouvelle. Le chiffre s'y mêle à tout, et y console de tout. L'homme d'affaires, qui rentrait dans une partie de ses fonds, apaisait l'homme de Lettres chez Beaumarchais. On parlera encore de gloire; mais, au milieu de tout cela, qu'est devenu ce qu'on appelait la considération?

J'ai, après ce récit, à résumer plus d'une idée et sur le caractère de la société à cette date, et sur le caractère de l'auteur. Après cette aventure de Saint-Lazare et cet échec qui signala la fin de sa *Folle Journée*, Beaumarchais, âgé de cinquante-trois ans, eut encore des moments de célébrité et de bruit; mais la blessure demeura; son crédit entre désormais dans sa période de décours, son talent aussi baisse et décline, ou du moins se remet à aller au hasard. Son plus beau moment était passé.

Lundi, 28 juin 1852.

BEAUMARCHAIS

(Suite et fin.)

Une existence aussi large, aussi répandue, aussi inventive en bien des sens, et aussi aventurée que celle de Beaumarchais, ne saurait se resserrer en peu de mots. On a besoin d'en prendre idée et de la suivre tant soit peu dans les diverses directions où elle s'est risquée, pour arriver à une conclusion équitable sur la nature de l'homme et sur celle du talent. Cela est surtout vrai lorsqu'on tient à associer le lecteur à ses jugements, et à faire que, par le seul exposé des faits, il en vienne à prononcer comme nous-même.

Ce ne fut point certes Beaumarchais qui perdit le plus à cet odieux et ridicule emprisonnement à Saint-Lazare, si inopinément survenu vers la soixante-et-onzième représentation du *Mariage de Figaro*. Le mystificateur, sans doute, se trouvait pour la première fois mystifié; les rieurs se partagèrent. « Le public a beaucoup ri de cet esclandre, nous dit un témoin judicieux : on s'en est plus occupé que d'une bataille ou d'un traité de paix. » Pourtant, quand on vit le prisonnier sortir après cinq ou six jours sans qu'on articulât aucune cause précise à cet acte de rigueur qui touchait à l'ignominie, on se retourna sur ceux qui l'avaient ordonné.

Le pouvoir, honteux de ce qui s'était fait dans un moment de dépit, recula. Les réparations arrivèrent. Les représentations de *Figaro* reprirent leur cours; la soixante-douzième n'attira pas moins de monde que la première. On remarqua que presque tous les ministres y assistaient. On citait une lettre du contrôleur-général, M. de Calonne, à Beaumarchais, par laquelle ce ministre lui annonçait que le roi agréait sa justification. Par une délicatesse qui égalait et surpassait toutes les excuses, *le Barbier de Séville* fut joué au Petit-Trianon par la société intime de la reine, le 19 août (1785), et les acteurs étaient la reine elle-même dans le rôle de Rosine, le comte d'Artois dans celui de Figaro, M. de Vaudreuil faisant Almaviva, etc. L'auteur eut la faveur d'assister à cette exquise représentation. Enfin, si Beaumarchais rentrait dans une partie de ses fonds comme négociant, et touchait à titre d'arriéré plus de deux millions, il se refusait comme homme de Lettres à recevoir une pension sur la cassette de plus de *cent livres*. On la lui offrait plus forte; il crut devoir la réduire lui-même à ce chiffre modique, ne voulant y voir et y laisser subsister que la légère attache de l'obligation et du bienfait.

Cependant Beaumarchais allait avoir affaire à des adversaires plus dangereux que le pouvoir même. Comme tous les hommes arrivés à un grand renom et très-redoutés, mais qui ne se gouvernent pas avec prudence, il allait se trouver en présence d'hommes de talent, plus jeunes, hardis, énergiques, avides de célébrité aussi, ayant leur réputation à faire, et pour qui il devenait, s'il n'y prenait garde, une proie très-appétissante. Avoir raison de Beaumarchais, qui avait eu raison de tant d'adversaires, était une ambition et une gloire qui devaient tenter de plus jeunes, et il l'éprouva. Mirabeau, déjà connu par d'énormes scandales, et très-peu encore à des titres honorables, entassant brochures sur brochures, en fit une contre la compagnie dite des Eaux de Paris. Les frères Perrier, moyennant l'établissement de la pompe à feu, avaient entrepris de fournir Paris d'eaux salubres, abondantes, et à plus bas prix qu'on ne le faisait jusqu'alors; chaque maison qui s'abonnait recevait par des conduits et tuyaux *toute* l'eau nécessaire, ce qui était très-utile et très-digne d'encouragement. Les actions de la société avaient été portées fort haut, et peut-être d'une manière artificielle. Mirabeau, poussé par son ami, le banquier Clavière, combattit l'entreprise pour faire baisser les actions. Beaumarchais entra dans la lice, défendant la société et les administrateurs; je crois qu'au fond il avait complétement raison. Mais il voulut rire de Mirabeau et de ses objections; rappelant les critiques qu'avaient eu à essuyer de tout temps les entreprises nouvelles : « Quand elles étaient bien amères, disait-il, on les nommait des *Philippiques*; peut-être un jour quelque mauvais plaisant coiffera-t-il celles-ci du joli nom de *Mirabelles*, venant du comte de Mirabeau, *qui mirabilia fecit.* » Le faiseur de calembours oubliait trop ici à qui il se jouait. Après une longue et lucide discussion, qu'il concluait en se demandant quel motif avait pu porter un homme d'un aussi grand talent que le comte de Mirabeau à « soumettre sa plume énergique à des intérêts de parti qui n'étaient pas même les siens, » Beaumarchais avait soin pourtant de terminer par quelque expression atténuante :

« Notre estime pour sa personne, disait-il, a souvent retenu l'indignation qui nous gagnait en écrivant. Mais si, malgré la modération que nous nous étions imposée, il nous est échappé quelque expression qu'il désapprouve, nous le prions de nous la pardonner.... Nous avons combattu ses idées, sans cesser d'admirer son style... »

Mirabeau était atteint; il le désirait peut-être : il

s'élança. Énonçant les motifs, réels ou non, qu'il avait eus pour entrer dans la discussion, il alla droit, avant tout, à l'adversaire, et le frappant de l'épée au visage, selon le conseil de César, il le raillait sur cette prétention au patriotisme, au désintéressement et au bien public, de laquelle Beaumarchais aimait (et assez sincèrement, je le crois) à recouvrir ses propres affaires et ses spéculations d'intérêt :

« Tels furent mes motifs, s'écriait-il déjà en orateur, en maître puissant dans la réplique et dans l'invective ; et peut-être ne sont-ils pas dignes du siècle où tout se fait pour l'honneur, pour la gloire, et *rien pour l'argent;* où les chevaliers d'industrie, les charlatans, les baladins, les proxénètes n'eurent jamais d'autre ambition que la gloire *sans la moindre considération de profit;* où le trafic à la ville, l'agiotage à la Cour, l'intrigue qui vit d'exactions et de prodigalités, n'ont d'autre but que l'honneur *sans aucune vue d'intérêt;* où l'on arme pour l'Amérique trente vaisseaux chargés de fournitures avariées, de munitions éventées, de vieux fusils que l'on revend pour neufs, le tout pour la gloire de contribuer à rendre libre un des mondes, et *nullement pour les retours de cette expédition désintéressée...;* où l'on profane les chefs-d'œuvre d'un grand homme (allusion à l'Édition de Voltaire par Beaumarchais), en leur associant tous les *juvenilia*, tous les *senilia*, toutes les rêveries qui, dans sa longue carrière, lui sont échappées ; le tout pour la gloire et *nullement pour le profit* d'être l'éditeur de cette collection monstrueuse ; où pour faire un peu de bruit, et, par conséquent, par amour de la gloire et haine du profit, on change le Théâtre-Français en tréteaux, et la scène comique en *école de mauvaises mœurs;* on déchire, on insulte, on outrage tous les Ordres de l'État, toutes les classes de citoyens, toutes les lois, toutes les règles, *toutes les bienséances...* »

Voilà donc Mirabeau devenu le vengeur des bienséances et des bonnes mœurs contre Beaumarchais, et *Figaro* passant mal son temps entre les mains du puissant athlète, qui le retourne et l'enlève de terre au premier choc. Puis il demande à Beaumarchais ce qu'il pense maintenant des *Mirabelles*. Jamais calembour ne fut plus rudement payé. La péroraison par laquelle Mirabeau terminait sa brochure est restée célèbre dans le genre de l'invective :

« Pour vous, Monsieur, qui, en calomniant mes intentions et mes motifs, m'avez forcé de vous traiter avec une dureté que la nature n'a mise ni dans mon esprit ni dans mon cœur ; vous, que je ne provoquai jamais, avec qui la guerre ne pouvait être ni utile ni honorable ;... croyez-moi, profitez de l'amère leçon que vous m'avez contraint de vous donner... Retirez vos éloges bien gratuits ; car, sous aucun rapport, je ne saurais vous les rendre ; retirez le pitoyable pardon que vous m'avez demandé ; *reprenez jusqu'à l'insolente estime que vous osez me témoigner...* »

Et il finit par ce conseil terrible et le plus incisif, entre hommes avides avant tout de la popularité : « Ne songez désormais qu'*à mériter d'être oublié.* »

Beaumarchais, sous le coup de l'outrage, se tut : il avait rencontré un jouteur encore plus osé que lui, et à plus forte carrure ; il était dépassé et vaincu. Son règne dans l'opinion finit véritablement à ce moment-là (1785-1786).

Un nouvel adversaire se préparait : c'était l'avocat Bergasse, qui, jeune aussi, éloquent et ardent, avait sa réputation à faire. Beaumarchais était prédestiné aux procès, et aux procès avec des Alsaciens, avec des noms de physionomie allemande. Cette fois, ce n'était plus le conseiller *Goëzman ;* il y avait par le monde un M. *Kornman,* homme de finances, mari d'une jeune et jolie femme, née à Bâle, qu'il maltraitait, dont il avait autorisé d'abord les relations irrégulières, et qu'il finit par faire enfermer à Paris, dans une maison de force, rue de Bellefonds, au moment où elle était enceinte et près d'accoucher. Un jour que Beaumarchais dînait chez la princesse de Nassau-Sieghen, on parla de cette infortunée, qui avait écrit du fond de sa prison une requête touchante ; on la lui donna à lire, ainsi qu'un paquet de lettres du mari, et qui étaient très-peu à l'honneur de ce dernier :

« Je passai sur une terrasse, dit Beaumarchais, où je les lus avidement. *Le sang me montait à la tête.* Après les avoir achevées, je rentre et dis avec chaleur : « Vous pouvez disposer de moi, Messieurs ; et vous, princesse, me voilà prêt à vous accompagner chez M. Le Noir (le lieutenant de police), à plaider partout vivement la cause d'une infortunée, punie pour le crime d'autrui. Disposez entièrement de moi. »... — Mes amis m'embrassèrent. »

Toute cette société se mit donc en mouvement pour la pauvre femme, et Beaumarchais en tête, un peu Don Quichotte de philanthropie, on le voit :

« J'offris la main, ajoute-t-il, à madame la princesse de Nassau pour aller chez M. Le Noir ; elle mettait à ses démarches l'activité la plus touchante. *Encore chaud de ma lecture,* je fis chez le magistrat *un plaidoyer brûlant qui bientôt l'échauffa lui-même :* il donna les plus plus grands éloges à la malheureuse détenue, à sa douceur, à sa douleur, au ton pénétrant de ses plaintes... »

Tout cela se passait en 1784 et se termina alors par la sortie de la pauvre femme à qui Beaumarchais, qui avait couru à Versailles chez tous les ministres, était venu annoncer lui-même la délivrance. Mais quelques années après (1787), dans un procès que le mari poursuivait contre elle, Bergasse, avocat et conseil de Kornman, rencontrant le nom de Beaumarchais et cette quantité de grands personnages qui s'étaient intéressés pour la belle coupable, en tira parti dans son Mémoire, et fit, contre Beaumarchais notamment, une sortie violente qui amena celui-ci à porter plainte en diffamation. On a retenu, entre autres, un mot de Bergasse parlant de Beaumarchais comme d'un homme « *qui sue le crime.* » Ce n'était pas seulement une exagération, c'était une absurdité et une folie. Dans toute cette affaire, Beaumarchais avait surtout cédé à la manie du siècle, à ce mouvement de chevalerie errante en faveur du sexe sensible et faible, et des pauvres victimes cloîtrées et opprimées. Mais l'opinion était si bizarre que, cette fois, lasse à la fin de suivre si longtemps Beaumarchais, elle se retourna vivement contre lui, et se prit à l'insulter. S'il gagna ce procès-là devant le Parlement, il le perdit devant le public :

> « Beaumarchais est accablé de libelles et généralement haï en ce moment, écrivait Mallet du Pan à cette date (1787). Son *Tarare* n'attire pas moins la foule, et la vindicte publique est oubliée. Cela peint l'esprit de Paris, où le mépris et l'opinion sont impuissants ; où il suffit d'amuser pour couvrir tout. »

On racontait alors de Beaumarchais et de sa vie intérieure mille singularités vraies ou fausses, mais qui visaient au scandale ou au ridicule : celle-ci, par exemple, qui est assez piquante, et que je donne pour ce qu'elle vaut :

> « Beaumarchais a une pantoufle en or clouée sur son bureau, c'est celle de sa maîtresse ; avant de travailler, il la baise, et cela l'inspire. — Il embrasse tout et se croit propre à tout. »

Tarare, qui avait peut-être été écrit sous l'inspiration de la pantoufle merveilleuse, et qui se jouait en concurrence avec le procès Kornman, était un opéra de Beaumarchais, très-fou, très-bizarre, mais très à propos, un opéra soi-disant philosophique, politique et déjà révolutionnaire, préludant à la Déclaration des droits, et où « la dignité de l'homme était le point moral que l'auteur avait voulu traiter, le thème qu'il s'était donné, » disait-il sérieusement dans son Discours préliminaire. On peut juger de ce que peut être la *dignité de l'homme* mise en musique ; mais les contemporains s'en accommodaient fort, et Beaumarchais essayait par tous les moyens de ressaisir la popularité qui lui échappait.

La Révolution de 89, dès le début, apprit à Beaumarchais combien il était impuissant devant ce flot immense qu'il avait été des premiers à provoquer, et qui débordait en le menaçant. *Figaro* avait, certes, préparé et présagé cette Révolution ; mais, quand le succès de la tragédie de *Charles IX*, par Marie-Joseph Chénier, en donna le signal et en sonna comme le tocsin, Beaumarchais s'effraya. Il adressait aux Comédiens-Français de très-judicieuses et très-prudentes observations à ce sujet (9 novembre 1789) :

« La pièce de *Charles IX*, disait-il, a certainement du mérite ; elle est dans quelques scènes d'un effet terrible et déchirant, quoiqu'elle languisse dans d'autres et n'ait que peu d'action... Mais, *en me recherchant sur* sa moralité (1), je l'ai trouvée plus que douteuse. En ce moment de licence effrénée où le peuple a beaucoup moins besoin d'être excité que contenu, ces barbares excès, à quelque parti qu'on les prête, me semblent dangereux à présenter au peuple, et propres à justifier les siens à ses yeux. Plus *Charles IX* a de succès, plus mon observation acquerra de force ; car la pièce aura été vue par des gens de tous les états. Et puis quel instant, mes amis, que celui où le roi et sa famille viennent résider à Paris, pour faire allusion aux complots qui peuvent les y avoir conduits ! Quel instant, pour prêter au clergé, dans la personne d'un cardinal, un crime qu'il n'a pas commis ! etc. »

Et il insiste sur les inconvénients et les dangers si flagrants dans les circonstances. On voit qu'il arrive à Beaumarchais comme à nous tous : nous devenons prudents et sages, du moment que nos passions s'apaisent, que nos intérêts (y compris les intérêts de nos talents et de nos facultés les plus chères) sont hors de cause ; celui qui a mis au monde *Figaro*, qui l'a poussé envers et contre tous, et qui n'a plus grand'chose de nouveau à ajouter, voudrait dire *holà !* à *Charles IX*.

Il y avait, en un mot, chez lui infiniment moins de *parti-pris* de révolution que chez Mirabeau, Chamfort, et beaucoup d'autres. Sa force d'impulsion étant épuisée, il atteignait à l'âge où tout lui aurait paru assez

(1) *Me recherchant sur...* Beaumarchais est plein de ces locutions incorrectes et de néologismes de tout genre ; on ne les compte pas avec lui. Dans l'habitude, il est de la langue de Mercier autant et plus que de celle de Voltaire.

bon, pourvu qu'il pût faire jouer ses pièces, être gai, heureux dans son jardin.

Vers ces années, d'assez grands changements s'étaient accomplis et dans l'existence et dans la manière de sentir de Beaumarchais. Il était devenu vieux d'assez bonne heure ; bien portant encore, mais sourd, d'ailleurs bon homme et naïf à mesure qu'il rentrait et s'enfermait davantage dans le cercle des amis et dans celui de la famille. Sa vie s'était, jusqu'à un certain point, régularisée. Un fils qu'il avait eu de son second mariage n'avait pas vécu ; mais il avait une fille qu'il aimait tendrement, nommée du nom d'*Eugénie*, et que tout annonce avoir été charmante. Il s'était remarié en effet, le 8 mars 1786, à Marie-Thérèse-Émilie *Willermawla*, et il avait droit désormais de dire, en terminant son troisième Mémoire contre Kornman :

« Ces débats ne troublent plus la paix de mon intérieur. Heureux dans mon ménage, heureux par ma charmante fille, heureux par mes anciens amis, je ne demande plus rien aux hommes, ayant rempli tous mes devoirs austères (entendez cet *austères*, sans trop d'austérité) de fils, d'époux, de père, de frère, d'ami, d'homme enfin, de Français et de bon citoyen ; ce dernier, cet affreux procès m'a fait du moins un bien, en me mettant à même de rétrécir mon cercle, de discerner mes vrais amis de mes frivoles connaissances. »

En 89, il habitait encore la Vieille-Rue-du-Temple ; mais, dès ce temps, il avait son beau jardin et sa maison qu'il faisait bâtir sur le boulevard, à l'angle, en face de la Bastille, et que nous avons tous pu voir dans notre jeunesse. Il alla s'y installer vers 1790, pour en sortir fugitif et menacé en 92. Ce fut miracle, en vérité, si cette maison échappa au flot dévastateur qui descendait journellement du faubourg, et qui s'y brisait comme à un cap avancé. C'étaient sans cesse des visites domiciliaires, des menaces de pillage et d'incendie ; on accusait Beaumarchais d'être accapareur de blés, puis d'être accapapeur d'armes cachées, et de les entasser dans des souterrains qui n'existaient pas :

> « Quant à moi, disait-il dans ces espèces de Mémoires et pétitions à la Convention qu'il faudrait toujours mettre en regard du monologue de Figaro, quant à moi, citoyens, à qui une vie si troublée est devenue enfin à charge; moi qui, en vertu de la liberté que j'ai acquise par la Révolution, me suis vu près, vingt fois, d'être incendié, lanterné, massacré; qui ai subi en quatre années quatorze accusations plus absurdes qu'atroces, plus atroces qu'absurdes; qui me suis vu traîner dans vos prisons deux fois pour y être égorgé sans aucun jugement; qui ai reçu dans ma maison la visite de quarante mille hommes du peuple souverain, et qui n'ai commis d'autre crime que d'avoir un joli jardin, etc... »

Depuis les premiers jours de 89, Beaumarchais fut constamment sur le pied de l'apologie et de la défensive. On voulait l'exclure de la première Commune de Paris dont il était membre; il dut se défendre par une Requête où il parlait magnifiquement de lui-même et de ses services rendus pendant la guerre d'Amérique. En rabattant de l'exaltation bien naturelle à un vieillard, plein d'imagination, qui se souvient de son plus beau moment de gloire, on sent en plus d'un passage l'accent de la conviction et d'une sincérité persuasive. Beaumarchais, dans ses souvenirs, oubliait sans doute bien des détails qui eussent apporté de l'ombre au tableau, mais il avait raison en parlant de cet intérêt public, de cet aspect patriotique et général sous lequel il avait toujours eu soin de placer et de voir même son intérêt particulier. Il avait surtout raison quand il parlait de sa facilité à obliger et de sa bienveillance qui lui avait fait tant d'ingrats.

Ce besoin d'activité et d'entreprises qui survivait encore chez lui à tant de mécomptes, le fit s'engager en mars 1792 dans une affaire qui avait couleur de patriotisme et qui l'abreuva d'ennuis. Il ne s'agissait de rien moins que de *soixante mille* ou même de *deux cent mille* fusils à acheter en Hollande et à procurer au Gouvernement français, qui, aux approches de la guerre, en avait grand besoin. Il en parla successivement à *quatorze* ministres qui se succédèrent en peu de mois, et ne rencontra chez tous qu'inattention et temporisation continuelle, quelques hommes dans les bureaux ayant intérêt, non à faire manquer l'affaire, mais à la tirer des mains de Beaumarchais pour y trouver eux-mêmes leur profit. Ici, Beaumarchais n'échappa point à l'un des inconvénients que les gens du plus grand esprit subissent quelquefois dans leur vieillesse. Dans les Mémoires qu'il adressa à ce sujet à la Convention, et qu'il divisa en *six Époques*, il lui arrive (chose inattendue et singulière!) de devenir ennuyeux. Beaumarchais ennuyeux! il est évident qu'il le fut; il l'est pour les lecteurs aujourd'hui; il l'était dès lors pour les ministres mêmes qu'il poursuivait de ses sollicitations incessantes et qui ne savaient plus à la fin comment se dérober à ses rendez-vous obstinés. Aux environs de la journée du 10 août, il est en danger d'être massacré et obligé de fuir. N'importe! il ne pense qu'à ses fusils, il en fait son point d'honneur; c'est son tic. Il revient à Paris exprès pour en conférer. Il est mis en prison à l'Abbaye; quelques heures avant les massacres du 2 septembre, il en est tiré par la générosité de Manuel, qui vient lui dire : « Sortez à l'instant de ce lieu. »

— « Je lui jetai mes bras au corps, s'écrie dramatiquement Beaumarchais, sans pouvoir lui dire un seul mot : mes yeux seuls lui peignaient mon âme; je crois qu'ils étaient énergiques s'ils lui peignaient tout ce que je pensais! Je suis d'acier contre les injustices, et mon cœur s'amollit, mes yeux fondent en eau sur le moindre trait de bonté. Je n'oublierai jamais cet homme ni ce moment-là. Je sortis. »

Il sort, mais il va suivre au ministère l'affaire des fusils. Dans une discussion du Conseil à laquelle il est admis, il a peine à entendre Danton, qui pourtant parlait assez fort et assez haut :

« M. Danton était assis de l'autre côté de la table; il commence la discussion ; mais, comme je suis presque sourd, je me lève et demande pardon si je passe auprès du ministre (parce que j'entends mal de loin), en faisant, selon mon usage, un petit cornet de ma main. »

Cela fait rire les ministres et Danton lui-même; mais Beaumarchais ne rit pas; il ne rit plus. Il veut que la nation ait ses fusils, qu'elle les ait même *mlagré elle*. On ne revient pas de cette obstination-là.

« Je suis un triste oiseau, dit avec raison Beaumarchais, car je n'ai qu'un ramage, qui est de dire, depuis cinq mois, à tous les ministres qui se succèdent : *Monsieur, finissez donc l'affaire des armes qui sont en Hollande!* Un vertige s'est emparé de la tête de tout le monde. » Il aurait pu ajouter : « Et de la mienne aussi. »

Sourd comme il l'est devenu, il ne paraît pas même se rendre très-bien compte de la situation générale. A Londres, où il s'est réfugié à la fin de 1792, il reçoit pourtant une lettre de son commis et fondé de pouvoir, qui lui dit qu'il s'est présenté dans les bureaux de la guerre et qu'on l'a adressé à un sieur Hassenfratz (le savant) : « J'ai débuté lui demandant si j'avais l'honneur de parler à M. Hassenfratz, qui, l'œil hagard, le teint enflammé, le poing fermé, m'a dit d'une voix de tonnerre, et avec l'expression de la fureur » « *Tu n'as point l'honneur, je ne suis point monsieur; je m'appelle Hassenfratz.* » — C'est dans cet état de choses que Beaumarchais a la bonhomie de revenir de Londres et de se remettre aux mains de la Convention pour plaider cette affaire, et avoir raison de la dénonciation de Lecointre, dont il démontre surabondamment l'erreur et l'injusjustice. On lit à la fin de sa sixième *Époque* ou de son sixième Mémoire, après un quatrain digne de Pibrac, cette signature pleine d'innocence : « *Le citoyen toujours persécuté*, Caron Beaumarchais. — Achevé pour mes juges, à Paris, ce 6 mars 1793, *l'an second de la République.* » Tout rempli de son unique objet, il ne se représente pas au juste ce que c'est que la Convention nationale ; ce qui étonne, c'est qu'il y ait sauvé sa tête.

Sorti encore une fois de France et réfugié à Hambourg pendant les années suivantes, il y vécut dans la détresse jusqu'au point (me dit M. de Loménie) de devoir ménager une allumette et en réserver la moitié pour le lendemain. La pensée de sa famille et de sa fille chérie le soutenait. Il la revit en 1796 et rentra bientôt après dans sa maison, dans ce joli jardin qu'il avait peuplé de statues, de cénotaphes, de souvenirs, et où il avait mis toutes sortes d'inscriptions selon le goût du temps. Les lettres qu'il écrit à ses amis, et qui sont de cette date, sont tout aimables. A sa fille et à sa famille, dans les grands moments, il parle trop avec la solennité et l'emphase d'un père de mélodrame ; à ses maîtresses (car il en eut toujours), il écrit sur un ton qui fait reculer d'étonnement les moins scrupuleux et qui condamne ce coin de sa correspondance à ne jamais sortir du tiroir ni du cabinet des curieux ; mais avec ses amis, dans le tous-les-jours, il redevient uniment le gai, le bon et facile Beaumarchais :

« Je viens de revenir, écrit-il à l'un d'eux (6 juin 1797), dans ma maison du boulevard, dont le séquestre n'était pas levé quand je suis rentré dans Paris. Le triste motif qui m'y ramène est l'opposé de celui qui me la fit construire, le besoin d'économie. Ma fortune, aux trois-quarts détruite par une persécution de quatre années, ne me permet pas de payer un autre loyer, pendant que ma maison dépérit faute d'être habitée... Je cours après tous mes débris, car il faut laisser du pain à mes enfants... Quand on a tout savouré, l'existence presque entière est dans les souvenirs. Heureux celui chez qui le bien peut compenser le mal! »

Il venait de marier sa fille à « un bon jeune homme, »

comme il disait, à un homme honorable, plein d'amour pour elle, et qui, à l'heure où nous écrivons, vit encore.

Il eut une dernière jouissance d'amour-propre, lorsque, le Théâtre-Français ayant repris son drame de *la Mère coupable* qu'il avait fait en 1791, il se vit appelé à grands cris et entraîné sur le théâtre, où il lui fallut paraître entre Molé, Fleury et mademoiselle Contat. Il savoura avec douceur ce suprême applaudissement, et se dit que sans doute le public était devenu plus moral, puisqu'il accueillait un si excellent ouvrage. Après avoir tiré tout son feu d'artifice d'esprit, Beaumarchais était insensiblement revenu à ses premiers penchants de *Grandisson*; un singulier *Grandisson* toujours! et, comme quelqu'un l'a appelé, « un Grandisson un peu polisson. » Mais la paternité l'avait ramené d'instinct et en idée au drame moral et vertueux, et il répétait souvent dans sa vieillesse « que tout homme qui n'est pas né un épouvantable méchant, finit toujours par être bon quand l'âge des passions s'éloigne, et surtout quand il a goûté le bonheur si doux d'être père ! »

Dans une de ses lettres finales, nous surprenons de lui un espoir ou du moins un désir sur l'immortalité de l'âme :

« Je n'aime pas, disait-il à un ami, que, dans vos réflexions philosophiques, vous regardiez la dissolution du corps comme l'avenir qui nous est exclusivement destiné ; ce corps-là n'est pas *nous* ; il doit périr sans doute, mais l'ouvrier d'un si bel assemblage aurait fait un ouvrage indigne de sa puissance s'il ne réservait rien à cette grande faculté à qui il a permis de s'élever jusqu'à sa connaissance ! Mon frère, mon ami, mon Gudin, s'entretient souvent avec moi de cet avenir incertain ; et notre conclusion est toujours : Méritons au moins qu'il soit bon ; s'il nous est dévolu, nous aurons fait un excellent calcul ; si nous devons être trompés dans une vue si consolante, le retour sur nous-mêmes, en nous y préparant par une vie irréprochable, a infiniment de douceur. »

Nous voudrions, par cette impression, effacer celle que laissent d'autres lettres publiques de Beaumarchais, écrites dans le même temps, et où il s'est oublié, par un dernier retour, à d'indignes irrévérences. Nous n'espérons pas, toutefois, faire oublier jamais à ceux qui les ont vues d'autres lettres de même date, très-secrètes, et où la licence déborde. Mettons cela sur le compte du siècle. Il était plus fidèle à sa nature quand il écrivait à Collin-d'Harleville qui lui avait envoyé un poëme allégorique sur *Melpomène* et sur *Thalie :*

> « Pour lire un joli poëme, s'amuser d'un charmant ouvrage, il faut, mon cher citoyen, avoir le cœur serein, la tête libre ; et bien peu de ces doux moments sont réservés à la vieillesse. Autrefois, j'écrivais pour alimenter le plaisir ; et maintenant, après cinquante ans de travaux, j'écris pour disputer mon pain à ceux qui l'ont volé à ma famille. Mais j'avoue que je suis un peu comme la *Claire* de Jean-Jacques, à qui même, au travers des larmes, le rire échappait quelquefois. »

Ce rire venait de source et circulait en quelque sorte à la ronde dans toute la famille Beaumarchais ; l'une de ses sœurs, Julie, non mariée, dans sa dernière maladie se chansonnait elle-même par de gais couplets des plus badins, auxquels chacun des assistants ajoutait le sien ; et Beaumarchais, relisant après la mort de sa sœur ce singulier testament, ajoutait de sa main, au bas, avec une naïveté de tendresse qui fait sourire : « C'est le *Chant du Cygne* de ma pauvre sœur Julie. »

Il mourut lui-même à Paris, dans la nuit du 17 au 18 mai 1799, d'une attaque d'apoplexie, dit-on, que rien n'avait annoncée ; il s'endormit de la mort pendant son sommeil. Il n'avait que soixante-sept ans. Quelques personnes, parmi lesquelles je citerai Esménard, auteur de l'article *Beaumarchais* dans la *Biographie universelle*, M. Népomucène Lemercier et M. Beuchot, paraissaient très-convaincus que Beaumarchais s'était délivré lui-même (avec le poison dit de Cabanis) d'une vie qui lui était devenue trop à charge à force de gêne, et trop pénible. La famille et les amis ont démenti ce bruit et cette opinion qui avait trouvé dans le temps assez de crédit. Ceux qui n'y apportent d'autre intérêt que celui de la vérité ne feront aucune difficulté d'admettre l'apoplexie, en se réservant tout au plus un léger doute.

Au milieu de tout ce que j'ai dû omettre sur Beaumarchais, je serais heureux si j'étais parvenu à laisser se dessiner d'elle-même, dans l'esprit de mes lecteurs, sa figure si libre et si naturelle, telle que je la conçois, sans la forcer en rien, sans trop la presser, et en y respectant même les inconséquences. J'ai évité jusqu'ici de traiter la question de moralité positive en Beaumarchais, et je dirai simplement pourquoi : il appartient à cette famille d'esprits que nous connaissons très-bien pour l'avoir déjà étudiée chez Gourville et chez d'autres encore, famille en qui la morale rigide tient peu de place, et qui, dans l'âge de l'activité et des affaires, se sert du *oui* ou du *non*, selon l'occasion, et sans trop de difficulté. Si j'avais voulu entrer dans le détail de certaines négociations où fut mêlé Beaumarchais, dans celles particulièrement qu'il mena à Londres, tant avec le chevalier d'Éon qu'avec le gazetier Morande, on l'aurait surpris dans des manéges peu grandioses, et qu'il vaut mieux ignorer. Pour m'en tenir au point de vue littéraire et à celui du goût, je ne puis m'empêcher de remarquer à quel point l'argent prend d'importance dans sa manière de prouver et de raisonner. Entreprend-il de se justifier auprès de la Commune de Paris des sots griefs qu'on lui impute, comme d'avoir accaparé des armes, d'avoir des souterrains dans sa maison du boulevard, même d'avoir trompé autrefois les Américains par ses fournitures, il dira ingénument, en imitant les gageures et les défis à l'anglaise :

« Je déclare que je donnerai *mille écus* à celui qui prouvera que j'aie jamais eu chez moi, depuis que j'ai aidé généreusement l'Amérique à recouvrer sa liberté, d'autres fusils que ceux qui m'étaient utiles à la chasse;

« Autres *mille écus* si l'on prouve la moindre relation de ce genre entre moi et M. de Flesselles...

« Je déclare que je paierai *mille écus* à qui prouvera que j'ai des souterrains chez moi qui communiquent à la Bastille...

« Que je donnerai *deux mille écus* à celui qui prouvera que j'aie eu la moindre liaison avec aucun de ceux qu'on désigne aujourd'hui sous le nom des *aristocrates*...

« Et je déclare, pour finir, que je donnerai *dix mille écus* à celui qui prouvera que j'ai avili la nation française par ma cupidité quand je secourus l'Amérique... »

Cette façon de tout évaluer en argent me paraît déceler un ordre de sentiments et d'habitudes qui était nouveau en littérature, et qui s'y naturalisa trop aisément. Maintenant, j'accorderai volontiers que, dans toutes les occasions où il le put, Beaumarchais chercha à concilier son intérêt particulier avec l'intérêt public, à les confondre en quelque sorte pour en tirer du même coup profit, honneur, popularité. C'était la forme de charlatanisme en usage au dix-huitième siècle : on y avait le charlatanisme patriotique et philanthropique. « Ce qui m'anime en tout objet, dit Beaumarchais, c'est l'utilité générale. » — « A chaque événement important, disait-il encore, la première idée qui m'occupe est de chercher sous quel rapport on pourrait le tourner au plus grand bien de mon pays. » Dans le courant de la guerre d'Amérique, il conçut plus d'une fois de telles idées et les mit en circulation avec bonheur; comme, par exemple, le jour (1779) où, pour relever le courage des négociants et armateurs, il proposa au ministre de déclarer les protestants désormais admissibles dans les Chambres de commerce, d'où ils étaient jusqu'alors exclus; ou comme ce jour encore où, après la défaite navale de M. de Grasse (1782), il eut l'idée que chaque grande ville offrît au roi un vaisseau de ligne, portant le nom de la cité qui lui en ferait hommage. Dans toutes ces circonstances, il obéissait franchement à la tournure de son imagination, ainsi qu'au vent de son siècle. Beaumarchais, si attaqué, si calomnié, n'eut jamais de haine; si l'on excepte Bergasse, qu'il a personnifié dans *Bégearss* avec plus de mauvais goût encore que de rancune, il avait raison de dire et de répéter : « J'ai reçu de la nature un esprit gai qui m'a souvent consolé de l'injustice des hommes... Je me délasse des affaires avec les belles-lettres, la belle musique et quelquefois les belles femmes... Je n'ai jamais couru la carrière de personne : nul homme ne m'a jamais trouvé barrant ses vues; tous les goûts agréables se sont trop multipliés chez moi pour que j'aie eu jamais le temps ni le dessein de faire une méchanceté. » Si la conversation roulait sur ses ennemis, d'ordinaire il coupait court : « Nous avons, disait-il à son ami Gudin, un meilleur emploi à faire de nos conversations : elles deviendraient tristes, au lieu d'être amusantes ou instructives. » — « Ils font leur métier, faisons le nôtre, disait-il encore. Soyons sages; surtout tenons-nous gais, car ils ne veulent que nous fâcher; ne leur donnons pas cette joie. » C'est bien là l'homme qui fut aimé de tous ceux qui l'approchèrent, qui mêlait un fonds de bienveillance à la joie, un fonds de simplicité à la malice, qui avait écrit sur le collier de sa chienne : « Beaumarchais m'appartient; je m'appelle *Florette;* nous demeurons Vieille-Rue-du-Temple; » et de qui son biographe et son *fidèle Achate*, Gudin, a écrit naïvement : « Il fut aimé avec passion de ses maîtresses et de ses trois femmes. »

Et ce n'est pas seulement Gudin qui parle ainsi, c'est La Harpe, peu suspect de trop d'indulgence, et qui dit, en nous montrant le Beaumarchais de la fin et au repos, tel qu'il était assis dans le cercle domestique et dans l'intimité : « Je n'ai vu personne alors qui parût être mieux avec les autres et avec lui-même. » C'est

Arnault encore, qui, dans ses *Souvenirs*, lui a consacré des pages pleines d'intérêt et de reconnaissance; c'est Fontanes enfin, qui, trouvant qu'Esménard l'avait traité bien sévèrement dans le *Mercure*, écrivait une lettre où on lit (septembre 1800) :

« Quant au caractère de Beaumarchais, je vous citerai encore sur lui un mot de Voltaire : « *Je ne crois pas qu'un homme si gai soit si méchant;* » et ceux qui l'ont vu de près disent que Voltaire l'avait bien jugé. Ce Beaumarchais qu'on a généralement regardé comme un *Gil Blas de Santillane*, un *Gusman d'Alfarache*, le modèle enfin de son *Figaro*, ne ressemblait, dit-on, nullement à ces personnages : il portait plus de facilité que d'industrie dans toutes les affaires d'argent (1). Il y était bien plus trompé que trompeur. Sa fortune, qu'il dut à des circonstances heureuses, s'est détruite, en grande partie, par un excès de bonhomie et de confiance dont on pourrait donner des preuves multipliées. Tout homme qui a fait du bruit dans le monde a deux réputations : il faut consulter ceux qui ont vécu avec lui, pour savoir quelle est la bonne et la véritable. »

Tel est, ce me semble, le point actuel où en est la critique sur Beaumarchais, à la veille des documents nouveaux que M. de Loménie doit y introduire. Le simple coup d'œil qu'il m'a été donné de jeter sur ces papiers me permet de dire que, le jour où le spirituel biographe en aura fait l'usage qu'il est capable d'en faire, bien des doutes seront éclaircis, et que l'on saura dorénavant son Beaumarchais comme on sait maintenant son Rousseau et son Voltaire (2).

(1) C'est ainsi que dans l'Édition, dite de Kehl, des OEuvres complètes de Voltaire, pour laquelle il eut à essuyer tant de traverses et de critiques, il perdit un million.

(2) Il y aura pourtant toujours cette différence qu'on peut tout dire de ce qui concerne Rousseau et Voltaire; il y a eu chez eux bien des vilenies et des impuretés, mais qui, après tout, ont pu sortir et se déclarer : chez Beaumarchais il y aura toujours un *cabinet secret* où le public n'entrera pas. Au fond, il a pour dieux Plutus et le *Dieu des Jardins*, ce dernier tenant une très-grande place jusqu'au dernier jour. C'est en ce sens que ce n'est déjà plus la même littérature que celle de Rousseau et de Voltaire, bien plus intellectuelle même dans ses vices et ses défauts.

Lundi, 5 juillet 1852.

ROLLIN

Il y a longtemps qu'on discute sur l'éducation, et l'on en dispute encore. La question, dans ces derniers temps, s'est ranimée avec une singulière vivacité, mais je ne suis point tenté d'y entrer le moins du monde. Ce n'est point seulement l'aversion que j'ai pour la polémique, qui m'en tiendrait éloigné, c'est l'idée très-haute que je me suis formée des talents et des vertus qu'il faut pour l'enseignement de la jeunesse. Si l'on n'avait à consulter que ses propres goûts et ses prédilections, on serait bien vite décidé ; mais, quand il s'agit d'appliquer à des générations entières ce qui doit si puissamment influer sur elles, il est bien juste qu'on hésite. Ces discussions pourtant m'ont reporté en idée vers un homme dont le nom revient sans cesse et se trouve consacré comme exprimant le type du maître d'autrefois, le bon Rollin. Quoiqu'il semble qu'il n'y ait plus rien de nouveau à dire sur lui, j'ai voulu le revoir de près et m'en rafraîchir l'image.

Sa vie, souvent racontée, se divise en deux parties bien distinctes : la première et la plus longue partie se passe dans l'Université proprement dite, dans l'enseignement pratique, dans les fonctions spéciales, dans l'étude et dans la prière. Ce n'est qu'à l'âge de cinquante-neuf ans, qu'à l'occasion d'un discours latin prononcé par lui dans une solennité universitaire, et où il insistait sur la nécessité de joindre à l'étude des Lettres le soin des mœurs et l'esprit de la religion, ses collègues le pressèrent de développer ce qu'il n'avait pu qu'esquisser trop brièvement. Il se mit donc à l'œuvre, commençant pour la première fois d'écrire en français, et il composa les deux premiers volumes de son *Traité des Études,* bientôt suivis de deux autres. De là il passa à la composition de son *Histoire ancienne,* dont il donna treize volumes en huit années. L'ayant commencée vers l'âge de soixante-sept ans, il en avait soixante-seize quand il la termina, et il passa incontinent à son *Histoire romaine,* dont il eut le temps encore d'écrire huit volumes, avant de mourir dans sa quatre-vingt-et-unième année (septembre 1741). Rollin avait donc raison de dire qu'il avait soixante ans quand il s'avisa d'écrire en français. Il s'en excuse presque au début de son *Traité des Études;* il aurait peut-être mieux réussi, dit-il, en le composant en latin, c'est-à-dire « dans une langue à l'étude de laquelle j'ai employé une partie de ma vie, et dont j'ai beaucoup plus d'usage que la langue française. » Et Daguesseau, le félicitant sur son ouvrage, entrait dans sa pensée, quand il lui disait : « Vous parlez le français comme si c'était votre langue naturelle. »

C'est que Rollin, en effet, était du *Pays latin,* et ce mot avait alors toute la signification qu'il a perdue depuis. Pour bien comprendre Rollin et les fruits multipliés et faciles de sa vieillesse féconde, il faut remonter à cette vie antérieure durant laquelle il s'était formé, il avait mûri, et où il était, pour tous ceux qui l'approchaient, ce qu'il parut plus tard aux yeux de tous ceux qui le lurent.

Né à Paris le 30 janvier 1661, fils d'un maître coutelier, reçu maître lui-même dès son enfance, il allait quelquefois servir la messe aux Blancs-Manteaux, où un religieux le distingua, lui apprit le rudiment et lui obtint une bourse à l'un des collèges de l'Université. Ces débuts rappellent ceux du bon Amyot. Rollin profita de ces secours avec zèle et ferveur, et comme les recevant des mains de la Providence. Il fit de brillantes études au collège du Plessis, où il eut pour maître, dans les classes supérieures, un homme qu'il a fort loué et à qui il a fait un nom, M. Hersan. L'Université, ce corps singulier composé de tant de fondations et de collèges distincts, et où le peuple latin se divisait par nations et par tribus, cette confédération aussi compliquée au sein de Paris que pouvait l'être la Confédération helvétique, avait alors un grand travail à faire sur elle-même pour se mettre en accord avec la société française et avec les lumières qui s'y répandaient de toutes parts. On était au plus beau moment du règne de Louis XIV. D'heureux génies travaillaient la langue et l'illustraient de chefs-d'œuvre en tout genre. L'Université, où les enfants du siècle de Louis XIV allaient étudier, ne pouvait rester ce qu'elle était au moyen âge, ni ce qu'elle était au seizième siècle, ni ce qu'elle cherchait à être et à redevenir depuis que Henri IV, après les désordres de la Ligue, l'avait rétablie. Ce n'est pas ici le lieu d'entrer dans le détail de cet enseignement qui retardait sur le siècle, et des changements qui étaient à y introduire. Déjà, en dehors de l'Université, une double tentative s'était faite dans un sens plus moderne et plus conforme à la société d'alentour. Dès les premières années du règne de Louis XIV, Messieurs de Port-Royal avaient essayé de fonder un système d'éducation très-chrétien encore et à la fois non gothique, s'accordant sur bien des points avec la raison et le bon sens délivrés des entraves de la routine : si ces écoles de Port-Royal, compromises par le jansénisme, avaient péri, les livres et les méthodes des maîtres subsistaient à défaut de leurs exemples. En face d'eux et dans le camp opposé, les Jésuites, si attentifs toujours aux besoins et aux goûts de la société présente, avaient également modifié l'enseignement, lui avaient donné un caractère de culture riante et fleurie, et l'avaient rendu plus accessible, au risque parfois de l'affaiblir. Entre ces diversités d'écoles et de méthodes, et en regard d'une société brillante, polie, éclairée, mais plus empressée chaque jour de jouir des plaisirs de l'esprit sans désormais les payer par trop de peine, il y avait évidemment pour l'Université à trouver une mesure d'innovation qui conciliât les mœurs, la discipline, la tradition classique, et, j'oserai dire déjà, la promptitude et la facilité modernes.

Rollin ne s'était pas représenté toutes ces choses, et ces considérations générales ne lui étaient certainement point venues. Pourtant ce fut lui qui, à la fin, rencontra cette mesure si délicate et si rare, qui l'introduisit, qui la montra possible par ses écrits, qui l'offrit vivante dans sa personne, et qui, sur la pente nouvelle où l'Université, bon gré mal gré, se trouvait conduite, l'inclina doucement aux réformes utiles, lui ménageant un dernier âge fécond encore et prospère.

On a besoin à chaque instant, quand on étudie aujourd'hui Rollin, de se reporter à cette situation d'alentour, et aussi de faire la part des faiblesses, des tâtonnements et des limites d'un esprit qui n'avait de supérieur que l'inspiration morale. Pendant les quarante-cinq années qui remplissent la vie de Rollin depuis qu'il a terminé ses études jusqu'au moment où il publie son premier écrit en français, que fait-il? Il professe, il ensevelit ses leçons, sa parole, toutes ses facultés, dans ces jeunes âmes en qui il aspire à revivre et à faire revivre les semences de la science et de la vertu. Il remplace son maître M. Hersan, en seconde, puis en rhétorique, au collége du Plessis; il lui succède également comme professeur d'éloquence au Collége de France. En 1694, il est nommé recteur de l'Université, et il est continué, dans cette dignité durant deux ans. A cet âge où il fut nommé recteur, Rollin, que nous ne nous figurons jamais qu'en cheveux blancs, n'était pas vieux : il n'avait que trente-trois ans. C'était un jeune et brillant recteur, haranguant en latin dans toutes les occasions avec fleur et élégance. Parmi les Ordonnances qu'il rendit durant son rectorat, on en distingue une par laquelle il improuve vivement l'usage de jouer des tragédies dans les colléges de l'Université à l'époque de la distribution des prix ; c'est tout au plus s'il tolère les tragédies empruntées aux Saintes Écritures et sans rôles de femmes. Une autre Ordonnance du recteur Rollin, c'est de faire réciter chaque jour aux élèves, dans toutes les classes, quelques passages choisis des Écritures et particulièrement des Évangiles : « Car, dit-il, si nous empruntons aux écrivains profanes l'élégance des mots et tous les ornements du langage, ce ne sont là que comme ces vases précieux qu'il était permis de dérober aux Égyptiens sans crime, mais gardons-nous d'y verser le vin de l'erreur. » — Par ces diverses Prescriptions et Ordonnances, qui datent de son rectorat, on voit combien Rollin était peu novateur, combien il s'acheminait lentement et avec circonspection dans les pas qu'il faisait vers le siècle.

En 1699, il devint principal du collége dit *de Beauvais;* il ne s'y détermina qu'après avoir consulté un ecclésiastique pour qui il avait une tendre vénération, l'abbé Du Guet, qui se chargea de l'assister de ses conseils et de ses secours, particulièrement dans l'explication de l'Écriture. Il est essentiel de remarquer que cette nature sobre, frugale, simple, austère et ingénue de Rollin s'était de bonne heure rangée aux doctrines morales du parti qu'on appelait janséniste; il y penchait par goût, il s'y engagea par ses relations, et plus peut-être qu'il n'eût convenu à un chrétien aussi soumis et aussi modeste. Ce n'est pas à nous qui avons la conscience si large, et sur bien des points si indifférente, de venir aujourd'hui porter notre mesure et notre balance commode dans ces scrupules que connurent ces vies irréprochables et ces âmes rigoureuses : Rollin était naturellement de cette morale chrétienne que préféraient et pratiquaient les Despréaux, les Racine, les Du Guet; mais cela le conduisit à prendre parti pour le Père Quesnel, et bien au delà; à se prononcer même pour le diacre Pâris et pour les prétendus miracles du cimetière de Saint-Médard. Dans les discussions qu'excita la Bulle *Unigenitus*, et par suite du rôle qu'il y prit, il en vint à compromettre et à sacrifier cette œuvre d'enseignement de la jeunesse, qui était chez lui un art et un don. Il dut se retirer du collége de Beauvais après douze ou treize années de direction. Fixé sur la paroisse de Saint-Étienne-du-Mont, les Relations jansénistes nous le montrent qui assistait *en surplis* aux Offices d'une manière bien édifiante (Rollin était clerc tonsuré); il essaya même de faire alors des Conférences sur l'Écriture Sainte; mais un avertissement amical de l'archevêque, M. de Noailles, les lui fit interrompre. Nommé de nouveau recteur de l'Université en 1720, il ne resta que trois mois dans cette charge, toujours à cause de sa profession trop déclarée dans l'affaire de la Bulle *Unigenitus;* il y croyait sa conscience intéressée, et il y sacrifiait ses goûts et ses autres devoirs les plus chers. Ce fut un bonheur du moins que, dans une des dernières occasions publiques où il se produisit, un discours latin qu'il prononça avec applaudissement ait fait naître un désir unanime de ses collègues de la Faculté des Arts, et qu'on l'ait engagé à écrire son *Traité des Études*, par lequel il se rouvrit cette carrière de l'enseignement qu'on lui fermait. Il se la rouvrit plus large et à l'usage de tous. C'est à cette date seulement que le Rollin qui nous intéresse commence.

Les deux premiers volumes du Traité intitulé : *De la Manière d'enseigner les Belles-Lettres par rapport à l'esprit et au cœur*, parurent en 1726. Dans une dédicace latine, Rollin l'adressait à l'Université de Paris, sa mère, en vue et à la sollicitation de laquelle il l'avait entrepris. Après ce premier tribut payé à l'ancienne coutume, il parlait français et entrait dans cette voie moyenne qui semble si rebattue aujourd'hui, et qui était nouvelle alors. Les réflexions préliminaires par lesquelles débute Rollin semblent superflues, tant on se sent peu porté à les contester : *Différence que l'étude met entre les hommes. — L'étude donne à l'esprit de l'élévation et de l'étendue. — L'étude donne de la capacité pour les affaires...* Il s'applique à démontrer longuement toutes ces propositions, avec des exemples tirés des anciennes histoires; c'est là le côté surabondant, et qui sera sitôt banal chez Rollin. De même, sur le goût, il n'a guère à produire que des généralités incontestables : pourtant il y mêle des pensées des anciens, et c'est ici que le mérite et l'utilité se font sentir. Tant que Rollin n'écrivait qu'en latin, il imitait, il copiait les anciens, en répétait les centons, et presque dans les mêmes formes; rien ne ressortait aux yeux. En français, au contraire, il traduit, il cite, il enchâsse de belles pensées, de jolis traits, de beaux et riches exemples, et, au milieu de la bonhomie de son style, cela aussitôt se distingue. Rollin, dans sa modestie qui descend à l'humilité, ne se donne jamais que pour un traducteur, un divulgateur, un colporteur de belles choses tirées des anciens, et qu'il tâche d'assortir avec choix, en les appropriant à la jeunesse chrétienne. Comme historien, il n'est et ne veut être rien de plus qu'un traducteur abondant et facile d'Hérodote, de Tite-Live, de Xénophon, de tous les grands et bons historiens qu'il rencontre, sur lesquels il s'embarque et navigue, pour ainsi dire, tant qu'il y trouve un courant pour le porter. Comme critique, il n'est autre également qu'un ample et naïf collecteur de préceptes et d'exemples. Son sujet n'est le plus souvent qu'un prétexte à de beaux extraits tirés de Cicéron, de Pline, d'Homère, dont il nous fait passer sous les yeux les beautés choisies. Le mérite, à cette date de 1726, c'est d'avoir donné la Rhétorique classique très-large et très-facile d'une époque où l'on comptait déjà les excellents et élégants traducteurs, les Gédoyn, les Mongault, les d'Olivet, les Sacy ; il les amène et les introduit dans le courant de son style, sans rien de sec ni d'accablant. C'est l'homme du précepte orné et sensé, qui ouvre à l'école une fenêtre du côté du monde :

> Et, quoique en robe, on l'écoutait,

a dit de lui Voltaire. C'est là l'éloge. Ne lui demandez rien de plus.

On a besoin, pour bien sentir ces mérites un peu usés de Rollin, de se reporter aux critiques qui lui furent adressées dans le temps par quelques-uns de ses collègues de l'Université. Le plus ferme et le plus considérable de ses adversaires était M. Gibert, professeur de Rhétorique au Collége Mazarin. Il avait déjà pris Rollin à partie pour une Édition abrégée que ce dernier avait faite de Quintilien en 1715. Dans une préface latine où, selon l'usage des modernes qui écrivent en latin, il cherchait un peu trop l'expression élégante, Rollin, opposant la manière de Cicéron à celle d'Aristote, avait parlé des *fleurs de l'élégance cicéronienne* (*Tullianœ elegantiœ flosculis*). Ces *fleurettes* avaient choqué le sévère et assez judicieux Gibert, qui trouvait plutôt en Cicéron du large et du *majestueux :* « En quoi il n'a pas pris garde, observait-il de Rollin, qu'il a fait comme celui qui disait que *M. de Turenne était un joli homme.* »

Ce Gibert, dans sa critique du *Traité des Études*, n'est point à mépriser; esprit didactique et dogmatique, austère et sec, il montre assez bien en quoi Rollin manque de rigueur d'analyse et déroge aux antiques modèles. Mais c'est là précisément qu'était le mérite et le charme. Au lieu de s'en tenir aux préceptes serrés et brefs, aux prescriptions techniques, à la Poétique d'Aristote ou aux *Partitions oratoires* de Cicéron, auxquelles Gibert en revenait toujours et dont le siècle n'avait que faire, le bon Rollin s'abaissait et s'oubliait aux exemples, et même aux digressions; s'il disait avec surabondance des choses inutiles, il y mêlait une variété de beaux endroits qui empêchaient l'ennui. « Il est bien aisé d'être fécond, lui disait son adversaire, quand on ne fait que copier; tout le monde en peut faire autant. » Non, cela n'était pas si aisé, et la preuve c'est que personne autre que Rollin ne réussissait alors à le faire; car, tout en copiant et en traduisant, soit dans les termes mêmes, soit dans les liaisons qui joignaient les passages d'emprunt, Rollin y mettait de son propre esprit et de son âme; un courant de bon sens et de bonté s'y faisait sentir, et animait cet ensemble qui devenait agréable et plus neuf que ce qu'on avait vu jusqu'alors en ce genre. Daguesseau, résumant cette impression si juste, lui écrivait après l'avoir lu : « *J'envie presque à ceux qui étudient à présent, un bonheur qui nous a manqué,* je veux dire l'avantage d'être conduit dans les Belles-Lettres par un guide dont le goût est si sûr, si délié (*délié* est un peu fort), si propre à faire sentir le vrai et le beau dans tous les ouvrages anciens et modernes. »

Voltaire lui-même, qui fut sévère et une fois surtout injuste pour Rollin, l'a proclamé « le premier de son Corps qui ait écrit en français avec pureté et noblesse. » Il l'a loué dans *le Temple du Goût* en des termes qui sont le jugement même, et il est allé jusqu'à appeler le *Traité* des *Études* « un livre à jamais utile, » ce qui est même trop dire, puisque ces sortes de livres n'ont qu'un temps, et que les générations qui en profitent les usent.

Rollin n'est pas dénué de finesse et d'esprit quand il parle en son nom; mais il faut chercher ces rares endroits où son expression s'anime et s'évertue d'elle-même Après avoir cité quelques passages des Éloges de Fontenelle et les avoir loués, il y remarque un défaut :

« S'il était permis, dit-il, de chercher quelque tache parmi tant de beautés, on pourrait peut-être en soupçonner quelqu'une dans un certain tour de pensées un peu trop uniforme, quoique les pensées soient fort diversifiées, qui termine la plupart des articles par un trait court et vif en forme de sentence, et qui *semble avoir ordre de s'emparer de la fin des périodes comme d'un poste qui lui appartient à l'exclusion de tout autre.* »

Ces traits par lesquels Fontenelle aime à terminer ses périodes et ses paragraphes sont trop peu fréquents chez Rollin. Après avoir reconnu ses mérites de facilité, d'enchaînement, de divulgation et d'abondance, nous n'essaierons pas de les faire valoir plus que nous ne les sentons en le relisant.

Les *Histoires* de Rollin ont été dans le temps un service et un bienfait du même genre; à mesure qu'il les composait, l'auteur découvrait en lui et déployait aux yeux de tous un véritable talent d'ampleur, de développement et de récit, qui s'est soutenu jusqu'à la fin, et qui a charmé le public durant bien des années. Notre enfance a vécu là-dessus et s'y est laissé porter comme sur un courant plein, sûr et facile. Combien de fois n'avons-nous pas relu ce second volume de l'*Histoire ancienne*, où l'auteur s'est complu à nous retracer dans Cyrus le plus accompli des héros et des conquérants dont il soit parlé dans l'histoire profane! Ces livres de Rollin, c'est proprement l'histoire à lire pendant l'année de la première communion. Maintenant il est difficile d'y revenir. Rollin (est-il besoin d'en faire la remarque?) n'a rien d'un Fréret pour l'érudition et la recherche : il n'a rien d'un Montesquieu pour l'étendue et la fermeté des pensées. Son mérite, c'est Montesquieu lui-même qui va nous le dire. Voltaire, injuste cette fois, écrivait à Helvétius (24 mars 1740) : « Le janséniste Rollin continue-t-il toujours à mettre en d'autres mots ce que tant d'autres ont écrit avant lui? et son parti préconise-t-il toujours comme un grand homme ce prolixe et inutile compilateur? » A cette parole trop dure et que Voltaire lui-même rétractera, Montesquieu semble avoir voulu répondre quand il écrivait sur un petit papier cette parole souvent citée, parole d'or et qui montre combien la vraie supériorité est indulgente : « Un honnête homme a, par ses ouvrages d'histoire, enchanté le public. C'est le cœur qui parle au cœur; on sent une secrète satisfaction d'entendre parler la vertu : c'est l'abeille de la France. » On ose à peine trouver excessive cette royale louange, née d'un si noble sentiment. Rollin lui-même désarme quand il déclare en commençant et qu'il répète en toute occasion n'aspirer à rien de plus, dans son Histoire, qu'à être « un bon compilateur. » On passe donc sur son absence continuelle de discussion et de critique. heureux de trouver chez lui un beau cours naturel de narration et un parfum de moralité salubre qui s'y mêle.

> Sage Rollin, dans ces prairies,
> Sur ces bords que tu vins fouler,
> Jusqu'à moi de tes mœurs chéries
> Le parfum semble s'exhaler.
> Je goûte aussi la solitude,
> La paix du cœur, la douce étude,
> Les vieux auteurs grecs et romains...

C'est ainsi que Fontanes, grand-maître de l'Université à son tour, célébrait le souvenir de son humble prédécesseur, en se promenant du côté du château de Colombe d'où Rollin aurait aimé à dater son Histoire. Rollin, dans ses vingt dernières années, passait souvent à Colombe d'heureuses saisons en compagnie du maréchal et de l'abbé d'Asfeld, ses amis. Avec l'abbé d'Asfeld, il causait surtout de l'Écriture, des grands desseins de Dieu sur les peuples et de l'explication des prophéties; avec le maréchal, il parlait des siéges, des batailles, et se faisait expliquer les détails militaires, pour s'épargner, disait-il ingénument, les bévues grossières et les méprises.

Pendant qu'il écrivait le premier tome de son *Histoire ancienne*, il était consulté par un grand seigneur belge, le duc d'Aremberg, sur le choix d'un précepteur : Jean-Baptiste Rousseau, alors établi à Bruxelles, servit d'intermédiaire dans cette négociation à laquelle Rollin apporta tout son zèle; et cet excellent homme, poussant à bout son idée, écrivait à Rousseau :

« Il y a, dans le premier tome de mon Histoire, un endroit où j'ai été fort occupé de lui (le duc d'Aremberg) et de vous : c'est celui où je parle de Scipion Émilien, et je ne crois pas vous faire tort ni à l'un ni à l'autre en donnant à M. le duc le personnage et le caractère d'un aussi grand homme que Scipion, et à vous celui de Polybe qui ne contribua pas peu par ses conseils à inspirer à cet illustre Romain ces sentiments de générosité, etc... C'est l'endroit de mon livre que j'ai travaillé avec le plus de plaisir. »

Il revient dans une autre lettre encore sur ce rapprochement singulier. Quand on relit cet endroit de l'ouvrage de Rollin, on sourit malgré soi de voir qu'il avait le duc d'Aremberg et Jean-Baptiste Rousseau si présents à l'esprit, au moment où, à la fin de l'Histoire des Carthaginois, il disait :

« Ce goût exquis (de Scipion) pour les belles-lettres et pour les sciences était le fruit de l'excellente éducation que Paul-Émile avait donnée à ses enfants. Il les avait fait instruire par les plus habiles maîtres en tout genre, *n'épargnant pour cela aucune dépense*, quoiqu'il n'eût qu'un bien très-médiocre... L'union intime de notre Scipion avec Polybe acheva de perfectionner en lui les rares qualités qu'un heureux naturel et une excellente éducation y faisaient déjà admirer... »

Cette allusion, sur laquelle insistait Rollin, avait pour but de déterminer le duc d'Aremberg à augmenter les appointements d'un très-bon précepteur, M. Bardon, qu'il lui avait procuré pour son fils, et à être aussi peu regardant sur *la dépense* que Scipion. A tout moment, dans ses Histoires anciennes, Rollin a de ces retours naïfs et à courte vue sur le présent. Après avoir raconté, dans l'Histoire des Mèdes, l'aventure du Lydien Gygès, qui avait vu toute nue la femme du roi Candaule, il fait une remarque sur ce qu'il est étonnant que la Police, à Paris, n'empêche point les indécences et les désordres dans la saison des bains. Ces simplicités, qui rendent peut-être son Histoire utile à un certain âge de l'enfance, en limitent aussi l'usage et en bornent la portée.

Je n'ai pu me retenir tout à fait sur ces petitesses de Rollin. Même dans ses années de retraite et d'étude, il eut à subir quelques mortifications qu'il reçut en esprit de paix, mais dont notre impartialité ne doit point dissimuler les causes. Rollin n'était pas seulement janséniste pour la morale et pour la doctrine, il l'était pour sa créance et sa crédulité à des circonstances trop chères au parti. Il connaissait le diacre Pâris qui mourut en mai 1727 ; il ne l'estimait pas seulement, il en vint à le vénérer comme un saint, et à ajouter toute confiance aux prétendus miracles qui se faisaient sur sa tombe dans le cimetière de Saint-Médard. « Je ne puis vous cacher, lui écrivait très-sensément le premier ministre, le cardinal de Fleury (31 janvier 1732), qu'un homme de votre mérite et de votre capacité ne devrait pas être exposé au juste soupçon que donnent contre lui ses assiduités à tout ce qui se passe d'indécent et, on peut même ajouter, de ridicule à Saint-Médard. » A quoi Rollin répondait : « J'ai été quelquefois à Saint-Médard, qui est à ma porte, avec confiance dans l'intercession d'un grand serviteur de Dieu, dont j'ai connu et admiré l'humilité profonde, l'austère pénitence et la solide piété. Mais j'y ai été trop rarement pour qu'on ait pu, sans vouloir tromper Votre Éminence, appeler cela *des assiduités.* » Et moi j'ai le regret d'observer qu'ici l'homme de parti dissimule un peu ; si l'on prend en effet l'article biographique écrit après la mort de Rollin dans les *Nouvelles ecclésiastiques,* c'est-à-dire dans la Feuille janséniste pure, on lit en propres termes l'aveu qui y est tourné à son honneur : « Avant la clôture du cimetière, il y était, dit le biographe, *l'un des plus assidus ;* et l'on se souvient avec édification de l'y avoir vu fréquemment psalmodier auprès du tombeau, avec les fidèles qui s'y assemblaient. C'est lui qui revit et qui retoucha la *Vie* de ce serviteur de Dieu (du diacre Pâris), qui fut imprimée en 1730. » On s'explique donc comment, malgré sa modestie, sa candeur, et le respect universel qu'il inspirait, Rollin put être inquiété quelquefois. C'est ainsi que le 26 janvier 1732 on crut devoir faire une visite dans sa maison, pour s'assurer si l'on n'y imprimait point, dans quelque cave, ce journal même des *Nouvelles ecclésiastiques,* qui mettait alors toute la Police en défaut. Rollin supporta tranquillement cette recherche de l'autorité, qui se trouva vaine et sans objet. Nous ajouterons seulement que la Feuille même, qui s'indigne de cette visite domiciliaire, reconnaît qu'elle doit de la reconnaissance à M. Rollin « pour l'intérêt personnel, y est-il dit, qu'il a pris à nos Mémoires, sur lesquels il a eu la bonté de nous aider plus d'une fois de ses conseils. » Ainsi les rapports que l'autorité supposait exister entre la Feuille janséniste et Rollin purent bien être exagérés, mais ils n'étaient pas absolument controuvés.

Cette partie désagréable et petite de la vie de Rollin ne saurait se supprimer, si l'on veut être fidèle et ne pas se faire à plaisir un portrait trop embelli. Il était, comme on s'intitulait alors, *Appelant* et *Réappelant* (1), en toute énergie et sans entendre à aucun accommodement. Dans la grande assemblée de la Faculté des Arts du 11 mai 1739, où l'Université, amenée à se rétracter de sa longue opposition, accepta la Bulle, Rollin, à la tête de quatre *Anciens*, et comme *Doyen de la Nation de France*, s'avança au milieu de la salle et protesta, malgré le silence que lui imposa le jeune recteur, l'abbé de Rohan-Ventadour. Le vertueux et entêté Soanen, évêque de Senez, lui écrivait à ce propos : « Votre nom, Monsieur, si cher à la France, se lira avec distinction *parmi les braves d'Israël*. » Cela dit, et ce coin de conscience rétive excepté, on ne voyait en lui que paix, douceur, humilité, la charité même. Il avait acquis dans la rue Neuve-Saint-Étienne-du-Mont une petite maison où il passa ses dernières années, et à laquelle on croit que se rapporte le signalement que voici :

« Je commence, écrivait-il à M. Le Peletier (ministre de Louis XIV), à sentir et à aimer plus que jamais la douceur de la vie rustique, depuis que j'ai un petit jardin qui me tient lieu de maison de campagne, et qui est pour moi Fleury et Villeneuve (2). Je n'ai point de longues allées à perte de vue, mais deux petites seulement, dont l'une me donne de l'ombre sous un berceau assez propre, et l'autre, exposée au midi, me fournit du soleil pendant une bonne partie de la journée, et me promet beaucoup de fruit pour la saison. Un petit espalier, couvert de cinq abricotiers et de dix pêchers, fait tout mon fruitier. Je n'ai point de ruches à miel ; mais j'ai le plaisir tous les jours de voir les abeilles voltiger sur les fleurs de mes arbres, et, attachées à leur proie, s'enrichir du suc qu'elles en tirent, sans me faire aucun tort. Ma joie n'est pourtant point sans inquiétude, et la tendresse que j'ai pour mon petit espalier et pour quelques œillets me fait craindre pour eux le froid de la nuit, que je ne sentirais point sans cela. Il ne

(1) Cela veut dire qu'on appelait de la Bulle au futur Concile.
(2) Maisons de campagne de M. Le Peletier.

manquera rien à mon bonheur, si mon jardin et ma solitude contribuent à me faire songer plus que jamais aux choses du Ciel : *Quæ sursum sunt sapite, non quæ super terram* (Mettez votre esprit à ce qui est de là-haut, non à ce qui est sur la terre). »

Ces charmantes paroles ont été écrites, remarque un biographe de Rollin (1), dans la même rue où Bernardin de Saint-Pierre devait écrire l'histoire de son *Fraisier*. En les écrivant, Rollin, qui aimait à marcher et à penser toujours sur la trace d'un ancien, se rappelait certainement cette parole de Pline le Jeune sur la maison de campagne que voulait acheter Suétone : « Il ne faut à ces Messieurs les savants, absorbés comme lui dans l'étude, que le terrain nécessaire pour délasser leur esprit et réjouir leurs yeux. Il ne leur faut qu'une allée pour se promener, qu'une vigne dont ils puissent connaître tous les ceps, que des arbres dont ils puissent savoir le nombre. » Même quand il est le plus chez lui, Rollin ne parle qu'à côté et avec la permission d'un ancien.

Parmi les études qu'il conseille non pas dans son Traité, mais dans les lettres qu'il écrivait à ceux qui le consultaient, Rollin, si timide à tant d'égards, n'excluait pourtant ni la physique, ni les arts, ni l'agriculture :

« Je désire fort, par exemple, disait-il, qu'on apprenne aux enfants mille choses curieuses pour la nature et pour les arts, ce qui regarde les métaux, les minéraux, les plantes, les arbres, les fourmis, les abeilles, etc. Les maîtres les plus habiles ignorent souvent tout cela, et j'avoue pour moi que ces choses me sont presque toutes inconnues. Mais on s'informe des livres où elles se trouvent... Il y a beaucoup de remarques curieuses dans les Mémoires de l'Académie des Sciences. Il en est de même de ce qu'ont donné les plus habiles gens dans chaque genre, sur la botanique, l'anatomie des plus petits insectes, les coquillages de mer, etc... Tout cela ne se fait pas par forme d'étude ; c'est en jouant, en conversant, en se promenant. »

Rollin connaissait et aimait beaucoup M. Pluche, au-

(1) M. Patin.

teur du *Spectacle de la Nature,* et qui est un peu le Rollin de l'Histoire naturelle. C'est dans cette vue et dans cette mesure, et en les rapportant toujours au Suprême Auteur, qu'il conseillait les études physiques. Il suffit de remarquer qu'il ne les excluait pas.

Dans la Relation d'un *Voyage littéraire* que fit en France, en 1733, un Français réfugié de Berlin, Jordan, il est parlé de Rollin en des termes qui nous le montrent assez au naturel et sans exagération :

« Je rendis visite à l'illustre M. Rollin, auteur dont tout le monde estime les ouvrages. C'est un petit homme, âgé de soixante-treize ans, sans mine, qui ne s'exprime pas aussi noblement qu'il écrit, modeste au suprême degré, et dont le caractère de probité frappe. A peine peut-on concevoir tant de modestie dans un homme que l'on a tant loué, et que l'on loue encore tous les jours à si juste titre. »

Sans vouloir déprécier cette modestie et sans prétendre nier que, chez quelques natures délicates, un sentiment de réserve et de pudeur excessive ne fasse tort au mérite et aux facultés réelles dont ces natures sont pourvues, je dirai pourtant qu'une habitude de modestie et d'humilité, au degré où l'avait Rollin, suppose toujours aussi un sentiment d'une secrète faiblesse qui évite le développement où elle se trahirait. Un homme sincèrement modeste et humble peut être très-habile sur certains points, très-courageux de résistance sur de certains autres, mais il y a fort à penser qu'il est incapable d'une certaine initiative, d'un esprit d'entreprise ou de poursuite, d'un essor complet et libre de ses facultés ; et c'est parce qu'il se sent instinctivement inférieur à un tel rôle et à une telle responsabilité, qu'il est si craintif et si rougissant de se produire, si en peine lorsqu'il s'est trop avancé. Je ne voudrais rien faire entendre au delà de ma pensée : les modestes, sans doute, pas plus que les présomptueux, ne doivent être pris au mot ;

l'homme, dans la plupart des cas, vaut plus ou moins qu'il ne se croit et surtout qu'il ne se montre. La modestie pourtant, quand elle est innée et invétérée dans le tempérament même, quand elle augmente (loin de s'aguerrir) et qu'elle s'attendrit d'autant plus avec l'expérience et avec l'âge, n'est plus seulement une vertu morale et chrétienne, c'est le signe ou l'indice naturel d'une limite sentie. Rollin, dans sa confusion d'humilité, ne faisait que reconnaître que, par le succès prodigieux de ses Histoires, il avait obtenu un peu plus qu'il ne lui était dû.

Son succès principal fut dans l'opportunité, comme sa vraie distinction est dans l'ingénuité et dans la candeur morale. Il en donne des preuves touchantes en toute occasion, et notamment dans ses lettres, soit que, correspondant avec Jean-Baptiste Rousseau, il se montre continuellement en peine sur l'état de l'âme de ce poëte, et sur la sincérité de son repentir au sujet de certains vers, que lui, Rollin, confesse n'avoir jamais lus; soit qu'écrivant à Frédéric, au moment de son avénement au trône, il lui adresse des conseils de religion, et y mêle une prière à Dieu : « Qu'il lui plaise, dit-il à ce roi philosophe, de vous rendre *un roi selon son cœur!* » A quoi Frédéric répondait avec un mouvement de cordialité, et sans ombre d'ironie, je le crois : « Monsieur Rollin, j'ai trouvé dans votre lettre les conseils d'un sage, la tendresse d'une nourrice, et l'empressement d'un ami; je vous assure, mon cher, mon vénérable Rollin, que je vous en ai une sincère obligation... »

C'est par tous ces côtés que Rollin était le type excellent du professeur et du maître d'autrefois, tenant en quelque chose encore de la mère et de la *nourrice*, et destiné lui-même à être surpassé en bien des points par ceux qu'il avait élevés. Depuis lui, on a eu des maîtres d'une autre nature, ambitieux eux-mêmes et disant à leurs élèves hautement : « Ayons de l'ambition, Messieurs, il en faut...; » des maîtres éloquents, hardis, quelquefois présomptueux, bons à leurs disciples, mais au besoin jaloux aussi et rivaux si ces derniers grandissent trop et s'émancipent; des maîtres enfin désirant rester tels toujours et sous toutes les formes, aimant la domination, et sachant sans trop de difficulté passer de l'exercice de l'enseignement à la prise de possession du pouvoir politique. Le règne des Rollin est dès longtemps fini.

Parmi le concert d'éloges dont a été l'objet cette douce mémoire que chacun a célébrée à l'envi et qui ne portait ombrage à personne, j'ai distingué un admirable morceau écrit en 1805 par un homme également modeste et qui était bien de la même race, M. Gueneau de Mussy. En 1805, on sortait de la Révolution, et quinze années d'interruption et de ruines avaient laissé le temps de se produire à des *générations nouvelles* qui débordaient de toutes parts et qui n'étaient que l'avant-garde de celles d'aujourd'hui. M. Gueneau de Mussy, en terminant une *Vie de Rollin*, a peint cette jeunesse qui succédait, et il a trouvé des accents où l'on reconnaît l'ami de Bonald en même temps que celui de Fontanes et de Chateaubriand :

« Où sont, s'écriait-il avec gémissement, où sont les éducations sévères qui préparaient des âmes fortes et tendres? Où sont les jeunes gens modestes et savants qui unissaient l'ingénuité de l'enfance aux qualités solides qui annoncent l'homme? Où est la jeunesse de la France? Une génération nouvelle lui a succédé. Eh! qui ne jetterait un cri de douleur en la voyant ainsi dépouillée de grâces, de vertus, et même de ces nobles traits de la physionomie qui semblaient héréditaires! Les enfants de cette génération nouvelle portent sur le front la dureté des temps où ils sont nés. Leur démarche est hardie, leur langage superbe et dédaigneux : la vieillesse est déconcertée à leur aspect...

« Hélas! ils croissaient presque à l'insu des pères, au milieu des discordes civiles, et ils sont absous par les malheurs publics, car tout leur a manqué : l'instruction, les remontrances, les bons exemples et *ces douceurs de la maison paternelle, qui disposent l'enfant aux sentiments vertueux et lui mettent sur les lèvres un sourire qui ne s'efface plus.* Cependant ils n'en témoignent aucun regret ; ils ne rejettent point en arrière un regard de tristesse. On les voit errer dans les places publiques et remplir les théâtres comme s'ils n'avaient qu'à se reposer des travaux d'une longue vie. Les ruines les environnent, et ils passent devant elles sans éprouver seulement la curiosité ordinaire à un voyageur : ils ont déjà oublié ces temps d'une éternelle mémoire.

« Génération vraiment nouvelle, et qui sera toujours distincte et marquée d'un caractère singulier qui la sépare des temps anciens et des temps à venir ! Elle ne transmettra point ces traditions qui sont l'honneur des familles, ni ces bienséances qui défendent les mœurs publiques, ni ces usages qui sont le lien de la société ; elle marche vers un terme inconnu, entraînant avec elle *nos souvenirs, nos bienséances, nos mœurs, nos usages* ; et les vieillards ont gémi de se trouver plus étrangers, à mesure que leurs enfants se multipliaient sur la terre. »

Et la caractérisant de plus en plus par les traits qui lui sont propres et qui marquent ceux même qui en sont l'élite, M. Gueneau de Mussy déplore cet esprit précoce d'indépendance qui a remplacé et envahi l'âge naturel de la soumission et de la docilité. Je fais comme Rollin, et, en présence de cette éloquente et vraiment belle page si peu connue, je ne me lasse point de copier :

« Déjà, continue-t-il, ils nous révèlent, malgré eux, toute la tristesse de cette indépendance que l'orgueil avait proclamée au nom de leur bonheur, et rendent témoignage à la sagesse d'une éducation si bien assortie aux besoins de l'homme, qui préparait à l'accomplissement des devoirs par de bonnes habitudes, hâtait le développement de l'intelligence sans le devancer, et retenait chaque âge dans les goûts qui lui sont propres. *Ces apparences austères gardaient au fond des cœurs la joie, la simplicité, et une sorte d'énergie heureuse qui doit animer la suite de la vie.* Maintenant le jeune homme, jeté comme par un naufrage à l'entrée de sa carrière, en contemple vainement l'étendue. *Il n'enfante que des désirs mourants et des projets sans consistance...* Ses goûts et ses pensées, par un contraste affligeant, appartiennent à la fois à tous les âges, mais sans rappeler le charme de la jeunesse, ni la gravité de l'âge mûr. Sa vie entière se présente comme une de ces années orageuses et frappées de stérilité, où l'on dirait que le cours des saisons et l'ordre de la nature sont intervertis ;

et, dans cette confusion, les facultés les plus heureuses se sont tournées contre elles-mêmes. *La jeunesse a été en proie à des tristesses extraordinaires, aux fausses douceurs d'une imagination bizarre et emportée, au mépris superbe de la vie, à l'indifférence qui naît du désespoir :* une grande maladie s'est manifestée sous mille formes diverses. Ceux même qui ont été assez heureux pour échapper à cette contagion des esprits, ont attesté toute la violence qu'ils ont soufferte. Ils ont franchi brusquement toutes les époques du premier âge, et se sont assis parmi les anciens, qu'ils ont étonnés par une maturité précoce, *mais sans y trouver ce qui avait manqué à leur jeunesse.* »

Ainsi s'exprimait éloquemment, dans l'amertume de son cœur et avec un sentiment de deuil profond, un biographe et un successeur de Rollin, il y a près de cinquante ans, en présence des générations dont *René* ouvrait la marche, et auxquelles nous avons tous plus ou moins appartenu. Aujourd'hui, s'il faut en toucher un mot, d'autres générations sont venues et ont pris rang, animées elles-mêmes d'une inspiration toute différente, mais qui n'ont pas fait pour cela un seul pas de retour vers le passé; car le passé, pour la masse des générations humaines, ne revient jamais. Les générations d'aujourd'hui sont positives, sans rêverie, sans tristesse; radicalement guéries du mal de René, elles ont en elles l'empressement d'arriver, de saisir le monde, de s'y faire une place, et d'y vivre de la vie qui leur semble due à chacun à son tour : générations scientifiques ou industrielles, peu idéales, avides d'application, estimables pourtant en ce que la plupart font entrer le travail dans leurs moyens et ne reculent point devant les études spéciales qui mènent au but. En face de telles générations, quel langage tenir? Celui du bon Rollin, certes, y échouerait. Pour rendre à ces nouveaux-venus le respect des Lettres et des nobles études, on ne saurait les présenter trop sérieuses, trop essentielles à la nature humaine et à son développement, trop liées avec tout ce qui est utile dans l'histoire, dans la politique, trop conformes à la vraie connaissance morale et à l'expérience. Il faut, en un mot, des vues et un langage que je ne me charge pas de trouver, que quelques-uns sont en voie de découvrir peut-être, mais qui auraient pour effet ce qu'il y a de plus difficile au monde : créer de nouveau un besoin élevé, réveiller un désir! Dans tout ceci, en ressongeant au bon Rollin dont le nom revient encore par un reste d'habitude, je crois qu'il est impossible d'en faire autre chose qu'un honorable, un pieux et lointain regret.

Lundi, 12 juillet 1852.

MÉMOIRES

DE

DANIEL DE COSNAC

ARCHEVÊQUE D'AIX

(2 vol. in-8°.—1852.)

« Si les *Mémoires* de ce Cosnac sont imprimés, je vous prie de me les envoyer, » écrivait Voltaire à Thieriot le 21 juillet 1756; et il écrivait encore le 9 août suivant : « C'est grand dommage qu'on n'imprime pas les *Mémoires* de ce fou d'évêque Cosnac. »

Cosnac n'était pas fou; il était fin, sensé, habile, mais gai, brusque, pétulant, et en tout un original. Madame de Sévigné, qui, en revenant de Provence de chez madame de Grignan, visitait Cosnac dans son évêché de Valence où il était avant de devenir archevêque d'Aix, écrivait à sa fille, le 6 octobre 1673 : « M. de Valence (Cosnac) m'a envoyé son carrosse avec Montreuil et Le Clair, pour me laisser plus de liberté : j'ai été droit chez le prélat; il a bien de l'esprit; nous avons causé une heure; ses malheurs et votre mérite ont fait les deux principaux points de la conversation. » Ses *malheurs;* — en effet, Cosnac, qui n'avait guère que quarante-trois ans à l'époque où madame de Sévigné en parlait de la sorte, et qui était évêque depuis l'âge de vingt-quatre ans, avait eu jusque-là une vie très-active, très-intrigante (comme il le dit lui-même, en ne prenant pas le mot en mauvaise part), et très-bigarrée. Attaché dès sa première jeunesse et sur la fin de la Fronde au prince de Conti, qui se destinait alors à l'Église, il avait été des plus influents dans cette petite Cour, s'était rendu l'un des plus utiles agents de la Paix de Bordeaux, et avait par là mérité la reconnaissance ou du moins l'estime du cardinal Mazarin, laquelle n'avait pas dû diminuer quand il eut procuré le mariage d'une nièce du cardinal avec le prince. Payé à vingt-quatre ans de ce service par un bon évêché, de la familiarité du cardinal et du jeu de la reine, Cosnac, par tempérament, par goût et par esprit d'intrigue (je mets toujours le mot comme lui-même, indifféremment), se mêlait alors de beaucoup de choses, et on l'y jugeait propre. Ayant acheté, sur l'invitation du cardinal-ministre, la charge de premier aumônier de *Monsieur*, frère de Louis XIV, il se trouva introduit plus qu'il n'aurait voulu dans une autre petite Cour plus périlleuse encore et plus semée d'écueils que celle du prince de Conti ; il s'y conduisit bien et avec honneur ; il donna à Monsieur des conseils virils et dignes de sa royale naissance, que ce prince puéril ne suivait que par accès et faiblement. Il se lia avec *Madame*, cette charmante princesse, dont il apprécia les qualités, et dont il a tracé un vif portrait qu'a cité le président Hénault. Mais en prenant parti pour ce qu'il y avait de noblement et de raisonnablement attrayant dans cette Cour du Palais-Royal, il s'attira l'inimitié de Monsieur et de son favori le chevalier de Lorraine, et il en résulta pour lui une vraie catastrophe et ce que madame de Sévigné appelle *ses malheurs*. Cosnac eut ordre du roi de se retirer dans son diocèse, et de ne pas reparaître à la Cour ni à Paris. Il obéit ; mais, sur l'invitation de Madame, avec laquelle il entretenait correspondance, et qui lui redemandait des papiers secrets et importants, il se trouva enhardi à faire incognito un voyage au commencement de 1670. C'est durant ce voyage qu'il fut dénoncé, surpris à Paris où il était au lit malade, arrêté comme si on ne savait pas à qui l'on avait affaire et comme s'il était un faux-monnayeur, traité indignement, jeté au For-l'Évêque, et de là exilé en Armagnac à l'Ile-Jourdain où il resta plus de deux ans. On conçoit donc que madame de Sévigné, le revoyant au sortir de cet exil, s'entretînt avec lui du malheur dont il était plein.

Ce malheur ne devait pas durer. L'évêque de Valence était un homme politique et utile : l'estime de Mazarin l'avait désigné d'avance à celle de Louis XIV, qui n'avait fait que le sacrifier pour un temps à la colère de Monsieur, mais sans y mêler rien de personnel. Quand Louis XIV eut besoin d'évêques capables et à lui dans ses dissentiments avec la cour de Rome, il songea à l'évêque de Valence, et le trouva tout disposé. Cosnac reparut à la Cour, se distingua par son zèle et son talent à l'Assemblée du clergé de 1682, y fut un des premiers auxiliaires du très-habile et très-politique archevêque de Paris, Harlai de Champvalon, et dès lors Louis XIV compta sur lui en toute rencontre : « Il faut le garder pour un grand poste, » disait-il à M. de Harlai. Ce grand poste fut l'archevêché d'Aix, dont Cosnac n'aurait pas voulu d'abord pour plusieurs raisons, parmi lesquelles il en était de très-positives, telles que le peu de revenus de cet archevêché ; mais le roi avait besoin, dans cette province difficile, en face de ces esprits fâcheux et par trop libres des Provençaux, d'un homme ferme et qui ne reculât point devant l'obstacle. A toutes les objections de Cosnac, Louis XIV répondit : « Monsieur, je crois que *vous êtes bien homme pour eux* (c'est-à-dire l'homme qu'il leur faut), et on ne manquera pas de vous donner de l'appui, en faisant bien, comme je l'espère. » Dans toute cette dernière partie de sa carrière, Cosnac devient donc un personnage considérable, un des instruments actifs et perfectionnés de la politique de Louis XIV dans l'administration ecclésiastique de son royaume. Ses Mémoires fournissent à cet égard des renseignements précieux, et sur les débats des Assemblées générales du clergé dans les questions difficiles, et sur l'état des couvents et des communautés religieuses dans le Midi, et particulièrement aussi sur les dragonnades et les conversions en masse des protestants. Pourtant, tout cela ne répond pas à l'idée première qu'on se faisait de l'amusant, du libre, du badin et hardi Cosnac, de ce *fou* de Cosnac, comme dit Voltaire qui n'est que l'écho de la tradition. Il nous faut donc revenir à la première partie de sa vie.

Cosnac causait beaucoup et bien, et trop; il racontait son passé avec plaisir, avec délices, avec variantes, et il s'en était formé de son vivant comme une légende que lui-même entretenait. On a un récit de sa première vie tracé par un homme qui fit auprès de lui plusieurs séjours, et qui ne paraît pas avoir été autre que l'abbé de Choisy. A toutes les raisons qu'on a de croire que ce récit très-amusant et ce portrait du premier Cosnac est de l'abbé de Choisy, j'en ajouterai une qui me paraît décisive, c'est la manière délicate et toute féminine dont il est parlé de cette nature et de ces inclinations toutes féminines aussi de Monsieur, duc d'Orléans. Il n'y avait qu'un abbé de Choisy pour toucher ces choses équivoques avec cette grâce et cette complaisance. Cet agréable épisode des Mémoires de Choisy était connu dès le milieu du dix-huitième siècle, et je conçois que, sur cet aperçu, on ait eu envie de lire les vrais Mémoires de Cosnac. Pour peu qu'ils ressemblassent à cet échantillon de sa personne, combien ils devaient être divertissants!
« C'est un homme, disait en terminant l'abbé de Choisy, d'une vivacité surprenante, d'une éloquence qui ne laisse

pas la liberté de douter de ses paroles, bien que, à la quantité qu'il en dit, il ne soit pas possible qu'elles soient toutes vraies. Il est d'une conversation charmante, d'une inquiétude qui fait plaisir à ceux qui ne font que l'observer et qui n'ont point affaire à lui. »

Maintenant, voici les *Mémoires* mêmes qui sortent de l'oubli où ils étaient tombés. Adressons, avant tout, nos remercîments à la *Société de l'Histoire de France*, qui, au milieu des circonstances pénibles où les Lettres ont passé depuis 1848, n'a pas désespéré un seul instant de la patrie, je veux dire des études historiques sérieuses, et qui n'a pas fait trêve à ses publications. Adressons nos remercîments en second lieu à M. le comte Jules de Cosnac, de l'illustre famille du prélat, et qui, en préparant l'édition du manuscrit qu'il possédait, en y adjoignant dans une Introduction étendue tous les éclaircissements et toutes les notices désirables sur l'auteur, n'a reculé en rien devant certaines parties de ces Mémoires qu'une plume moins vouée à la vérité aurait pu rayer discrètement et vouloir dérober à la connaissance du public. M. le comte Jules de Cosnac a été un éditeur tel qu'il convenait de l'être à notre date, comptant les intérêts du public lettré avant ceux même qui ne touchaient qu'à la gloire de son ancêtre et à l'amour-propre de sa maison. Il est survenu dans le cours de ce travail, que préparait M. de Cosnac, un incident assez curieux : il a appris qu'il existait un manuscrit de ces Mémoires autre que celui dont il se croyait l'unique possesseur, et d'une rédaction différente, et que ce second manuscrit avait été trouvé à Die par M. le docteur Long. Après un scrupuleux examen, il a été reconnu que les deux versions, toutes dissemblables qu'elles peuvent être, sont authentiques, mais elles ont été écrites à des époques différentes. L'évêque Cosnac, jeune encore et dans son exil à l'Ile-Jourdain, écrivait la première version, la tête toute remplie de ses débuts et de ses aventures. Plus vieux, et devenu un archevêque considérable, il se remet à écrire l'histoire de sa vie, mais il en raccourcit les commencements, il ne s'y étend plus avec un détail circonstancié; il semble considérer comme des enfances tout ce qui se rapporte à cette époque déjà si ancienne, que l'autorité toute-puissante de Louis XIV avait presque réduite à l'état d'histoire fabuleuse et mythologique. Ce qui lui paraît de plus important dans cette seconde version, ce sont les affaires ecclésiastiques, les luttes qu'il y soutient et les victoires qu'il y remporte. Pauvres hommes, en qui si peu d'années de plus ou de moins déplacent si fort l'importance des points de vue, et qui se souviennent si inégalement des mêmes choses, selon la diversité des âges!

Je prends donc celui que j'appelle le premier Cosnac, et j'en veux donner une idée à nos lecteurs d'aujourd'hui, qui ont un peu oublié ce que c'était alors, pour un jeune abbé de qualité, que *faire son chemin* à la Cour et dans le monde. Il était Gascon ou du moins d'une des plus anciennes maisons du Limousin, né vers 1630, et le cadet de deux autres frères qui prirent le parti des armes. Il fut destiné à être d'Église. Il commença ses études à Périgueux, les continua à Paris au Collége de Navarre, fut reçu bachelier en Sorbonne; mais, trop jeune pour passer outre dans ses degrés, il songea à faire le voyage de Rome. Le duc de Bouillon, cet aîné de Turenne, et à qui Cosnac avait, comme on disait, l'honneur d'appartenir par quelque alliance, l'en dissuada, et lui conseilla de s'attacher au prince de Conti, qui pensait alors à être d'Église et cardinal, « comme étant le seul prince ecclésiastique qui pût faire la fortune d'un abbé de qualité. » On était sous la seconde Fronde, et le cardinal Mazarin était pour le moment hors du royaume. Cosnac, à son entrée dans cette petite Cour de Conti, a d'abord à essuyer plus d'un dégoût ; il n'est pas distingué du prince : « Cet abbé (dit de lui Choisy), sous une figure assez basse, avait tout l'esprit, toute la hauteur et toute l'industrie d'un Gascon qui veut faire valoir les qualités qu'il n'a pas aux dépens de celles qu'il a. Il était trop mal fait pour se faire une intrigue d'amour dans une Cour où cette passion régnait fort : il se jeta tout à fait du côté des affaires. » Ce signalement que nous donne Choisy de l'abbé de Cosnac au physique, répond bien à ce qu'il se montre dans le courant de ses Mémoires : n'y cherchez pas d'élévation, aucune idée morale, distincte de l'intérêt et du désir d'arriver ; entré *domestique*, comme on disait alors (et sans idée de défaveur), auprès du prince de Conti, il ne songe qu'à plaire à son maître, à lui devenir agréable, utile, puis nécessaire, et à s'y procurer ses propres avantages. Cette façon de voir ressort à chaque ligne naturellement, naïvement, et avec une crudité que rien ne tempère : « Il (le prince de Conti) continua à me traiter assez obligeamment, dit Cosnac ; mais, dans un temps de guerre, je me voyais un domestique fort inutile. Je n'avais aucune part ni dans les affaires publiques, ni dans les secrets de mon maître : cela ne convenait ni à mes vues ni à mon caractère. Je cherchais un établissement plus utile et plus agréable, et je ne m'accommodais pas d'une vie si oisive et si languissante. » Cependant, après plus d'une velléité de se retirer, l'aversion pour la province et le goût qu'il avait pris pour la vie de Cour le retiennent, et il finit par forcer l'intimité de son prince, et par s'y faire une place qu'il saura disputer. Il a fort à faire pour cela : cette petite Cour est un nid d'intrigues. On y rencontre en première ligne un bel esprit, une manière de poëte, et surtout un homme très-gai, très-divertissant, le second tome de Voiture, mais plus intéressé, Sarasin, qui tient la place de favori, et avec qui il faut jouer serré. Sarasin, intendant du prince, ne paraît pas un comptable très-exact ni très-probe; mais il a le secret de la faiblesse de son maître : dans les moments difficiles, il l'amuse par un conte, et tout est oublié. Cosnac, qui se sent en sous-ordre, épie les occasions de s'élever. « Dans cette pensée, lit-il, je ne vis d'autre expédient que de m'insinuer dans l'esprit de mon maître, sans éclat et sans bruit, par mon zèle et par ma complaisance. »

Quand le prince est malade, ce qui lui arrive souvent, Cosnac est assidu, et, par cette assiduité, il l'emporte aisément ces jours-là sur Sarasin et sur les autres domestiques qui ont au dehors leurs plaisirs à suivre et leurs amours. Cosnac n'a point d'amour en dehors de son ambition, et, dans le cours de cette longue vie dont il nous a laissé une confession si entière et si diversifiée, on n'entrevoit point de faiblesses galantes. Ses désirs, à l'âge de vingt-deux ans, sont uniquement tournés du côté de la fortune : « Je menais une vie assez douce, dit-il, sans ennemis, content de mon maître, et même il me semblait être assez en état d'obtenir de lui quelque grâce. La première que je demandai fut celle de faire les fonctions de maître de chambre... » Il arrive, à force d'adresse, à obtenir cette faveur un jour de cérémonie, et à se la conserver par la suite, quoiqu'il y eût bien des envieux et un titulaire. Cette place était de la plus grande importance à ses yeux, parce que le prince, presque toujours malade ou très-délicat, passait des journées entières dans sa chambre : « Ainsi ceux qui avaient à parler à lui étant obligés de parler à moi, cette charge était d'un grand commerce et me donnait une grande facilité pour entrer dans ses affaires et dans ses secrets. Sitôt qu'il était seul avec ses confidents, j'affectais de sortir par respect, et, quand je me trouvais obligé d'y rentrer, c'était toujours avec tant de circonspection que ma manière d'agir plaisait fort à mon maître, et ne donnait aucun ombrage à nos deux favoris (Sarasin et un M. de Chemerault). » Pour compléter tous les avantages de sa charge, l'abbé de Cosnac, une fois en pied, s'était si bien arrangé, que si, dans ses courtes absences, quelqu'un parlait un peu privément au prince, les domestiques, je me trompe, les valets, l'en venaient avertir aussitôt : « Je m'étais si bien établi dans sa chambre, que tout ce qu'il y avait de valets me rendait compte de ce qui s'y passait. »

Tout cela n'est pas beau, tout cela n'est pas grand, et pourtant ces récits font essentiellement partie de ce qu'on appelle le grand siècle. Louis XIV, en supprimant l'importance excessive de ces petites Cours et en réunissant tout dans son Versailles et dans son Marly, donna du moins à l'art et à l'industrie du courtisan un air un peu moins bas, mais que cependant il ne faudrait pas trop approfondir. Le prince de Conti, qui fut la tige de cette branche des Conti, la plus brillante, la plus délicate et la plus voluptueuse de ces branches princières parasites, était un spirituel, un aimable, terrible et fantasque enfant. La nature ayant formé cette âme et ce personnage héroïque du grand Condé, il semble qu'il ne lui était pas resté assez d'étoffe pour faire un grand homme ni même un bel homme : il en était résulté ce prince chétif, rachitique, spirituel, muable de volonté, capricieux avec violence, qui n'avait que des éclairs en tout, en amour, en valeur, en religion, et qui fut toujours dominé par ses entours. A l'époque où Cosnac le connut d'abord, madame de Longueville disposait de son frère à sa volonté ; elle excitait ou apaisait d'un mot sa colère et réveillait son affection, qui n'était pas celle d'un frère pour une sœur, mais bien d'un amant jaloux et soumis pour une impérieuse maîtresse. Elle jouait de lui, en un mot, et s'en jouait. Il y a là un chapitre bien délicat à écrire, et dont Cosnac fournirait les principaux traits. Au milieu de ces piéges et de ces écueils qui se rencontrent à chaque pas dans la chambre du prince, Cosnac se ménage, et quelquefois se dérobe et s'abstient avec plus de prudence et de sens qu'on ne pourrait l'attendre d'une si grande et si ambitieuse jeunesse. Ce qui frappe et attriste en le lisant, c'est de voir combien tout ce monde, que de loin on se figure si élégant et si spirituel, et qui l'était, a des vues basses et toutes domestiques. Pour lui, Cosnac, qui y joint des idées de politique et d'affaires un peu plus étendues, il trouve le moyen d'être utile pendant le siége de Bordeaux. Le prince de Conti s'était attaché dans cette ville à une maîtresse aussi belle qu'elle était sotte, madame de Calvimont. L'abbé de Cosnac, moins par scrupule que par un éloignement naturel, évite de se mêler à ces sortes d'intrigues, qui sont, au contraire, l'élément même et le triomphe de Sarasin : « Pour moi, nous dit l'abbé, je ne cherchais à me mêler que des affaires du parti, non-seulement dans la vue de me rendre utile et nécessaire, mais encore parce que je les trouvais plus conformes à mon inclination, qui me portait autant à l'ambition qu'elle m'éloignait de l'amour. Je recevais toutes les dépêches de l'armée, et j'y faisais les réponses par l'ordre de mon maître. J'avais beaucoup d'intrigues dans la ville... » Nul plus que lui ne contribua alors à insinuer parmi les bourgeois des idées de paix, à les donner au prince de Conti, à le détacher des entreprises aventureuses où les autres personnages du parti le voulaient rengager, et à conclure ce traité dont Gourville, qui survenait toujours à propos, fut aussi l'un des négociateurs et l'heureux messager.

En s'opposant de toutes ses forces à ce qu'on livrât la place de Bordeaux à Cromwell avec qui l'on avait ouvert des négociations, en s'opposant vers la fin à l'incroyable faiblesse du prince de Conti qu'on avait presque décidé à conduire sa belle-sœur, la princesse de Condé, en Espagne, Cosnac rendit un service et à son prince et au roi, et ici sa vue s'élève un peu ; on entrevoit quelque chose de cette moralité politique qui va mettre en première ligne la patrie ; c'est par ce côté que nous le trouverons digne plus tard de comprendre et de servir Louis XIV.

Évidemment « cette cour du prince de Conti n'était pas une Cour assez vaste, comme dit Choisy, pour contenir les idées de l'abbé de Cosnac. » Ce prince léger, au sortir de Bordeaux, voit en passant l'armée de M. de Candale, qui la lui montre rangée en bataille, et le voilà qui ne rêve plus, au lieu du chapeau de cardinal, que la gloire d'être généralissime. En rentrant de cette revue et obligé par fatigue de se mettre au lit, « ce prince était tellement plein de cette armée qu'il ne nous parla, dit Cosnac, que du plaisir qu'il y avait de commander des troupes auxquelles rien ne manquait, et qui pouvaient vous attirer de la gloire à bon marché. » Pour devenir général, il ne s'agissait pour le prince que d'une chose, faire ce qui était le plus agréable à Mazarin, épouser une *nièce ;* cette première idée, dont Sarasin lui jeta la semence, ne manqua pas de lever en peu de temps : « Ce prince, ajoute Cosnac qui le connaît jusque dans le fond de l'âme, était *homme d'extrémités,* à qui il était facile d'inspirer les choses, pourvu qu'elles flattassent sa passion, que l'exécution en fût prompte, et qu'elle ne dépendît pas de son application et de ses soins. » Bien qu'il fallût ici beaucoup de suite et de négociations, le prince de Conti s'en remet sur ses domestiques du soin de mener à bien cette affaire ; et en attendant qu'il épouse une nièce et devienne général, en attendant même que, pour s'illustrer dans cette nouvelle carrière par un coup d'éclat, il appelle en duel le duc d'York (autre idée des plus bizarres qui lui était venue), il ne songe qu'à s'amuser à Pézenas où il a fait venir sa maîtresse de Bordeaux, madame de Calvimont.

Ici nous trouvons quelqu'un qui, à cette distance, nous intéresse plus que tous les princes de Conti avec leur Cour, je veux dire Molière. Ce grand homme était alors à battre le pays à la tête de sa troupe. Madame de Calvimont, logée à La Grange près de Pézenas, s'ennuie, et propose qu'on fasse venir des comédiens :

« J'appris, dit l'abbé de Cosnac, que la troupe de Molière et de la Béjart était en Languedoc ; je leur mandai qu'ils vinssent à La Grange. Pendant que cette troupe se disposait à venir sur mes ordres, il en arriva une autre à Pézenas, qui était celle de Cormier. L'impatience naturelle de M. le prince de Conti, et les présents que fit cette dernière troupe à madame de Calvimont, engagèrent à les retenir. Lorsque je voulus représenter à M. le prince de Conti que je m'étais engagé à Molière sur ses ordres, il me répondit qu'il s'était depuis lui-même engagé à la troupe de Cormier, et qu'il était plus juste que je manquasse à ma parole que lui à la sienne. Cependant Molière arriva et, ayant demandé qu'on lui payât au moins les frais qu'on lui avait fait faire pour venir, je ne pus jamais l'obtenir, quoiqu'il y eût beaucoup de justice ; mais M. le prince de Conti avait trouvé bon de s'opiniâtrer à cette bagatelle. Ce mauvais procédé me touchant de dépit, je résolus de les faire monter sur le théâtre à Pézenas, et de leur donner mille écus de mon argent, plutôt que de leur manquer de parole. Comme ils étaient prêts de jouer à la ville, M. le prince de Conti, un peu piqué d'honneur par ma manière d'agir et pressé par Sarasin, que j'avais intéressé à me servir, accorda qu'ils viendraient jouer une fois sur le théâtre de La Grange. Cette troupe ne réussit pas dans sa première représentation au gré de madame de Calvimont, ni par conséquent au gré de M. le prince de Conti, quoique, au jugement de tout le reste des auditeurs, elle surpassât infiniment la troupe de Cormier, soit par la bonté des acteurs, soit par la magnificence des habits. Peu de jours après, ils représentèrent encore, et Sarasin, à force de prôner leurs louanges, fit avouer à M. le prince de Conti qu'il fallait retenir la troupe de Molière, à l'exclusion de celle de Cormier. Il (Sarasin) les avait suivis et soutenus dans le commencement à cause de moi ; mais alors, étant devenu amoureux de la Du Parc, il songea à se servir lui-même. Il gagna madame de Calvimont, et non-seulement il fit congédier la troupe de Cormier, mais il fit donner pension à celle de Molière. On ne songeait alors qu'à ce divertissement, auquel moi seul je prenais peu de part. »

J'ai voulu citer tout ce passage qui nous touche par la destinée du grand homme qui y est en jeu et qui s'y agite si indifféremment : on se sent pénétrer d'une amère pitié. Ainsi une sotte et une femme à cadeaux, madame de Calvimont, entre à l'étourdie dans une cabale contre Molière et va le priver d'un utile protecteur. Tout spirituel qu'il est, le prince de Conti hésite, et il faut que l'abbé de Cosnac, qui prend très-peu de part et d'intérêt à ces plaisirs de la comédie, insiste, par pur esprit de justice et d'exactitude, pour faire accorder à Molière et à sa troupe une suite de représentations promises et qui préludent avec une sorte d'éclat à ses débuts de Paris. Si Sarasin, au lieu d'être amoureux de la Du Parc, l'était aussi bien devenu d'une des comédiennes de la troupe de Cormier, tout était manqué. Quoi qu'il en soit, l'abbé de Cosnac a fait quelque chose d'essentiel pour Molière : cela lui doit être compté.

Le pauvre prince de Conti, qui nous apparaît ici dans toute son inconstance de caractère et sa muabilité, est invité à aller à Montpellier par le comte d'Aubijoux, gouverneur, et qui se fait une fête de le recevoir. M. d'Aubijoux est un homme de plaisir qui lance le prince dans une suite de régals, festins, ballets, comédies. Le prince y devient amoureux d'une mademoiselle Rochette qui le décide à rompre avec madame de Calvimont. Cette dernière est restée à Pézenas, et c'est l'abbé de Cosnac que le prince de Conti charge de l'ennuyeuse mission d'aller lui signifier la rupture :

« J'arrivai à midi dans Pézenas, nous dit l'abbé de Cosnac (et tout son récit en cet endroit exprime bien une ironie légère). Dès que madame de Calvimont me vit, elle crut que je lui portais de bonnes nouvelles, me reçut avec un visage riant et me demanda avec empressement quand arriverait M. le prince de Conti. Je répondis d'un air fort sérieux que je venais lui parler de sa part; ensuite je la pris en particulier, et je lui dis les ordres que j'avais. Elle ne s'y attendait pas; elle demeura d'abord interdite et immobile. Cette première surprise fut suivie presque aussitôt d'une si grande abondance de larmes, que je fus persuadé qu'elle aimait sincèrement ce prince; mais, peu après, elle m'épargna toutes les paroles que je cherchais pour la consoler, et entra en conversation sur des choses indifférentes avec autant de tranquillité que s'il ne se fût rien passé dans son âme. Dès que ma commission fut faite, je lui dis que j'avais un ordre pour lui faire donner six cents pistoles. A ces paroles ses pleurs recommencèrent avec tant d'abondance, que je crus qu'elle n'était pas contente d'une si petite somme. La compassion que j'en eus m'obligea de lui dire que je lui en ferais donner davantage, ne doutant pas que M. le prince de Conti ne me sût fort bon gré de l'avoir fait plus libéral; et j'allai lui quérir mille pistoles. Dans le peu de temps que je fus dehors, sa philosophie opéra si bien et eut tant de pouvoir sur elle pour lui faire supporter son malheur, que je la trouvai qui jouait avec son hôtesse. Cela me surprit. M'étant approché, je lui dis que je n'interromprais que pour un moment son divertissement, et je lui donnai les mille pistoles. C'est le seul présent qu'il lui ait fait, excepté un diamant de deux mille écus qu'il lui avait donné à Bordeaux, le second jour qu'il l'avait vue. Comme je lui disais adieu, elle recommença à pleurer, et me pria fort d'assurer M. le prince de Conti que ses premières et secondes larmes ne venaient que de l'amour extrême qu'elle avait pour lui, et que, pour le présent, elle n'y avait pas fait la moindre réflexion. Je lui dis adieu encore une fois, et j'arrivai chez M. le prince de Conti, dans le temps qu'il venait seulement de se retirer. Je lui rendis compte dès ce soir de ce qui s'était passé dans mon voyage. Quand il eût eu dans le cœur quelques restes de tendresse pour cette femme, elle se serait évanouie par le récit que je lui fis de l'inégalité de son humeur et de la légèreté de son esprit; mais cette idée était déjà tellement effacée, qu'il ne lui en restait aucun souvenir, et depuis ce temps je ne me souviens point de lui avoir ouï nommer son nom. »

Cette page malicieuse de Cosnac fait pendant au sonnet d'*Ève* de Sarasin, et elle ressemble très-bien à un conte de La Fontaine.

Tels étaient ces êtres capricieux et légers, incapables de former une passion et de la soutenir. Le prince de Conti qui, dans ses versatilités, avait du moins en lui de plus nobles étincelles et comme des parcelles mobiles d'une grande âme, achève de ruiner sa vie en ce moment; il ne sort de Montpellier qu'en emportant une maladie honteuse qu'il y a contractée sans le savoir, et qui va bientôt infecter en secret sa future épouse, la seule vertueuse nièce de Mazarin, et toute sa race. Race si vive et si fine, si spirituelle, si gâtée de débauche à l'origine et toute pétrie de délices, elle mériterait bien une petite histoire à part : *Histoire de la branche des Conti*. La littérature et la morale y trouveraient leur place.

Cosnac, qui a gagné, au mariage du prince avec une nièce de Mazarin, d'être évêque de Valence, et qui a donné une dernière fois la chemise à son maître avec larmes, reste quelque temps encore attaché à sa maison comme chargé de ses affaires; il le sert et le mécontente à la fois par son trop de zèle, et se retire enfin de cette petite Cour où il éclate trop souvent par des impétuosités et des brusqueries hors de saison. C'était un singulier courtisan que Cosnac, et qui ne retenait ni ses mouvements ni sa langue. Madame de Sévigné le peignait ainsi à sa fille quand il avait près de soixante ans : « L'archevêque (d'Aix) a de grandes pensées; mais plus il est vif, plus il faut s'approcher de lui comme des chevaux qui ruent, et surtout ne rien garder sur votre cœur. » Le prince de Conti lui-même, un jour qu'il s'agissait d'emporter de vive force une grâce auprès du cardinal Mazarin et que Cosnac s'en chargeait, lui disait tout bas au départ : « Mais je vous défends les *moulinets*. » Il appelait ainsi les gestes de l'abbé et ses emportements.

Ce qui tempérait l'effet de ces brusqueries et les empêchait de tourner autant qu'elles auraient pu contre celui qui se les permettait, c'est qu'il s'y mêlait de la gaieté, de la jovialité, et (je demande pardon du mot) un peu de turlupinade. On riait et on ne lui en voulait pas. En voici quelques exemples. Cosnac fut, en 1660, du voyage des Pyrénées, où se fit le mariage du roi avec l'infante d'Espagne. Ce mariage se célébra dans l'église de Saint-Jean-de-Luz, et, selon l'usage, on avait préparé des siéges pour les ambassadeurs du côté de l'Évangile, et du côté de l'Épître pour les évêques. Mais les ducs et maréchaux de France prétendaient aussi avoir un banc dans l'église pendant la cérémonie, et ils menaçaient même de s'emparer de celui des évêques si on ne leur en donnait un; en définitive, les maréchaux l'emportèrent. Le cardinal Mazarin, qui s'amusait de ces disputes, dit le soir même à Cosnac, pour le harceler, « qu'un maréchal de France s'était vanté en sa présence que, s'il eût trouvé un évêque assis et qu'il eût été debout, il l'aurait pris par la main et se serait mis à sa place. » C'était le maréchal de Villeroi, assez triste guerrier, qui avait tenu ce propos. Cosnac, qui n'était jamais en reste, riposta : « A tel évêque ce maréchal se serait adressé, qu'on peut dire que de sa vie il n'eût vu une occasion si chaude. » Cela fit rire, et aux dépens de Villeroi.

Un autre jour Cosnac avait affaire au secrétaire d'État Le Tellier qui ne l'aimait pas et qui se plaignait que Cosnac eût pris le pas à Valence, comme évêque, sur M. de Lesdiguières, gouverneur de la province. Le ministre alléguait l'ordre du roi, qui prétendait qu'il n'y eût personne en son royaume qui disputât la préséance aux gouverneurs qui représentaient sa personne. Cosnac, parlant à M. Le Tellier, le prit très-haut. A quoi M. Le Tellier répliquait toujours assez aigrement :

« Je vous ai déjà dit que l'intention du roi est que les gouverneurs précèdent tout le monde dans leurs gouvernements. » — « C'est une chose qui m'est nouvelle, » lui répondis-je. Alors, piqué sans doute de ce que je lui résistais devant tout le monde, il ajouta : « Je ne m'étonne pas, Monsieur, si cela est nouveau pour vous, ce n'est pas un point de théologie. » — « Monsieur, lui répondis-je fièrement, je crois être de qualité à savoir non-seulement la théologie, mais de quelle manière on vit dans le plus grand monde, et j'espère que Sa Majesté sera satisfaite lorsqu'elle saura que je n'ai rien fait qui le soit conforme à ses déclarations, à ses règlements et à ses arrêts ; mais, comme ce sont des arrêts et des règlements faits dans un temps où vous n'aviez pas encore les emplois que vous avez aujourd'hui, je ne m'étonne pas si vous me blâmez. » — Cela dit, je me retirai. »

Cette manière de parler aux ministres se ressentait de la Fronde et d'un homme qui n'avait pas encore plié sous le régime de Louis XIV. L'affaire alla en Conseil par-devant le roi ; Cosnac fut admis à dire ses raisons et à faire valoir les précédents en sa faveur. M. Le Tellier en revint alors à sa réplique souveraine, et à remontrer que M. de Lesdiguières représentait la personne du roi : « Avouez du moins, Monsieur, lui dit Cosnac comme poussé à bout, qu'on est fort excusable de s'y méprendre, *puisque jamais copie n'a moins ressemblé à son original.* » Cette repartie brusque (et flatteuse) acheva de déconcerter le ministre et fit rire le roi, « et ce fut par là, dit Cosnac, que finit cette affaire. »

Je cherche à donner idée de l'esprit de Cosnac et à faire sentir comment il faisait passer ses brusqueries par ses saillies et savait sauver sa considération au milieu de ses gaietés. Très-jeune à la Cour, très en posture de tout dire, on l'avait accepté sur ce pied-là, et quand, plus tard, après ses disgrâces passées et son retour, il eut prouvé son habileté et son utilité réelle dans les affaires de son Ordre, on ne lui demanda pas de supprimer ses vivacités naturelles et ses *craqueries*, qui faisaient de lui un prélat qui ne ressemblait à nul autre. Et par exemple, c'était lui-même qui racontait comment il fut nommé évêque par le cardinal Mazarin à l'âge de vingt-quatre ans, au sortir d'un sermon où il avait réussi. Le cardinal lui avait dit en lui remettant son brevet : « Cela s'appelle faire un maréchal de France sur la brèche. » Ce brevet reçu, Cosnac, qui n'était abbé que le moins possible, va trouver l'archevêque de Paris :

« Le roi, lui dit-il, Monseigneur, m'a fait évêque; mais il s'agit de me faire prêtre. » — « Quand il vous plaira! » répondit M. de Paris. — « Ce n'est pas là tout, répliqua M. de Valence; c'est que je vous supplie de me faire diacre. » — « Volontiers, » lui dit M. de Paris. — Vous n'en serez pas quitte pour ces deux grâces, Monseigneur, interrompit M. de Valence; car, outre la prêtrise et le diaconat, je vous demande encore le sous-diaconat. » — « Au nom de Dieu, reprit brusquement M. de Paris, dépêchez-vous de m'assurer que vous êtes tonsuré, de peur que vous ne remontiez la disette des sacrements jusqu'à la nécessité du baptême. »

Ce n'est pas dans ses *Mémoires* que Cosnac raconte ces choses qui n'étaient que des gaietés et peut-être que des embellissements de sa conversation. Il était plein de ces propos, et, selon l'usage, ceux qui les avaient recueillis de sa bouche renchérissaient en les répétant, et lui en prêtaient encore.

Il racontait sur le même ton ce qui, selon lui, l'avait décidé à acheter la charge de premier aumônier de Monsieur, à quoi il avait peu de penchant; cette fois il le dit aussi dans ses *Mémoires* :

« Dans cette incertitude, une bagatelle, assure-t-il, acheva de me déterminer. Monsieur mangeant de la bouillie dans la chambre de la reine, le roi lui en frotta le visage. Cette raillerie le piqua si vivement, qu'il jeta sur le roi tout ce qui lui en restait. Cette action, quoique inconsidérée, me paraissant partir d'un bon cœur (c'est-à-dire d'un généreux cœur), qui ne peut souffrir d'injures, fit plus d'effet sur moi que le conseil de mes amis et le secours que le cardinal me donnait. »

Ce pronostic le trompait du tout au tout, et il eut affaire, dans Monsieur, à un jeune prince qui était infiniment au-dessous de ce qu'avait pu être le prince de Conti. Monsieur, frère de Louis XIV et duc d'Orléans, était le plus joli enfant et le plus efféminé jeune homme qu'il se pût voir; également incapable de secret et de conseil, il ne songeait qu'aux jeux de l'enfance, surtout à ceux de l'enfance des femmes, et il n'élevait pas sa pensée au-dessus de la bagatelle. On l'avait nourri à dessein dans ces futilités, en vue de son frère à qui on réservait tout l'effectif du commandement et le sérieux de l'empire. A la mort de sa mère, pourtant, le jeune prince eut comme un éclair de zèle et d'ambition, et il s'en ouvrit à Cosnac, qui l'y encouragea fort. Les conseils qu'il lui donna en cette occasion et depuis étaient de ceux qui auraient formé un prince estimable, un digne frère de Louis XIV, soumis mais respecté, et forçant la considération de son frère et celle du public par son mérite. Ici, Cosnac s'élève ; ses pensées deviennent généreuses et faites de tout point pour l'histoire. Monsieur ne s'y prête en rien. Les Napolitains, mécontents de l'Espagne, songeaient à secouer le joug. Ils demandaient à la France du secours et un prince, ils demandaient Monsieur. Cosnac écoute les agents, ne les croit qu'autant qu'il faut, démêle ce qui est possible et réel, et en parle à son maître ; il ne peut obtenir de lui qu'il applique sa pensée à ce dessein, ni qu'il s'en ouvre sérieusement au roi son frère. Si Monsieur a paru un jour plus enhardi et disposé à en parler au roi, le lendemain il se trouve tout dégoûté sur ce qu'on lui a dit qu'il y a près de Naples une montagne de feu qui rend cette ville sujette aux tremblements de terre. Que vient-on lui parler d'entreprise glorieuse et de couronne ? « Il n'avait alors dans la tête que de faire faire des tentes propres et galantes, ayant grand soin qu'elles fussent remplies de miroirs et de chandeliers de cristal. » Cette âme d'une futilité désespérante, ce cœur qui n'a rien de tendre ni de grand, a quelques velléités d'honneur dans la campagne de 1667. Un jour que Louis XIV lui a dit au siége devant Douai : « Mon frère, vous pouvez aller vous divertir, car nous allons tenir Conseil ; » Monsieur, tout mortifié de se voir traité en enfant, s'en va se plaindre à Cosnac qui lui dit : « Eh bien ! puisqu'on ne veut pas de vous au Conseil, allez à la tranchée. » Et il l'y pousse, il l'y conduit, faisant distribuer par le prince ou distribuant en son nom de l'argent aux soldats et aux travailleurs. Le soir, le roi est piqué d'apprendre que son frère a paru à la tranchée, et lui dit : « Mon frère, on vous appellera bientôt *sac à terre.* » Quelques jours auparavant, au siége de Tournai, le roi, allant lui-même à la tranchée, y avait trouvé Cosnac : « Quoi ! Monsieur de Valence dans la tranchée ! » — « Sire, lui répondis-je, je ne suis venu que pour pouvoir me vanter d'avoir vu le plus grand roi du monde s'exposer comme un soldat. » Louis XIV, pourtant, ne savait pas bon gré à Cosnac de ses conseils qui tendaient à faire de son frère quelque chose et quelqu'un. Remarquez qu'en homme habile et qui n'oublie rien, Cosnac, qui savait déjà ce que c'est qu'un journal, ne manque pas, durant toute la campagne, « d'envoyer à Renaudot (rédacteur de la *Gazette*) des mémoires exacts et avantageusement tournés des choses que Monsieur avait faites ; et Renaudot, sans y rien changer, les plaça toutes dans les Gazettes. »

Malgré tous ces moyens employés pour lui élever le cœur, Monsieur restait ce que l'avaient fait la nature et la première éducation. Il s'éprend bientôt du chevalier de Lorraine, auquel il sacrifie toute autre idée. Au retour même de cette campagne de 1667, étant allé à Villers-Cotterets pour s'y délasser, il ne fait plus qu'une chose : en attendant d'être en état de ranger une armée en bataille, il s'apprend à ranger les fauteuils :

« Monsieur eut bien du regret de ne pas être arrivé un jour avant Madame, afin de pouvoir ordonner de ce qu'il fallait mettre dans les chambres, qu'il trouva, par malheur, toutes meublées. Il n'eut que la seule satisfaction de faire changer quelque chose, ce qui n'était pas contentement pour lui. Il s'y appliqua pourtant avec grand soin, et les dames purent remarquer qu'il avait extrêmement bien profité à l'armée. Il fit mettre toutes les chaises sur une même ligne, fortifia les ruelles de tableaux, tablettes, plaques, plaça les miroirs dans des postes avantageux, flanqua chaque table de quatre guéridons; enfin disposa généralement de tout le corps de ses meubles avec un ordre merveilleux. Mon zèle me fit, dans ces commencements, regarder cette occupation avec dépit, et comme un mauvais présage de ce qui arriverait dans la suite ; et je fis réflexion qu'on avait bien raison de dire qu'il était presque impossible de changer la nature, quand elle avait une fois pris sa pente. »

Le rôle de Cosnac dans cette petite Cour et ses relations avec Madame sont trop honorables et trop particulières pour être ainsi étranglées; je me réserve d'y revenir en m'arrêtant sur ce gracieux et séduisant personnage de Madame, dont il nous fait connaître les pensées et nombre de lettres intimes. Vers ce temps, Cosnac, découragé de son zèle pour un indigne prince, se résout à partir pour son diocèse. Il demande et obtient une audience de Louis XIV pour se justifier dans son esprit :

« Il me donna, dit-il de ce roi, une audience très-favorable ; je lui rendis compte de toute ma vie, et je finis par la grâce que je lui demandais, de juger de moi par mes actions seulement, et non par le rapport de mes ennemis. J'en sortis si plein d'estime et de vénération pour le roi, je le trouvai *si rempli de bon sens, d'habileté, de justice, de véritable mérite*, que je dis à M. de Luxembourg en sortant : « *Je viens d'entretenir un grand homme, qui me dégoûte fort de mon petit maître.* » Après cela, je ne songeai plus qu'à partir.

Je constate ce cri de la raison. Cosnac, par son intelligence et sa capacité, était donc tout à fait digne de servir directement ce sage et prudent maître, ce monarque de son siècle, et non plus ces cadets chétifs et avortés, qui se consumaient dans les corruptions et les vaines intrigues. Il paya pourtant la peine d'avoir hésité un moment entre la grande route royale et les chemins de traverse. Sa fortune lui réserva un singulier affront dans ce voyage secret qu'il fit à Paris et où il fut trahi et indignement traité au nom du roi, mais sans que Louis XIV fût certainement l'auteur d'une telle avanie. Cosnac fit durant des années sa pénitence d'avoir été un produit de la Fronde et un boute-en-train de ces petites Cours, où il n'avait rien trouvé à sa mesure. Toutefois il n'eut pas trop à se plaindre de la fortune, puisqu'il reparut finalement sous forme de prélat respecté, considérable, et continuellement employé pour les desseins temporels du grand roi. Il mourut en plein crédit, le 18 janvier 1708. Ses Mémoires feront prévaloir désormais cette partie sérieuse de sa vie, et l'on connaîtra en somme un personnage et un caractère de plus dans ce siècle où il y en eut tant d'originaux.

J'ai pensé souvent, en lisant Cosnac, à cette classe de gens actifs, appelés M. de Sémonville et autres, et toujours il m'a semblé que, même en ce genre qui n'est pas le premier et le plus relevé, la médaille était mieux frappée et d'un coin plus neuf sous Louis XIV que de nos jours.

Lundi, 19 juillet 1852.

MADAME
DUCHESSE D'ORLÉANS

(D'après les *Mémoires* de Cosnac.)

Deux volumes écrits par un homme du siècle de Louis XIV, et dont madame de Sévigné disait : « *Il a bien de l'esprit,* » ne sauraient se lire avec trop d'attention. Au premier abord, ces *Mémoires* de Cosnac plaisent assez peu et semblent ne répondre qu'imparfaitement à la réputation de l'auteur : ce n'est que peu à peu, en avançant, ou quand on les a quittés, qu'on s'aperçoit qu'ils ont augmenté nos connaissances sur bien des points et enrichi notre jugement. Aujourd'hui, il me plairait d'en détacher la plus belle et la plus intéressante figure, celle de *Madame*, à laquelle Cosnac eut l'honneur de se dévouer par un libre choix et pour laquelle il eut la gloire de souffrir. Le portrait qu'il retrace d'elle ne pâlit point, même à côté des plus grands et des plus touchants que nous connaissons : il se lit avec plaisir après l'Oraison funèbre de Bossuet; il ajoute heureusement à ce qu'ont dit madame de La Fayette, Choisy et La Fare.

Madame de La Fayette a donné de Madame Henriette la plus agréable Histoire, et telle que toute femme déli-

cate, et née princesse par le cœur, la peut souhaiter.
C'est un récit écrit d'après une confidence, et destiné à
celle même qui a raconté, qui sourit en se revoyant si
justement, si légèrement peinte, et qui, avec une douce
malice, prend à quelques endroits la plume pour y re-
toucher. Madame, après son dîner, aimait à se coucher
sur des carreaux; elle s'approchait de madame de La
Fayette, « en sorte que sa tête était quasi sur ses genoux, » et, dans cette position familière et charmante,
elle lui racontait le détail de son cœur, ou elle en écoutait l'histoire écrite d'après elle, et elle se regardait au
miroir que son amie lui en offrait. Quand on lit aujour-
d'hui cette histoire si fine, si courue, si touchée à peine,
si arrêtée à temps, on a besoin de quelque retour d'imagination pour en ressaisir toute la grâce et en recréer
l'enchantement. Il y règne comme un léger duvet des
fruits dans leur première fleur, qui s'efface si vous ap-
puyez. La jeune princesse d'Angleterre, élevée en France
pendant les malheurs de sa maison, fut destinée à épouser Monsieur, frère du roi, aussitôt que le jeune roi eut
épousé l'infante d'Espagne, et vers le temps où Charles II
venait d'être restauré sur le trône de ses pères. Étant allée
avec la reine sa mère faire visite à Londres à son royal
frère pendant les premiers temps de cette Restauration,
elle y enflamma les cœurs et y fit l'essai de ses charmes;
elle avait au plus dix-sept ans. « Elle avait, dit Choisy,
les yeux noirs, vifs, et pleins du feu contagieux que les
hommes ne sauraient fixement observer sans en ressentir l'effet; ses yeux paraissaient eux-mêmes atteints du
désir de ceux qui les regardaient. Jamais princesse ne
fut si touchante... » De retour en France, elle y fut l'objet de tous les empressements imaginables, y compris
ceux de Monsieur, qui « continua, jusqu'à son mariage,
à lui rendre des devoirs auxquels il ne manquait que de
l'amour; mais le miracle d'enflammer le cœur de ce

prince n'était réservé à aucune femme du monde. »

A côté de Monsieur, il y avait un jeune seigneur qui, en ce temps-là, était son favori : c'était le comte de Guiche, le plus beau jeune homme de la Cour, le mieux fait, hardi, fier, avec un certain air avantageux qui ne déplaît pas aux jeunes femmes, et qui accomplit à leurs yeux le héros de roman. Le comte de Guiche, à tous égards, en était un parfait. Monsieur, sans être amoureux, était jaloux, ce qui n'est pas rare. Il ne sut pas l'être assez tôt pour le comte de Guiche, à qui, en l'introduisant dans l'intimité de la princesse, il faisait admirer des charmes qui d'eux-mêmes se sentaient assez et étaient irrésistibles. Il y eut, dans ces années (1661-1662), des saisons uniques de fraîcheur et de jeunesse, et qui se peuvent proprement appeler le printemps du règne de Louis XIV. Tout s'ouvrait à la joie, à la galanterie, aux idées de gloire et d'amour, et aussi à l'esprit qui y avait part : car, à peine Madame fut-elle mariée et se fut-elle détachée de la reine sa mère qui la gardait à ses côtés, « ce fut une nouvelle découverte de lui trouver l'esprit aussi aimable que le reste. » Quelque temps après son mariage, Madame vint loger chez Monsieur aux Tuileries; elle ne quitta plus tard ce logement que pour le Palais-Royal, de sorte qu'elle était bien une princesse parisienne. Monsieur lui-même, tout indolent qu'il était, se piquait d'être bien à Paris. Quand la Cour était ailleurs, il aimait à revenir faire de petits voyages et des séjours dans la capitale; il y mettait même une sorte de malice à l'égard du roi, à qui il se flattait que ces voyages déplaisaient :

« Mais c'est qu'en effet, nous dit Cosnac, ils lui donnaient à lui la joie d'avoir une Cour particulière; car il était ravi lorsqu'il voyait dans le Palais-Royal une grande affluence de beau monde, qui venait pour l'amour de lui, à ce qu'il disait, quoique ce ne fût que pour Madame. Il n'oubliait toutefois rien pour caresser chacun, et l'on remarquait visiblement qu'il était plus ou moins gai, selon qu'il y avait chez lui une plus grande ou plus petite Cour. Cependant, comme je ne voyais pas que ces voyages fissent l'effet qu'il devait désirer, et qu'au contraire je jugeais, par ce que lui-même me disait, qu'au commencement ils avaient aigri Sa Majesté, et qu'ensuite elle s'en était moquée, je ne pus jamais avoir la complaisance d'applaudir à cette conduite, et je lui dis que je ne croyais pas qu'il fût prudent de donner de petits déplaisirs à quiconque pouvait si aisément lui en donner de grands. Mais Monsieur était si satisfait de pouvoir, tous les soirs qu'il passait à Paris, demander à dix ou douze personnes en particulier : « *Eh bien! n'ai-je pas bien du monde aujourd'hui?* » que c'était s'opposer à ses plaisirs que de lui représenter de telles vérités ; et ses plaisirs l'emportaient toujours dans son esprit sur les plus importantes affaires. »

Ainsi Monsieur, ce père de la branche des d'Orléans, et, en général, un père si faible et si peu digne, avait cela déjà de ses successeurs, d'aimer à tenir sa cour au Palais-Royal et à être bien vu à Paris, à y faire un peu concurrence au roi ; si nul qu'il fût, la vanité chez lui devançait et devinait la politique.

Mais je laisse vite cet aperçu et ce présage qui serait un anachronisme en ce qui est de Madame et du charme tout idéal des commencements (1664). Elle venait de s'installer aux Tuileries ; elle y avait fait choix de ses dames et de ses amies, que madame de La Fayette, qui en était, nous énumère : « Toutes ces personnes, dit l'aimable historien, passaient les après-dîners chez Madame. Elles avaient l'honneur de la suivre au Cours ; au retour de la promenade, on soupait chez Monsieur ; après le souper, tous les hommes de la Cour s'y rendaient, et on passait le soir parmi les plaisirs de la comédie, du jeu et des violons ; enfin on s'y divertissait avec tout l'agrément imaginable, et sans aucun mélange de chagrin. » Au voyage de Fontainebleau qui se fit à peu de temps de là, Madame porta la joie et les plaisirs. Le roi, qui précédemment avait peu souri à l'idée de l'épouser, « connut, en la voyant de plus près, combien il avait été injuste en ne la trouvant pas la plus belle personne du monde. » Ici le roman commence, ou plutôt mille romans à la fois. Madame devient la reine du moment, et ce moment durera jusqu'à sa mort; elle donne le ton à toute cette jeune Cour, dispose de toutes les parties de divertissements : « Elles se faisaient toutes pour elle, et il paraissait que le roi n'y avait de plaisir que par celui qu'elle en recevait. C'était dans le milieu de l'été : Madame s'allait baigner tous les jours; elle partait en carrosse à cause de la chaleur, et revenait à cheval, suivie de toutes les dames, habillées galamment, avec mille plumes sur leur tête, accompagnées du roi et de la jeunesse de la Cour. Après souper, on montait dans des calèches, et, au bruit des violons, on s'allait promener une partie de la nuit autour du canal. »

Madame de La Fayette, qui nous donne ainsi le cadre du roman, nous met aussi dans les mains quelques-uns des fils qui agitaient et mêlaient entre eux ces jeunes cœurs : le roi plus touché qu'un beau-frère ne doit l'être, Madame plus sensible peut-être qu'il n'est permis à une belle-sœur; entre eux deux ce goût vif, précurseur presque assuré de l'amour; La Vallière naissante qui vient bien à point pour détourner le charme; le comte de Guiche, en même temps, qui fait auprès de Madame quelque chose du même chemin que La Vallière faisait auprès du roi. Jalousies, soupçons, rivalités, déguisements, des confidents qui se font valoir et qui sont des traîtres, c'est l'éternelle histoire de tous les groupes jeunes et amoureux, livrés à eux-mêmes dans les loisirs et sous les ombrages; mais ici ce sont des jeunesses royales et qui brillent au matin du plus beau règne; l'histoire les fixe, la littérature, à défaut de la poésie, en a consacré le souvenir; une plume de femme les a racontées dans une langue polie, pleine de négligences décentes; le regard de la postérité s'y reporte avec envie. Pour s'expliquer qu'au milieu de ces piéges et de ces périls où elle se jouait, Madame n'ait point failli, pour qu'elle ait pu dire sincèrement à Monsieur, à l'article de la mort : « *Monsieur, je ne vous ai jamais manqué,* » il faut se rappeler et les difficultés de sa situation si observée, et aussi son âge avec cette sorte d'innocence qui accompagne les imprudences de la première jeunesse. Pour moi, toutes ces grandes et toutes ces demi-passions qui n'aboutissent pas, telles que madame de La Fayette nous les montre dans son Histoire, et telles que j'y crois, ne s'expliquent, en effet, que par cette jeunesse première. Quand le comte de Guiche fut exilé en 1664, Madame, qui avait vingt ans, était déjà devenue plus prudente : « Madame, nous dit madame de La Fayette, ne voulait pas qu'il lui dît adieu, parce qu'elle savait qu'on l'observait, et qu'elle n'était plus dans cet âge où ce qui était périlleux lui paraissait plus agréable. » Tous ces aimables engagements, ces hasards, ces entre-croisements de désirs et d'intrigues de cœur se rapportent donc surtout à sa jeunesse d'avant vingt ans.

Ces amours, cet exil du comte de Guiche, avaient fait bruit, et il en résulta un de ces libelles imprimés en Hollande, auxquels Bussy-Rabutin a le triste honneur d'avoir donné l'exemple par ses Histoires amoureuses. Madame, informée à temps, et redoutant l'effet de ce libelle sur Monsieur, s'adressa à Cosnac pour qu'il prévînt le prince et allât au-devant de son mécontentement. Ce qui la chagrinait surtout, c'était l'impression du libelle (1666); Cosnac se chargea de l'arrêter. Il dépêcha en Hollande un homme intelligent, M. Patin, fils de Guy Patin, pour qu'il vît tous les libraires qui pouvaient avoir le livre entre les mains. Celui-ci « s'acquitta si bien de sa commission, dit Cosnac, qu'il fit faire par les États des défenses de l'imprimer, retira dix-huit cents exemplaires déjà tirés, et me les apporta à Paris; et je les remis, par ordre de Monsieur, entre les mains de Mérille (le premier valet de chambre). Cette affaire me coûta beaucoup de peine et d'argent; mais, bien loin d'y avoir regret, je m'en tins trop payé par le gré que Madame me témoigna. »

Cette affaire lia plus particulièrement Cosnac avec Madame, et, dès ce moment, on le vit, en toute occasion, épouser ses intérêts et la servir. Ce fut le moment aussi où il agit avec le plus de zèle sur l'esprit de Monsieur pour le porter à devenir un prince digne d'estime et à la hauteur de sa naissance. J'ai dit comment il y échoua. L'influence du chevalier de Lorraine, à la fin de la campagne de 1667, ruina ses efforts, et cet indigne favori, qui vit en lui un ennemi naturel, ne négligea rien pour le perdre et pour l'éloigner. Je fais grâce des misérables intrigues domestiques dans lesquelles avait à lutter, à cette époque, cette âme si élevée et si délicate de Madame. Cosnac complète ici une lacune qui se trouve dans l'Histoire de madame de La Fayette, et il nous fait entrer dans les misères quand l'autre nous a donné le roman. Cet attachement pour Madame est certainement le plus bel et le plus honorable endroit de la vie de Cosnac. Lorsqu'il eut été exilé dans son diocèse, Madame ne cessa de lui écrire et de désirer, de demander son rappel; cette instance même allait contre le but : « Le roi, dit Cosnac, crut que Madame ne pouvait pas conserver un si violent et si continuel désir de mon retour, sans que nous eussions ensemble de grandes liaisons, et sans que je lui fusse fort nécessaire; et ces liaisons, selon les idées qu'on lui en avait données, lui paraissaient une cabale formée, qu'on ne pouvait détruire avec trop de soin. » Il n'y avait point de cabale; mais Madame, parmi les personnes attachées au prince son mari, avait distingué un homme capable, un ambitieux généreux et de mérite, et elle se l'était acquis, elle avait voulu le faire servir à l'accomplissement de ses propres vues, qui devenaient plus sérieuses avec l'âge. Dans le méchant libelle dont Cosnac avait envoyé chercher les ballots en Hollande, il y avait une phrase entre autres, qui n'était pas si mal tournée : « Elle a, disait-on de Madame, un certain air languissant, et quand elle parle à quelqu'un, comme elle est tout aimable, on dirait qu'elle demande le cœur, quelque indifférente chose qu'elle puisse dire. » Cette douceur du regard de Madame avait opéré sur l'âme assez peu sensible de Cosnac, et, sans y mêler ombre de sentiment galant, il s'était laissé prendre le cœur à celle qui le demandait si doucement et si souverainement. Pendant qu'il était en exil à Valence, Madame s'était trouvée choisie par Louis XIV, qui l'appréciait de plus en plus, comme médiatrice auprès du roi Charles II son frère, qu'il s'agissait de détacher de l'alliance de la Hollande, et aussi d'amener à se déclarer catholique. Louis XIV tenait à ce second point bien moins pourtant qu'au premier (1). L'affaire était si avancée, et même pour le point le plus délicat, pour la déclaration de catholicité, Madame la supposait si près de se conclure, qu'elle crut pouvoir avertir Cosnac d'un grand présent et d'une surprise qu'elle lui préparait. Il reçut donc une lettre de Madame, datée de Saint-Cloud le 10 juin 1669, qui portait :

« Dans la douleur que vous devez avoir des injustices qu'on vous fait, il y en aurait beaucoup que vos amis ne songeassent pas aux consolations qui peuvent vous aider à supporter vos disgrâces. Madame de Saint-Chaumont (gouvernante des enfants d'Orléans) et moi, avons, pour y parvenir, résolu que vous auriez un *chapeau de cardinal*.

(1) Tous les détails de cette négociation, et du rôle qu'y joua Madame, peuvent se lire au tome III des *Négociations relatives à la Succession d'Espagne*, publiées par M. Mignet.

Cette pensée, je m'assure, vous paraîtra visionnaire d'abord, voyant ceux de qui dépendent ces sortes de grâces, si éloignés de vous en 'aire; mais, pour vous éclaircir cette énigme, sachez que, parmi une nfinité d'affaires qui se traitent entre la France et l'Angleterre, cette ernière en aura dans quelque temps, à Rome, d'une telle conséquence t pour lesquelles on sera si aise d'obliger le roi mon frère, que je suis assurée qu'on ne lui refusera rien; et j'ai pris mes avances auprès de lui pour qu'il demandât, sans nommer pour qui, un chapeau de cardinal, lequel il m'a promis, et ce sera pour vous; ainsi vous pouvez compter là-dessus... »

Ce chapeau de cardinal, qu'elle montre ainsi à l'improviste prêt à tomber sur un homme en disgrâce, fait un singulier effet, et on reste convaincu encore, même après avoir lu, qu'il y avait là-dedans un peu de vision et de fantaisie, comme les femmes qui ont le plus d'esprit en mêlent volontiers à leur politique. Il faut rendre à Cosnac cette justice qu'il ne s'y laissa point éblouir, et qu'il vit surtout dans cette idée ce que nous y voyons aujourd'hui, un haut témoignage de l'estime de Madame : « Quelque ambitieux qu'on m'ait cru dans le monde, je puis dire avec sincérité que ce qui me flattait le plus dans cette lettre, c'était d'y voir l'augmentation de l'amitié de Madame. Ce fut, à vrai dire, ce seul honneur auquel je fus le plus sensible. » Il était dans ces termes d'amitié et de correspondance étroite avec la noble princesse; il venait de recevoir d'elle toutes sortes de nouveaux témoignages d'intérêt et d'affection sur sa fâcheuse mésaventure de Paris, au commencement de 1670. Durant le voyage de Douvres, où elle était allée voir le roi son frère et le décider à signer le traité avec Louis XIV (1er juin), elle avait pensé à *ce pauvre M. de Valence*. Au retour du voyage, quatre jours avant sa mort, le 26 juin, elle lui écrivait encore :

« Je ne suis pas surprise de la joie que vous me témoignez avoir de mon voyage d'Angleterre; il m'a été très-agréable, et, quelque persuadée que je fusse de l'amitié du roi mon frère, je l'ai trouvée encore plus grande que je ne l'espérais ; aussi ai-je trouvé dans toutes les choses qui dépendaient de lui tout l'agrément que je pouvais désirer. Le roi même, à mon retour, m'a témoigné beaucoup de bonté ; mais *pour Monsieur, rien n'est égal à son acharnement pour trouver moyen de se plaindre.* Il me fit l'honneur de me dire que je suis toute-puissante, et que je puis ce que je veux ; que, par conséquent, *si je ne fais pas revenir le chevalier* (le chevalier de Lorraine, alors exilé par ordre du roi), je ne me soucie pas de lui plaire, et *joint ensuite des menaces pour le temps à venir.* Je lui ai représenté combien peu ce retour dépendait de moi, et combien peu je faisais ce que je voulais, puisque vous étiez où vous êtes. Au lieu de voir la vérité et de s'adoucir par là, il a pris cette occasion de vous faire du mal auprès du roi, et de tâcher à m'y rendre de mauvais offices. »

Cette lettre renferme encore l'expression d'une douleur bien sensible pour une mère. Cosnac avait écrit une petite lettre à la fille de Madame, pour lors âgée de huit ans, qu'il avait prise en affection pour l'avoir vue chez madame de Saint-Chaumont, sa gouvernante. Cette lettre, qui avait été remise avec assez de mystère, avait fait mauvais effet, et Madame là-dessus lui disait :

« Je vous ai plusieurs fois blâmé de la tendresse que vous avez pour ma fille : au nom de Dieu, défaites-vous-en. C'est un enfant incapable de sentir là-dessus ce qu'elle doit, et *nourrie présentement à me haïr.* Contentez-vous d'aimer les personnes qui en sont aussi reconnaissantes que je la suis, et qui ressentent aussi vivement que je fais la douleur de ne se pas voir en état de vous tirer de celui où vous êtes. »

C'est trois jours après cette lettre écrite, que le 29 juin, sur le soir, vers cinq heures, Madame étant à Saint-Cloud, demanda un verre d'eau de chicorée à la glace ; elle le prit, et neuf ou dix heures après, à deux heures et demie du matin, le 30, elle expira dans toutes les douleurs de la plus violente colique. On a les détails de ses moindres actions et de ses paroles dans l'intervalle. En cette soudaine atteinte où la mort la prit comme à la gorge, elle garda sa présence d'esprit, pensa aux choses essentielles, à Dieu, à son âme, à Monsieur, au roi, aux siens, à ses amis, adressa à tous des paroles simples, vraies, d'une mesure charmante et, s'il se peut dire, d'une décence suprême. Dans le premier moment, on avait fait venir un docteur Feuillet, chanoine de Saint-Cloud, grand rigoriste : ce docteur ne ménagea en rien la princesse ; il lui parla presque durement ; écoutons son récit à lui-même : « A onze heures du soir, elle m'envoya appeler en grande diligence. Étant arrivé proche de son lit, elle fit retirer tout le monde, et me dit : « Vous voyez, monsieur Feuillet, en quel état je suis réduite. » — « En un très-bon état, Madame, lui répondis-je : vous confesserez à présent qu'il y a un Dieu que vous avez très-peu connu pendant votre vie. » Il lui dit que toutes ses confessions passées ne comptaient pas, que toute sa vie n'avait été qu'un péché ; il l'aida, autant que le temps le pouvait permettre, à faire une confession générale. Elle la fit avec de grands sentiments de piété. Un capucin, son confesseur ordinaire, était avec M. Feuillet près de son lit ; ce bon religieux voulait lui parler et se perdait en longs discours. Elle regarda madame de La Fayette présente avec un mélange de pitié et de souffrance ; puis se retournant vers le capucin : « Laissez parler M. Feuillet, mon Père, lui dit-elle avec une douceur admirable (comme si elle eût craint de le fâcher) ; vous parlerez à votre tour. » Cependant ce docteur Feuillet lui disait à haute voix de rudes paroles : « Humiliez-vous, Madame ; voilà toute cette trompeuse grandeur anéantie sous la pesante main de Dieu. Vous n'êtes qu'une misérable pécheresse, qu'un vaisseau de terre qui va tomber, et qui se cassera en pièces, et de toute cette grandeur il n'en restera aucune trace. » — « Il est vrai, ô mon Dieu ! » s'écriait-elle, acceptant tout avec soumission de la bouche de ce prêtre de mérite, mais rude, et y mêlant en échange ce qui était inaltérable en elle, quelque chose d'obligeant et de doux. On était allé chercher en toute hâte à Paris M. de Condom, Bossuet. Le premier courrier ne le trouva point chez lui; on en dépêcha un second et un troisième. Elle était à l'extrémité, elle venait de prendre le dernier breuvage quand il arriva. Ici la Relation du sévère docteur Feuillet change de ton et s'émeut sensiblement : « Elle fut aussi aise de le voir, dit-il, comme il fut affligé de la trouver aux abois. *Il se prosterna contre terre et fit une prière qui me charma; il entremêlait des actes de foi, de confiance et d'amour.* »

Prière de Bossuet prosterné à genoux au lit de mort de Madame, épanchement naturel et prompt de ce grand cœur attendri, vous fûtes le trésor secret où il puisa ensuite les grandeurs touchantes de son Oraison funèbre, et ce que le monde admire n'est qu'un écho retrouvé de ces accents qui jaillirent alors à la fois et se perdirent au sein de Dieu avec gémissement et plénitude !

Comme Bossuet achevait de parler ou pendant même qu'il parlait encore, la première femme de chambre de Madame s'approcha d'elle pour lui donner quelque chose dont elle avait besoin; profitant de l'occasion, Madame lui dit en anglais, afin que Bossuet ne l'entendît pas, conservant ainsi jusqu'à la mort toute la délicatesse de son procédé et la politesse de son esprit : « Donnez à M. de Condom, lorsque je serai morte, l'émeraude que j'avais fait faire pour lui. » — C'est ce dont Bossuet s'est souvenu jusque dans l'Oraison funèbre : « Cet art de donner agréablement qu'elle avait si bien pratiqué durant sa vie, l'a suivie, je le sais, jusqu'entre les bras de la mort. »

Madame fut-elle empoisonnée? Il est convenu aujourd'hui de le nier, et il semble établi de dire qu'elle est morte d'un choléra-morbus. L'autopsie officielle, en partie exigée par la politique, sembla le constater, et on insista fort sur les lésions profondes de constitution, que recouvrait cette enveloppe gracieuse. Le sentiment ou plutôt la sensation immédiate de Madame, fut qu'elle était empoisonnée. Elle le dit devant Monsieur, demandant qu'on regardât à cette eau qu'elle avait bue : « J'étais dans la ruelle, auprès de Monsieur, dit madame de La Fayette, et, quoique je le crusse fort incapable d'un pareil crime, un étonnement ordinaire à la malignité humaine me le fit observer avec attention. Il ne fut ni ému, ni embarrassé de l'opinion de Madame; il dit qu'il fallait donner de cette eau à un chien; il opina, comme Madame, qu'on allât quérir de l'huile et du contre-poison, pour ôter à Madame une pensée si fâcheuse. » C'est dans ces termes modérés et circonspects que madame de La Fayette justifie Monsieur. La lettre écrite à Cosnac le 26 juin nous a montré Monsieur plus *acharné* que jamais contre Madame et lui faisant *des menaces pour l'avenir*. Une autre lettre écrite à la veille du voyage d'Angleterre, le 28 avril 1670, exprimait les craintes de Madame et ses tristes présages en des termes bien énergiques et bien précis : « Monsieur est toujours trop aigri sur mon sujet, et je dois m'attendre à bien des chagrins au retour de ce voyage... Monsieur veut que je fasse revenir le chevalier, *ou bien me traiter comme la dernière des créatures.* » Notez qu'elle morte, le chevalier reparut presque aussitôt à la Cour. Mais on ne voit pas que Cosnac ait tiré, de ces lettres à lui adressées, aucune induction précise, ni qu'il leur ait fait rendre aucun mauvais sens. Il n'exprime pour son compte aucun soupçon.

Il ne laisse éclater que sa douleur, et c'est ici que je demande à citer en entier une page qui fait honneur à celui qui l'a écrite, et qui complète bien le concert d'oraisons funèbres dont Madame a été l'objet :

« Je n'entreprendrai pas, dit-il, d'exprimer l'état où je me trouvai (en apprenant la nouvelle de cette mort). Puisqu'il y a eu des personnes qui sont mortes de douleur, il m'est honteux d'avoir pu survivre à la mienne. Tout ce que le respect, l'estime, la reconnaissance, l'ambition, l'intérêt, peuvent inspirer de réflexions affreuses, me passa mille fois dans l'esprit. Mon tempérament y résista, je n'en fus pas même malade ; mais ma vie devint si chagrine et si languissante, qu'elle ne valait guère mieux que la mort. Pour la perte de ma fortune, je n'y fus pas trop sensible ; je n'avais jamais pu me persuader que les espérances que l'on me donnait fussent solides, quoiqu'à juger par toutes les apparences, le succès en fût indubitable ; mais perdre une si grande, si parfaite, si bonne princesse, une princesse qui pouvait réparer le tort que ma chute m'avait fait ; non, si j'avais eu le cœur véritablement délicat et sensible, il m'en devait coûter la vie. Il faut, pour justifier mon dévouement à cette princesse, et pour ma consolation, que je trace une légère idée de ses vertus. (Et ici commence le Portrait en forme, dans le goût du temps :)

« Madame avait l'esprit solide et délicat, du bon sens, connaissant les choses fines, l'âme grande et juste, éclairée sur tout ce qu'il faudrait faire, mais quelquefois ne le faisant pas, ou par une paresse naturelle, ou par une certaine hauteur d'âme qui se ressentait de son origine, et qui lui faisait envisager un devoir comme une bassesse. Elle mêlait dans toute sa conversation une douceur qu'on ne trouvait point dans toutes les autres personnes royales : ce n'est pas qu'elle eût moins de majesté, mais elle en savait user d'une manière plus facile et plus touchante, de sorte qu'avec tant de qualités toutes divines, elle ne laissait pas d'être la plus humaine du monde. On eût dit qu'elle s'appropriait les cœurs au lieu de les laisser en commun, et c'est ce qui a aisément donné sujet de croire qu'elle était bien aise de plaire à tout le monde et d'engager toutes sortes de personnes.

« Pour les traits de son visage, on n'en voit pas de si achevés ; elle avait les yeux vifs sans être rudes, la bouche admirable, le nez parfait, chose rare ! car la nature, au contraire de l'art, fait bien presque tous les yeux et mal presque tous les nez. Son teint était blanc et uni au delà de toute expression, sa taille médiocre mais fine (1). On eût dit qu'aussi bien que son âme, son esprit animait tout son corps ; elle en avait jusqu'aux pieds et dansait mieux que femme du monde.

« Pour ce *je ne sais quoi* tant rebattu, donné si souvent en pur don à tant de personnes indignes, ce *je ne sais quoi* qui descendait d'abord jusqu'au fond des cœurs, les délicats convenaient que chez les autres il était copié, qu'il n'était original qu'en Madame. Enfin, quiconque l'approchait demeurait d'accord qu'on ne voyait rien de plus parfait qu'elle.

(1) La Fare est moins favorable sur l'article de la taille, et il dit même un mot désagréable, que je ne répéterai pas.

« Je n'ai plus rien à dire de cette princesse, sinon qu'elle aurait été la gloire et l'honneur de son siècle, et que son siècle l'aurait adorée, s'il avait été digne d'elle.

« Avec cette princesse, je perdis l'envie et l'espérance de mon retour, et, pleinement dégoûté du monde, je tournai toutes mes vues du côté de mon ministère. »

L'époque de la mort de Madame fut un événement pour plusieurs. Ce jour-là, La Fare raconte qu'il ramena de Saint-Cloud M. de Tréville, un des amis particuliers de Madame, un de ceux dont elle appréciait le plus l'esprit fin, un peu subtil et extrêmement orné : « Tréville, que je ramenai ce jour-là de Saint-Cloud, et que je retins à coucher avec moi, pour ne le pas laisser en proie à sa douleur, en quitta le monde et prit le parti de la dévotion, qu'il a toujours soutenu depuis. » Madame de La Fayette elle-même, depuis qu'elle eut perdu Madame, se retira de la Cour et vécut avec M. de La Rochefoucauld de cette vie plus particulière qu'elle ne quitta plus.

Morte à vingt-six ans, et ayant été pendant neuf ans le centre de l'agrément et des plaisirs, Madame marque le plus beau ou du moins le plus gracieux moment de la Cour de Louis XIV. Il y eut après elle, dans cette Cour, plus de splendeur et de grandeur imposante peut-être, mais moins de distinction et de finesse. Madame aimait l'esprit, le distinguait en lui-même, l'allait chercher, le réveillait chez les vieux poëtes, comme Corneille, le favorisait et l'enhardissait chez les jeunes, comme Racine ; elle avait pleuré à *Andromaque*, dès la première lecture que le jeune auteur lui en fit : « Pardonnez-moi, Madame, disait Racine en tête de sa tragédie, si j'ose me vanter de cet heureux commencement de sa destinée. » Dans toutes les Cours qui avaient précédé de peu celle de Madame, à Chantilly, à l'hôtel Rambouillet et à l'entour, il y avait un mélange d'un goût déjà ancien, et qui allait devenir suranné : avec Madame, commence proprement le goût moderne de Louis XIV; elle contribua à le fixer dans sa pureté.

Madame appelle naturellement la comparaison avec cette autre princesse aimable des dernières années de Louis XIV, avec la duchesse de Bourgogne; mais, sans prétendre sacrifier l'une à l'autre, notons seulement quelques différences. La duchesse de Bourgogne, élève chérie de madame de Maintenon, et qui la désolait quelquefois par ses désobéissances, appartenait déjà à cette génération de jeunes femmes qui aimaient démesurément le plaisir, le jeu, par moments la table; enfin elle était bien faite pour être la mère de Louis XV. Madame, qui, venue au temps de la duchesse de Bourgogne, eût peut-être aimé toutes ces autres choses, aimait davantage celles de l'esprit; la solidité et le sens se mêlaient insensiblement à ses grâces; la décence et la politesse ne l'abandonnaient pas. Louis XIV en se liant avec elle d'une amitié si vraie et qui avait dominé l'amour, semblait avoir voulu s'attacher à régler cet heureux naturel et à lui donner de ses propres qualités : « il la rendit en peu de temps une des personnes du monde les plus achevées. » Dans les quelques jours qu'elle passa à Saint-Cloud, au retour de son voyage d'Angleterre et à la veille de sa mort, La Fare nous la montre jouissant de la beauté de la saison et de la conversation de ses amis, « comme M. de Turenne, M. le duc de La Rochefoucauld, madame de La Fayette, Tréville et plusieurs autres. » Ce n'est pas là, j'imagine, le cercle que la duchesse de Bourgogne, plus folâtre, aurait choisi et groupé autour d'elle.

Les lettres que Madame a écrites à Cosnac, et qui se publient pour la première fois, sont courtes, amicales, assez bien tournées, mais sans rien de remarquable : évidemment elle n'avait pas cette imagination qui se répand à distance; ce sont de ces esprits légers et sacrés qu'il faut saisir et adorer à leur source. La littérature ici n'a autre chose à faire qu'à enregistrer les témoignages des contemporains et, en quelque sorte, à les découper au milieu des pages d'autrefois. C'est ce que j'ai tâché de faire aujourd'hui avec le plus de simplicité et le moins de frais possible, en demandant grâce à mes lecteurs, car nous autres, serviteurs du public, nous sommes quelquefois fatigués aussi.

Lundi 26 juillet 1852.

PAUL-LOUIS COURIER

Il y a quelques jours que, causant avec un magistrat homme d'esprit, à qui ses fonctions n'ont point fait oublier les Lettres, après quelques propos sur divers sujets : « Savez-vous que c'est moi, me dit-il, qui, le premier ai relevé le corps de Paul-Louis Courier dans le bois où il fut assassiné? J'étais alors substitut à Tours; on vint me chercher de Véretz au milieu de la nuit; j'arrivai à l'aube... » Et j'entendis alors un récit vrai, simple, attachant, dramatique, qui me remit en mémoire cette singulière et originale figure, et qui me tente aujourd'hui de la retracer. Moi-même j'ai vu une seule fois Courier, et c'était environ trois semaines, si je ne me trompe, avant sa mort : il était à Paris, d'où il partait le lendemain, on l'avait invité à une soirée des rédacteurs du *Globe;* il y vint; on l'entourait, on l'écoutait. Je ne dirai pas que son image s'est gravée en moi, mais il m'est du moins resté de sa personne une idée qui n'est en rien le contraire du vrai, et que le souvenir et la réflexion peuvent achever très-fidèlement.

Courier n'était pas un très-grand caractère, nous le verrons; je dirai même tout d'abord que ce n'était pas un esprit très-étendu ni très-complet dans ses points de vue. Il voit bien, mais par parties; il a de vives idées, mais elles ne sont ni très-variées ni très-abondantes : cela devient très-sensible quand on le lit de suite et dans sa continuité. Ce qu'il est avant tout, en même temps qu'un homme d'humeur, c'est un homme d'art et de goût; c'est un habile et, par endroits, un exquis écrivain : là est sa supériorité et sa gloire. Sa vie se partage très-nettement en deux parties, avant 1815 et après. Après 1815, on eut le Paul-Louis Courier soi-disant vigneron, ancien canonnier à cheval, ayant son rôle, sa blouse, son fusil de paysan et, peu s'en faut, de braconnier, tirant au noble et au capucin, guerroyant à tout bout de champ derrière la haie ou le buisson, ami du peuple, et le louant, le flattant fort, se vantant d'en être, enfin le Paul-Louis que vous savez. Avant 1815, on a un autre Courier, qui a devancé l'autre et qui l'explique, mais qui n'a rien encore de l'homme de parti; soldat déjà trop peu discipliné sous la République, devenu incompatible et tout à fait récalcitrant sous l'Empire, mais curieux de l'étude, amateur du beau en tout; un Grec, un Napolitain, un Italien des beaux temps, le moins Gaulois possible; s'abandonnant tant qu'il peut à tous les caprices de sa libre vocation; indépendant avec délices; délicat et quinteux; misanthrope et pourtant heureux; jouissant des beautés de la nature, adorant les anciens, méprisant les hommes, ne croyant surtout pas aux grands hommes, faisant son choix de très-peu d'amis. Tel il était à l'âge de quarante-trois ans, tel au fond il resta jusqu'à la fin; mais les dix années finales (1815-1825) où il devint et où il fit un personnage populaire, méritent d'être comprises à part : aujourd'hui je ne m'occuperai que du premier Courier, du Courier avant le rôle et le pamphlet.

On a pour cette étude un secours inestimable, ce sont les lettres de Courier même, cent lettres rangées par lui et préparées pour l'impression, datant de 1804 à

1812, et qui composent ses vrais Mémoires durant ce laps de temps. Courier a fait pour ses lettres ce que Pline le Jeune avait fait pour les siennes, avec cette seule différence qu'il les a disposées par ordre chronologique. Il les aura sans doute retirées des mains de ceux à qui il les avait écrites pour en faire ainsi collection, ou bien il les a refaites et corrigées à loisir, d'après ses propres brouillons conservés. Quoi qu'il en soit du procédé, on a cette suite de lettres, auquel il s'en est ajouté depuis beaucoup d'autres, et plus anciennes, et plus récentes; de telle sorte que la vie de Courier se retrouve peinte en entier dans sa correspondance. Des lettres ainsi refaites et retouchées laissent toujours à désirer quelque chose, je le sais bien ; elles n'ont pas la même autorité biographique que des lettres toutes naïves, écrites au courant de la plume, oubliées au fond d'un tiroir et retrouvées au moment où l'on y pense le moins : mais Courier, homme de style et de forme, n'a guère dû faire de changements à ses épîtres que pour les perfectionner par le tour ; ses retouches et ses *repentirs*, comme disent les peintres, n'ont pas dû porter sur les opinions et les sentiments qu'il y exprime, et le travail qu'il y met, le léger poli qu'il y ajoute n'est qu'un cachet de plus.

Paul-Louis Courier, né à Paris sur la paroisse Saint-Eustache, le 4 janvier 1772, d'un père riche bourgeois, et qui avait eu maille à partir avec un grand seigneur, fut élevé en Touraine sous les yeux et par les soins de ce père qui le destinait à servir dans le corps du génie et qui l'appliqua en attendant aux langues anciennes. On sait peu de choses de ses premières années et des circonstances de sa première éducation, sinon qu'elle fut toute libre, agreste et assez irrégulière. A quinze ans, on le trouve à Paris, prenant de M. Callet sa première leçon de mathématiques et se livrant à l'étude du grec sous M. Vauvilliers, professeur au Collége de France; cette dernière étude l'emportait de beaucoup sur l'autre dans son esprit. Son second professeur de mathématiques, Labbey, ayant été nommé à l'École d'artillerie de Châlons, Courier l'y suivit (1794); mais, tout en poursuivant son dessein d'entrer dans une arme savante, il ne sacrifiait cependant point ses auteurs grecs et latins, et, à chaque moment de relâche, il leur laissait reprendre l'empire. On peut juger de ce que devait être la discipline de l'École de Châlons après le 10 août 1792, au moment de l'approche des Prussiens. Courier, comme tous ses camarades, jouissait vivement de cette indépendance; mais il en était peu qui eussent comme lui dans leur poche un *Homère* grec pour compagnon inséparable dans leurs courses à travers champs. Nommé lieutenant d'artillerie en juin 1793, il alla en garnison à Thionville; il écrivait de là à sa mère (10 septembre 1793) pour lui demander des livres, *Bélidor* sur le génie et l'artillerie, et surtout deux tomes de Démosthène et il ajoutait :

« Mes livres font ma joie, et presque ma seule société. Je ne m'ennuie que quand on me force à les quitter, et je les retrouve toujours avec plaisir. J'aime surtout à relire ceux que j'ai déjà lus nombre de fois, et par là j'acquiers une érudition moins étendue, mais plus solide. A la vérité, je n'aurai jamais une grande connaissance de l'histoire, qui exige bien plus de lectures, mais je gagnerai autre chose qui vaut autant, selon moi... »

Il veut parler sans doute de la connaissance morale de l'homme. Nous verrons avec les années croître chez Courier ce dégoût de l'histoire; le dégoût deviendra de l'aversion quand il croira avoir vu la grande histoire de près et les héros à l'œuvre. Cela le mènera un jour à dire : « Il y a plus de vérités dans Rabelais que dans Mézeray. » Ou par variante : « Il y a plus de vérité dans

Joconde que dans tout Mézeray. » Mais nous n'en sommes qu'à l'instinct, et pas encore à la boutade.

Dans cette même lettre à sa mère, il y a, sur la fin, un mot de sensibilité; il regrette la vie tranquille et douce qu'il menait sous le toit domestique : « Babil de femmes, folies de jeunesse, s'écrie-t-il, qu'êtes-vous en comparaison? Je puis dire ce qui en est, moi qui, connaissant l'un et l'autre, n'ai jamais regretté, dans mes moments de tristesse, que le *sourire de mes parents*, pour me servir des expressions d'un poëte. » Il semble ici ne risquer sa sensibilité qu'à la faveur d'un ancien.

Courier a vingt et un ans; il travaille, il s'occupe de ses lectures chéries, et il a aussi des moments d'entraînement vers les sociétés et les coteries, comme il les appelle. En ces veines de dissipation, il est très-humilié de ne pas savoir danser, condition alors essentielle pour un jeune homme; il reprend un maître de danse, ce qu'il a fait bien des fois avec un médiocre succès (1). Capitaine d'artillerie en juin 1795, il était au quartier-général de l'armée devant Mayence, quand il apprit la mort de son père. Il partit à l'instant sans congé, et sans prévenir personne, pour aller embrasser sa mère à La Véronique près Luynes, en Touraine. De tout temps nous lui verrons cette habitude d'indiscipline, et de partir volontiers sans congé. C'est ainsi qu'il fera finalement à la Grande Armée, à la veille de Wagram. Dans l'été de 1807, à Naples, ayant eu ordre de venir rejoindre son régiment à Vérone, il s'amusait, comme si de rien n'était, près de Portici, à traduire du Xénophon (*sur la Cavalerie*), s'attardait en chemin à Rome, et n'arrivait à Vérone qu'à la fin de janvier (1808). On l'y attendait depuis près de six mois, et il fut mis aux

(1) Un scrupule me vient; une dame, contemporaine de la jeunesse de Courier, assure qu'il avait fini pourtant par très-bien danser.

arrêts en arrivant. Il raconte tout cela dans de petites notes fort piquantes et fort bien tournées qu'il entremêle à ses lettres. Il a l'air de s'en faire honneur : il n'y a pas de quoi ; ce n'est pas ainsi que servaient les soldats de Xénophon.

En résidence à Toulouse, en 1796, il se livre à la fois aux études et au monde. Un de ses camarades de ce temps, qui a donné depuis un récit, quelque peu arrangé, de ses souvenirs, nous le montre alors, grand, mince et maigre; avec une bouche largement fendue, de grosses lèvres, un visage marqué de petite vérole, fort laid en un mot, mais d'une laideur animée et réparée par la gaieté et l'esprit de la physionomie; se piquant de bonnes fortunes, amoureux d'une danseuse, mademoiselle Simonnette, et écrivant en grec ses dépenses secrètes sur son calepin. Il se lia fort pendant son séjour à Toulouse avec un Polonais, homme de mérite et d'érudition, M. Chlewaski. C'est à lui qu'il écrivait de Rome, le 8 janvier 1799, la première lettre (retouchée sans doute depuis) où son talent s'offre à nous dans tout son relief et toute sa grâce.

Courier, on l'a deviné déjà, n'a pas l'ardeur de la guerre, ni l'amour de son métier : homme de la Révolution et de la génération de 89, il en a tout naturellement les idées, mais non la ferveur et la flamme; il en aime les résultats et il les défendra un jour, mais il n'est pas de ceux qui les arrachent ni qui les conquièrent. Sa passion est ailleurs; l'idéal de la Grèce, de bonne heure, lui a souri. Aussi, dans ces armées qui portent à travers l'Europe nos idées et des germes féconds jusqu'au sein du désordre, il ne voit, lui, que le désordre même; et, quand sa moderne patrie est aux prises avec l'antique, il n'hésite pas, c'est la patrie antique qu'il préfère et qu'il venge. Envoyé à Rome pendant l'occupation de 1799, témoin de cette émulation de rapines que le gouvernement du Directoire propageait partout dans les républiques formées à son image, il écrit à son ami Chlewaski qu'il a laissé à Toulouse :

« Dites à ceux qui veulent voir Rome qu'ils se hâtent, car chaque jour le fer du soldat et la serre des agents français flétrissent ses beautés naturelles et la dépouillent de sa parure... Les monuments de Rome ne sont guère mieux traités que le peuple. La colonne Trajane est cependant à peu près telle que vous l'avez vue, et nos curieux, qui n'estiment que ce qu'on peut emporter et vendre, n'y font heureusement aucune attention (1). D'ailleurs, les bas-reliefs dont elle est ornée sont hors de la portée du sabre, et pourront par conséquent être conservés. Il n'en est pas de même des sculptures de la Villa-Borghèse et de la Villa-Pamphili, qui présentent de tous côtés des figures semblables au Deïphobe de Virgile (2). Je pleure encore un joli *Hermès* enfant que j'avais vu dans son entier, vêtu et encapuchonné d'une peau de lion, et portant sur son épaule une petite massue. C'était, comme vous voyez, un Cupidon dérobant les armes d'Hercule, morceau d'un travail exquis, et grec si je ne me trompe. Il n'en reste que la base, sur laquelle j'ai écrit avec un crayon : *Lugete, Veneres Cupidinesque*, et les morceaux dispersés qui feraient mourir de douleur Mengs et Winckelmann, s'ils avaient eu le malheur de vivre assez longtemps pour voir ce spectacle.

« Des soldats, qui sont entrés dans la bibliothèque du Vatican, ont détruit, entre autres raretés, le fameux Térence du Bembo, manuscrit des plus estimés, pour avoir quelques dorures dont il était orné. Vénus de la Villa-Borghèse a été blessée à la main par quelque descendant de Diomède, et l'Hermaphrodite (*immane nefas!*) a un pied brisé. »

Telle est cette gracieuse peinture qui ressemble si bien elle-même à un bas-relief antique, et qui nous

(1) La colonne Trajane elle-même l'avait échappé belle ; on avait songé à l'enlever et à la transporter à Paris. Daunou, envoyé comme commissaire à Rome, écrivait au directeur La Révellière (30 mars 1798) : « Il paraît que vous renoncez à la colonne Trajane ; au fond, ce serait une entreprise extrêmement dispendieuse. » Il ajoutait dans une autre lettre : « En général, je vois qu'il est bon de s'en tenir aux *trois cent cinquante caisses* ; il n'est juste ni politique de trop multiplier les enlèvements de cette nature. »

(2) Le Deïphobe, fils de Priam, qu'Énée retrouve aux Enfers tout mutilé du sac de Troie, sans mains, sans oreilles, sans nez (*et truncas inhonesto vulnere nares*).

montre que, si Courier avait été de l'expédition de Mummius à Corinthe, il eût certainement été de cœur pour les Corinthiens contre les Romains.

Les opinions, les sentiments de Courier à cette fin de la République et sous l'Empire, nous les savons maintenant, il vient de nous les dire, et il n'aura plus qu'à les varier et à les développer devant nous. Placé entre la République et le Consulat, ou entre le Consulat et l'Empire, il est pour Praxitèle. En écrivant à ce même M. Chlewaski qui lui avait demandé ce que c'était que le livre des *Voyages d'Antenor*, Courier répond que c'est une sotte imitation d'*Anacharsis*, c'est-à-dire d'un ouvrage médiocrement écrit et médiocrement savant, *soit dit entre nous :*

> « Je crois, ajoute-t-il, que tous les livres de ce genre, moitié histoire et moitié roman, où les mœurs modernes se trouvent mêlées avec les anciennes, font tort aux unes et aux autres, donnent de tout des idées fausses, et choquent également le goût et l'érudition. La science et l'éloquence sont peut-être incompatibles... »

Ici l'on saisit le témoignage net et hardi de ce goût pur qui ne transige pas, de ce goût exclusif comme tous les goûts très-sincères et très-sentis. Courier l'eut tel de bonne heure, et tel il le conserva toute sa vie, se souciant plutôt de l'aiguiser que de l'augmenter et de l'élargir. Lisant en 1812, à Frascati, les articles du docte et fin Boissonade dans le *Journal de l'Empire*, il lui écrivait :

> « Courage, Monsieur! venez au secours de notre pauvre langue, qui reçoit tous les jours tant d'outrages. Mais je vous trouve trop circonspect; fiez-vous à votre propre sens; ne feignez point de dire en un besoin que tel bon écrivain a dit une sottise : *surtout gardez-vous bien de croire que quelqu'un ait écrit en français depuis le règne de Louis XIV : la moindre femmelette de ce temps-là vaut mieux pour le langage que les Jean-Jacques, Diderot, d'Alembert, contemporains et postérieurs;* ceux-ci sont tous ânes bâtés sous le rapport de la langue,

pour user d'une de leurs phrases ; vous ne devez pas seulement savoir qu'ils aient existé. »

Courier, parmi ces écrivains du dix-huitième siècle qu'il énumère, a grand soin d'oublier Voltaire, qui dérangerait sa théorie juste, mais excessive (1). En général, il ne faut prendre ces maximes, ces aphorismes littéraires de Courier que comme les saillies extrêmes d'un goût excellent ; c'est au jugement de chacun ensuite à les entendre sobrement et à les réduire.

Est-il besoin de dire qu'il ne faisait aucun cas de la littérature de son temps, ni de celle de l'Empire, ni, je le crains bien, de celle qui vint depuis? Vers la fin, engagé dans le parti libéral, il a fait quelques politesses à ce qu'on appelait les jeunes talents; mais, en réalité, il n'a jamais prisé les plus remarquables des littérateurs et des poëtes de ce siècle, ni Chateaubriand, ni Lamartine, qu'il raille tous deux volontiers à la rencontre; il leur était antipathique; c'était un pur Grec, et qui n'admettait pas tous les dialectes, un Attique ou un Toscan, au sens particulier du mot : « Notre siècle manque non pas de lecteurs, mais d'auteurs; ce qui se peut dire de tous les autres arts. » C'était le fond de sa pensée. En voyant le grand acteur Talma, il goûtait médiocrement ce mélange d'énergie tragique et de naturel; cela était trop shakspearien pour lui.

Cependant lui-même tâtonnait encore : il s'amusait assez insipidement à donner, d'après Isocrate, l'*Éloge d'Hélène* qu'il dédiait à madame Pipelet, depuis princesse de Salm. Ce qu'il y a de piquant en ces années, ce sont ses lettres avec tout le sel qu'il y a sous main répandu depuis. La lettre dans laquelle il raconte com-

(1) Il n'oublie pas moins l'excellent style épistolaire de madame Du Deffand, de celle que M. Villemain appelle spirituellement *la femme-Voltaire*.

ment se fit à Plaisance la proclamation de l'Empire dans le régiment de d'Anthouard est célèbre : c'est la plus spirituelle parodie, la plus méprisante et la plus frondeuse, et qui a dû être fort retravaillée à loisir. Envoyé en 1805 dans le royaume de Naples sous le général Gouvion-Saint-Cyr, Courier s'accoutume de plus en plus à prendre la guerre par le côté peu idéal et peu grandiose. Commandant d'artillerie, il ne croit pas à son métier ni à son art ; et quand il entrevoit, en s'arrêtant un moment dans une bibliothèque, l'occasion de publier et de traduire quelque ancien, il se moque encore de cette gloire-là ; mais il est évident, à la manière dont il en parle, qu'il y croit plus qu'à l'autre. Et ici j'aborderai franchement l'objection avec Courier, et je ne craindrai pas de montrer en quoi je le trouve étroit, fermé, négatif et injuste.

Dans la *Conversation chez la comtesse d'Albany*, à Naples (2 mars 1812), il agite cette question de savoir s'il y a un art de la guerre, s'il y a besoin de l'apprendre pour y réussir, s'il ne suffit pas qu'il y ait une bataille pour qu'il y ait toujours un grand général, puisqu'il faut bien qu'il y ait un vainqueur ; et il met dans la bouche du peintre Fabre sa propre opinion toute défavorable aux guerriers, tout à l'avantage des artistes, gens de Lettres et poëtes. Par un jugement aussi absolu, Courier fait tort, ce me semble, à son esprit, je ne dirai pas militaire, mais historique, et il montre qu'il n'a pas embrassé un ensemble. S'il avait voulu dire simplement qu'il y a bien du hasard à la guerre, que les réputations y sont souvent surfaites ou usurpées, que l'exécution des plans les mieux combinés dépend de mille accidents et de mille instruments qui peuvent les déjouer et les trahir, et que, dans l'art individuel du peintre et du poëte, avec toutes les difficultés qui s'y mêlent, il n'entre point de telles chances, il n'y aurait qu'à lui donner raison, et il n'aurait rien dit de bien neuf. Mais Courier va plus loin, il doute de l'art militaire même et du génie qui y a présidé dans la personne des plus grands capitaines; il doute d'Annibal, il doute de Frédéric, il doute de Napoléon; lui qui a l'honneur de servir sous Saint-Cyr et qui le reconnaît « le plus savant peut-être dans l'art de massacrer, » il ne prend nul goût à s'instruire sous ce maître; il a l'air de confondre Brune et Masséna; la première campagne d'Italie pour lui n'est pas un chef-d'œuvre. Tranchons le mot : il y a un héroïsme et une géométrie qui s'entr'aident l'une l'autre, et qu'il n'entend pas.

La fortune le lui rend bien : voyez comme elle le punit de sa taquinerie et de son scepticisme. En cet âge de grandes choses, elle le fait assister aux petites; elle le jette par deux fois dans le royaume de Naples, la seconde fois sous le général Reynier, médiocre ou malheureux; il y voit une guerre de brigands toute décousue, tout atroce, toute bouffonne. La Calabre, c'était l'Espagne en abrégé dès 1806. Courier est là loin du centre, obéissant à des ordres souvent contradictoires, sans chances d'avancement, en danger d'être pris et pendu, n'échappant qu'à force de présence d'esprit et parce qu'il parle bien l'italien, perdant ses chevaux, son domestique, sa valise et ses nippes, toutes choses dont il croit devoir nous détailler le compte (triste état de services !), et ne rencontrant pas une seule fois dans sa vie cette victoire en plein soleil qui fait croire à Leuctres et à Mantinée, et qui, même à ne voir que le classique, lui eût expliqué Épaminondas. Courier, qui n'a vu de la guerre que ce côté désastreux et cette lisière délabrée, juge par là de tout le reste :

« C'est là néanmoins l'histoire, écrit-il au docte critique Sainte-Croix, l'histoire dépouillée de ses ornements. Voilà les canevas qu'ont brodés les Hérodote et les Thucydide. Pour moi, m'est avis que ce enchaînement de sottises et d'atrocités, qu'on appelle histoire, ne mérite guère l'attention d'un homme sensé. Plutarque, avec

> .... l'air d'homme sage,
> Et cette large barbe au milieu du visage,

me fait pitié de nous venir prôner tous ces donneurs de batailles dont le mérite est d'avoir joint leurs noms aux événements qu'amenait le cours des choses. »

Il renouvelle en toute occasion, à cette heure splendide, ce blasphème contre l'histoire qu'il a trop vue du fond du cul-de-sac sanglant de la Calabre :

« Oui, Monsieur, écrivait-il à M. Silvestre de Sacy en octobre 1810, j'ai enfin quitté mon vilain métier, un peu tard, c'est mon regret. Je n'y ai pas pourtant perdu tout mon temps. J'ai vu des choses dont les livres parlent à tort et à travers. *Plutarque à présent me fait crever de rire : je ne crois plus aux grands hommes.* »

Et encore, sur Plutarque toujours, car il faut citer et peser ces paradoxes de Courier, qui sont désormais en circulation :

« Je corrige un Plutarque qu'on imprime à Paris (août 1809). C'est un plaisant historien, et bien peu connu de ceux qui ne le lisent pas en sa langue. Son mérite est tout dans le style ; il se moque des faits, et n'en prend que ce qui lui plaît, n'ayant souci que de paraître habile écrivain. *Il ferait gagner à Pompée la bataille de Pharsale, si cela pouvait arrondir tant soit peu sa phrase.* Il a raison. Toutes ces sottises qu'on appelle histoire ne peuvent valoir quelque chose qu'avec les ornements du goût. »

Avec tout le respect que l'on doit à l'un des cinq ou six hommes en Europe qui savent le grec (Courier n'en comptait pas davantage, et il en était), je ne puis croire à une telle légèreté dans Plutarque. Quand on a fait la part du rhéteur et du prêtre d'Apollon en lui, il reste une bien plus large part encore, ce me semble, au collecteur attentif et consciencieux des moindres traditions sur les grands hommes, au peintre abondant et curieux de la nature humaine. Mais avec Courier, il faut se faire à ces extrémités spirituelles d'expression qui ne sont que des figures de pensée; et n'est-ce pas ainsi que, dans sa passion et presque sa religion du pur langage, il disait encore : « Les gens qui savent le grec sont cinq ou six en Europe : *ceux qui savent le français sont en bien plus petit nombre!* »

Il y a des moments pourtant où, voyant tant de choses réelles et mémorables se faire alentour, l'artiste en lui s'éveille et se dit : *Je suis peintre aussi!* Mais, pour peindre, il en revient encore aux anciens; il voudrait, comme André Chénier, traiter un sujet *moderne* dans le goût *antique*; et pour cela il ne faut pas que le sujet soit trop considérable ni très-compliqué. Un morceau d'histoire, un épisode détaché, où l'on pourrait mettre la concision énergique d'un Salluste ou mieux la naïveté charmante d'un Xénophon, le tenterait bien. Dans ce royaume de Naples, où il campe et chevauche à l'aventure, il écrit un jour à Clavier (juin 1805) :

> « Un morceau qui plairait, je crois, traité dans le goût antique, ce serait l'Expédition d'Égypte. Il y a là de quoi faire quelque chose comme le *Jugurtha* de Salluste, et mieux, en y joignant un peu de la variété d'Hérodote, à quoi le pays prêterait fort; scène variée, événements divers, différentes nations, divers personnages; celui qui commandait était encore un homme, il avait des compagnons; et puis, notez ceci, un sujet limité, séparé de tout le reste; c'est un grand point selon les maîtres : peu de matière et beaucoup d'art. »

Peu de matière et beaucoup d'art, c'est là toute la devise et le secret du talent de Courier. Mais ici encore il est déjoué; car cette Expédition d'Égypte, qui donc la traitera? qui saura la raconter et la peindre? Ce n'est pas vous qui y rêvez trop pour cela, qui pensez trop à Salluste ou à Hérodote, au lieu d'étudier la chose en elle-même. Le digne et simple historien de cette Expédition grandiose, ce sera encore tout naturellement celui qui l'a faite, Bonaparte, dont c'est la dernière dictée publiée (1847).

Que Courier laisse donc l'histoire à laquelle il n'a pas confiance et qui est trop vaste pour lui ; mais l'art, mais la nature, mais le beau sous la forme classique et antique, voilà à quoi il excelle. Laissez-le en jouir à souhait et sans dessein ; il nous en rendra ensuite avec pureté et lumière quelque fragment de tableau. Au fond de la Calabre, à cette extrémité de la Grande-Grèce, près de Tarente, en face de la Sicile qu'il convoite et qu'il voit là de l'autre côté du canal, « comme de la terrasse des Tuileries vous voyez le faubourg Saint-Germain, » il a des accents et des tons pleins de chaleur et de largeur :

« Quant à la beauté du pays, les villes n'ont rien de remarquable, pour moi du moins ; mais la campagne, je ne sais comment vous en donner une idée : cela ne ressemble à rien de ce que vous avez pu voir. Ne parlons pas de bois d'orangers et de haies de citronniers ; mais tant d'autres arbres et de plantes étrangères, que la vigueur du sol y fait naître en foule, ou bien les mêmes que chez nous, mais plus grandes, plus développées, donnent au paysage un tout autre aspect. En voyant ces rochers, partout couronnés de myrte et d'aloès, et ces palmiers dans les vallées, vous vous croyez au bord du Gange ou sur le Nil, hors qu'il n'y a ni pyramides, ni éléphants ; mais les buffles en tiennent lieu et figurent fort bien parmi les végétaux africains, avec le teint des habitants qui n'est pas non plus de notre monde... Ce n'est pas sans raison qu'on a nommé ceci l'Inde de l'Italie. »

Il est devenu lui-même Italien ; après la langue grecque, il ne trouve rien à comparer à ces idiomes si riches et si suaves des diverses contrées de l'Italie. Il vit dans ces beaux lieux, il s'y naturalise, il s'y oublie ; et, dès qu'il a quitté son *harnais*, comme il dit, et laissé son *vil métier*, il retourne y vivre et y passer les dernières années de la sécurité et du loisir (1810-1812). Athènes par delà l'appelle ; il y aspire comme le dévot musulman au pèlerinage de la Mecque ; mais, en attendant, Rome et Naples, avec leurs monuments, leur ciel et leur petite société d'élite, lui suffisent, le possèdent et lui tiennent lieu de tout ; grands souvenirs, beautés naturelles, c'est pour lui tout ensemble « ce qu'il y a de mieux dans le rêve et dans la réalité. »

Mais il faut dire quelque chose de la grande découverte de Courier en ces années, et de sa grosse querelle au sujet d'un pâté d'encre ; sans quoi, d'ailleurs, on ne devinerait pas assez ce qu'il était dès lors, assez vif à la brouille et à la querelle, et prompt à riposter dès qu'on le piquait. Étant à Florence, en 1809, il examina, à la bibliothèque de San-Lorenzo, un manuscrit grec des *Amours de Daphnis et Chloé,* qu'il reconnut plus complet que ce qu'on avait imprimé jusque-là. Le premier livre de cette gracieuse Pastorale, si connue par la traduction d'Amyot, offrait une lacune que l'on supposait n'être que de quelques lignes, et qui se trouva être de six ou sept pages, à l'endroit d'une très-jolie scène de bain, puis de dispute jalouse et de baiser. Certes, pour qui sait la disette actuelle et la difficulté de rien découvrir de vraiment nouveau dans ce champ presque épuisé de l'antiquité, c'était là une jolie trouvaille, et de quoi réjouir délicieusement une âme d'érudit. La fortune traitait cette fois Courier avec faveur : elle lui faisait trouver chez un ancien ce qu'il aurait aimé à inventer lui-même. Courier se mit aussitôt à l'ouvrage, c'est-à-dire à copier le passage inédit et à le collationner. Mais il arriva que, pendant ce travail, une feuille de papier qu'il mit dans le manuscrit, étant tachée d'encre en dessous, couvrit et tacha une page de ce manuscrit précieux. C'était une grave étourderie, et aucun bibliothécaire ne l'eût bien prise : ceux de Florence le prirent très-mal, et supposèrent à la maladresse de Courier une intention de noirceur qu'il serait bien pénible de lui supposer. Il s'ensuivit des plaintes dans les journaux du lieu, des brochures ; l'orage grossit ; on se parlait de ce pâté à l'oreille, de

Rome à Paris, dans ce grand silence, un moment pacifique, de l'Empire; et Courier jugea à propos de répondre par une *Lettre* publique (1810) adressée *à M. Renouard*, libraire, qui était à Florence lors de l'événement. Cette Lettre est célèbre : c'est, à vrai dire, le premier des pamphlets de Courier, et chacun put voir dès lors combien cette bouche qui savait si bien rire, savait mordre aussi. M. Renouard lui-même y attrapait son coup de dent au Post-scriptum, pour ne s'être pas assez vigoureusement prononcé.

Le fameux pâté se voit encore et se montre à Florence avec une attestation de la main de Courier, qui déclare l'avoir fait par étourderie. Des personnes, qui ont vu ces pièces, en ont emporté une impression qui est un peu autre, m'assure-t-on, que celle des lecteurs de la brochure; les simples lecteurs, en effet, qui n'entendent qu'une des parties, ont peine à ne pas donner raison à Courier.

En traduisant dès lors le fragment inédit, en l'assortissant et en le joignant à la version d'Amyot qu'il publia après l'avoir corrigée en beaucoup de points (Florence, 1810), Courier entrait comme par occasion dans cet essai de style un peu vieilli, à la gauloise, qu'il s'appropriera désormais, qu'il appliquera à d'autres traductions et même à des sujets tout modernes, et qu'il fera plus tard servir à son personnage politique de paysan tourangeau.

Dès ce temps-là, il fallait regarder de bien près à la manière dont on s'y prenait avec Courier, de peur de le fâcher, même en le louant. M. Renouard, en écrivant sur ce fameux pâté, avait dit de Courier que c'était un *helléniste* fort habile. *Helléniste*, qu'est-ce que cela? Courier se défendait fort de l'être :

« Si j'entends bien ce mot, qui, je vous l'avoue, m'est nouveau, vous dites un *helléniste* comme on dit un *dentiste*, un *droguiste*, un *ébé-*

niste; et, suivant cette analogie, un *helléniste* serait un homme qui étale du grec, qui en vit, qui en vend au public, aux libraires, au Gouvernement. Il y a loin de là à ce que je fais. Vous n'ignorez pas, Monsieur, que je m'occupe de ces études uniquement par goût, ou, pour mieux dire, par boutades et quand je n'ai point d'autre fantaisie; que je n'y attache nulle importance et n'en tire nul profit; que jamais on n'a vu mon nom en tête d'aucun livre... »

On entrevoit ici non-seulement l'indépendance et le caprice, mais un peu la prétention et le travers. C'est ainsi que plus tard Courier, en échouant aux élections de Chinon (1822), ne voulait pas qu'on dît qu'il avait été en *concurrence* avec le marquis d'Effiat; il prétendait n'avoir été le *concurrent* de personne, n'avoir ni demandé ni sollicité d'être député, n'avoir été candidat en aucune sorte; il est vrai qu'il aurait accepté si on l'avait élu. Pure chicane de mots! il n'était pas candidat ici, pas plus qu'il n'était helléniste là-bas.

Cette affaire du pâté, et les tracasseries qui s'ensuivirent, donnèrent dès lors à Courier une sorte de misanthropie, à laquelle il était assez naturellement disposé, et qui d'ailleurs n'altérait pas son humeur; mais le mépris des hommes perce de plus en plus, à cette date, dans tout ce qu'il écrit :

« Les habiles, dit-il à ce propos, *qui sont toujours en petit nombre et ne décident de rien...* » — « Pour moi, écrivait-il au médecin helléniste Bosquillon, ces choses-là ne m'apprennent plus rien; ce n'est pas d'aujourd'hui que j'ai lieu d'admirer la haute impertinence des jugements humains. Ma philosophie là-dessus est toute d'expérience. Il y a peu de gens, mais bien peu, dont je recherche le suffrage : encore m'en passerais-je au besoin. » — « Je passe ici mon temps assez bien, écrivait-il encore de Rome à Clavier (octobre 1810), avec quelques amis et quelques livres. Je les prends comme je les trouve, *car, si on était difficile, on ne lirait jamais, et on ne verrait personne. Il y a plaisir avec les livres, quand on n'en fait point, et avec des amis, tant qu'on n'a que faire d'eux.*

Il ne tiendrait qu'à moi de multiplier ces passages où se combinent à doses au moins égales la douceur et l'amertume. Ce que rêve Courier à cette date, ce n'est pas de noyer tout le genre humain, quoique détestable, mais de faire une arche de quelques personnes d'élite et d'y vivre entre soi. Il est impossible de découvrir en lui, à ce moment, celui qui bientôt dira au peuple qu'il est sensé et sage, et qu'un bon Gouvernement n'est qu'un cocher à qui tout le monde a le droit de dire : *Mène-moi là*. Je ne prétends pas décider auquel des deux moments il eut le plus raison, mais je tiens à bien noter les deux moments dans sa vie. Vers la fin de l'Empire, il me semble voir en Courier un misanthrope studieux et délicat, un mécontent plein de grâce et parfois de bonne humeur, une espèce de Gray plus robuste et plus hardi, mais également distingué, fin et difficile (1). Il a lui-même résumé sa disposition à la fois de découragement et de dilettantisme à la fin de l'Empire, quand il écrivait à Bosquillon (novembre 1810) :

« Quant à moi, ôtez-vous de l'esprit que je songe à faire jamais rien. Je crois, pour vous dire ma pensée, que ni moi ni autre aujourd'hui ne saurait faire œuvre qui dure; non qu'il n'y ait d'excellents esprits, mais les grands sujets qui pourraient intéresser le public et animer un écrivain, lui sont interdits. Il n'est pas même sûr que le public s'intéresse à rien. Au vrai, je vois que la grande affaire de ce siècle-ci, c'est le débotté et le petit coucher. L'éloquence vit de passions; et quelles passions voulez-vous qu'il y ait chez un peuple de courtisans?... Contentons-nous, Monsieur, de lire et d'admirer les anciens du bon temps. Essayons au plus quelquefois d'en tracer de faibles copies. Si ce n'est rien pour la gloire, c'est assez pour l'amusement. On ne se fait pas un nom par là, mais on passe doucement la vie... »

En supposant que toutes les lettres qui portent la date de ces années aient été réellement écrites alors telles que nous les avons, il imitait, en effet, les anciens sans fatigue et avec un art adorable dans de petits sujets,

(1) Quand je dis que Courier est plus hardi que Gray, cela doit s'entendre de la hardiesse à se produire et à tenir tête au monde; car, en ce qui est du goût, Gray a plus de hardiesse que Courier.

soit qu'il adressât à sa cousine, madame Pigale, du pied du Vésuve des contes dignes de Lucius et d'Apulée (1er novembre 1807), soit qu'aux bords du lac de Lucerne, du pied du Righi, il envoyât à M. et à madame Thomassin (25 août et 12 octobre 1809) des idylles malicieuses et fraîches où il aime à montrer toujours, à côté des jeunes filles joueuses ou effrayées, le rire du Satyre (1). Ce sont de petites scènes parlantes, achevées, faites pour être ciselées sur une coupe antique, sur une de ces coupes que Théocrite proposait en prix à ses bergers. Et là encore se vérifie le précepte favori de Courier : « Peu de matière et beaucoup d'art. » A ces jolies bagatelles, travaillées comme une ode d'Horace, Courier donne un poli de style qui rappelle l'éclat du marbre de Paros.

Mais l'Empire, en tombant, allait ouvrir à Courier de nouveaux points de vue et une carrière. On peut dire qu'il n'avait embrassé ni senti à aucun instant l'esprit et le génie de cette grande époque; le côté héroïque comme le côté social lui avait échappé; il n'y avait vu partout que les excès et les désordres, les bassesses ou les ridicules. Allait-il mieux comprendre l'époque nouvelle qui succédait, et l'espèce de transaction qu'il eût convenu dès l'abord d'y ménager et d'y favoriser? Il comprit fortement du moins le principal des éléments qui devait y prévaloir et triompher. La passion, pour la première fois, se mêla avec suite dans sa vue pratique des choses; son humeur d'ailleurs le rendait tout propre à l'opposition. Les mécontents et les déclassés d'un régime, quand ils sont aussi riches de fond que Courier, et aussi armés de talent, se trouvent tout préparés du premier jour pour le régime suivant.

(1) Ces pages de Courier ont été, dans le temps, très-bien appréciées par M. Charles Magnin, au tome Ier, pag. 397-399, de ses *Causeries*.

Lundi, 2 août 1852.

PAUL-LOUIS COURIER

(Suite et fin.)

Courier est rentré en France; il voit ses amis les hellénistes; un jour de douceur et de bonne humeur, il se dit, en se trouvant chez M. Clavier, et en jetant les yeux autour de lui : « Il me semble que tout ce que j'aime est ici; » et il demande en mariage la fille aînée de son ami, laquelle était encore dans la première jeunesse. Madame Clavier, en mère avisée et qui prévoit, hésite; on fait quelques réflexions, quelques objections; mais Courier promet tout, d'être sage et bon sujet, bien rangé et docile, de faire pour M. Clavier toutes les recherches qu'il voudra : « Je tâcherai d'être de l'Institut; je ferai des visites et des démarches pour avoir des places comme ceux qui s'en soucient. » On consent, et le mariage se fait dans l'été de 1814. Courier avait quarante-deux ans. A peine marié et tout étonné de s'être lié, il part seul un matin, s'en va en Normandie, voit dans je ne sais quel port un vaisseau qui fait voile pour le Portugal, est tenté de s'y embarquer, et s'en revient après cette première infidélité. On a ses lettres à sa femme dans les premiers temps de son mariage; elles sont brusques et affectent même de l'être :

« Ton sermon me fait grand plaisir. Tu me prêches sur la nécessité de plaire aux gens que l'on voit, et de faire des frais **pour cela**; et, comme s'il ne tenait qu'à moi, tu m'y engages fort sérieusement et le plus joliment du monde : tu ne peux rien dire qu'avec grâce. Mais je te répondrai, moi : Ne forçons point notre talent ; c'est La Fontaine qui l'a dit. Si Dieu m'a créé bourru, bourru je dois vivre et mourir... »

Les gens d'esprit sont souvent très-singuliers ; ils croient connaître le cœur humain mieux que d'autres, et, parce qu'ils ont fait du grec avec le père et qu'ils ne sont pas tout à fait aussi vieux que lui, ils croient que c'est une raison pour être aimés de la fille, d'une toute jeune fille, et cela sans faire de frais, sans rien retrancher à leur humeur, à leur procédé rude, à leur extérieur inculte, et en se conduisant, dès le lendemain de leurs noces, comme de vieux maris. Qu'on me pardonne cette seule observation sur le ménage de Courier ; mais le ton des lettres qu'on a publiées de lui à sa femme, autoriserait seul la remarque. Je passe, et j'en viens au ménage politique.

Courier commença à s'en mêler, non pas tout à fait, comme il le dit, le premier et *seul au temps de* 1815, mais à la fin de 1816. Il vivait en partie à la campagne ; il visitait ses propriétés en Touraine, et cherchait à y faire des acquisitions nouvelles. Il ne paraît point d'abord sous le charme ni des lieux, ni des gens ; les souvenirs d'enfance lui reviennent et lui font plaisir, mais le rêve passe vite et le positif l'occupe. Après vingt ans d'absence ou de négligence, en rentrant dans l'héritage paternel, il a à défendre ses intérêts, à regagner ce qu'il a perdu par la mauvaise foi du paysan ; ses voisins ont empiété tant qu'ils ont pu sur lui et lui ont rogné ses terres ; ses fermiers le paient mal, ses marchands de bois ne le paient pas du tout ; il chicane, il menace, il montre qu'il n'est pas homme « à se laisser manger la laine sur le dos ; » enfin, aux champs comme ailleurs, et plus qu'ailleurs, il retrouve la même espèce humaine qui obéit à ses intérêts, à ses cupidités, tant qu'elle peut et aussi longtemps qu'on la laisse faire. Il voit d'abord quelques gentilshommes du pays, et sans trop de répugnance, sans aucune du moins de leur côté. Courier, en ces années 1814-1815, jouissait de la meilleure réputation dans le monde royaliste de son pays; on lui savait gré de n'avoir jamais donné dans l'Empire. Il écrivait plaisamment à sa femme, de Tours où il était en janvier 1816, à propos d'un bal de la haute société : « Si tu t'étais trouvée ici, aurais-tu été assez *pure?* Tu es de race un peu suspecte (à cause de M. Clavier, son père). On t'eût admise à cause de moi qui suis la pureté même ; car j'ai été pur dans un temps où tout était *embrene!* » Sérieusement, il n'était encore d'aucun parti à cette date de fureur presque universelle et d'incandescence. Comment entra-t-il dans la politique ? Par le détail, par ce qu'il y a de plus particulier. Ce sont les petites choses qui l'ont décidé, les petites vexations locales, de voir des abus de pouvoir dans l'endroit, de voir un homme trop puni pour avoir manqué au curé, d'entendre ce curé défendre le cabaret aux paysans le dimanche, enfin des querelles de maire et de garde champêtre ; c'est ce qui le décida pour l'opposition ; et, une fois piqué au jeu, il y prend goût : le talent, chez lui, qui cherchait jour et matière et qui s'ennuyait à ne point s'exercer, s'empare de ces riens et en fait à la fois des thèmes d'art achevés et de merveilleuses petites pièces de guerre.

Le premier pamphlet de Courier est sa *Pétition aux deux Chambres*, datée du 10 décembre 1816, et commençant en ces termes : « Je suis Tourangeau, j'habite Luynes sur la rive droite de la Loire, lieu autrefois considérable, que la révocation de l'Édit de Nantes a réduit à mille habitants, et que l'on va réduire à rien par de nouvelles persécutions, si votre prudence n'y met ordre... » Suit l'exposé des faits, la rencontre de Fouquet à cheval allant au moulin, et du curé avec le mort qu'on mène au cimetière, Fouquet refusant de céder le pas, d'ôter le chapeau, lâchant même un juron au passage, et, pour ce méfait, pris un matin par quatre gendarmes et conduit pieds nus et mains liées entre deux voleurs aux prisons de Langeais; puis, quelques mois après, l'arrestation de douze personnes dans ce petit endroit de Luynes, toutes enlevées nuitamment et jetées en prison pour propos séditieux ou conduite suspecte. C'était le moment de la réaction ultra-royaliste, et elle sévissait là comme ailleurs, s'emparant de quelques faits isolés qu'elle grossissait et exagérait. Courier, dans sa *Pétition*, exposait ces choses avec esprit, vivacité, une sorte de gaieté même de récit. Il y mêlait du pathétique, et il y a, tout au milieu, un vrai mouvement oratoire : « Justice! équité! Providence! vains mots dont on nous abuse! quelque part que je tourne les yeux, je ne vois que le crime triomphant et l'innocence opprimée...; » ce qui, au point de vue de l'art, sent un peu trop l'avocat, le Cicéron ou le Gerbier qui plaide. Il se voit quelques disparates dans ce premier pamphlet de Courier, un peu de mélange encore de ce style qui veut être tout simple, abrupt et d'un rustique raffiné, avec la phrase réputée élégante et harmonieuse. Parlant de cette paix que la province de Touraine avait conservée de tout temps au milieu des troubles de la France, il dira : « Mais alors, de tant de fléaux nous ne ressentions que le bruit, *calmes au milieu des tourmentes, comme ces oasis entourées des sables mouvants du désert.* »

Cette première *Pétition* eut du succès, mais elle n'engageait point encore Courier décidément dans l'opposition. Un crachement de sang, un voyage aux eaux, la mort de son beau-père, M. Clavier, l'occupèrent durant l'année 1817. En même temps, il s'établissait plus régulièrement à la campagne par l'achat de sa maison de La Chavonnière, à Véretz près de Tours. Là, il eut affaire à son maire, avec qui son garde était mal, et il entra dans les procès et les tracasseries pour n'en plus sortir. On lui coupait des chênes dans ses bois ; son garde portait plainte et dressait procès-verbal, mais le maire n'en tenait compte. Courier fit un *Placet* au ministre, de ce ton qui semble toujours dire : *Je m'en moque!* Étant à Paris au commencement de 1819, il vit M. Decazes qui lui promit justice : « Quand on saura à Tours, écrivait-il à sa femme, que nous avons à Paris des gens qui pensent à nous, on nous laissera tranquilles... Je vois qu'on se fait ici un honneur et une gloire de me protéger. » Il y eut là un moment d'indécision pour Courier et qui tint à peu de chose ; on cherchait à le rallier, il n'était pas encore irréconciliable. Sa *Lettre à l'Académie* gâta tout.

En effet, il s'était mis sur les rangs pour succéder à son beau-père, M. Clavier, à l'Académie des Inscriptions. Il y avait trois places vacantes ; l'Académie, après avoir remis les élections à six mois, ne nomma point Courier. Il en fut outré, et, pour se venger, il publia sa *Lettre à Messieurs de l'Académie des Inscriptions et Belles-Lettres*, datée du 20 mars 1819. Relue aujourd'hui, cette Lettre paraîtra beaucoup moins piquante qu'on ne la trouva au moment même. Et tout d'abord le procédé est choquant. Car de ce qu'un homme de mérite se présente aux suffrages d'une Compagnie savante et n'est point reçu une première fois, est-ce une raison à lui de saisir aussitôt la plume, d'écrire contre cette Académie, contre les membres qui en font partie et dont quelques-uns, comme les Silvestre de Sacy et les Quatremère de Quincy, sont illustres ? Est-ce de bon goût de dénigrer les hommes très-inférieurs, je l'accorde, et même trèsindignes, qui vous ont été préférés? Est-ce d'une galante manière de venir les appeler tout uniment des *ânes* et de s'écrier : « Ce qui me fâche le plus, c'est que je vois s'accomplir cette prédiction que me fit autrefois mon père : « *Tu ne seras jamais rien* »... *Tu ne seras jamais rien*, c'est-à-dire tu ne seras ni *gendarme*, ni *rat de cave*, ni *espion*, ni *duc*, ni *laquais*, ni *académicien*. » Deux ou trois savants hasardés sont restés marqués au front de ces flétrissures brûlantes de Courier, mais lui-même s'est trouvé marqué aussi et atteint pour avoir cédé si complaisamment à sa colère. Il était évident que chez lui l'esprit était plus délicat que le reste.

Le pas était franchi, il n'y avait plus à douter que l'humeur de Courier déciderait toujours de sa conduite, et que son plaisir d'écrire l'emporterait sur son désir de vivre en repos. Il adressa en ce temps une suite de lettres au journal *le Censeur* (juillet 1819-avril 1820). Ces lettres nous donnent toute la théorie politique de Courier. Dans cette formation du parti libéral où il entrait alors tant d'éléments divers, Courier reste ce qu'il était de tout temps, le plus anti-bonapartiste possible, ennemi des grands gouvernants, se faisant l'avocat du paysan, l'homme de la commune, prêchant l'économie, parlant contre la manie des places, voulant de gouvernement le moins possible, faisant des sorties contre la Cour et les gens de Cour toutes les fois qu'il y a lieu, méconnaissant ce qu'il y a eu de grand, d'utile, de nécessaire dans l'établissement des Louis XIV, des Richelieu, des grands directeurs de nations, disant en propres termes, pour son dernier mot et son idéal : « La nation enfin ferait marcher le Gouvernement comme un cocher qu'on paie, et qui doit nous mener, non où il veut, ni comme il veut, mais où nous prétendons aller, et par le chemin qui nous convient; » disant encore, et cette fois plus sensément : « Il y a chez nous une classe moins élevée (que les courtisans), quoique mieux élevée, qui ne meurt pour personne, et qui, sans dévouement, fait tout ce qui se fait; bâtit, cultive, fabrique autant qu'il est permis; lit, médite, calcule, invente, perfectionne les arts, sait tout ce qu'on sait à présent, et sait aussi se battre, si se battre est une science. » Pourtant il oublie trop que *Georges le laboureur*, *André le vigneron*, *Jacques le bonhomme* (comme il les appelle) n'ont rien qui les élève et les moralise, qui les détache de ces intérêts privés auxquels ils sont tous acharnés et assujettis; qu'à un moment donné, s'il faut un effort, un dévouement, une raison supérieure d'agir, ils ne la trouveront pas, et qu'à telles gens il faut une religion politique, un souvenir ou une espérance qui soit comme l'âme de la nation, quelque chose qui, sous Henri IV, s'appelait le Roi, qui plus tard s'appellera l'Empereur, qui, dans l'avenir, sera je ne sais quel nom : sans quoi, à l'heure du péril, l'esprit d'union et d'unité, le mot d'ordre fera faute et la masse ne se soulèvera pas. Courier ne sent point le besoin de ces moyens qui sont pourtant à l'usage des hommes et surtout des Français. Lui, il indique en plus d'un endroit son idéal, son prince favori qu'il discerne déjà et qu'il désigne pour ses qualités honnêtes, bourgeoises, non courtisanesques, pour son *économie* surtout, et qui n'est autre que le duc d'Orléans d'alors (Louis-Philippe) : « Je voudrais qu'il fût *maire de la Commune;* j'entends s'il se pouvait (hypothèse toute pure) sans déplacer personne; je hais les destitutions. » Il le signale en toute rencontre pour le prince de son choix, et à tel point que, s'il avait vécu, il eût été bien embarrassé ensuite pour faire autre chose que de battre des mains, tant il s'était lié à l'avance par ses éloges.

Ne demandons point à Courier une théorie politique constitutionnelle un peu élevée et compliquée, qui concilie jusqu'à un certain point les souvenirs anciens avec les intérêts nouveaux, et qui cherche à donner un point d'appui social à toutes les gloires. Les gloires, qu'en fera-t-on? il n'y voit qu'une nouvelle noblesse de Cour qui est prête à singer l'ancienne. Et les souvenirs? il les craint comme des priviléges, comme des droits féodaux non encore éteints et toujours prêts à renaître. Il y avait alors dans le pays une *bande noire* qui achetait les grandes terres et les vieux châteaux, qui démolissait les uns et morcelait les autres. Les antiquaires, les artistes, les poëtes la maudissaient et la chargeaient d'exécration : lui, il l'absout et peu s'en faut qu'il ne la bénisse : car cette bande noire qui brise et pulvérise la terre, en met les morceaux à la portée d'un chacun, et, en faisant des propriétaires, elle fait, selon lui, d'honnêtes gens, c'est-à-dire des gens intéressés à l'ordre, à la paix, à la justice. Je ne prétends pas que ce point de vue n'ait point été alors le plus utile et le plus essentiel : on remarquera seulement combien Courier y donne exclusivement et sans y apporter aucun correctif, aucune réserve.

Le *Simple Discours de Paul-Louis, vigneron de La Chavonnière, aux membres du Conseil de la Commune de Véretz, à l'occasion d'une Souscription proposée par S. E. le Ministre de l'intérieur pour l'acquisition de Chambord* (1821), est sorti de cette pensée, et c'est peut-être le chef-d'œuvre de son auteur. Du moment qu'on admet la branche aînée régnante, le duc de Bordeaux naissant comme par miracle pour la continuer, et l'immense joie qui dut s'en répandre parmi ce qui restait de sujets fidèles, il est tout simple qu'il se soit rencontré quelqu'un, ou fidèle ou zélé, pour avoir l'idée de cette souscription de Chambord ; mais Courier ne croit point à la branche aînée ; il a déjà la branche cadette en vue comme plus à sa portée et à son usage ; il n'aime point les vieux châteaux, soit gothiques, soit de Renaissance ; et lui qui s'affligeait à Rome pour une Vénus ou un Cupidon brisés, il ferait bon marché en France de l'œuvre du Primatice. Ce sont là de ces contradictions qui savent très-bien se loger, même dans d'excellents cerveaux. Il se fait donc, et ici bien sincèrement, je le crois, aussi paysan et aussi manant que possible, et, son parti une fois pris, il va le défendre vertement et joliment, dans une langue polie, courte, sans article, saccadée et scandée, alerte et pénétrante. Qu'il y ait autre chose que du bon sens rural et de l'économie de contribuable, qu'il y ait du venin dans la brochure, il n'y a pas moyen d'en douter. Qu'est-ce que cet exemple si complaisamment étalé du duc de Chartres envoyé au collége par son père, et qui est mis là en parallèle ou plutôt en compétition avec l'héritier du trône? A cette éducation de collége, toute morale, toute vertueuse, il oppose les enseignements muets de Chambord, les chiffres d'une Diane de Poitiers, d'une comtesse de Châteaubriant : « Quelles instructions, s'écrie-t-il, pour un adolescent destiné à régner ! Ici, Louis, le modèle des rois, vivait (c'est le mot à la Cour) avec *la femme Montespan*, avec *la fille La Vallière*, avec toutes les femmes et les filles que son bon plaisir fut d'ôter à leurs maris, à leurs parents. » Un autre passage célèbre est celui qui commence ainsi : « Car imaginez ce que c'est. La Cour... il n'y a ici ni femmes ni enfants, écoutez : la Cour est un lieu, etc. » C'est comme lorsque, dans un de ses derniers pamphlets, il nous peindra le confessionnal : « Confesser une femme, imaginez ce que c'est. Tout au fond de l'église, une espèce d'armoire, etc... » Quand Courier a parlé ainsi de la confession, il voulait faire un tableau ; il se souvenait des prêtres d'Italie, et il connaissait peu ceux de France; il avait toujours présents *Daphnis et Chloé*, et (religion même à part) il oubliait moralement les vertus et le voile spirituel que la foi fait descendre à certaines heures, et qui s'interposent jusque dans les choses naturelles. Pour ce qui est de la Cour, toutes les fois qu'il a eu à en parler, il a fait aussi son tableau, un même tableau hideux, d'une seule couleur, gravé et noirci avec soin, sans compensation et sans nuance. C'est ainsi qu'ayant lu les *Mémoires* de Madame, mère du Régent, il dira (1822) : « On voit bien là ce que c'est que la Cour ; il n'y est question que d'empoisonnement, de débauche de toute espèce, de prostitution : *ils vivaient vraiment pêle-mêle.* » Ce n'est certes pas moi qui défendrai la Cour, mais on a droit de dire à Courier : Élargissez votre vue, voyez l'homme indépendamment des classes, reconnaissez-le partout le même, sous les formes polies ou grossières. Aux champs où vous habitez et où vous êtes en guerre avec vos voisins, que voyez-vous ? Rappelez-vous La Fontaine et ces gens du bourg dont il a dit :

O gens durs, vous n'ouvrez vos logis ni vos cœurs !

Voyez ce qui se passe autour de vous dans vos métairies, dans vos bois ou sous vos toits, et apprenez à mieux parler et plus décemment, sinon de Louis XIV, du moins de madame de La Vallière.

Mais l'artiste était satisfait chez Courier, c'était assez. Il arrivait à la renommée, à la popularité, et il en jouissait, tout misanthrope qu'il avait été jusque-là, avec une fraîcheur première. Ce *Simple Discours* fut incriminé : « Sachez, avait-il dit, qu'il n'y a pas en France une seule famille noble, mais je dis noble de race et d'antique origine, qui ne doive sa fortune aux femmes : vous m'entendez. » C'était là une impertinence historique, et qui parut attentatoire à tout l'ordre de la monarchie. Cependant Courier écrivait de Paris à sa femme (juin 1821) : « Je ne sais encore si je serai mis en jugement. Cela sera décidé demain... Je suis bien sûr de n'avoir point de tort. J'ai le public pour moi, et c'est ce que je voulais. On m'approuve généralement, et ceux même qui blâment la chose en elle-même conviennent de la *beaut de l'exécution*. » Deux personnes de bord différent (dont une était M. Étienne) lui ont dit « que cette pièce est ce qu'on a fait de mieux depuis la Révolution. Ainsi, ajoute-t-il, j'ai atteint le but que je me proposais, qui était d'*emporter le prix*. Plus on me persécutera, plus j'aurai l'estime publique. »

Pendant ce procès où il eut M. Berville pour avocat, il logeait, rue d'Enfer, chez M. Victor Cousin qui lui donnait l'hospitalité et dont l'appartement avait vue sur les jardins du Luxembourg. Il travaillait à une dernière édition de son *Longus*, qu'il n'acheva que pendant sa prison, et qui parut avec ce petit post-scriptum et cette apostille épigrammatique à la dernière page : « Paul-Louis Courier est entré en prison à Sainte-Pélagie le 10 octobre, et en est sorti le 9 décembre 1821. » Il gravait sa vengeance, comme d'autres leurs amours, jusque sur l'écorce d'un hêtre. Il avait mis en tête du volume la *Lettre à M. Renouard* sur le pâté d'encre de Florence, et il en disait sous les verrous : « J'ai heureusement donné quelques touches imperceptibles à ma *Lettre à Renouard*, qui, sans y rien changer, raniment quelques endroits, mettent des liaisons qui manquaient. Je suis assez content de cela. » Voilà bien l'écrivain dans l'homme politique, le littérateur que son soin curieux n'abandonne jamais. *Toujours le style te démange*, a dit le vieux Joachim Du Bellay.

Avant de se constituer prisonnier et aussitôt après son jugement, Courier n'avait pas manqué d'écrire l'histoire de son procès, en y joignant le discours qu'il aurait voulu prononcer pour sa défense; il appelait cela son *Jean de Broë*, du nom de l'avocat-général qu'il y tournait en ridicule : « Ma brochure a un succès fou, écrivait-il à sa femme; tu ne peux pas imaginer cela; c'est de l'admiration, de l'enthousiasme. Quelques personnes voudraient que je fusse député et y travaillent de tout leur pouvoir. » Son bon sens pourtant lui disait qu'il ne convenait à aucun parti, et on lui doit cette justice qu'il craignait de s'engager dans aucune cabale. A peine établi à Sainte-Pélagie, il y reçut visites et félicitations, plus qu'il n'en voulait : « Tout le monde est pour moi, écrivait-il à sa femme avec une sorte d'épanouissement; je peux dire que je suis bien avec le public. L'homme qui fait de jolies chansons (Béranger) disait l'autre jour : « *A la place de M. Courier, je ne donnerais pas ces deux mois de prison pour cent mille francs.* » — C'était l'âge d'or de l'incarcération politique. O trompeuses douceurs!

Cependant Courier, une fois sorti de prison et rendu aux champs, jure qu'on ne l'y prendra plus. Ce serment, comme celui de tous les gens possédés d'un démon, faillit être vain, et sa jolie *Pétition à la Chambre des Députés pour des Villageois que l'on empêche de danser* (juillet 1822) lui valut un nouveau procès : il en fut quitte pour la saisie de l'ouvrage. Depuis ce jour, averti par le danger, il n'imprima plus en son nom, mais il laissait tomber dans la rue ses ouvrages manuscrits, que le premier venu ramassait, disait-il; et ils s'imprimaient d'eux-mêmes. Toutefois, il s'arrangeait pour en corriger avec grand soin les épreuves. Il travaillait si bien et si fortement sa prose, qu'il en *débitait de mémoire* des fragments à ses amis, très-avides de telle nouveauté.

En lisant cette prose de Courier si méditée et si savante, on est tenté d'en étudier le secret. Pour moi, je crois qu'il ne faut pas se l'exagérer. Courier a le sentiment du style antique et grec, et, de plus, il possède bien son seizième siècle par Amyot, par Montaigne et par d'autres encore ; il a lu particulièrement les vieux conteurs. Son style est un combiné de tous ces styles ; c'est de l'Amyot plus court, plus bref et plus aiguisé ; c'est du Montaigne moins éclatant et plus assoupli. Un lecteur attentif de Courier me fait remarquer combien il y a de vers tout faits mêlés à sa prose, par exemple dès les premières lignes du Discours sur Chambord :

> Nos chemins réparés, nos pauvres soulagés...
> Notre église d'abord, car Dieu passe avant tout...
> De notre superflu, lorsque nous en aurons...
> Mais d'acheter Chambord pour le duc de Bordeaux,
> Je n'en suis pas d'avis et ne le voudrais pas...

Et en tournant le feuillet :

> Mais quoi ! je vous le dis : ce sont les gens de cour,
> Dont l'imaginative enfante chaque jour
> Ces merveilleux conseils....

Cette observation, que je dois à l'un de mes lecteurs, est très-vraie, et j'avais noté moi-même, chemin faisant, des vers qui sont tout poétiques :

> J'abandonnai des lieux si chers à mon enfance.
> (*Pétition pour des Villageois.*)

> Il s'abreuve, imprudent ! du poison de ses yeux.
> (*Deuxième réponse aux Anonymes.*)

J'en conclus seulement que Courier n'évitait pas les vers quand ils se présentaient dans sa prose, et qu'il les recherchait plutôt ; cela lui rendait le style plus alerte et plus sautant : il aimait mieux, en écrivant, le pas des tirailleurs de Vincennes, que la marche plus uniforme et plus suivie de la ligne, — de la phrase française ordinaire. A la longue pourtant, cette série de petites phrases si prestes fatigue un peu ; elles rentrent dans le même moule, et la plus grande preuve que

Courier a une manière, c'est qu'il n'a pas été très-difficile de l'imiter et de faire de lui des pastiches qui ont trompé l'œil.

Dans sa *Pétition pour des Villageois*, qui est une pièce des plus achevées, il se pose tout à fait en vieux soldat laboureur, devenu bûcheron et vigneron, ami de la vieille gloire nationale; et, quand ce jeune curé d'Azai ou de Fondettes, sorti du séminaire de Tours où il a été élevé par un frère Picpus, interdit la danse sur la place de l'endroit, Courier s'écrie : « Ainsi, l'horreur de ces jeunes gens pour le plus simple amusement, leur vient du triste Picpus, qui lui-même tient d'ailleurs sa morale farouche. Voilà comme en remontant dans les causes secondes on arrive à Dieu, cause de tout. Dieu nous livre au Picpus. Ta volonté, Seigneur, soit faite en toute chose! Mais qui l'eût dit à Austerlitz! » Et s'emparant des bruits de guerre qui circulaient alors (1822), il finit par une image belliqueuse, et se demande « s'il est temps d'obéir aux moines et d'apprendre des oraisons, lorsqu'on nous couche en joue de près, à bout touchant, lorsqu'autour de nous toute l'Europe en armes fait l'exercice à feu, ses canons en batterie et la mèche allumée. »

Certes, voilà Paul-Louis plus belliqueux et plus grognard qu'il ne l'a jamais été quand il y avait le plus lieu de l'être. C'est ainsi qu'il se pose, dans sa *Défense* devant l'avocat général Broë, comme étant du peuple et soldat : « Mais je suis du peuple; je ne suis pas des hautes classes, quoi que vous en disiez, Monsieur le Président; j'ignore leur langage et n'ai pas pu l'apprendre. Soldat pendant longtemps, aujourd'hui paysan, n'ayant vu que les camps et les champs... » Il dira un peu plus loin dans cette même *Défense* : « Foi de paysan! » et, en tournant la page, vous le voyez se vantant de passer sa vie à lire Aristote, Plutarque, Montaigne, etc. Cette légère incohérence du rôle, et que toute l'habileté du jeu ne saurait couvrir, se retrouve un peu dans l'expression même, qui reste sensiblement artificielle et sans une complète fusion; style de campagnard manié par un docte. Il s'en tire à merveille durant une page, mais à la longue cela s'aperçoit; durant tout un livre, ce serait intolérable.

Il le sentait bien au reste; dans son *Pamphlet des Pamphlets* il a fait sa théorie tout à sa portée et à son usage; mesurant la carrière à son haleine, il a posé en principe qu'il fallait faire court pour faire bien : « La moindre lettre de Pascal, dit-il, était plus malaisée à faire que toute l'*Encyclopédie*... Il n'y a point de bonne pensée qu'on ne puisse expliquer en une feuille, et développer assez; qui s'étend davantage, souvent ne s'entend guère, ou manque de loisir, comme dit l'autre, pour méditer et faire court. » Il a tracé là l'idéal de sa manière, et en se mettant à côté de Pascal, Franklin, Cicéron, Démosthène, tous faiseurs de pamphlets selon lui, il croyait, en définitive, ne prendre que sa place : elle me semble, ne lui en déplaise, un peu au-dessous. Et ne dites pas que c'est assez s'il est le Franklin de notre pays : il y a dans Franklin, avec peu de souci d'art, une bien autre séve abondante et saine de bon sens utile et sans âcreté.

J'ai quelquefois pensé qu'à cette époque où Courier se servait de ces instruments et de ces prétextes rustiques pour en faire des malices exquises aux gens d'en haut, il y avait en France un autre vrai laboureur et vieux soldat, que je ne donne pas comme un modèle d'atticisme, et qui aurait peu, je crois, goûté Longus, mais qui voulait sans rire l'amélioration du labour et de la terre, et le bien-être du laboureur en lui-même. Le colonel Bugeaud, pendant ces années, pratiquait sincèrement l'agriculture; vaillant soldat pour qui le nom d'Austerlitz n'était en rien une métaphore, il tenait la charrue tout de bon, et il en devait sortir ce qu'on l'a vu, rude, plus aguerri encore et endurci, mais avec ces qualités supérieures qui ont forcé la destinée, et qui ont valu la gloire à sa vigoureuse vieillesse.

J'ai quelquefois rêvé à un Dialogue des morts entre Paul-Louis Courier et le maréchal Bugeaud, et, en même temps qu'ils seraient d'accord sur plus d'un point, le dernier dirait à l'autre en style moins poli quelques vérités franches.

J'ai imaginé aussi (car c'est mon plaisir d'opposer ces noms à la fois voisins et contraires), j'ai plus d'une fois, dans le courant de ce travail, imaginé à Paul-Louis Courier un interlocuteur et un contradicteur plus savant et non moins fait pour lui tenir tête, dans la personne de l'illustre et respectable Quatremère de Quincy, cette haute intelligence qui possédait si bien le génie de l'antiquité, mais qui résistait absolument aux révolutions modernes. Dans le dialogue original et vif qu'on supposerait de l'un à l'autre, ils ne seraient d'accord que sur le Jupiter Olympien et contre Napoléon ; tous deux hommes d'humeur et ne voyant qu'un côté des choses ; mais Quatremère de Quincy plus élevé, et, au nom même de l'art antique et de la religion du goût, faisant honte à Courier de sa popularité politique, de mettre ainsi un talent d'Athénien au service des gens de *la Minerve*, et d'avoir pu dire sérieusement, dans une lettre adressée au *Drapeau blanc* : « Le peuple m'aime ; et savez-vous, Monsieur, ce que vaut cette amitié ? il n'y en a point de plus glorieuse ; c'est de cela qu'on flatte les rois. » On croit entendre l'éclat de voix du vieux Quatremère tonnant contre ces fausses et flagorneuses banalités.

Courier, en vieillissant, et par disette de sujets, serait sans doute revenu à de pures applications d'art; il nourrissait un grand projet sur Hérodote, et il en a donné un essai de traduction très-remarqué. Selon lui, l'antiquité jusqu'ici nous a toujours été présentée plus ou moins masquée; une copie de l'antique, en quelque genre que ce soit, est encore à faire; la langue de Cour, la langue d'Académie s'est mêlée à tout et a tout gâté. Pour traduire Hérodote, il faut unir certaines qualités de science et de simplicité : « Un homme séparé des hautes classes, dit-il, un homme du peuple, un paysan sachant le grec et le français, y pourra réussir si la chose est faisable ; c'est ce qui m'a décidé à entreprendre ceci où j'emploie, comme on va voir, non la langue courtisanesque, pour user de ce mot italien, mais celle des gens avec qui je travaille à mes champs, laquelle se trouve quasi toute dans La Fontaine. » Il y a pourtant cette différence entre la prose de Courier et la poésie de La Fontaine, que celle-ci paraît couler sans effort et sans que le bonhomme s'avertisse à tout moment qu'il est bonhomme, tandis que Courier s'avertit trop souvent qu'il est paysan et prend garde à l'être. Quant à savoir s'il a réussi à bien traduire son auteur, je le laisse à de plus doctes et ne dirai que mon impression. Sa traduction peut paraître très-exacte, et fidèlement calquée sur l'original, mais par cela même que c'est si exact, et en ce style vieilli après coup, il s'y répand et il y règne un air de parodie. Est-ce l'effet que doit faire la fidèle traduction d'un ancien? La tentative de Courier a laissé indécise la question qu'il s'était posée.

Dans un de ces petits *Livrets* que Courier laissait tomber de sa poche vers 1823, et qui sont comme ses *Guêpes* (une méchante et trop facile littérature), il se faisait dire par un homme de sa connaissance, qu'il rencontrait au Palais-Royal : « Prends garde, Paul-Louis, prends garde ! les cagots te feront assassiner. » — Quelle dut être l'impression première, lorsqu'on apprit tout à coup à Paris que Courier avait été trouvé assassiné, en

Touraine, dans son bois de Larçay! L'assassinat avait dû avoir lieu dans l'après-midi du dimanche, 10 avril 1825, une demi-heure environ avant le coucher du soleil : un fort coup de fusil avait été entendu par plusieurs personnes à distance. Le magistrat qui releva le corps de Courier (M. Valmy Bouïc, alors substitut au tribunal de Tours), en constatant qu'il était percé de plusieurs balles, retira une partie de la bourre qui était restée dans les blessures ; ce papier, développé et examiné, se trouva être le morceau d'un journal que recevait Courier. L'assassinat était domestique. Madame Courier, absente et à Paris au moment de l'assassinat, soupçonna à l'instant et désigna Frémont, le garde même de son mari. Mais Frémont, mis en jugement, fut acquitté à l'unanimité par le jury devant la Cour d'assises de Tours, le 3 septembre 1825. Un grand doute régnait toujours sur cette fin tragique et laissait place à toutes les conjectures.

Ce ne fut qu'au mois de juin 1830 que le mystère cessa, et qu'il dut être clair pour tous que cette mort n'était point un coup de parti ni une vengeance politique, mais quelque chose de plus simple et de plus commun, le guet-apens et le complot de domestiques grossiers, irrités et cupides, voulant en finir avec un maître dur et de caractère difficile. Cette reprise du procès, avec la solution finale, n'étant pas aussi connue que le reste, je résumerai les points incontestables.

Le meurtre de Courier exécuté par son propre garde Frémont, assisté, encouragé et peut-être contraint par deux ou trois autres domestiques ou charretiers de Courier, par deux surtout, lesquels avaient plus d'intérêt à sa mort que le garde, avait eu un témoin innocent et resté inconnu. Une bergère du lieu, la fille Grivault, revenant avec un jeune homme d'une assemblée de dimanche, s'était trouvée dans le bois sous la feuillée au moment du coup; elle avait tout vu et n'avait rien dit. Mais, cinq années après, comme elle passait à cheval près du lieu funeste qu'elle évitait d'ordinaire et où un monument avait été élevé, le cheval eut peur, fit un écart et faillit la renverser. En rentrant chez son maître, elle dit : « Mon cheval a eu grand'peur; il a eu aussi grand'peur que moi quand on a tué M. Courier. » Ce premier mot échappé sans dessein en amena d'autres, et la justice obtint de cette fille une révélation entière.

L'embarras était que le jeune homme qu'elle désignait pour avoir été avec elle dans le bois et qui avait tout vu comme elle, marié depuis, niait tout et ne voulait reconnaître en rien sa bergère de ce temps-là.

Pourtant la déposition de la fille Grivault était trop nette, trop circonstanciée, trop naïve, pour qu'on en pût douter. Le garde Frémont alors fut rappelé, non plus comme accusé (il était couvert par sa précédente absolution), mais comme témoin. Il avait vieilli en peu d'années; il avait remords d'avoir tué son maître qui avait plus de confiance en lui qu'en tout autre, et d'avoir cédé à des suggestions, peut-être à des menaces, dans l'exécution du meurtre. Il comparut devant la justice; il s'y traîna, n'avouant d'abord qu'à demi; mais bientôt, pressé par les magistrats et par sa conscience, sa déposition se rapprocha de plus en plus de celle de la fille Grivault, au point de n'en plus différer que sur des circonstances très-secondaires. Frémont chargeait alors directement les deux frères Dubois, anciens charretiers de M. Courier, et dont l'un était déjà mort au moment de ce second procès; il les accusait de l'avoir poussé à l'acte, de l'y avoir conduit et d'avoir fait de lui leur instrument, eux présents sur les lieux et lui forçant la main; il prétendait prouver qu'ils avaient à cette mort plus d'intérêt que lui. Cette dernière partie de la déposition de Frémont, devenu à son tour accusateur, ne fut point admise, et celui des frères Dubois qui survivait fut acquitté par le jury à égalité de voix (14 juin 1830).

Frémont, épuisé d'une si longue lutte et assiégé de terreurs, sortit de l'audience en chancelant. Quatre jours après (18 juin), il mourait d'apoplexie sous le coup de son effroi et de ses remords. Ainsi, dans ces bois si célébrés par Courier en ses Pamphlets et Gazettes villageoises, et dont il faisait un asile de bonnes gens, il y avait place, sous forme grossière, pour les Euménides.

Courier, quelle que soit l'idée qu'on se fasse de sa personne morale et de ses qualités sociales, restera dans la littérature française comme un type d'écrivain unique et rare. Il était de ces individus distingués à qui il a été donné d'arriver à la perfection dans leur genre et de mettre le fini à leur nature : ils ont fait peu, mais ce peu est parfait et terminé. Les vrais amateurs, aujourd'hui, et désormais, je le pense, aimeront mieux Courier dans ses Lettres que dans ses Pamphlets; je le goûte plus, pour mon compte, quand il est de la famille de Brunck ou d'Horace que quand il veut se rattacher à celle de Swift ou de Franklin. N'oublions jamais toutefois que c'est par ce dernier côté qu'il a eu prise sur son temps, qu'il a fait son service public à certain jour, et qu'il est entré dans la pleine possession de lui-même. On ne connaîtrait que son talent et non point tout son caractère, si on ne l'avait vu façonner à plaisir et limer ses aiguillons. Les traits de raillerie échappaient d'eux-mêmes de ses lèvres comme par un ressort irrésistible, mais il n'était content que quand il les avait polis à loisir et serrés les uns contre les autres en faisceau. Il appellerait par plus d'un endroit la comparaison avec Béranger qui, jusque dans la polémique, n'a pas moins de curiosité, d'arrangement et d'art. Et si quelqu'un s'avisait que je n'ai pas donné à Courier assez d'éloges, je m'autoriserais de ce que lui-même, parlant de Béranger, n'a trouvé à dire que ceci : « J'ai encore dîné hier avec le chansonnier, écrivait-il de Sainte-Pélagie (octobre 1821) : il imprime le Recueil de ses chansons qui paraît aujourd'hui... *Il y a de ces chansons qui sont vraiment bien faites : il me les donne.* » C'est ainsi, j'imagine, qu'en Grèce, avant l'âge des éloges et des panégyriques, et quand on était de l'école de Xénophon, on louait ses amis par un mot juste et léger, dit en passant.

Lundi, 9 août 1852.

SAINT ANSELME

PAR

M. DE RÉMUSAT (1).

Un ouvrage de M. de Rémusat est fait de tout temps pour attirer l'attention et appeler l'intérêt de ceux qui lisent : aujourd'hui il devra trouver un accueil plus empressé encore et plus favorable auprès de tous ceux qui regrettent l'éloignement d'un si aimable et si ingénieux esprit, qui en veulent à la tourmente politique de l'avoir enveloppé dans son tourbillon, et qui trouveraient certainement des accents pour invoquer les Dieux après l'orage, si ce maudit point d'honneur politique ne venait à la traverse, et si l'on ne craignait de déplaire à celui même qui serait l'objet d'un vœu si innocent. Il était difficile de ne pas dire un mot tout d'abord de ce qu'on a sur le cœur : mais venons vite au savant et pacifique ouvrage auquel M. de Rémusat s'est consacré tout entier, sans sortir de son sujet un seul moment. Et cependant pour ceux qui s'étonneraient de la nature même de cet ouvrage, expliquons encore auparavant comment M. de Rémusat a pu être amené à le produire.

Il y a, en M. de Rémusat, plusieurs hommes qui se continuent l'un à côté de l'autre, et qui se sont fait

(1) Un vol. in-8°.—L'ouvrage entièrement imprimé ne sera mis en vente que dans quelques semaines : nous devons à l'obligeance de l'éditeur, M. Didier, d'en avoir pu lire les feuilles avant le public (août 1852).

quelquefois concurrence entre eux. Il y a l'homme
d'esprit sur tous les points, le causeur de salon, celui
qui, nonchalamment assis, dans un cercle pas trop
nombreux, agite, soulève, anime toutes les questions
et aime à les laisser indécises en se levant. Il y a encore
en lui l'artiste amateur qui, dans les genres à la mode
qui passent, en saisit un, l'essaie, s'y exerce, s'y déploie
et y réussit peut-être plus qu'il n'ose croire : c'est ainsi
que M. de Rémusat a fait, depuis près de trente ans,
plusieurs drames historiques, philosophiques, qui enle-
vèrent les applaudissements du monde d'élite qui en
entendit la lecture, et dont l'un au moins, le drame
d'*Abélard*, obtiendrait, j'en suis certain, le suffrage du
public des lecteurs, si l'auteur se décidait à le publier.
Mais M. de Rémusat est un auteur qui ne ressemble pas
à un autre, il se juge deux fois trop ; il s'est dit qu'il
était un esprit critique, qu'un esprit critique n'inventait
rien d'excellent, et que dans l'art il n'y a que l'excellent
qui compte. Parlant, il y a quelque temps, d'Horace
Walpole dans la *Revue des Deux Mondes*, et jugeant le
roman et la tragédie que s'avisait de composer à un certain jour cet esprit distingué, M. de Rémusat y reconnaît bien quelques mérites d'idée et d'intention, mais
il n'y trouve pas le vrai cachet original, et il ajoute
avec je ne sais quel retour sur lui-même : « Le mot du
prédicateur : *Faites ce que je vous dis, ne faites pas ce que
je fais*, est l'éternelle devise des esprits critiques qui
se sont mêlés d'inventer. » Si M. de Rémusat a, en effet,
pensé à lui-même et à ses essais de drames en écrivant
ce jugement, il a été trop sévère ; je suis persuadé que,
pour être artiste, c'est-à-dire producteur d'ouvrages
d'imagination, pleins d'intérêt, il ne lui a manqué que
d'être un peu moins nourri dès son enfance dans le
luxe fin de l'esprit, et d'être aiguillonné par la nécessité,
cette mère des talents.

Je suis en train d'énumérer les hommes différents qui se rencontrent chez M. de Rémusat et que lui-même a pris longtemps plaisir à assembler sans les mélanger ; ce qui faisait dire de lui à M. Royer-Collard : « C'est le premier des amateurs en tout. » Il y a donc encore, il y a eu de très-bonne heure en lui un amateur philosophe. Très-jeune, M. de Rémusat s'est pris d'un goût vif pour les questions philosophiques et métaphysiques, et pour cette escrime déliée qui semble tenir à la qualité même de l'intelligence. Toutefois, de ce côté, *il en était resté longtemps au simple prélude et*, en quelque sorte, à l'amusement. Ses autres goûts et ses distractions de journaliste politique, puis de conseiller ministériel, de ministre, d'homme parlementaire, de libre écrivain littéraire et dramatique, l'avaient retenu à l'état de spectateur et de juge : ce n'est que dans ses dernières années qu'il a franchi le pas et qu'il a pris ses lettres de maîtrise (1). Son drame d'*Abélard* l'y a singulièrement poussé. Il est arrivé, en effet, que, ce drame une fois terminé, l'auteur qui l'avait lu et relu dans le monde avec applaudissement, fut pressé de le publier ; il hésita, il consulta, et, comme il s'adressa à un homme grave (M. de Broglie), il lui fut conseillé de laisser là l'imagination sur la personne et l'âme d'Abélard, et d'en venir à l'étude même de sa philosophie. Cette étude approfondie produisit un ouvrage en deux volumes qui enterra le drame, ou du moins le fit rentrer dans le tiroir, au grand regret de ceux qui croient qu'il y a autant et plus de vérité

(1) M. Cousin raconte très-bien, en causant, par quel stratagème il contribua à lancer M. de Rémusat en pleine philosophie. Ils étaient ensemble (à l'Académie des Sciences morales et politiques) d'une Commission pour juger le prix à donner sur le meilleur exposé de l'état de la philosophie allemande. M. Cousin dit à l'oreille de ses collègues : « Nommons Rémusat rapporteur, et embarquons-le du coup en pleine mer. » Ce qui fut fait. M. de Rémusat fit un Rapport approfondi et cessa pour tous et pour lui-même d'être un amateur.

dans la peinture morale d'une âme que dans la sèche et épineuse analyse d'une atroce méthode de philosophie scolastique. Des deux volumes sur Abélard, il n'y a que la moitié du premier volume qui soit à notre usage, je veux dire à l'usage des esprits qui tiennent à ce que le sérieux ne soit pas dénué de tout agrément ni de tout profit, et qui ne se paient pas du pur amour-propre de comprendre. Il est vrai que ce demi-volume, contenant la *Vie d'Abélard*, est un chef-d'œuvre.

Heureusement pour le *Saint Anselme*, il en est tout autrement, et les parts d'intérêt ne sont pas dans ces proportions inégales. L'auteur a eu affaire ici à une vie très-belle, très-pure et très-uniment développée, même à travers les orages; il s'est plu à l'exposer avec charme, avec étendue et lumière, et à composer une grande biographie de Moyen-Age, qui, cette fois, est faite pour plaire à bien des esprits, pour désarmer (tant M. de Rémusat y a mis d'impartialité et de réserve!) les plus orthodoxes eux-mêmes, et pour attirer tous les curieux d'entre les profanes.

Saint Anselme a été un moine et un archevêque du onzième siècle. Né vers 1034 dans la cité d'Aoste en Piémont, aux confins du Valais et de l'Italie, il mourut à Cantorbéry, le 21 avril 1109. Anselme était né de parents nobles et riches, d'un père homme du siècle et livré à ses passions, d'une mère bonne et pieuse, de laquelle il tint beaucoup. Il avait l'imagination tendre et vive; enfant, sa pensée se tournait naturellement aux choses célestes, et, dans ce pays de montagnes, il s'était accoutumé à les considérer comme les colonnes qui portaient le palais du *Roi des mondes;* il ne s'agissait que de gravir pour y atteindre :

« Comme cette pensée roulait sans cesse dans son esprit, nous dit M. de Rémusat, qui se fait ici le traducteur excellent et l'humble interprète du premier biographe, il arriva qu'une nuit, il crut la réaliser. Il vit dans une plaine des femmes qui étaient les servantes du roi, et qui faisaient la moisson avec une paresse et une négligence extrêmes. Il leur adressa des reproches et se promit de les dénoncer à leur seigneur. Il gravit donc la montagne et se trouva dans le palais du roi, resté seul avec le premier officier de sa Cour (*Dapifer*), car c'était la saison des récoltes et tout le monde était aux champs. En entrant il s'entendit appeler, et il alla s'asseoir aux pieds du roi. Interrogé avec douceur, il répondit suivant son âge, dit qui il était, d'où il venait, ce qu'il voulait. Puis le grand-maître de l'hôtel, en ayant reçu l'ordre, apporta un pain d'une blancheur parfaite, que l'enfant prit et mangea. Le lendemain de ce songe, dans son innocente simplicité, il croyait réellement s'être nourri dans le ciel du pain du Seigneur, et il le racontait à tout le monde. »

Au sortir de cette enfance mystique, vers l'âge de quinze ans, le jeune Anselme, qui avait fort profité aux études et aux Lettres, ne concevait rien de préférable à la vie monastique, qu'il se représentait comme une vie toute de paix, d'étude, de prière et de bonnes mœurs, de conversations spirituelles et de méditations solitaires : il saura bientôt en réaliser le modèle en lui. Mais auparavant il eut son épreuve mondaine et son naufrage. L'âge des passions et des séductions le prenait insensiblement ; sa mère mourut, et avec elle il perdit ce qui alors le retenait le plus : « Elle morte, dit le biographe primitif, tout aussitôt le vaisseau de son cœur, comme s'il avait perdu son ancre, se laissa aller presque entièrement au courant du siècle. » Mais Dieu qui avait sur lui des desseins, de peur qu'il ne s'abandonnât à une paix mortelle et trompeuse, lui suscita une guerre intestine pleine de troubles. Son père se prit contre lui de colère, et s'arma de rigueur ; rien ne pouvait le fléchir. Anselme avait, je l'ai dit, l'âme tendre, la conscience délicate ; ces reproches de son père et ceux qu'il se faisait à lui-même le portèrent à un grand parti : il résolut de quitter le pays ; accompagné d'un seul clerc pour serviteur, il traversa le Mont-Cenis ; épuisé de fatigue et défaillant, on raconte que, pour réparer un peu ses forces, il ne trouvait à manger que la neige du chemin :

« Un âne portait leur mince bagage ; le serviteur inquiet chercha s'il n'y trouverait pas quelque nourriture, et, contre son attente, il trouva du pain blanc qui leur rendit la vie. Anselme, continue M. de Rémusat, Anselme en rappelant cette petite aventure, songeait sans doute au pain céleste du rêve de son enfance. Peut-être se demandait-il si le rêve n'avait pas été une vision de l'avenir, si le pain terrestre ne s'était pas rencontré par un miracle dans le bissac du voyageur? En ce temps-là le merveilleux semblait toujours tout près des moindres événements de la vie. »

Anselme se dirigea à travers la Bourgogne et la France, et on le trouve en Normandie, à Avranches, en 1059 ; il n'avait que vingt-cinq ans. C'est de là qu'il eut l'idée d'étudier à l'abbaye du Bec, récemment fondée et déjà célèbre, où l'un de ses compatriotes italiens, Lanfranc, avait, depuis quelques années, institué une école de science non moins que de piété. Anselme, devenu bientôt le premier disciple de ce maître, passait les jours et les nuits à s'instruire et à instruire les autres sur toutes les questions qui lui étaient faites. C'est alors que, se voyant ainsi soumis à un régime de veilles, de jeûnes et d'austérités, il lui vint à l'esprit que, s'il était moine, il n'aurait pas à en faire davantage, et qu'il en aurait plus de mérite auprès de Dieu. Son ancien désir se réveilla donc en lui et devint une volonté. Il ne s'agissait plus que de savoir où il ferait ses vœux et prendrait l'habit : « Si je demeure au Bec, se disait-il, je n'y paraîtrai jamais rien, car la science de Lanfranc me primera. » L'amour-propre de l'esprit n'était pas mort en lui ; il se le reprochait : « Je n'étais pas encore dompté, disait-il plus tard en se souvenant de cette époque, et le mépris du monde ne régnait point encore en moi. » Il fit effort pourtant et résolut de soumettre sa détermination à l'avis de Lanfranc lui-même, lequel refusa de répondre sur-le-champ et le renvoya devant l'archevêque de Rouen. Le résultat de la consultation fut qu'Anselme resta à l'abbaye du Bec, et y fit profession en 1060, ayant tout au plus vingt-sept ans.

Tous ces doutes, toutes ces incertitudes et ces humilités qui, chez d'autres, pouvaient être jouées et peu sincères, étaient dans la nature même d'Anselme. Tout prouve qu'en entrant au cloître par cette porte, il y entra dans sa voie la plus naturelle de vocation, et qu'il y trouva le champ de culture le plus approprié à ses instincts et à ses talents. Il demeura au Bec trente-trois ans, y étant devenu prieur trois ans après son entrée, puis abbé durant quinze années encore (1078-1093); ce fut le temps le plus heureux, le plus égal et le plus regretté de sa vie, d'ailleurs si remplie. Lorsqu'il eut été élu malgré lui archevêque de Cantorbéry le 6 mars 1093, pendant un voyage qu'il faisait en Angleterre (l'Angleterre alors et la Normandie n'étaient presque qu'un même pays depuis la conquête), Anselme ne trouva point en lui toutes les qualités et les ressources nécessaires à sa position nouvelle; en gardant toutes ses vertus, il ne sut point les armer suffisamment pour les conflits et les combats du siècle; cette haute dignité ecclésiastique de primat d'Angleterre, à laquelle il dut un surcroît de célébrité, un mélange d'éclat et de disgrâce, deux exils, des retours triomphants et bénis, et finalement sa canonisation peut-être, cette haute dignité nous le montre plutôt inférieur à lui-même et dépaysé dans les affaires, craintif, obstiné et indécis, débile sinon d'âme, du moins de caractère. Ce n'était nullement un personnage politique qu'Anselme, mais un homme d'école et de monastère, d'oraison et de contemplation, et aussi d'enseignement moral et spirituel, de gouvernement intime et insensible des âmes.

Il excellait à toucher, à gagner les cœurs; il avait l'attrait. En tous les lieux où il allait, sa belle et douce figure, sa physionomie vénérable et tendre, et comme doucement rayonnante, le faisaient aimer : des disciples chéris s'attachaient à lui et ne le quittaient plus. Rempli au dedans de la lumière pénétrante de la sagesse, il savait, dit-on, si sûrement discerner les mœurs des personnes de tout sexe et de tout âge, que, lorsqu'il en discourait ensuite, il semblait, en l'écoutant, qu'on se sentait révéler les secrets de son propre cœur. Ame chaste et qui, malgré quelques premiers désordres, s'était vite rangée et réparée, il excellait, plutô par divination que par expérience, à découvrir les vertus et les vices dans leurs principes, dans leurs semences pour ainsi dire et leurs racines, et à les suivre dans leurs progrès, prescrivant les moyens d'acquérir les unes et d'éviter les autres. On voit qu'il avait ce qu'on appelle le don de direction. Et cette direction prenait un caractère d'éloquence persuasive et de grâce qui se répandait à distance, en raison d'une faculté particulière de diction qui était en lui. Il avait cet autre don et ce talent naturel des similitudes et des paraboles, qu'aura aussi saint François de Sales, et qui anime si heureusement d'images parlantes les perspectives et les vues du monde moral. Sa parole, remarquable dans le latin du temps, d'ailleurs toute nourrie et imitée de saint Augustin, au milieu des oppositions de mots et de sons qu'elle affecte, a une sorte de douce magnificence. Enfin, pour choisir le dernier et, selon quelques-uns, le plus éminent entre ces mérites d'Anselme, je dirai qu'il joignait à ses qualités de moraliste et de praticien des âmes une faculté qui en est souvent séparée, l'élévation paisible et le tour contemplatif du métaphysicien qui s'applique aux conceptions premières des choses. Il a beaucoup écrit et médité sur l'essence de Dieu. En ce genre, Anselme croyait voir assurément beaucoup plus qu'il n'est donné à la faiblesse humaine d'apercevoir ici-bas; mais sa bonne foi, sa candeur, sa ferveur ardente et son talent se combinaient pour lui peindre distinctement ce que d'autres ne font que chercher et désirer.

En métaphysique, Anselme se flattait d'avoir fait une découverte, d'avoir inventé un argument tout particulier pour démontrer l'existence de Dieu. Il raconte naïvement, dans la préface du petit ouvrage qu'il a consacré à ce sujet, comment il s'était longtemps consumé à chercher cet argument unique qui n'eût besoin d'aucun autre et qui n'exigeât point une suite de raisonnements, à l'effet de démontrer que Dieu est véritablement, et qu'il est le souverain bien. Quelquefois il lui venait un aperçu et comme une lueur de cet argument merveilleux qu'il poursuivait; mais, quand il voulait le fixer et le saisir, il le sentait fuir et s'échapper. Enfin, un jour, il fut plus heureux, et il écrivit aussitôt l'espèce d'allocution et de prière où il s'empressa de l'encadrer; car, chez Anselme, c'est toujours la prière qui précède et qui suit les opérations de la science; chez lui, ce n'est pas la raison qui cherche la foi, c'est la foi fervente et sincère qui cherche simplement les moyens de se comprendre et, pour ainsi dire, de se posséder par le plus de côtés possible; c'est *la foi*, comme il le définit excellemment, *qui cherche l'intelligence d'elle-même*. Si bien que toute sa manière de dire s'en inspire et s'en ressent : il ne dispute jamais, il ne discute pas à proprement parler, il conçoit, il déduit, il expose. La forme qu'il trouve naturellement pour développer ses idées est celle du retour intérieur et de la méditation, comme d'un homme qui converse avec son esprit, ou qui s'élève de degrés en degrés vers la vision suprême.

Quelques lecteurs seront peut-être curieux de savoir quel était ce fameux argument dont Anselme se croyait l'inventeur, et sur lequel il comptait tant. Il me serait assez difficile de l'exposer dans les termes mêmes où il

e produit; qu'il me suffise d'en donner l'idée, tel que
plus tard on le retrouve chez Descartes ou chez Fénelon :
c'est que par cela même que l'esprit humain peut concevoir l'idée d'un Être infini, parfait, et au-dessus duquel il n'en est aucun autre, il devient *nécessaire*, par là
même, que cet Être parfait et infini existe. Voltaire, le
grand moqueur, dans sa jolie pièce des *Systèmes*, où il
parodie toutes les écoles de philosophie et les amène à
comparaître devant le Trône suprême, ne manque pas
de mettre ce fameux argument dans la bouche de Descartes, s'adressant à Dieu :

> Voici mon argument, qui me semble invincible :
> Pour être, c'est assez que vous soyez possible.

Et il ajoute dans une note, en développant un peu la
pensée de Descartes : « Il faut avouer que tous ces raisonnements abstraits sont assez inutiles, puisque la plupart des têtes ne les comprennent pas. » Il est heureux,
au point de vue religieux et moral, que la croyance en
Dieu trouve des appuis plus naturels et plus sentis dans
le cœur de l'homme. Le fait est que j'ai invariablement
remarqué, pour mon compte, que s'il y a une certaine
quantité et une certaine qualité d'esprits qui admettent,
qui embrassent volontiers cet ordre métaphysique
d'idées et croient les comprendre, il y a, pour le moins,
une très-grande moitié du monde, même du monde
intellectuel, qui ne s'en trouve pas plus convaincue
après qu'auparavant, et qui continue d'attendre la
preuve après qu'on a prouvé. Anselme, dans sa prétention, avait au moins cela de sage, qu'il ne proposait
l'argument que comme une démonstration confirmative
pour ceux qui croyaient déjà. Et de son temps même,
il trouva un petit moine très-sensé et très-poli, appelé
Gauniton, qui lui dit avec toute sorte de respects ce

que tout homme de bon sens et de sens commun lui dirait aujourd'hui.

Guillaume-le-Conquérant avait soumis l'Angleterre, et il avait besoin, même dans ses prélats, d'auxiliaires politiques qui entrassent dans les vues de son Gouvernement. Il avait trouvé quelqu'un de tel dans la personne de Lanfranc, archevêque de Cantorbéry avant saint Anselme. Lorsque ce dernier fut élu à ce siége éminent, il n'y porta pas une capacité du même ordre que celle de Lanfranc, et il rencontrait sur le trône le successeur très-indigne du Conquérant, Guillaume-le-Roux, prince brutal et violent. Anselme, après avoir entrevu les périls qui l'allaient assaillir, avoir résisté aussi longtemps que possible au vœu public qui le proclamait, avoir pleuré au point que sa vue s'en affaiblit, accepta le fardeau à l'âge de cinquante-neuf ans; M. de Rémusat nous a tracé de lui, à cette époque décisive où il passe du cloître au monde, ce beau portrait que je donnerai dans toute son étendue :

« Sa sincérité (dans ses refus de se laisser élire) est pour nous avérée. Son caractère était craintif, et, quoiqu'il fût capable d'une résistance consciencieuse, il fuyait la lutte et ne connaissait ni l'ambition du pouvoir ni l'amour du bruit. Cependant, il ne faut pas croire que cette modestie véritable dût en faire un prélat complaisant, indifférent à ses droits, prompt à sacrifier les intérêts commis à sa garde. Il était moine, et, si l'on peut ainsi parler, moine dans l'âme. Sans nulle expérience de la politique, animé d'une foi profonde, jamais il n'avait eu à manœuvrer dans le siècle. Sa douceur venait d'une indulgence naturelle, non de l'incertitude des principes. Sa conscience était inquiète, son esprit un peu timoré; il n'aurait voulu pour aucun prix manquer au devoir de son ministère. Homme d'Église avant tout, et peu fait au spectacle de violence et de désordre que donnait la vie des princes et des guerriers, attendons-nous à le voir soutenir avec fidélité, même avec obstination, mais sans ambition et sans calcul, la cause de la puissance spirituelle, ne sachant transiger ni sur le péché dont il deviendrait complice en le tolérant, ni sur la foi qu'il croit engagée dans les questions d'intérêt ecclésiastique. Il portera au milieu du siècle quelque chose du savant et du solitaire. Les conséquences d'un parti une fois pris le toucheront peu, et, un principe une fois posé, il ne reculera plus, surpris qu'on lui résiste et qu'on le méconnaisse ; toujours prêt à se réconcilier et jamais à céder, n'ayant ni colère ni haine, voulant la paix et ne sachant jamais comment la faire. Nous le verrons ainsi entrer en lutte avec la royauté qu'il respecte et qu'il aime, et s'exposer en toute humilité à jouer un rôle historique. »

Ce rôle, en effet, fut important; dans les conflits qu'il soutint contre Guillaume-le-Roux et même contre son habile successeur Henri Ier, Anselme, fidèle à ce qu'il considère comme ses engagements et ses devoirs envers la cour de Rome, vérifie point par point ce portrait : on le voit l'homme des embarras, des difficultés et des scrupules; il les engendre en lui, et, quand ils sont une fois soulevés, il attend la solution d'ailleurs, il ne la trouve jamais de lui-même. Il montre dans l'ensemble de sa conduite un exemple de plus de cette fermeté inébranlable et douce, de cette *inflexible douceur* (1) qui caractérise la lutte de certaines natures ecclésiastiques contre les potentats de la terre. On le réduit, on le chasse, on l'anéantit presque, on ne le soumet pas. Anselme, qui a de beaux mots et des paroles heureuses pour exprimer sa pensée, disait en écrivant à Baudouin, roi de Jérusalem : « Il n'est rien qui soit plus cher à Dieu en ce monde que la liberté de son Église. » Ç'a été comme la devise et la maxime des seize dernières années de sa vie, et l'opinion catholique universelle lui en a su gré avec une solennelle reconnaissance. Il serait fastidieux de donner ici un abrégé de querelles qui n'ont d'intérêt que par leur développement même, et dont M. de Rémusat a su faire de beaux et instructifs chapitres de l'histoire au Moyen-Age.

Anselme, au retour de son second exil, réconcilié avec son roi Henri Ier, mourut et s'éteignit à Cantorbéry à l'âge de soixante et quinze ans. On a cité de lui dans

---

(1) C'est l'expression de M. Villemain parlant du pape Pie VII.

ses derniers moments, et au milieu de toutes ses résignations chrétiennes, une parole qui montre la persistance naïve du métaphysicien en lui. On était dans la Semaine-Sainte de l'année 1109; un de ceux qui le servaient lui ayant parlé de sa mort comme prochaine et comme du départ d'un convié que rappelait à lui le Seigneur vers ce temps de la fête de Pâques, il répondit : « Si telle est sa volonté, j'obéirai de bon cœur, mais s'il aimait mieux me laisser encore parmi vous un tant soit peu de temps, assez du moins jusqu'à ce que j'aie résolu une question qui m'occupe sur *l'origine de l'âme*, j'en serais reconnaissant, d'autant plus que *je ne sais si, moi mort, un autre pourra la résoudre.* » Touchante faiblesse d'un saint qui avait un coin de philosophe! Ainsi, au moment d'aller rejoindre Dieu selon sa ferme croyance, et de posséder le pur esprit à sa source, Anselme regrettait de manquer une dernière découverte intellectuelle, et de ne pas résoudre par lui-même un dernier problème sur les choses de l'esprit. Un philosophe déclaré, un Malebranche ou un Lessing, ne sentirait pas autrement. Tant il est vrai que, là comme ailleurs, l'esprit humain naturellement aime encore mieux la poursuite que la possession, la chasse que la prise, a dit Pascal. Le poëte Callimaque a fait une épigramme où il dit à peu près : « Ce lièvre que le chasseur poursuit par monts et par vaux avec toutes sortes de fatigues et par toutes les intempéries de l'air, donnez-le-lui tout tué, il n'en voudra pas. »

Anselme, pour le résumer dans sa double carrière, reste mémorable à deux titres : historiquement, il a été l'un des patrons, des défenseurs, des militants et des patients pour la liberté de l'Église en face de l'État; scientifiquement, il est l'inventeur d'un argument métaphysique pour l'existence de Dieu, ce qui, joint à ses autres écrits, fait de lui l'un des rares successeurs de saint Augustin et de Platon, l'un des prédécesseurs de Descartes et de Malebranche.

M. de Rémusat, dans les trois derniers chapitres de son livre, s'est étendu sur les ouvrages philosophiques de son auteur. Dans les développements qu'il y donne, il me permettra de regretter que là, comme il lui arrive d'ordinaire en pareille matière, il se soit trop asservi aux formes philosophiques du jour, et que lui, esprit si vif et si français quand il le veut, il ne perce pas d'outre en outre, une fois pour toutes, ces expressions vagues et vaines, ces métaphores abstraites qui donnent un air de réalité à ce qui n'est que le nuage subtilisé du raisonnement. Il y a un beau mot de l'abbé Sieyès qui dit que « nos langues sont plus savantes que nos idées, » c'est-à-dire qu'elles font croire par quantité d'expressions à des idées qu'on n'a pas, et sur lesquelles s'épuisent ensuite de grands et profonds raisonneurs. Je voudrais que M. de Rémusat n'eût à cet égard aucun respect humain, et qu'il nous dît au net ce qu'il pense de tout cela, et à la française, ce qui dans ma pensée ne signifie pas du tout à la légère. Il le pourrait si aisément, s'il l'osait.

Mais je ne veux pas quitter son livre (toute philosophie à part) sans le louer encore d'un travail historiquement si impartial, si sérieusement intéressant, et qui fait pénétrer si bien dans une des plus belles et des plus paisibles intelligences du Moyen-Âge. J'entends dire quelquefois, et depuis quelques mois, que tout *s'abaisse*, que tout *se ternit* autour de nous. Vous-même, mon cher et noble confrère, monsieur Vitet, n'écriviez-vous pas cela hier dans un Recueil littéraire que vous enrichissiez au moment même (1)? Non; permettez-moi

---

(1) *Revue des Deux Mondes* du 1er juin 1852, à la fin d'un excellent article sur la *Chanson de Roland*.

aussi de vous dire qu'il faut avoir meilleure espérance et d'un pays et d'une littérature où tant de plumes distinguées se remettent à l'œuvre, et où vous-même donnez l'exemple en revenant aux choses que vous savez et que vous exposez si bien. Il y a longtemps que j'entends ces plaintes sur la décadence, et jamais je ne les ai entendues plus véhémentes qu'il y a au moins quinze années, quand un homme que nous honorions tous disait à qui voulait l'entendre : « L'abaissement *éclate* de toutes parts. » En parlant ainsi, en s'exprimant avec une énergie si absolue, M. Royer-Collard, on peut le croire, était injuste, car il parlait d'un régime où, à défaut d'élévation, il se faisait encore de belles applications de talent et où il se poursuivait bien des études honorables. Tout cela a-t-il donc cessé sans espoir, et ce que M. Royer-Collard disait d'un temps d'où il se retirait, le faut-il répéter d'un autre temps, par cela seul qu'on n'y a plus sa part d'action politique et d'influence? Évitons ces retours, du reste bien naturels, de l'humeur, et mettons notre pensée plus haut, reprenons notre influence dans une sphère plus sûre, j'entends celle des Lettres sérieuses et pratiquées dans leur véritable esprit. Moi, spectateur, je passe mon temps à me figurer pour les autres des rôles que je dessine à plaisir, et qui me font l'effet d'être admirables, si on daignait seulement les réaliser. Cela, dira-t-on, m'est bien facile, puisque je n'y fais pas entrer la passion ni les engagements qui les déjouent. Quoi qu'il en soit, voici un rôle que j'aime à concevoir pour l'un de ces hommes à la fois politiques et littéraires qu'a frappés la dernière tourmente, et qui ne se sentent coupables que d'avoir voulu sauver la France à leur manière, d'une manière qui s'est trouvée insuffisante et fragile en face d'une autre méthode plus héroïque et plus souveraine.

Rester en France, y rentrer du moins dès qu'on le

peut honorablement, et, pour cela, désirer simplement y revenir, y achever ou y entreprendre de ces œuvres d'esprit desquelles la politique distrait trop souvent et sans compensation suffisante; s'adresser dans ces nobles études à la société française, qui est toujours prête à vous entendre, et jamais à cette métaphore changeante qu'on appelle le peuple français; ne pas mêler à ces œuvres plus ou moins sérieuses ou agréables de ces traits qui ne sont là qu'à titre d'épigramme ou d'ironie, et pour constater qu'on est un vaincu ; s'élever sur les faits accomplis d'hier à un jugement historique, et par conséquent grave et respectueux ; tirer parti avec franchise, et sans arrière-pensée, d'une société pacifiée, mais tout industrielle et matérielle, pour y relever, avec un redoublement de zèle et avec une certaine appropriation au temps présent, les goûts de l'esprit, de la vérité littéraire et historique sous ses mille formes, de tout ce qui n'est incompatible avec un Gouvernement ferme que s'il s'y mêle des idées hostiles. Voilà une ébauche bien faible de mon rêve ; je crois pourtant qu'aucun caractère ne s'abaisserait dans un tel rôle, simplement compris et nettement accepté; dans tous les cas, je demande pardon à ceux ou plutôt à celui des amis absents à qui je m'adresse, de m'être ainsi laissé aller à l'exprimer : car tout cela, ne le devinez-vous pas? revient à dire d'une manière un peu détournée : « Oh ! que je voudrais que M. de Rémusat fût déjà rentré parmi nous en France! »

Post-scriptum. — Cet article était écrit lorsqu'au moment de le faire paraître, nous trouvons avec bonheur, dans *le Moniteur* de ce matin (8 août), le Décret qui remplit notre vœu.

Lundi (lendemain de l'Assomption) 16 août 1852.

L'ABBÉ GERBET [1]

Voici un sujet que je m'étais proposé depuis longtemps pour un jour de fête, pour une Fête-Dieu ou pour une fête de Marie ; car il y entre de la sainteté, de l'onction, de la grâce mêlée à la science, et un pieux sourire. Comment, diront quelques-uns de nos lecteurs habituels, comment le nom de l'abbé Gerbet signifie-t-il tout cela ? Je voudrais tâcher de le leur expliquer, leur donner idée d'un des hommes les plus savants, les plus distingués et les plus vraiment aimables que puisse citer l'Église de France, de l'un de nos meilleurs écrivains, et, sans m'embarquer dans aucune question difficile ou controversée, mettre doucement en lumière la personne même et le talent.

Avant tout, et pour rattacher à sa vraie date ce nom modeste et qui s'est bien plus appliqué à s'effacer qu'à se produire, je rappellerai que sous la Restauration, vers 1820, à l'époque où ce régime, si peu assis d'abord, commençait à entrer en pleine possession de lui-même, il se fit de toutes parts, dans tous les jeunes esprits, un mouvement qui les poussait avec ardeur vers les études

---

[1] *Considérations sur le Dogme générateur de la Piété catholique* 4ᵉ édition, chez Vaton, 1852.

et vers les idées. En poésie, Lamartine avait donné le signal du renouvellement; d'autres le donnaient dans l'ordre de l'histoire, d'autres dans l'ordre de la philosophie : c'était par toute la jeunesse une émulation unanime et comme un *recommencement* universel. Il semblait que l'esprit français, pareil à une terre fertile, après s'être reposé forcément durant quelques années, redemandait avec avidité toutes les cultures. Eh bien ! en religion alors, en théologie, ce fut un peu de même; il y eut une génération animée de zèle, qui essaya, non pas de renouveler ce qui, de soi, doit être immuable, mais de rajeunir les formes de l'enseignement et de la démonstration, de les approprier à l'état présent des esprits, de combattre certaines routines, certaines habitudes devenues rigides ou étroites, et de rendre le principe catholique respectable à ceux même qui le combattaient : « Pour agir sur le siècle, se dirent de bonne heure ces jeunes lévites, il faut l'avoir compris. »

Des noms, j'en pourrais citer quelques-uns qui, avec des nuances et des différences que l'on sait dans le monde ecclésiastique, avaient alors cela de commun, de représenter la tête du jeune Clergé intelligent et studieux : M. Gousset, aujourd'hui cardinal-archevêque de Reims, et qui est compté au premier rang parmi les théologiens; M. Affre, mort si glorieusement archevêque de Paris; M. Doney, actuellement évêque de Montauban; M. de Salinis, évêque d'Amiens. Mais, vers cette époque de 1820-1822, un seul nom entre ceux du Clergé s'offrait avec éclat et retentissement aux gens du monde : M. de La Mennais, dans sa première forme catholique, forçait l'attention de tous par son *Essai sur l'Indifférence*, et remuait mille pensées au sein même du Clergé qu'il étonnait.

C'est ici que nous rencontrons l'abbé Gerbet à l'origine. Né en 1798 dans le Jura, à Poligny, il avait fait ses premières études dans sa ville natale, et, de là, était allé suivre son cours de philosophie à l'Académie de Besançon. Obéissant à une vocation instinctive et dont le premier éveil s'était fait sentir à lui dès l'âge de dix ans, il commença, dans la même ville également, son cours de théologie. Pendant les dangers de l'invasion, en 1814-1815, il se retira quelque temps dans la montagne, chez un curé parent ou ami de sa famille, et y resta à étudier. C'est là qu'un jour il vit arriver un jeune élève de l'École normale, Jouffroy, de deux ans plus âgé que lui, et qui, en revenant passer les vacances au hameau des Pontets, s'arrêta un moment au passage. Jouffroy, dans le premier orgueil de la jeunesse et de la science et avec l'auréole au front, ne dédaigna point de discuter avec le jeune séminariste de province : il le combattait sur les preuves de la Révélation et contestait surtout l'âge du monde, en s'appuyant sur le témoignage, si souvent invoqué alors et bientôt ruiné, du fameux Zodiaque de Denderah. Le jeune séminariste, mis en présence du monument inconnu, ne put que répondre : « Attendons. » Ces deux jeunes gens, compatriotes et dès lors adversaires, ne se sont jamais revus depuis; mais l'abbé Gerbet et Jouffroy, en se combattant l'un l'autre plume en main, n'ont cessé de le faire dans les termes de la controverse la plus digne, et Jouffroy, dont le cœur, sous cette parole absolue, était si bon, ne parlait, s'il m'en souvient, de l'abbé Gerbet qu'avec les sentiments d'une affectueuse estime.

Arrivé à Paris à la fin de 1818, l'abbé Gerbet entra au séminaire de Saint-Sulpice; mais sa santé, déjà délicate, ne lui permettant pas d'y faire un long séjour, il s'établit comme pensionnaire dans la maison des Missions étrangères, où il suivait la règle des séminaristes. Il fut ordonné prêtre en 1822, en même temps que l'abbé de Salinis, dont il est resté depuis l'inséparable ami.

Peu après, il fut nommé professeur-suppléant d'Écriture Sainte à la Faculté de théologie de Paris, et alla demeurer en Sorbonne ; mais il n'eut point de cours à faire, et il aida bientôt comme second M. de Salinis, nommé alors aumônier du collége de Henri IV. C'est dans ce temps qu'il connut M. de La Mennais.

A vingt-quatre ans, l'abbé Gerbet annonçait un talent philosophique et littéraire des plus distingués ; en Sorbonne, il avait soutenu une thèse latine avec une rare élégance ; il avait naturellement les fleurs du discours, le mouvement et le rhythme de la phrase, la mesure et le choix de l'expression, même l'image, ce qui, en un mot, deviendra le talent d'écrire. Il y joignait une faculté de dialectique élevée, déliée, fertile en distinctions, les multipliant parfois et s'y complaisant, mais ne s'y perdant jamais. En abordant M. de La Mennais, il sentit, sans se l'avouer peut-être expressément, que ce talent vigoureux, hardi, qui ouvrait comme de vive force des vues et des perspectives, avait besoin tout auprès de lui d'une plume auxiliaire, plus retenue, plus douce, plus fine, d'un talent qui lui ménageât des preuves, qui remplît les intervalles et couvrît les côtés faibles, qui ôtât l'aspect d'une menace et d'une révolution à ce qui ne prétendait être qu'une expansion plus ouverte et un développement plus accessible du Christianisme. L'abbé Gerbet revêtit le plus qu'il put le système de M. de La Mennais du caractère de persuasion et de conciliation qui lui est propre ; il en adoucit et en gradua les pentes : ce fut là proprement son rôle en cette période de sa jeunesse.

De ce système je ne toucherai qu'un seul mot, qui suffira à faire comprendre ce que j'ai à dire des qualités morales et littéraires de l'abbé Gerbet. Au lieu de chercher la preuve du Christianisme dans tel ou tel texte particulier des Écritures, ou dans une argumentation personnelle qui s'adresse à la raison de chacun, M. de La Mennais soutenait qu'il faut la chercher avant tout dans la tradition universelle et dans le témoignage historique des peuples : et pour cela il croyait voir, même avant la venue de Jésus-Christ et l'établissement du Christianisme, une sorte de témoignage confus, mais concordant et réel, à travers les traditions des anciens peuples et jusque dans les pressentiments des principaux sages. Il lui semblait qu'on pouvait démontrer que, chez tous, il y avait eu plus ou moins des idées de la création de l'homme, de la chute, de la réparation promise, de l'expiation ou de la rédemption attendue, enfin de ce qui devait un jour constituer le fonds de la croyance chrétienne, et qui n'était que le vestige épars et persistant de la Révélation primitive. Il en résultait que les lumières des anciens sages se pouvaient considérer déjà comme l'aurore de la foi, et que, sans mettre assurément au nombre des Pères de l'Église primitive Confucius, Zoroastre, Pythagore, Héraclite, Socrate et Platon, on les considérait jusqu'à un certain point comme des préparateurs évangéliques et qu'on ne les maudissait pas. On avait presque le droit de les appeler, selon le langage des anciens Pères, les chrétiens primitifs ; c'était du moins comme autant de Mages qui étaient déjà plus ou moins directement en chemin vers le divin berceau. Par cette seule vue d'un Christianisme antérieur et disséminé à travers le monde, par cette espèce de voyage à la recherche des vérités catholiques flottantes par tout l'univers, l'enseignement de la théologie se serait trouvé singulièrement agrandi et élargi ; l'histoire des idées philosophiques s'y introduisait nécessairement. Ce système de M. de La Mennais, mais qui est surtout attrayant quand il se développe historiquement sous la plume de l'abbé Gerbet, n'a pas été reconnu depuis par l'Église : il a paru sinon faux, du moins trompeur, et il n'y a à lui reprocher peut-être, du point de vue même de l'orthodoxie, que d'avoir voulu s'établir à titre de méthode unique, à l'exclusion de toutes les autres : combiné avec les autres preuves et présenté simplement comme une puissante considération accessoire, il n'a jamais, je crois, été rejeté.

On comprend toutefois, même sans entrer dans le vif des matières, que lorsqu'en 1824, l'abbé Gerbet eut fondé, de concert avec M. de Salinis, un recueil religieux mensuel intitulé *le Mémorial catholique*, et qu'il eut commencé à y développer ses idées avec modération, avec modestie, et pourtant avec ce premier feu et cette confiance que donne la jeunesse, il y eut là, pour ne parler que de la forme extérieure des questions, quelque chose de ce qui signala en littérature la lutte d'un esprit nouveau contre l'esprit stationnaire ou retardataire. Les anciens théologiens, soit formalistes, soit rationalistes, qui étaient réellement attaqués, résistaient et se scandalisaient au nom des traditions non-seulement catholiques, mais scolaires et *classiques*. Ici, toutefois, ils avaient affaire dans l'abbé Gerbet à un homme qui connaissait les Pères, qui les lisait et les possédait à fond selon l'esprit, et ne manquait pas à son tour de textes puisés aux sources pour appuyer cette méthode plus libre et plus généreuse. Il aimait à citer entre autres un beau passage de Vincent de Lérins qui disait : « Que, grâce à vos lumières, la postérité se félicite de *concevoir* ce qu'auparavant l'antiquité *croyait* avec respect sans en avoir l'intelligence ; mais cependant enseignez les mêmes choses qui vous ont été transmises, de telle manière qu'*en les présentant sous un nouveau jour, vous n'inventiez pas des dogmes nouveaux.* » Ainsi, en maintenant l'immutabilité sur le fond, il se plaisait à remarquer que l'ordre d'explication scientifique, malgré les déviations passagères, avait suivi une loi de progrès dans l'Église et s'était développé successivement; et il le démontrait par l'histoire même du Christianisme.

Le Mémorial catholique, à peine fondé, piqua d'honneur les jeunes écrivains du camp philosophique. On l'imprimait d'abord chez Lachevardière, et M. Pierre Leroux y était prote. Celui-ci, voyant le succès d'un Recueil consacré à de si graves sujets, en conclut qu'on pouvait, à plus forte raison, créer un organe analogue pour les opinions qui étaient les siennes et celles de ses amis. *Le Globe* fut fondé dans la même année (1824). La polémique s'engagea souvent entre les deux Recueils comme entre des adversaires qui se comprennent et qui s'estiment, qui sentent où est le nœud du combat. Je note pour les curieux un article de M. Gerbet (signé X) qui en représente beaucoup d'autres, et qui a pour titre : *Sur l'état actuel des Doctrines* (1); ses objections s'adressent surtout à MM. Damiron et Jouffroy. C'était le beau temps alors pour cette guerre des idées.

La vie de l'abbé Gerbet est toute simple, tout unie, et elle n'eut qu'un seul épisode considérable : ce fut sa liaison avec l'abbé de La Mennais, auquel il s'était prêté et comme donné durant des années, avec un dévouement affectueux qui n'eut pour limite et pour terme que la révolte finale de ce grand esprit immodéré. L'abbé Gerbet, après avoir rempli tous les devoirs d'une religieuse amitié, avoir attendu, avoir patienté et espéré, se retira en silence. Il avait été longtemps comme Nicole auprès d'Arnauld, c'est-à-dire un modérateur; il avait tant qu'il avait pu adouci bien des aspérités, sauvé bien des chocs; il ne se lassa que quand il n'y eut plus moyen de persister, et il revint alors à être tout à fait lui. Ces méthodes outrées et exclusives ne conviennent

(1) 1825, tome IV, page 136.

point à sa nature; il s'empressa d'en retirer, d'en oublier ce que, seul, il n'y eût jamais fait saillir et prévaloir à ce point. Il suffit d'une parole, d'un souffle émané du Vatican, pour dissiper ce qui pouvait sembler nuageux et obscur dans les doctrines de l'abbé Gerbet. Ses douces nuées, à lui, ne renferment pas d'orage, et, en s'écartant, elles ont laissé voir un fond de ciel serein, à peine voilé par places, mais pur et délicieux.

J'exprime là le sentiment que laissent certains de ses ouvrages, et celui particulièrement qu'on vient de réimprimer et dont je dirai un mot. Les *Considérations sur le Dogme générateur de la Piété catholique*, c'est-à-dire sur la Communion et l'Eucharistie, parurent pour la première fois en 1829. Ce n'est proprement « ni un traité dogmatique ni un livre de dévotion, mais quelque chose d'intermédiaire. » L'auteur commence par rechercher historiquement les idées générales, universellement répandues dans l'antiquité, de sacrifice, d'offrande, de désir et de besoin de communication avec un Dieu toujours présent, qui ont servi de préparation et d'acheminement au mystère; mais, au milieu des digressions historiques et des distinctions dogmatiques fines ou profondes, il mêle à tout moment de belles et douces paroles qui sortent de l'âme et qui sont l'effusion d'une foi aimante. J'en citerai quelques-unes presque au hasard comme nous rendant le reflet de l'âme de l'abbé Gerbet, et sans y chercher le lien. Ainsi sur la prière :

« La prière, dans ce qu'elle a de fondamental, n'est que la reconnaissance sincère de ce besoin continuel (de se réparer à la source de vie), et l'humble désir d'une continuelle assistance; *elle est l'aveu d'une indigence qui espère* »

« Partout où Dieu place des intelligences capables de le servir, là se trouve la faiblesse, et là aussi l'espérance. »

Et encore :

« Le Christianisme n'est, dans son ensemble, qu'*une grande aumône faite à une grande misère.* »

« Est-ce qu'il n'y a pas du divin dans chaque bienfait? »

« La Charité n'entre pas dans le cœur de l'homme sans combat : car elle y trouve un éternel adversaire, l'Orgueil, premier-né de l'Égoïsme et père de la Haine. »

« L'Évangile a fait, dans toute la force du terme, une révolution dans l'âme humaine, en changeant les rapports des deux sentiments qui la divisent : la crainte a cédé à l'amour l'empire du cœur. »

Le livre de l'abbé Gerbet est rempli de ces paroles d'or; mais, quand on veut les détacher et les isoler, on s'aperçoit combien elles tiennent étroitement au tissu. L'auteur a pour but de démontrer qu'au point de vue chrétien et catholique, la communion crue et acceptée dans sa plénitude, la communion fréquente et bien faite (quand on a le bonheur d'y croire), est la plus sûre, la plus efficace et la plus vive méthode de charité. Parlant de cet excellent livre, qui a pour titre *De l'Imitation de Jésus-Christ,* il en dit :

« L'ascétisme du Moyen-Age a laissé un monument inimitable, que les catholiques, les protestants, les philosophes se sont accordés à admirer de l'admiration la plus belle, celle du cœur. C'est une chose étonnante qu'un petit livre de mysticité, que le génie de Leibnitz méditait, et qui a fait connaître au froid Fontenelle presque de l'enthousiasme. Nul n'a jamais lu une page de *l'Imitation*, surtout dans la peine, sans s'être dit en la finissant : *Cette lecture m'a fait du bien.* La Bible mise à part, cet ouvrage est l'ami *souverain* de l'âme. Mais où donc le pauvre solitaire qui l'écrivait puisait-il cet amour intarissable? car il n'a si bien dit que parce qu'il a beaucoup aimé. Il nous le raconte lui-même à chaque ligne de ses chapitres sur le *Sacrement :* le quatrième livre explique les trois autres. »

Je pourrais multiplier les citations, si celles de ce genre étaient ici convenables et s'il ne fallait renvoyer cette lecture à la méditation solitaire des lecteurs; je recommande, au nombre des pages les plus belles et les plus suaves dont puissent s'honorer la langue et la littérature religieuse, toute la fin du chapitre VIII. Il n'a manqué à ce beau petit livre de l'abbé Gerbet, pour être encore plus répandu et plus goûté qu'il ne l'est, que de combiner un peu moins la dialectique avec le sentiment affectueux. En général, le tissu, chez l'abbé Gerbet, est un peu trop serré; quand il a une belle chose, il ne lui fait pas assez de place. Son talent est comme un bois sacré un peu touffu, et, même quand il y a un temple, un reposoir et un autel au milieu, il est entouré de toutes parts; on n'y arrive que par des sentiers.

Cela tient, je suppose, à ce qu'il a toujours vécu trop près de sa pensée, n'ayant jamais eu l'occasion de la développer en public : en effet, sa santé délicate, sa voix faible et qui a besoin de l'oreille d'un ami, n'a jamais permis à ce riche talent de se produire dans l'enseignement ou dans les chaires. S'il avait été, une fois ou l'autre, assujetti à rendre sa parole publique, il aurait bien été obligé d'éclaircir, de dégager, d'élargir, non pas ses points de vue, mais les avenues qui y mènent.

En 1838, affecté d'une maladie de larynx, il partit pour Rome, et, se croyant toujours près d'en revenir, il y resta jusqu'en 1848. C'est là que, dans les loisirs d'une vie toute pieuse, toute studieuse, et où les plus nobles amitiés avaient leur part, il composa les deux premiers volumes de l'ouvrage intitulé *Esquisse de Rome chrétienne*, destiné à faire comprendre à toutes les âmes élevées le sens et l'idée de la Ville éternelle : « **La** pensée fondamentale de ce livre, dit-il, est de recueillir dans les réalités visibles de Rome chrétienne l'empreinte et, pour ainsi dire, le portrait de son essence spirituelle. » Interprète excellent dans cette voie qu'il s'est choisie, il se met à considérer les monuments, non avec la science sèche de l'antiquaire moderne, non avec l'enthousiasme naïf d'un fidèle du Moyen-Age, mais avec une admiration réfléchie, qui unit la philosophie et la piété :

« L'étude de Rome dans Rome, dit-il encore, fait pénétrer jusqu'aux sources vives du Christianisme. Elle rafraîchit tous les bons sentiments du cœur, et, dans ce siècle de tempêtes, elle répand une merveilleuse sérénité dans l'âme. Il ne faut pas sans doute attacher trop d'importance au charme que nous trouvons dans certains travaux : les livres faits avec plus de goût courent risque d'être faits avec moins de charité. Nous n'en devons pas moins remercier la Bonté divine, lorsqu'elle nous compose des plaisirs avec nos devoirs. »

Dans ces volumes de l'abbé Gerbet, les introductions, les dissertations sur la symbolique chrétienne et sur l'histoire de l'Église, conduisent à des observations pleines de grâce ou de grandeur, à de beaux et touchants tableaux. Les Catacombes, qui ont été le berceau et l'asile du Christianisme pendant les trois premiers siècles, l'occupent particulièrement, et lui ont inspiré des pensées d'une rare élévation. Voici quelques vers (car, sans y prétendre, l'abbé Gerbet est poëte) qui rendent déjà le premier effet et qui marquent le ton de l'âme ; la pièce est intitulée *le Chant des Catacombes*, et elle est destinée, en effet, à être chantée (1) :

> Hier j'ai visité les grandes Catacombes
>   Des temps anciens ;
> J'ai touché de mon front les immortelles tombes
>   Des vieux chrétiens :
> Et ni l'astre du jour, ni les célestes sphères,
>   Lettres de feu,
> Ne m'avaient mieux fait lire en profonds caractères
>   Le nom de Dieu.
>
> Un ermite au froc noir, à la tête blanchie,
>   Marchait d'abord,

(1) L'auteur a indiqué l'air : *Le Fil de la Vierge* (par Scudo).

Vieux concierge du temps, vieux portier de la vie
      Et de la mort;
Et nous l'interrogions sur les saintes reliques
      Du grand combat,
Comme on aime écouter sur les exploits antiques
      Un vieux soldat.

Un roc sert de portique à la funèbre voûte :
      Sur ce fronton,
Un artiste martyr dont les Anges, sans doute,
      Savent le nom,
Peignit les traits du Christ, sa chevelure blonde,
      Et ses grands yeux,
D'où s'échappe un rayon d'une douceur profonde
      Comme les Cieux !

Plus loin, sur les tombeaux, j'ai baisé maint symbole
      Du saint adieu !
Et la palme, et le phare, et l'oiseau qui s'envole
      Au sein de Dieu ;
Jonas, après trois jours, sortant de la baleine,
      Avec des chants,
Comme on sort de ce monde après trois jours de peine
      Nommés le temps.

C'est là que chacun d'eux, près de sa fosse prête,
      Spectre vivant,
S'exerçait à la lutte, ou reposait sa tête
      En attendant !
Pour se faire d'avance aux jours des grands supplices
      Un cœur plus fort,
Ils essayaient leur tombe et voulaient par prémices
      Goûter la mort !

. . . .

J'ai sondé d'un regard leur poussière bénie,
      Et j'ai compris
Que leur âme a laissé comme un souffle de vie
      Dans ces débris ;
Que dans ce sable humain, qui dans nos mains mortelles
      Pèse si peu,
Germent pour le grand jour les formes éternelles
      De presque un dieu !

Lieux sacrés où l'amour, pour les seuls biens de l'âme,
　　　　Sut tant souffrir!
En vous interrogeant, j'ai senti que sa flamme
　　　　Ne peut périr;
Qu'à chaque être d'un jour qui mourut pour défendre
　　　　La vérité,
L'Être éternel et vrai, pour prix du temps, doit rendre
　　　　L'Éternité.

C'est là qu'à chaque pas on croit voir apparaître
　　　　Un trône d'or,
Et qu'en foulant du pied des tombeaux, je crus être
　　　　Sur le Thabor!
Descendez, descendez au fond des Catacombes,
　　　　Aux plus bas lieux;
Descendez, le cœur monte, et du haut de ces tombes
　　　　On voit les Cieux!

A côté de ces vers, qui ne se trouvent pas dans les volumes de *Rome chrétienne*, et qui ne sont qu'un premier accent, il faut placer comme tableau original et profond, ce qui est dit de la destruction graduelle et lente des corps humains dans les Catacombes. On sait le mot de Bossuet, d'après Tertullien, lorsque parlant du cadavre de l'homme : « Il devient un je ne sais quoi, s'écrie-t-il, qui n'a plus de nom dans aucune langue. » L'admirable page qu'on va lire de l'abbé Gerbet est comme le développement et le commentaire du mot de Bossuet. Dans cette première station aux Catacombes, il s'attache d'abord à étudier le néant de la vie, « le travail, je ne dis pas de la mort, mais de ce qui est au delà de la mort; » l'idée de réveil et de vie future viendra après. Écoutez-le :

« En les parcourant, dit-il, vous passez en revue les phases de la destruction, comme on observe dans un jardin botanique les développements de la végétation, depuis la fleur imperceptible jusqu'aux grands arbres pleins de sève et couronnés de larges fleurs. Dans un certain nombre de niches sépulcrales qui ont été ouvertes à diverses époques, on peut suivre, en quelque sorte pas à pas, les formes successives, de plus en plus éloignées de la vie, par lesquelles ce qui est là arrive à toucher d'aussi près qu'il est possible au pur néant. Regardez d'abord ce squelette : s'il est bien conservé, malgré tous ses siècles, c'est probablement parce que la niche, où il a été mis, est creusée dans un terrain qui n'est pas sec. L'humidité, qui dissout tant d'autres choses, durcit ces ossements en les recouvrant d'une croûte qui leur donne plus de consistance qu'ils n'en avaient lorsqu'ils étaient les membres d'un corps vivant. Mais cette consistance n'en est pas moins un progrès de la destruction : ces ossements d'homme tournent à la pierre. Un peu plus loin, voici une tombe dans laquelle il y a une lutte entre la force qui fait le squelette et la force qui fait la poussière : la première se défend, la seconde gagne, mais lentement. Le combat qui existe en vous et en moi entre la mort et la vie, sera fini, que ce combat entre une mort et une mort durera encore longtemps. Dans le sépulcre voisin, tout ce qui fut un corps humain n'est déjà plus, excepté une seule partie, qu'une espèce de nappe de poussière, un peu chiffonnée et déployée comme un petit suaire blanchâtre, d'où sort une tête. Regardez enfin dans cette autre niche : là, il n'y a décidément plus rien que de la pure poussière, dont la couleur même est un peu douteuse, à raison d'une légère teinte de rousseur. Voilà donc, dites-vous, la destruction consommée ! Pas encore. En y regardant bien, vous reconnaîtrez des contours humains : ce petit tas, qui touche à une des extrémités longitudinales de la niche, c'est la tête ; ces deux autres tas, plus petits encore et plus déprimés, placés parallèlement un peu au-dessous, à droite et à gauche du premier, ce sont les épaules ; ces deux autres, les genoux. Les longs ossements sont représentés par ces faibles traînées, dans lesquelles vous remarquez quelques interruptions. Ce dernier calque de l'homme, cette forme si vague, si effacée, à peine empreinte sur une poussière à peu près impalpable, volatile, presque transparente, d'un blanc mat et incertain, est ce qui donne le mieux quelque idée de ce que les anciens appelaient une *ombre*. Si vous introduisez votre tête dans ce sépulcre pour mieux voir, prenez garde : ne remuez plus, ne parlez pas, retenez votre respiration. Cette forme est plus frêle que l'aile d'un papillon, plus prompte à s'évanouir que la goutte de rosée suspendue à un brin d'herbe au soleil ; un peu d'air agité par votre main, un souffle, un son deviennent ici des agents puissants qui peuvent anéantir en une seconde ce que dix-sept siècles, peut-être, de destruction ont épargné. Voyez, vous venez de respirer, et la forme a disparu. Voilà la fin de l'histoire de l'homme en ce monde. »

C'est là, ce me semble, une assez belle vue funèbre, et le chrétien s'en autorise aussitôt pour remonter vers ce qui est au-dessus de la destruction et qui échappe à toutes les Catacombes, vers le principe immortel de vie, d'amour, de sainteté et de sacrifice. Je ne puis qu'indiquer, en passant, à tous ceux qui sont avides d'étudier dans Rome matérielle la cité supérieure et intelligible, ces hautes et vives considérations.

Des divers écrits de l'abbé Gerbet, je ne citerai plus qu'un seul, et c'est peut-être son chef-d'œuvre : il se rattache à une circonstance touchante, que les personnes pratiquement religieuses sentiront mieux que d'autres, mais qu'elles ne seront pas seules à apprécier. C'était avant 1838, avant ce long séjour de l'abbé à Rome : il s'était lié avec le second fils de M. de La Ferronnais, l'ancien ministre des Affaires étrangères. Le jeune comte Albert de La Ferronnais avait épousé une jeune personne russe Mademoiselle d'Alopeus, de la religion luthérienne, et il désirait vivement l'amener à la foi. Il se mourait à Paris d'une maladie de poitrine, à l'âge de vingt-quatre ans, et semblait arrivé au dernier période, lorsque sa jeune femme, à la veille d'être veuve, se décida à embrasser la communion de son époux ; et dans cette chambre, près de ce lit tout à l'heure funéraire, on célébra une nuit, — à minuit, heure de la naissance du Christ, — la première communion de l'une en même temps que la dernière communion de l'autre (29 juin 1836). L'abbé Gerbet fut le consécrateur et l'exhortant dans cette scène si profondément sincère et si douloureusement pathétique, mais où le chrétien retrouvait de saintes joies. C'est le sentiment vif de cette incomparable et idéale agonie qui lui inspira un *Dialogue entre Platon et Fénelon*, où celui-ci révèle au disciple de Socrate ce qu'il lui a manqué de savoir sur les choses d'au delà, et où il raconte, sous un voile à demi soulevé, ce que c'est qu'une mort selon Jésus-Christ :

« O vous, qui avez écrit le *Phédon*, vous, le peintre à jamais admiré d'une immortelle agonie, que ne vous est-il donné d'être le témoin de ce que nous voyons de nos yeux, de ce que nous entendons de nos oreilles, de ce que nous saisissons de tous les sens intimes de l'âme, lorsque, par un concours de circonstances que Dieu a faites, par une complication rare de joie et de douleurs, la mort chrétienne, se révélant sous un demi-jour nouveau, ressemble à ces soirées extraordinaires dont le crépuscule a des teintes inconnues et sans nom! Quels tableaux alors! quelles apparitions! Vous en citerai-je une, ô Platon? Oui, au nom du Ciel! je vous la dirai. Je l'ai vue il y a quelques jours, mais dans cent ans je dirais encore qu'il n'y a que quelques jours que je l'ai vue. Vous ne comprendrez pas tout ce que je vais vous dire : je ne peux vous parler de ces choses que dans la langue nouvelle que le Christianisme a faite ; mais vous en comprendrez toujours assez. Sachez donc que de deux âmes qui s'étaient attendues sur la terre et qui s'y étaient rencontrées, etc. »

Suit le récit légèrement voilé, et comme transfiguré, mais dont chaque circonstance est sensible. « C'est ainsi que parlerait Platon chrétien, » a dit M. de Lamartine de ce Dialogue, et l'éloge n'est que vrai.

L'abbé Gerbet, s'il voulait s'y appliquer, et si sa nature physique le lui permettait avec suite, eût composé sans doute plus d'un de ces Dialogues heureux : il a en lui ce qu'il faut pour être l'homme des Tusculanes chrétiennes. Trois fois dans ma vie j'ai eu le bonheur de le voir en des lieux qui lui convenaient à souhait et qui semblaient son cadre naturel : en 1831, à Juilly, sous les beaux ombrages que Malebranche avait hantés; en 1839, à Rome, sous les arceaux des cloîtres solitaires ; et hier encore, dans les jardins de l'évêché d'Amiens où il vit près de son ami M. de Salinis. Partout il est le même : figurez-vous une démarche longue et lente, un peu penchée, dans une paisible allée où l'on cause à deux du côté de l'ombre, et où il s'arrête souvent en causant; voyez de près ce sourire affectueux et fin, cette physionomie bénigne où il se mêle quelque chose du Fléchier et du Fénelon; écoutez cette parole ingénieuse, élevée, fertile en idées, un peu entrecoupée par la fatigue de la voix, et qui reprend haleine souvent; remarquez, au milieu des vues de doctrine et des aperçus explicatifs qui s'essaient et naissent d'eux-mêmes sur ses lèvres, des mots heureux, des anecdotes agréables, un discours semé de souvenirs, orné proprement d'aménité : et ne demandez pas si c'est un autre, c'est lui.

La nature de l'abbé Gerbet est de celles qui, seules, ne se suffisent point à elles-mêmes et qui ont besoin d'un ami; on dirait qu'il n'a toute sa force que quand il peut s'y appuyer. Longtemps il crut avoir trouvé cet ami plus ferme de volonté et de dessein dans la personne de M. de La Mennais; mais ces volontés plus fortes finissent souvent, sans y songer, par nous prendre comme leur proie et par nous jeter ensuite comme une dépouille. L'amitié vraie, telle que l'entendait La Fontaine, demande plus de soins et d'égalité. L'abbé Gerbet a donc trouvé un ami égal et tendre, et tout conforme à sa belle et fidèle nature, en M. de Salinis; parler bien de l'un, c'est s'attirer aussitôt la reconnaissance de l'autre. Puis-je, sans indiscrétion, pénétrer dans l'agrément de cet intérieur et y ouvrir un jour, du moins pour ce qu'il a de littéraire et d'ingénieux? L'abbé Gerbet, comme Fléchier que j'ai nommé à son sujet, a un esprit de société plein de charme, de douceur et d'invention. Ce qu'il a fait et semé, dans tous les lieux où il a vécu et dans les sociétés qu'il a traversées, de jolis vers, de petits poëmes allégoriques, de couplets de fête et de circonstance, il l'a lui-même oublié. Il est de ceux qui édifient sans tristesse, et qui savent animer les heures sans les dissiper. Dans cette vie déjà longue où pas une mauvaise pensée ne s'est glissée, et qui a échappé à toute passion troublante, il a gardé la joie première d'une belle âme pure. La spiritualité discrète se combine chez lui avec l'allégresse légère. J'ai sous les yeux une jolie petite scène en vers, qu'il destinait, il y a peu de jours, aux jeunes pensionnaires du Sacré-Cœur d'Amiens, et dans laquelle il a passé comme un souffle d'*Esther*, mais d'une *Esther* égayée du voisinage de Gresset. Les soirs du dimanche, M. l'évêque d'Amiens a l'habitude de recevoir; on vient avec plaisir dans ce salon qui n'a rien de sévère et où la bonne compagnie se trouve naturellement chez elle. On y joue à quelques jeux; on y tire quelque loterie, et, pour qu'il soit dit que personne ne perdra, il est convenu que l'abbé Gerbet fera des vers pour le perdant, pour celui qui s'appelle, je crois, *le nigaud*. Ces *nigauds* de l'abbé Gerbet sont pleins d'esprit et d'à-propos : il les fait *par obéissance*, ce qui le sauve, dit-il, de tout reproche et de toute idée de ridicule. Il est difficile de détacher ces riens des circonstances de société qui les produisent; voici pourtant une de ces petites pièces improvisées à l'usage et pour la consolation des perdants, elle a pour titre *le Jeu du Soir :*

> C'est aujourd'hui la Fête de la Vierge,
> Mais, entre nous, je voudrais bien savoir
> Si, quand on doit le matin prendre un cierge,
> On peut tenir une carte le soir.
>
> Je ne veux pas, censeur trop difficile,
> Blâmer un jeu que permet le salon,
> Mais je vous dis que, sous un air futile,
> Ce jeu vous donne une grave leçon.
>
> Rappelez-vous, à chaque loterie,
> Que tous nos jours sont un frivole jeu,
> Si l'on ne gagne, au soir de cette vie,
> Un lot tombé du grand trésor de Dieu.
>
> Si Dieu préside à vos heures légères,
> Ce jeu du soir est un temps bien passé,
> Et, du matin rejoignant les prières,
> Finit le jour comme il a commencé.
>
> Je vous surprends par mon langage austère;
> Vous voulez rire, et je vous ai prêché :
> Au jeu mondain un sermon ne va guère,
> Mais on le passe au jeu de l'Évêché.

Et c'est ce même homme qui a fait le livre de l'*Eucha-*

ristie, le *Dialogue de Platon et de Fénelon,* et qui avait eu l'idée d'écrire la dernière Conférence de saint Anselme *au sujet de l'âme;* celui même que le Clergé français put opposer avec honneur à Jouffroy, et que le plus sympathique des protestants, M. Vinet, n'aurait combattu qu'en le révérant, en le reconnaissant pour un frère selon le cœur et l'intelligence. L'abbé Gerbet, à ces mérites élevés que je n'ai pu que faire entrevoir, mêle une douce gaieté, un agrément naturel et fleuri, qui rappelle, jusque dans les jeux de vacances, l'enjouement des Rapin, des Bougeant et des Bouhours. On a beaucoup disputé, tous ces temps derniers, sur la question des études et sur le degré de littérature autorisé par le Clergé ; on a mis en avant bien des noms empressés et bruyants : j'ai voulu rappeler un nom aussi distingué que modeste.

Il y a longtemps que je me suis dit : Si l'on avait jamais à nommer un ecclésiastique à l'Académie française, comme je sais bien d'avance quel serait mon choix ! Et il y a plus : je suis bien sûr que la philosophie dans la personne de M. Cousin, la religion par l'organe de M. de Montalembert, la poésie par la bouche de M. de Lamartine, ne me démentiraient pas(1)..

(1) L'abbé Gerbet n'a pas été nommé de l'Académie, mais il est évêque de Perpignan depuis le mois de décembre 1853.

Lundi, 23 août 1852.

LES REGRETS

J'aurais grand besoin cette fois qu'un moraliste fin, discret, adroit et prudent, un Addison, me prêtât son pinceau sans mollesse et sans amertume : car c'est d'un mal moral que je voudrais traiter, et d'un mal présent; j'ai en vue de décrire la maladie d'une partie notable de la société française (de la fleur et non pas du fond de cette société), et, en la décrivant au naturel, de faire sentir à de belles et fines intelligences qu'elles ont tort de loger et d'entretenir si soigneusement en elles un hôte malin qui, à la longue, est de nature à porter atteinte à la santé même de l'esprit.

Qu'est-ce donc que ce mal dont est visiblement atteinte depuis quelque temps une partie de la société brillante et pensante? C'est l'ironie, c'est le dépit, moins encore le regret de ce qui n'est plus, que l'étonnement, la surprise, la colère d'assister à ce qui est, et à ce qui est sans nous. On n'en revient pas de n'avoir plus à gouverner le monde. Tant qu'il n'y a eu que chute, catastrophe, anarchie universelle, on a eu du bon sens, de la philosophie, et quelques-uns même du courage; après la première secousse, qui a été rude, on ne s'est pas trop abandonné, on est revenu à soi et on a donné la main à d'autres; on a travaillé à remettre la société à flot et à s'y remettre soi-même. Était-ce donc le seul espoir de ressaisir le gouvernail, qui soutenait tous ces naufragés de la veille revenant sur l'eau, quand on les voyait si activement, pour leur part, aider à construire le radeau après la perte du navire? N'était-ce donc pas le sentiment du péril immense et le désir du salut commun? Le fait est que, durant les trois années d'un état précaire pour la France et presque déshonorant pour la civilisation d'un grand peuple, les mêmes hommes, après le premier étourdissement passé, ont assez pris leur parti, qu'ils ont assez bien vécu et n'ont pas trop désespéré, et que depuis qu'il y a un établissement régulier, il leur semble qu'on ne puisse plus vivre : c'est que cet établissement s'est fait sans eux, c'est que ce régime n'est plus le leur; on supporte encore la chute, non pas le remplacement.

Le grand malheur des révolutions fréquentes et périodiques auxquelles notre France s'est vue sujette depuis quarante ans, a été de faire de vastes coupes réglées dans les générations qui formaient la tête de la société, de les déposséder presque en masse du pouvoir en un seul jour, et de donner aux générations survenantes le caractère d'une conquête et d'une invasion. L'Empire tombe en 1814 et en 1815; les serviteurs de l'Empire, à peu d'exceptions près, sont jetés de côté à l'instant, et la face de la France gouvernante est renouvelée. La Restauration tombe en 1830; les hommes de la Restauration disparaissent, et une nouvelle génération se saisit du gouvernement de la société dans toutes les directions et à tous les degrés. C'est cette génération, accoutumée au pouvoir durant dix-huit ans, pleine encore de force, de capacité, d'intelligence, se ramifiant dans les classes élevées et dans les moyennes, qui, frappée à son tour, est malade en ce moment du genre d'irritation que je signale. Naturellement, c'est toujours le dernier pouvoir tombé qui est le plus irrité contre celui qui succède : l'avant-dernier est déjà fait à la patience.

Cette irritation, qui, je le répète, n'était pas née après la chute même et dans l'intervalle anarchique qui a duré près de quatre ans; cette irritation, qui était alors paralysée et par la peur très-permise et par des retours d'espérance, s'est développée au plus haut degré depuis l'établissement d'un régime qui annule ces espérances en même temps qu'il rassure contre les craintes extrêmes. On a du loisir et de la liberté d'esprit, et l'on se croit en droit d'en profiter sans beaucoup de reconnaissance. Il s'est donc déclaré aussitôt, dans une partie de cette belle société à la fois outrée et rassurée, une disposition frondeuse, railleuse, qui se manifeste de mille manières ironiques depuis longtemps tombées en désuétude, par des journaux à la main, par des bulletins publiés à l'étranger, par des couplets à la Maurepas, que sais-je? Tout cela ne mériterait pas même l'attention, si la disposition fondamentale qui est là-dessous ne tendait à persister jusque dans de bons et graves esprits, à les envahir, ou, si c'est trop dire, à les marquer d'un coin qu'on ne se serait jamais attendu à trouver en eux. La prétention, en effet, des principaux chefs de cette génération qui ne relevait ni du droit divin ni d'aucun principe préconçu, et qui arrivait à la politique par l'étude des choses et de l'histoire, était de tout comprendre; et, depuis quelque temps, ils me semblent, en vérité, ne se plus mettre en peine de cela. Dans ce moment même, qu'ils daignent, je les en prie, ne pas prendre ou donner le change sur ma pensée : je ne viens pas ici conseiller d'épouser le pouvoir, mais simplement de ne pas le nier avec obstination, de ne pas bouder la société qui l'a ratifié, le fond et le vrai de la société de notre temps.

Les regrets et les affections, je les conçois, je les respecte; là où de tels sentiments sincères se rencontrent, on ne peut que passer en s'inclinant. Les principes, je les conçois aussi, je les respecte également, à condition qu'ils soient nets et avérés. Si dans les hommes irrités dont je parle, il en est qui aient gardé le culte des purs sentiments libéraux, de la vieille liberté entendue comme en 89 ou en 1819, qui aient aimé cette liberté de la même manière avant et pendant le pouvoir, qui n'aient jamais senti, alors qu'ils étaient les maîtres, qu'il fallait faire fléchir les principes eux-mêmes devant les nécessités publiques et les périls imminents, s'il est de tels hommes qui aient conservé chastement en eux ce premier idéal de la nature humaine et de la nature française gouvernable, à ceux-là je leur accorde tout; de tels modèles sont beaux de temps en temps à contempler à distance dans l'histoire. Respect aux Thraséas partout où il s'en rencontre! Si la France en possède deux ou trois, qu'elle en garde les bustes, en attendant les statues.

Mais ici quelques remarques sont nécessaires : la prétention et la ressource de tous les pouvoirs déchus est d'invoquer aussitôt la justice et de s'identifier avec elle. Quand nous étions jeunes et que nous entendions ceux qu'on appelait alors les hommes de l'ancien régime raisonner de politique, que disaient-ils? « Nous sommes les représentants du droit, de la justice, de la vérité et de la légitimité sociale; vous, au contraire, enfants de la Révolution, vous êtes des usurpateurs et des hommes du fait. » Cela nous faisait sourire, car nous raisonnions sur ce grand fait révolutionnaire, nous montrions qu'il avait été provoqué, justifié en partie, qu'il avait ses raisons d'être; et les plus fortes têtes d'entre nous poussaient cette logique des événements jusqu'à établir par maximes une sorte de loi et de fatalité historique inévitable. Aujourd'hui, un grand nombre de ces jeunes hommes d'alors, après avoir passé par le pouvoir et par le gouvernement à leur tour, se voyant déchus à l'improviste et dépossédés, vont recommencer, s'ils n'y prennent pas garde, le raisonnement des hommes d'autrefois ; ils vont vous démontrer point par point qu'ils représentent le droit, la justice, la légitimité sociale ; tout cela, à les entendre, est en eux seuls et non pas en d'autres : ils en gardent le dépôt, et ils vous en parleront avec autant de zèle et de componction qu'aurait pu faire un bon royaliste au lendemain de Juillet 1830. Pour un simple observateur désintéressé, ce changement subit de rôles est extrêmement curieux.

L'autre jour, j'entendais causer un homme de grand esprit, un ancien ministre de l'Instruction publique sous Louis-Philippe, et qui a, durant des années, administré, sous un titre ou sous un autre, cette branche importante du pouvoir ; il critiquait les innovations récentes apportées dans l'enseignement ; et, sur quelques observations générales qui lui étaient faites, et qui méritaient au moins d'être écoutées : « Je crois à la vérité absolue, s'écria-t-il en rompant la conversation, je crois au bien. » Il appelait apparemment le bien ce qu'il avait fait ; le mal, c'était ce que faisaient les autres.

Nous sommes tous plus ou moins tentés de parler ainsi, si nous nous livrons à la vivacité de notre premier mouvement et si ce que Pascal appelait la *pensée de derrière* ne nous avertit. Le danger, aujourd'hui, pour quantité d'esprits distingués, atteints dans leurs habitudes, dans leur symbole politique, et qui ont à se plaindre des choses, serait de se fixer dans une disposition habituelle de rancune, d'hostilité sans grandeur, de jugement ironique et satirique : il en résulterait une altération, à la longue, dans le fond même de leur esprit et de leur jugement. Rappelons-nous, encore une fois, pour ne pas les imiter, ces hommes d'esprit que nous avons connus dans notre jeunesse et qui nous paraissaient plus ou moins d'un autre âge : ils avaient cessé de prendre la société de droit fil; ils avaient contracté leur pli à une certaine date restée pour eux mémorable bien plus que pour nous. M. de Lally-Tolendal et ses amis s'étaient arrêtés à un certain jour de l'Assemblée constituante; la justice et la vérité politique se prolongeaient pour eux jusqu'à ce jour-là, et ne subsistaient pas vingt-quatre heures de plus. Sur tout le reste, ils parlaient bien et semblaient ouverts; mais gare si l'on abordait ce côté! Il y en avait d'autres qui disputaient encore sur les chances qu'aurait eues l'entreprise militaire de M. de Bouillé, si la fuite de Louis XVI avait réussi en juin 1791. Combien de montres s'étaient ainsi arrêtées durant la Révolution à tel ou tel jour de secousse violente! Tâchons donc, même quand nous ne prendrions aucun plaisir au temps qui passe, de remonter notre montre tous les soirs et de la tenir à l'heure; c'est une habitude excellente pour l'esprit.

Avez-vous jamais réfléchi à ce que c'était que ces hommes de la Chambre de 1815, dont en général les montres s'étaient arrêtées subitement au 18 Brumaire, et qui, après quinze ans d'isolement, de colère ou de bouderie à l'écart, se virent un jour appelés à l'exercice d'un gouvernement nouveau et à remettre en vigueur les formes parlementaires et délibératives? On pouvait croire, au premier abord, qu'il y avait de leur côté de la ressource, parce que leurs caractères n'étaient point usés, et parce qu'ils avaient vécu en dehors du tourbillon qui entraînait l'Europe. « Ils avaient dû trouver, disaient d'ingénieux publicistes, dans leurs pensées toujours refoulées, un exercice qui doublait leurs forces. » C'était une erreur. Ces hommes de la Chambre de 1815 arrivèrent ou revinrent impraticables parce qu'ils étaient violents, parce qu'ils avaient accumulé en silence mille aigreurs et mille rancunes, parce qu'ils étaient restés dix années durant, à l'état de pistolets chargés : quand on vint à vouloir s'en servir de nouveau, ils éclatèrent dans la main qui les employait.

Hommes de la génération de 1830, tombés en 1848, désormais évincés et très-ajournés, vous qui vous êtes toujours piqués de tout comprendre dans l'histoire, et qui, par l'étude, par les idées, par une habituelle et libre ouverture de l'intelligence, vous êtes crus et êtes, en effet, si supérieurs aux plus hommes d'esprit de cette race de 1815, n'admettez en vous trop longtemps aucun grain d'aigreur et d'amertume, aucun levain pareil au leur et qui est de nature à se loger si aisément au cœur de l'homme. Votre faible a été, de tout temps, de vous croire privilégiés, ne vous y fiez pas trop; vous êtes hommes aussi, vous êtes dans une époque critique; ne vous fixez pas dans le dépit. Les fortes colères vaudraient encore mieux. Mais plutôt mettez votre honneur et votre supériorité à n'avoir ni dépit ni colère, à garder de vos idées ce que vous en croyez juste et durable, sauf à les confronter perpétuellement avec l'état de la société, à les corriger sans cesse par l'observation de ce monde qui marche et qui change, et qui de nos jours tourne si vite à l'indifférence du passé. « Il est inutile de se fâcher contre les choses, disait madame de Staël, car cela ne leur fait rien du tout (1). » Ce que je demande ici est difficile; le mérite vous en sera plus grand. Il y a un mal

---

(1) Le mot avait cours dans le monde de madame de Staël, mais il n'est pas d'elle, comme je l'avais cru d'abord; il n'est pas même de Turgot, à qui je le vois aussi attribué : il est purement et simplement d'Euripide, cité par Stobée (titre 54) :

Τοῖς πράγμασιν γὰρ οὐχὶ θυμοῦσθαι χρεών·
Μέλει γὰρ αὐτοῖς οὐδέν. . . . .

terrible et rebelle à guérir, une maladie non décrite et qui n'a pas pris place encore dans les livres de médecine; je l'ai peu observée directement, je l'ai entrevue toutefois, et je me la suis fait raconter par des témoins, et presque par des malades eux-mêmes : je puis en donner un léger aperçu que de plus experts compléteront.

Cette maladie est celle du *pouvoir perdu*. Elle est déjà bien ancienne, elle l'est presque autant que le monde, mais longtemps elle a été limitée à un petit nombre de cas, ou bien elle prenait une autre forme. Du temps de la monarchie et de la Cour, elle se confondait avec la maladie du *courtisan disgracié* ou de la *perte de la faveur;* depuis l'émancipation de la société et la participation plus ou moins directe d'un grand nombre à l'exercice du pouvoir, la maladie, dans sa forme simple, s'est fort répandue, et il y a des moments où elle a le caractère d'une épidémie. Ne la prenons que dans les exemples saillants et dignes d'être observés.

Pascal, qui avait si bien pénétré l'homme dans sa grandeur et dans sa misère, et qui, en son âme ardente, s'était représenté plus d'une fois sans doute les vives images de l'ambition politique, a écrit, comme pour s'en dégoûter :

« Prenez-y garde ! Qu'est-ce autre chose d'être Surintendant, Chancelier, Premier-Président, sinon d'être en une condition où l'on a, dès le matin, un grand nombre de gens qui viennent de tous côtés pour ne leur laisser pas une heure en la journée où ils puissent penser à eux-mêmes ? Et, quand ils sont dans la disgrâce et qu'on les envoie à leurs maisons des champs, où ils ne manquent ni de biens, ni de domestiques pour les assister dans leurs besoins, ils ne laissent pas d'être misérables et abandonnés, parce que personne ne les empêche de songer à eux. »

En effet, le pouvoir, considéré au point de vue moral, et sous sa forme la plus générale, consiste à ne pas s'appartenir un seul moment, à faire de grandes choses peut-être, mais à être envahi aussi par les petites, à n'avoir pas une minute à soi dès le réveil : tel est le plaisir. L'espoir des grandes actions vous tente et vous soutient, j'aime à le croire : en attendant, les actions vaines ne prennent pas moins de place. Les affaires et les gens vous assiégent, vous cherchent, vous poursuivent. Les importuns et les sots même entre les solliciteurs ne vous déplaisent pas; ils donnent le sentiment de ce qu'on peut, même quand on refuse. Le *moi* humain se dilate et s'étend comme naturellement à tout ce qui entoure. Il y a une expression en grec qui m'a toujours frappé : pour signifier un homme d'importance, un héros, un chef, on dit : *Ceux qui sont autour de lui.* Par exemple, au lieu de nommer tout simplement *Achille* ou *Agamemnon*, on dira : *Ceux qui sont autour d'Achille* ou *d'Agamemnon*, tant on est loin de concevoir le personnage isolé et sans son cortége! Ainsi de tout temps pour l'homme de pouvoir : il n'est jamais seul. Mais qu'il tombe : le soir même de la disgrâce, m'assure-t-on, subitement, rudement, avec une brutalité dont je n'ai jamais été témoin, le vide se fait autour de lui; quand je dis le soir, ce n'est peut-être que le lendemain; car je ne puis supposer que, pour la forme, quelques politesses au moins n'arrivent pas; puis, la cérémonie faite, il ne reste que les amis. On sent alors qu'on n'est plus que soi, qu'on n'a plus dans les mains cet aimant qui attirait. Les premiers jours on a peine à s'y accoutumer; on attend machinalement, habitué qu'on est à recevoir son occupation du dehors; il semble que l'huissier soit en défaut. Mais rien n'est plus vrai pourtant, votre porte ne s'ouvre plus que pour un petit nombre; il faut peu à peu s'y faire. Si quelqu'un entre alors pour une affaire particulière, quelque subalterne surtout, on le retient, on amène la conversation sur la chute récente, sur l'ingratitude des hommes, sur l'état général des affaires publiques qui se gâte et devient tout à fait affligeant : on s'épanche, on cherche de l'écho. C'est ici que la différence des humeurs et des caractères se déclare, et aussi celle de l'éducation. Je connais des hommes d'une nature sociale heureuse et d'un bon sens bien tempéré qui ont peut-être retrouvé leur philosophie dès le soir même. Je sais des gens de goût qui ont pu ressentir l'amertume, mais qui l'ont dissimulée galamment : une grande fortune et une situation faite sont un excellent coussin dans la chute, pour parer aux contre-coups. Les natures moins délicates ou moins maîtresses d'elles-mêmes ne peuvent se retenir; il en est qui s'exhalent en propos vifs et outrageants, d'autres tournent au tendre et à l'élégie. M. de Chateaubriand éclatait tout haut avec rage et menaces; M. de Martignac avait des bons mots et des soupirs. M. de Serre, emportant sa blessure au foie en silence, s'en allait mourir à Naples; M. de Villèle, moins idéal et plus positif, s'en allait faire les affaires de sa province, de sa commune et de sa municipalité, et il les fait encore : sur une échelle ou sur une autre, est-ce que toutes les affaires ne se ressemblent pas? Dans le vieux temps, Sully, après la mort de Henri IV, prenait le bon parti, celui qui sied aux ministres survivants d'une grande époque et d'un grand règne : il en dictait l'histoire à quatre secrétaires à la fois, et se la faisait raconter tout le long du jour, s'enfermant et se murant ainsi dans ses souvenirs. Il devenait même poëte du coup, et rimait l'Éloge de Henri IV et son propre *Adieu à la Cour* en deux pièces de vers qui se sont conservées. Au temps de la Fronde, un disciple de Richelieu et qui n'était pas indigne de lui pour sa capacité et son ardeur, M. de Chavigny, dans ses heures de disgrâce, faisait visite au monastère de Port-Royal-des-Champs et tâchait de s'y complaire à la pénitence; effort pénible et qui ne durait pas! Daguesseau, à Fresne, pas plus que L'Hôpital en sa maison de Vignay, ne doit se considérer comme un ministre en disgrâce; c'était un magistrat homme d'études, qui retrouvait, un peu mélancoliquement peut-être, mais sans trop d'ennui, les habitudes de la vie de cabinet. Maurepas, qui fut exilé vingt-cinq ans dans sa terre, après avoir été ministre et avant de le redevenir, avait passé ce long intervalle avec une légèreté de grand air, qui faisait illusion, même à Montesquieu : « J'arrive de Pont-Chartrain avec madame d'Aiguillon, où j'ai passé huit jours très-agréables, écrivait-il; le maître de la maison a une gaieté et une fécondité qui n'a point de pareille. Il voit tout, il lit tout, il rit de tout, il est content de tout, il s'occupe de tout. C'est l'homme du monde que j'envie davantage : il a un caractère unique. » Maurepas se consolait par la légèreté et la satire, et en faisant collection de tous les noëls moqueurs où l'on chansonnait les gens.

La plus belle disgrâce ministérielle que l'on puisse citer est celle du duc de Choiseul à Chanteloup; elle fut triomphante d'abord comme une faveur; l'idée de popularité commençait à naître. N'y comptez pas trop cependant; les premiers jours de Chanteloup sont enivrants; mais je ne répondrais pas des autres, et on ne nous a pas tenus au courant de la suite. En récompense, voici un charmant et naïf tableau d'une autre disgrâce un peu antérieure, de celle du comte d'Argenson, ancien ministre de la guerre sous Louis XV, et renvoyé en 1757 pour avoir pris parti contre madame de Pompadour au moment de l'assassinat de Damiens; la page qu'on va lire de Marmontel est un renseignement précieux pour la peinture de la maladie morale que nous étudions :

« Dans l'un de ces heureux voyages que je faisais à Saumur, dit-il en ses *Mémoires*, je profitai du voisinage de la terre des Ormes pour y aller voir le comte d'Argenson, l'ancien ministre de la guerre, que le roi y avait exilé. Je n'avais pas oublié les bontés qu'il m'avait témoignées dans le temps de sa gloire. Jeune encore, lorsque j'avais fait un petit poëme sur l'établissement de l'École militaire, dont il avait le principal honneur, il s'était plu à faire valoir ce témoignage de mon zèle. Chez lui, à table, il m'avait présenté à la noblesse militaire comme un jeune homme qui avait des droits à sa reconnaissance et à sa protection. Il me reçut dans son exil avec une extrême sensibilité. O mes enfants! quelle maladie incurable que celle de l'ambition! quelle tristesse que celle de la vie d'un ministre disgracié! Déjà usé par le travail, le chagrin devait achever de ruiner sa santé. Son corps était rongé de goutte, son âme l'était bien plus cruellement de souvenirs et de regrets; et, à travers l'aimable accueil qu'il voulut bien me faire, je ne laissai pas de voir en lui une victime de tous les genres de douleur.

« En me promenant avec lui dans ses jardins, j'aperçus de loin une statue de marbre; je lui demandai ce que c'était. « C'est, me dit-il, ce que je n'ai plus le courage de regarder; » et en nous détournant : « Ah! Marmontel! si vous saviez avec quel zèle je l'ai servi! Si vous saviez combien de fois il m'avait assuré que nous passerions notre vie ensemble, et que je n'avais pas au monde un meilleur ami que lui! Voilà les promesses des rois! voilà leur amitié! » Et, en disant ces mots, ses yeux se remplirent de larmes. »

Le comte d'Argenson, bien qu'il fût caustique d'esprit, était de ceux, on le voit, qui dans le malheur tournent à l'élégie et à l'attendrissement; il en est d'autres qui, de colère, auraient montré le poing à cette statue du roi, et l'auraient peut-être mise à bas s'ils l'avaient osé : « Je ne suis plus ministre, donc tu ne seras plus roi. » C'est ainsi que quelques-uns ont raisonné.

» Le soir, continue Marmontel parlant toujours de cette visite chez le comte d'Argenson, pendant que l'on soupait, nous restions seuls dans le salon. Ce salon était tapissé de tableaux qui représentaient les batailles où le roi s'était trouvé en personne avec lui. Il me montrait l'endroit où ils étaient placés durant l'action; il me répétait ce que le roi lui avait dit; il n'en avait pas oublié une parole. « Ici, me dit-il en parlant de l'une de ces batailles, je fus deux heures à croire que mon fils était mort : le roi eut la bonté de paraître sensible à ma douleur. Combien il est changé! rien de moi ne le touche plus. » Ces idées le poursuivaient; et, pour peu qu'il fût livré à lui-même, il tombait comme abîmé dans sa douleur. Alors sa belle-fille, madame de Voyer, allait bien vite s'asseoir auprès de lui, le pressait dans ses bras, le caressait ; et lui, comme un enfant, laissant tomber sa tête sur le sein ou sur les genoux de sa consolatrice, les baignait de ses larmes, et ne s'en cachait point.

« Le malheureux, qui ne vivait que de poisson à l'eau, à cause de sa goutte, était encore privé par là du seul plaisir des sens auquel il eût été sensible ; car il était gourmand. Mais le régime le plus austère ne procurait pas même du soulagement à ses maux. En le quittant, je ne pus m'empêcher de lui paraître vivement touché de ses peines : « Vous y ajoutez, me dit-il, le regret de ne vous avoir fait aucun bien, lorsque cela m'eût été si facile. » Peu de temps après, il obtint la permission d'être transporté à Paris. Je l'y vis arriver mourant, et j'y reçus ses derniers adieux. »

Tous les traits sont à remarquer dans ce vif et véridique tableau, notamment celui-ci qui est pris sur nature, lorsque d'Argenson se reproche de n'avoir pas assez fait pour Marmontel, quand il était puissant. Nous avons vu ainsi des ministres qui, après leur chute, disaient volontiers à tous ceux qu'ils rencontraient en chemin : « J'ai eu bien des torts envers vous, je ne vous ai pas traité comme je l'aurais dû. » Rendez-leur le pouvoir demain, ils en feront autant (1).

(1) Je trouve dans une lettre inédite de Deleyre à Jean-Jacques Rousseau, écrite de Paris le 10 février 1757, quelques particularités de plus, et assez intéressantes, ce me semble, sur cette disgrâce et cette chute du comte d'Argenson : « Enfin cet homme si méchant est
« livré à lui-même, c'est-à-dire à ses remords, s'il pouvait en avoir.
« Le voilà au fond de sa terre, le seul endroit où il pourrait être
« heureux, et celui où il le sera le moins ; mais laissons-l'y vivre en
« paix. Je n'ai point appris dans vos écrits ni dans votre commerce
« à triompher de la chute des grands. Je suis bien aise de voir l'État
« respirer un moment, et je souhaite que le remplacement de nos
« ministres fasse un bon effet dans les affaires, que ceux qui leur suc-
« céderont soient meilleurs et ne deviennent pas pires. Croiriez-vous
« cependant que cet homme disgracié trouve encore des amis, et que
« le meilleur de ces amis soit un homme de lettres ? M. de Moncrif a
« quitté le poste où il avait huit ou dix mille livres de rentes pour
« suivre aux Ormes M. d'Argenson, qui n'en a pas quinze actuellement.
« Voilà ce qu'on appelle des exemples édifiants. Vous qui craignez

Une autre remarque plus frappante porterait sur l'espèce de conseil que le digne Marmontel donne à ses enfants en leur présentant ce triste exemple de l'ambition politique. De nos jours cette ambition a fait tant de progrès et a tellement gagné toutes les classes et tous les ordres d'esprits, que ce ne sont plus seulement les d'Argensons qui en sont atteints, ce sont les Marmontels eux-mêmes qui en sont victimes. Le nombre diminue de plus en plus, même parmi les gens de Lettres, de ceux qui peuvent dire comme d'Alembert : « Je ne suis absolument propre, par mon caractère, qu'à l'étude, à la retraite, et à la société la plus bornée et la plus libre. »

On a, ce me semble, la maladie suffisamment décrite; ajoutez-y cependant, pour la situation d'aujourd'hui, une complication très-grave, le mal de la *parole perdue*, ce qui est cuisant après un Gouvernement d'orateurs. Mais ceci ouvrirait toute une veine nouvelle et nous mènerait trop loin. Le remède à ce mal immodéré des regrets, quand on ne le trouve point dans une grande égalité d'humeur et dans le tempérament naturel, est dans le travail, dans l'occupation sérieuse et suivie, dans tout ce qui maintient la force et l'équilibre de l'esprit, et qui se communique à l'âme. Si la partie élevée de nous-même ne nous parle pas assez haut, consultons du moins la partie sensée dans le silence. Qu'on se dise bien, en y réfléchissant, que, s'il est peu de douleurs qui attirent la pitié des autres, il n'en est aucune de moins sympathique que celle des ambitieux ou des gouvernants déçus. Je crois bien ne pas trop différer en

« tant la dépendance et les suites où la reconnaissance peut exposer
« un homme vertueux, pensez-vous que celui qui sacrifie si généreu-
« sement les bienfaits à son bienfaiteur les ait acquis par le crime et
« par la bassesse? Ayez meilleure opinion de l'homme et de vous-
« même. Estimons-nous un peu pour valoir quelque chose... » Ainsi, dans la disgrâce de d'Argenson comme en d'autres disgrâces célèbres, ce furent encore les Lettres qui restèrent le plus fidèles.

cela de la société de mon temps : je sais gré à tout Gouvernement qui me procure l'ordre et les garanties de la civilisation, le libre développement de mes facultés par le travail : je le remercie et suis prêt, pour mon humble part, à l'appuyer. Mais, cela dit, n'entrons pas dans le domaine du cœur; ne touchons pas trop la corde du sentimental. Surtout je ne puis, pour mon compte, avoir grande pitié des gens auxquels il n'est arrivé d'autre malheur inconsolable que celui de ne me plus gouverner.

Il est un exemple qui, depuis quelque temps, me frappe, et dans lequel il est impossible de ne pas reconnaître de l'élévation native et de la force : je veux parler de celui de M. de Lamartine. Il y a des années que je ne suis guère accoutumé à le flatter ; pourtant, depuis qu'il a perdu le pouvoir sans en avoir fait l'usage qu'il pouvait, et bien qu'il en gémisse tout bas peut-être, il n'en laisse rien percer dans ses écrits ; il produit avec l'abondance qu'on sait, mais sans amertume, sans y mêler de ressentiment personnel, et sans s'écrier à toute heure que les temps sont changés, que le monde va de mal en pis. Là est l'écueil, là est la tentation en effet pour ceux qui ont dû se lever de table avant la fin du repas : ils aiment à se persuader qu'à partir de là l'empoisonnement commence. Il est permis à l'un de ceux qui se tiennent debout à regarder, de leur répondre : Non, le monde n'est pas en train d'aller plus mal depuis hier seulement ; s'il dégénère, c'est de votre temps et du temps de vos pères que cela a commencé, non pas du jour où vous n'y avez plus la haute main. Les générations ne sont pas à la veille de tomber dans la barbarie parce qu'elles apprendront un peu plus de sciences et un peu moins de Lettres proprement dites, parce qu'on saura des mathématiques, de l'astronomie physique, de la botanique et de la chimie, qu'on se rendra mieux compte de cet univers où l'on vit et qu'il était honteux d'ignorer. Un esprit bien fait, qui saura ces choses, et qui y joindra assez de latin pour goûter seulement Virgile, Horace et Tacite (je ne prends que ces trois-là), vaudra tout autant pour la société actuelle et prochaine que des esprits qui ne sauraient rien que par les livres, par les auteurs, et qui ne communiqueraient avec les choses réelles que par de belles citations littéraires. A ce monde nouveau, pour l'intéresser, il faudra une littérature différente, plus solide et plus ferme à quelques égards, moins modelée sur l'ancienne, et qui, aux mains des gens de talent, aura elle-même son originalité. Telle est mon espérance ; j'aime à compter sur des successeurs. Il est difficile aux hommes de notre âge, avec nos habitudes et nos goûts, d'être des satisfaits ; c'est assez d'éviter le faible des mécontents. N'ayons pas un intérêt d'amour-propre et de métier à ce que la société aille mal, à ce que toutes les fautes se commettent. Malheur à qui vit longtemps en espérant les fautes d'autrui ! Il commet lui-même la plus grande, et il en est puni dans la droiture et dans l'étendue de son intelligence. Il commence à voir à contre-sens le monde, et, si un retour de fortune lui ménage un rôle dans l'avenir, il n'y rentre plus qu'à contre-temps. On m'assure qu'il y a pour le moment des protestants français qui croient à la révocation de l'Édit de Nantes ; il y a des universitaires qui croient ou qui crient à l'invasion du moyen-âge : eh bien ! des gens qui croiraient de ces choses dix ans de suite, n'en sortiraient pas sans un tic fâcheux dans l'esprit. C'est assez user, pour aujourd'hui, du conseil et du sermon : mais démentons, je vous en supplie, ce moraliste chagrin que je rencontrais l'autre jour, et qui me disait en souriant : « Vous ne savez pas? je suis en ce moment occupé à observer et à vérifier un fait curieux : *Comment les générations évincées, si elles n'y prennent garde, passent vite à l'émigré du dedans, à l'ultra, au voltigeur de Louis XV, ou comment les ailes de pigeon leur poussent.* Et je le vérifie sur des gens qui se piquaient d'être graves et intelligents avant tout, et, comme ils le disaient, de *comprendre.* Les graves eux-mêmes tournent à l'ironique et au frivole. » Je l'arrêtai court ; je lui soutins, pour l'honneur de ma génération, qu'il avait tort, que cela ne se passerait point ainsi ; mais je me promis pourtant de pousser le cri d'alarme, d'avertir les intéressés mêmes, et de le faire de la seule manière dont ces sortes d'avis peuvent se donner, c'est-à-dire publiquement, à mes risques et périls. Je leur rappelle donc, pour qu'ils s'en méfient, ce qu'ils savent aussi bien que moi : De toutes les dispositions de l'esprit, l'ironie est la moins intelligente. De toutes les passions, le dépit est la plus petite ; et, de tout temps, ç'a été peut-être la plus grande des passions françaises (1).

(1) Cet article des *Regrets* a fait un certain bruit ; il a été reproduit par la plupart des journaux, même par *le Moniteur ;* et, pour qu'il n'y manquât rien, il a obtenu une réfutation de M. Cuvillier-Fleury dans le *Journal des Débats* du 26 septembre 1852. Cette réfutation, qui s'est fait attendre, prouverait seule combien l'article a touché juste. Le coup a porté en plein sur l'état-major des salons.

BERNARDIN DE SAINT-PIERRE [1]

La renommée de Bernardin de Saint-Pierre vient d'avoir un retour de fraîcheur et un reverdissement. Sa ville natale lui élève une statue, l'Académie française couronne son Éloge; près de quarante ans après sa mort, le voilà encore une fois célébré. C'est le moment de relire de lui quelques belles pages et ce petit chef-d'œuvre, *Paul et Virginie*, « dont on aurait peine à trouver le pendant dans une autre littérature. » Bernardin de Saint-Pierre, avec tous ses défauts de raisonnement et sa manie de systèmes, est profondément vrai comme peintre de la nature; le premier de nos grands écrivains paysagistes, il est sorti de l'Europe, il a comme découvert la nature des Tropiques, et, dans le cadre d'une petite île, il l'a saisie et embrassée tout entière : là est son originalité après Buffon et Rousseau et avant Chateaubriand. M. de Humboldt, dans le Voyage aux régions équinoxiales qu'il entreprit au commencement de ce siècle avec son ami le botaniste Bonpland, et qui est une date mémorable dans la science, a reconnu en mainte rencontre cette vérité intime et pittoresque de Bernardin et le charme pénétrant de ses observations

[1] *Éloge de Bernardin de Saint-Pierre*, par M. Prevost-Paradol.— Chez Firmin Didot.

naturelles : « Que de fois, dit le savant voyageur, nous avons entendu dire à nos guides dans les savanes de Vénézuela ou dans le désert qui s'étend de Lima à Truxillo : « Minuit est passé, la Croix commence à s'incliner! » Que de fois ces mots nous ont rappelé la scène touchante où Paul et Virginie, assis près de la source de la rivière des Lataniers, s'entretiennent pour la dernière fois, et où le vieillard, à la vue de la Croix du Sud, les avertit qu'il est temps de se séparer! » — « *Paul et Virginie*, dit-il encore dans un autre ouvrage, m'a accompagné dans les contrées dont s'inspira Bernardin de Saint-Pierre; je l'ai relu pendant bien des années, avec mon compagnon et mon ami, M. Bonpland... Là, tandis que le ciel du Midi brillait de son pur éclat, ou que, par un temps de pluie, sur les rives de l'Orénoque, la foudre en grondant illuminait la forêt, nous avons été pénétrés tous deux de l'admirable vérité avec laquelle se trouve représentée, en si peu de pages, la puissante nature des Tropiques dans tous ses traits originaux. » Et quand sur ce fond d'un paysage si neuf et si grand se détachent les deux plus gracieuses créations de figures adolescentes, et que la passion humaine y est peinte aussi dans toute sa fleur et dans toute sa flamme, il y a de quoi mériter à jamais de vivre, et de quoi couvrir bien des erreurs, des ignorances et des infirmités qui se trahissent ailleurs chez l'homme et dans son talent. Aujourd'hui, après tout ce qu'on a écrit déjà sur Bernardin de Saint-Pierre et ce que j'en ai écrit autrefois moi-même, j'aimerais à revoir d'un peu près cette double part qu'il faut faire en lui, et à le montrer en réalité et au naturel ce qu'il était.

Le biographe et le disciple de Bernardin de Saint-Pierre, et qui avait épousé sa veuve, M. Aimé Martin, a rendu à sa mémoire plus d'un service; il a complété sur quantité de points l'édition des Œuvres de celui qu'il admirait par-dessus tout : pourtant il a poussé le zèle et l'enthousiasme jusqu'à tracer de lui un portrait romanesque et une de ces biographies impossibles qui mettent tout d'abord en garde un lecteur de bon sens. Ayant à défendre Bernardin contre plusieurs inculpations qui touchaient au caractère, M. Aimé Martin s'est jeté dans une apologie sans réserve, et dont l'expression ne connaissait point de bornes. On en jugera par un seul trait : « Que de fois, s'écrie-t-il, je me suis trouvé meilleur en le quittant!... Alors la vertu me semblait naturelle et facile. Une flamme divine me consumait : j'étais comme ces disciples de Jésus-Christ qui, en se rappelant l'impression de ses discours, se disaient entre eux : *Notre cœur brûlait en l'écoutant.* » — Il nous faut sortir au plus vite de ce genre exalté pour trouver un Bernardin réel.

Né au Havre le 19 janvier 1737, d'une famille originaire de Lorraine, qui aurait aimé à descendre de l'Eustache de Saint-Pierre de Calais, et qui, en tout, avait plus de prétentions que de preuves, Bernardin de Saint-Pierre reçut une éducation très-libre et irrégulière, très-coupée, mais où la nature, l'Océan et la campagne tinrent du premier jour beaucoup de place. On a recueilli plusieurs anecdotes de son enfance qui auraient tout leur prix, si on les avait racontées plus simplement. Il était compatissant pour les animaux; il rêvait à la vie des anachorètes dans le désert, et se faisait de petits ermitages au milieu des chèvrefeuilles et des abeilles. La lecture de *Robinson* fut pour lui un événement; lui aussi, il cherchait en imagination son île, mais bientôt ce ne fut plus une île solitaire, il s'y donnait des compagnons; il la peuplait à son gré d'un monde choisi, dont il se faisait le législateur pacifique : car il était ambitieux, et son penchant le portait naturellement ou à s'isoler ou à se donner le beau rôle. Des

personnes judicieuses qui l'ont connu, m'ont expliqué
ses défauts et son irritabilité de caractère, en me disant
qu'il n'avait pas été élevé, qu'il n'avait jamais été soumis et rompu à une discipline. Peut-être n'était-il pas
de nature à s'y plier. Il était de ceux qui, avec une physionomie noble et douce, de beaux yeux bleus et un
sourire bienveillant, ont reçu en naissant un instinct
invincible. Parlant quelque part des instincts variés des
animaux et les assimilant à ces affections secrètes et
innées qui sont réparties à chaque homme destiné à
percer ou à souffrir : « Notre vie entière, dit-il, n'en
est pour chacun de nous que le développement. Ce sont
ces affections qui, lorsque notre état leur est contraire,
nous inspirent des constances inébranlables et nous
livrent, au milieu de la foule, des luttes perpétuelles et
malheureuses contre les autres et contre nous-même :
mais, lorsqu'elles viennent à se développer dans des
circonstances heureuses, alors elles font éclore des arts
inconnus et des talents extraordinaires. » Et il cite Homère, Raphaël, Colomb, Herschell, comme doués chacun d'un génie caractéristique qui le domine et qu'il
ne peut éviter. Bernardin de Saint-Pierre eut également
le sien. Son idéal se traça de bonne heure en lui, et, à
travers tous ses mécomptes, il ne s'en détourna jamais.
Cet idéal, c'était de fonder une espèce de colonie qui
aurait tenu de l'idylle, et où il aurait régi, non sans y
mêler quelques sons de la flûte antique, des hommes
dociles et heureux. En Russie, lorsqu'un jour l'impératrice Catherine sembla lui sourire, il ne souriait, lui,
qu'à ce projet chéri de fonder une colonie aux bords du
lac Aral, une colonie cosmopolite à l'usage de tous les
étrangers pauvres et vertueux; plus tard, il continuera
en idée de vouloir transplanter quelque chose du même
rêve aux rivages de Madagascar, puis en Corse, et plus
tard encore vers les vagues espaces de l'ouest de l'Amé-

rique, au nord de la Californie. Il concevait dans sa tête et portait partout avec lui un monde d'ordre et d'harmonie, une espèce d'Éden ou d'âge d'or, duquel il ne voulait absolument pas se départir et qu'il s'obstinait à réaliser au milieu des désaccords de tout genre qui l'offensaient. Ce n'est qu'à la fin et en désespoir de cause, qu'il renonça à l'idée de poursuivre ses projets lointains, et qu'il s'avisa de *puiser de l'eau dans son propre puits*, c'est-à-dire, au lieu de vouloir exécuter les choses, de prendre son papier et de les décrire. L'utopiste à bout de voie saisit la plume et devint un peintre. Ces harmonies qu'il ne pouvait réaliser sur la terre dans l'ordre politique et civil, il les demanda à l'étude de la nature, et il en raconta avec consolation et délices ce qu'il en entrevoyait : « Toutes mes idées ne sont que des ombres de la nature, recueillies par une autre ombre. » Mais à ces ombres son pinceau mêlait la suavité et la lumière; c'est assez pour sa gloire.

La vie de Bernardin de Saint-Pierre se partage donc très-distinctement en deux parties : dans la première, il court le monde à l'aventure, il va de mécompte en mécompte; jeune, beau, plein de séduction au premier abord et généralement bien accueilli, il manque tout, parce qu'en réalité il ne s'applique sérieusement à aucune carrière, et que, dans ce qu'il entreprend, il a toujours son arrière-pensée secrète de colonisateur à demi mythologique, sa chimère d'être Orphée ou Amphion. Dans la seconde partie de sa vie qu'il ne commence que tard, trop tard, et après bien des souffrances et des aigreurs, il n'est plus qu'un auteur et un homme de Lettres, aspirant, sous un toit à lui, à dégager, comme il le dit, sa Minerve de son tronc rustique, et à mettre, s'il se peut, un globe à ses pieds; sa véritable voie est trouvée. Ces deux époques de sa vie sont séparées par une espèce de crise et de maladie morale qui est curieuse à observer et qui donne la clef de sa nature.

Après quelques études élémentaires de mathématiques, Bernardin, entré comme élève à l'École des ponts-et-chaussées, eut l'idée de servir dans le génie militaire : il y fut admis par une première méprise, mais il ne put jamais s'y faire accepter sur un pied d'égalité. Il fit une campagne dans le pays de Hesse en 1760 et s'y brouilla avec ses chefs. Il recommença, peu après, la même faute dans un voyage qu'il fit à l'île de Malte, alors menacée d'un siége : il partit sans son brevet d'ingénieur-géographe, ne put s'y faire agréer sur un pied convenable, et s'en revint irrité et mécontent. Il retrouva de nouvelles difficultés à son retour en France. Il lui arriva alors comme aux hommes d'imagination qui embrassent d'autant plus qu'on leur refuse davantage ; ne pouvant obtenir aussi vite qu'il le voulait sa réintégration et de l'emploi au service de France, il revint à l'idée d'être législateur en grand, et résolut d'aller proposer ses services en Russie, où Catherine venait de saisir l'empire. Il s'y rendit lentement par la Hollande et par Lubeck, se faisant le long du chemin des amis ; car il avait de l'attrait, du charme et une ingénuité touchante, des trésors de sensibilité et de cœur quand sa susceptibilité n'était point en jeu. Dans ce voyage de Russie, toutefois, il trouva moyen encore de rendre sa position fausse en se faisant appeler *le Chevalier* de Saint-Pierre et en se donnant des armoiries de sa façon : bien souvent, quand il était présenté à quelque personnage de marque, on lui demandait s'il appartenait à la noble famille de Saint-Pierre qui était alors très en vue à Versailles ; il était obligé de répondre non, et il en souffrait. Ses aventures en Russie et, au sortir de là, en Pologne, ont été singulièrement arrangées et *romancées* par son biographe, M. Aimé Martin : un récit simple serait allé bien mieux au but que ces descriptions continuellement sentimentales. Le biographe imitateur et disciple a mis deux ou trois couches de clair de lune là où Bernardin n'eût mis qu'un rayon. En Russie, Bernardin s'était fait un ami intime d'un homme cordial et bon qu'il y avait rencontré, le Génevois Duval, joaillier de la Couronne. Je sais que la Correspondance de Bernardin avec Duval existe et qu'elle est à Genève aux mains des descendants de ce dernier : espérons qu'elle sera publiée un jour et qu'elle nous rendra le vrai ton (1).

Une autre Correspondance publiée nous livre au naturel Bernardin depuis son séjour à Varsovie dans l'été de 1764 (il avait alors vingt-sept ans et demi) : c'est la Correspondance qu'il entretint avec M. Hennin, alors résident de France à Varsovie, et depuis premier commis aux Affaires étrangères. Cette suite de lettres, dont j'ai vu les originaux, avait été confiée par le fils de M. Hennin, antiquaire distingué, à la veuve de Bernardin de Saint-Pierre et à M. Aimé Martin, qui l'ont fait imprimer en 1826. Les éditeurs crurent pourtant devoir y faire quelques suppressions, et la veuve de Bernardin de Saint-Pierre, en particulier, demanda avec instances, avec larmes, au possesseur des lettres de lui permettre d'en détruire cinq ou six qui présentaient sous un jour trop triste la situation morale du grand écrivain. Il en reste assez pour le biographe observateur et pour tout critique qui sait lire.

Dès le début, qui répond au beau moment des amours du jeune officier d'aventure avec la belle princesse Miesnik, à Varsovie, on le trouve racontant les fêtes et les bals de cette vie somptueuse à laquelle il est mêlé : au sortir de là, en rentrant chez lui à trois heures du

(1) J'ai depuis obtenu de la gracieuse obligeance de M. Duval-Topffer communication de ces Lettres de Bernardin (voir l'Appendice à la fin du volume).

matin, il ne rêve que Lignon, dit-il, et Arcadie. Mais l'homme sensé ajoute ces paroles qui montrent que chez Bernardin le romanesque n'étouffait pas le positif : « Toutes ces fêtes-là, écrit-il, ne m'amusent pas tant que vous croyez bien. Lorsque je rentre chez moi, je compare naturellement mon état avec tout ce qui m'environne, et je vois que je ne suis rien et qu'il faudra bientôt renoncer à tout cela ; un ami solide et accrédité conviendrait mieux à mon caractère et à ma fortune ; je l'aurai trouvé en vous si votre amitié s'acquiert par de l'amitié. »

On joue en société une tragédie de Racine, *Iphigénie*; les acteurs et actrices ne sont que princes, filles ou nièces de palatins ; le chevalier de Saint-Pierre fait Achille. En sortant de ces soirées brillantes, il lui faut rentrer dans une petite chambre qu'il a louée cinq ducats ; ces détails matériels, qui ont été supprimés dans les débuts de la Correspondance, montrent le côté faible de cette situation précaire, et c'est un côté que Bernardin ne perdait jamais de vue.

Après avoir essayé de se jeter dans le parti opposé au nouveau roi de Pologne, Stanislas Poniatowski, il est reçu de lui avec distinction ; mais la place qu'on lui offre dans l'artillerie n'est que de quarante ducats par an : « Cette offre m'*humilie*, écrit-il à M. Hennin (2 janvier 1765), et me désespère à un point que je ne puis dire. J'ai pris mon parti, et je veux m'en retourner. » Dans une réponse de M. Hennin à cette lettre, réponse que les éditeurs ont eu le tort de supprimer, on voit cet homme de sens combattre la détermination de Bernardin, et lui représenter qu'il n'y a rien d'humiliant dans l'offre qui lui est faite ; que le premier pas est l'essentiel, et que le reste ne peut manquer de suivre : « Considérez, Monsieur, que dans un pays où les sujets manquent, vous auriez été le premier employé. D'ailleurs il est toujours avantageux d'être de l'âge du prince et un des premiers qu'il ait mis en place. » M. Hennin, qui vient d'aider Bernardin de sa bourse, a le droit de lui donner ces bons conseils; il lui parle le langage d'un esprit juste qui suppose à son correspondant le désir réel de fixer sa fortune et sa destinée. Il parle un langage; mais Bernardin en parle un autre; au même moment, il écoute involontairement au dedans de lui la voix de ce génie qui l'a jusque-là déçu de promesses et qui longtemps le décevra encore, et qui pourtant ne lui ment pas en lui disant : « Ce n'est pas là qu'est pour toi la gloire. » M. Hennin et Bernardin, dans toute cette Correspondance, sont deux hommes représentant des races différentes : l'un représente la race des bons esprits, probes, exacts, laborieux et positifs; l'autre, celle des chimériques plaintifs, chez qui le roman l'emporte, et qui, à la fin, le talent et la Fée s'en mêlant, ont le privilège de se faire pardonner et admirer.

M. Hennin voulant obliger sérieusement son jeune ami, s'est informé en France dans les bureaux, et il lui a été répondu que Bernardin de Saint-Pierre n'est point chevalier et qu'il y a de l'équivoque dans les autres titres et qualifications qu'il se donne. Bernardin s'irrite de ce résultat d'information, et, comme M. Hennin ne l'en a pas moins obligé sans d'abord l'avertir de ce qu'il savait, il lui dit : « Vous m'avez donné à Vienne, Monsieur, une forte preuve de votre amitié; mais le silence que vous avez gardé ne m'a pas prouvé votre estime. Cela ne diminue rien à ma reconnaissance, et me donne de vous la plus haute opinion, puisque vous m'avez obligé alors que je devais vous être suspect. » Ici nous surprenons le germe de ce ton et de ces sentiments à la Jean-Jacques dont Bernardin de Saint-Pierre sera un nouvel exemple dans une période critique de sa vie, et qui constituèrent pour lui, comme pour le philosophe génevois, une vraie maladie de misanthrope.

Rentré en France (1766), sans ressources, chargé de dettes, il devient plus que jamais solliciteur auprès des ministres et de ceux qui les entourent. Il semble, à certains moments, hésiter entre sa première vocation aventureuse, et sa seconde et dernière vocation qui est d'écrire. Retiré chez le curé de Ville-d'Avray, il met en ordre ses observations et ses souvenirs de voyage ; il rédige ses Mémoires sur la Hollande, la Prusse, la Saxe, la Pologne et la Russie ; son plan s'étend à mesure qu'il s'y applique. Son édifice deviendrait aisément immense si le temps, les matériaux et la tranquillité d'esprit ne lui manquaient pas : « C'est ainsi que je file ma soie, dit-il ; j'en verrai la fin avec celle de mes forces. » Cette vie, bien que mélancolique, lui plairait assez si elle pouvait durer. Il commence même à porter ses vues plus loin ; son esprit de système l'entraîne vers les spéculations physiques : « J'ai recueilli, dit-il, sur le mouvement de la terre des observations, et j'en ai formé un système si hardi, si neuf et si spécieux, que je n'ose le communiquer à personne. Je le laisse dormir en paix, car je me défie de ma solitude où l'on peut, sans s'en douter, se familiariser avec les idées les plus absurdes. Vous pouvez voir par là, ajoute-t-il, que je m'accroche à tout, et que je laisse flotter çà et là des fils comme l'araignée, jusqu'à ce que je puisse ourdir ma toile. » Et nous, nous voyons chemin faisant le talent d'écrire naître de lui-même sous sa plume et les images éclore.

Cependant il obtient d'être placé à l'Ile de France en qualité de capitaine-ingénieur, et il se décide à partir : il a trente et un ans. Il n'a pas encore épuisé toute sa force d'aventure et de jeunesse, et il est bon qu'il aille dans cet hémisphère nouveau pour y faire ses couleurs et y achever sa palette de peintre. On a le récit de son Voyage qu'il publia en 1773 : *Voyage à l'Ile de France, à l'Ile de Bourbon, au Cap de Bonne-Espérance, par un Officier du Roi.* Être officier du roi, ce fut toujours sa prétention, son espérance, et qui ne fut jamais entièrement remplie. Dans ce premier Essai de Bernardin, on saisit déjà le fond et les lignes principales de son talent : c'est moins développé, moins idéal, mais, en cela même aussi, plus réel par endroits et plus vrai en un sens que ce qu'il dira plus tard dans les *Études* et les *Harmonies.* L'ouvrage ne fut remarqué que de quelques-uns : pour que les hommes fassent attention à un talent et à un génie, il faut qu'il leur apparaisse avec plénitude et surcroît, et qu'il leur en donne toujours un peu trop.

Il y a donc de la sobriété et un tour très-net dans ce *Voyage,* écrit sous forme de lettres à un ami ; ce sont de vives esquisses, plutôt que des tableaux. Le peintre ému se reconnaît pourtant dès les premières lignes ; les descriptions ne sont pas sèches ; le paysage n'est là que pour se mettre en rapport avec les personnages vivants : « Un paysage, dit-il, est le fond du tableau de la vie humaine. » Avant de s'embarquer à Lorient, et sans avoir encore quitté le port, en s'y promenant et en nous y montrant le marché aux poissons avec tout ce qui s'y remue de fraîche marée, l'auteur nous rend une petite toile hollandaise ; en nous peignant avec vérité le retour des pêcheurs par un gros temps, il y mêle le côté sensible dont il abusera : « C'est donc parmi les gens de peine que l'on trouve encore quelques vertus. » On reconnaît le petit couplet philosophique qui commence, mais il ne le prolonge pas trop, et cela ne va pas encore jusqu'au sermon (1). Il y a quelquefois de l'esprit proprement dit, ce qui n'est pas commun chez lui ; parlant

---

(1) Les gravures qui accompagnaient la première édition du *Voyage,* ont un caractère philanthropique marqué et sont surtout destinées à attendrir sur le sort des noirs ; elles sentent le voisinage de l'abbé Raynal et de l'*Histoire philosophique des Deux-Indes.*

des fruits de l'île de France qu'on pourrait naturaliser dans nos provinces méridionales, il se souvient de ces autres fruits apportés en Europe par des conquérants « Que nous importe aujourd'hui, dit-il, que Mithridate ait été vaincu par les Romains, et Montézume par les Espagnols? Sans quelques fruits, l'Europe n'aurait qu'à pleurer sur des trophées inutiles; mais des peuples entiers vivent en Allemagne des pommes de terre venues de l'Amérique, et nos belles dames mangent des cerises qu'elles doivent à Lucullus. *Le dessert a coûté cher, mais ce sont nos pères qui l'ont payé.* » Arrivé à l'Ile de France, il en décrit le sol et les végétaux avec détail et curiosité, mais sans joie et plutôt avec une sorte de tristesse : « Il n'y a pas une fleur dans les prairies, qui d'ailleurs sont parsemées de pierres et remplies d'une herbe aussi dure que le chanvre. Nulle plante à fleur dont l'odeur soit agréable. De tous les arbrisseaux aucun qui vaille notre épine-blanche. Les lianes n'ont point l'agrément du chèvrefeuille ni du lierre. *Point de violettes le long des bois.* » Il excelle déjà à peindre les retraites ombreuses au milieu des rochers, les bords des ravines couverts d'arbres, et, du sein des pierres calcinées, toute cette puissance de végétation magnifique et comme monstrueuse. Il ne s'y laisse pourtant point gagner le cœur en commençant : « Jamais ces lieux sauvages ne furent réjouis par le chant des oiseaux, ou par les amours de quelque animal paisible. Quelquefois l'oreille y est blessée par le croassement du perroquet ou par le cri aigu du singe malfaisant. » — « Oh! quand pourrai-je, s'écrie-t-il, respirer le parfum des chèvrefeuilles, me reposer sur ces beaux tapis de lait, de safran et de pourpre que paissent nos heureux troupeaux, et entendre les chansons du laboureur qui salue l'aurore avec un cœur content et des mains libres! » On sent que la pensée des hommes lui gâte les lieux et l'empêche d'en goûter au premier abord la beauté grandiose jusqu'alors inconnue. Pourtant lorsqu'il pénètre dans l'île, lorsqu'il arrive vers l'une de ces habitations perdues au plus profond des bois et dans les escarpements des mornes, et qu'il y trouve l'image imprévue de l'abondance, de la paix et de la famille, il est touché, et il trouve, à le dire, de bien gracieuses couleurs :

« Je ne vis dans toute la maison qu'une seule pièce : au milieu, la cuisine ; à une extrémité, les magasins et les logements des domestiques ; à l'autre bout, le lit conjugal, couvert d'une toile, sur laquelle une poule couvait ses œufs ; sous le lit, des canards ; des pigeons sous la feuillée, et trois gros chiens à la porte. Aux parois étaient accrochés tous les meubles qui servent au ménage ou au travail des champs. Je fus véritablement surpris de trouver dans ce mauvais logement une dame très-jolie. Elle était Française, née d'une famille honnête, ainsi que son mari. Ils étaient venus, il y avait plusieurs années, chercher fortune ; ils avaient quitté leurs parents, leurs amis, leur patrie, pour passer leurs jours dans un lieu sauvage, où l'on ne voyait que la mer et les escarpements affreux du morne Brabant ; mais l'air de contentement et de bonté de cette jeune mère de famille semblait rendre heureux tout ce qui l'approchait. Elle allaitait un de ses enfants ; les quatre autres étaient rangés autour d'elle, gais et contents.

« La nuit venue, on servit avec propreté tout ce que l'habitation fournissait. Ce souper me parut fort agréable. Je ne pouvais me lasser de voir ces pigeons voler autour de la table, ces chèvres qui jouaient avec les enfants, et tant d'animaux réunis autour de cette famille charmante. Leurs jeux paisibles, la solitude du lieu, le bruit de la mer me donnaient une image de ces premiers temps où les filles de Noé, descendues sur une terre nouvelle, firent encore part, aux espèces douces et familières, du toit, de la table et du lit. »

Il était déjà un grand peintre, celui qui, sans s'y appliquer encore, narrait ainsi. Je pourrais citer d'autres délicieux petits tableaux tout à côté, notamment celui qui commence par ces mots : « Si jamais je travaille pour mon bonheur, je veux faire un jardin comme les Chinois... » Malgré ces touches heureuses, il manquait pourtant au *Voyage* de l'Ile de France, et à son exactitude complète, cette vie intime et magique que Bernardin, en y revenant, saura mêler plus tard à ces mêmes peintures, quand il les reverra de loin, non plus dans l'ennui de l'exil, mais avec la tendresse du regret et avec la vivacité de l'absence. C'est alors seulement qu'il y répandra ce je ne sais quoi de chaleur et de lumière qui nous en réfléchira tout le ciel. Il y a un moment, un point où le souvenir encore fidèle s'idéalise et s'enflamme, et donne aux objets leur poésie.

Après avoir beaucoup souffert et s'être trouvé si à l'étroit dans cette île qu'il devait immortaliser, Bernardin, revenu en France (mai 1774), se remit à tenter et à fatiguer la fortune. Il s'occupa de rédiger son *Voyage;* il vit quelques gens de Lettres, Rousseau, d'Alembert; il eut quelque temps du succès dans le monde des Encyclopédistes. Condorcet s'intéressait à lui et en écrivit à Turgot; il dut être présenté à celui-ci au commencement de son ministère (juillet 1774); Turgot était ministre de la marine, et Bernardin sollicitait depuis quelque temps pour être envoyé par terre aux Indes avec une mission d'observation et de découverte. Les derniers éditeurs de Condorcet, en publiant une lettre de Bernardin à mademoiselle de Lespinasse, l'accusent d'avoir été ingrat envers d'Alembert et elle, qui cherchaient tous deux sincèrement à le servir. Bernardin, sans être précisément ingrat, put bien être injuste à leur égard. Pourtant on lit dans sa lettre à mademoiselle de Lespinasse de belles paroles, entre autres celles-ci : « Je donne aux Muses le temps qui nous est prêté, aux Muses qui consolent du passé et rassurent sur l'avenir... » Et l'éditeur de Condorcet, en citant cette parole, ne s'aperçoit pas qu'il introduit à l'instant comme un rayon de lumière et de sérénité, un coin d'azur, au milieu de ce style gris et terne des Encyclopédistes.

C'est avec Rousseau que Bernardin de Saint-Pierre avait le plus de rapports et qu'il se lia véritablement d'une amitié aussi étroite que le comportait l'état d'âme du malheureux philosophe. Les pages que Bernardin a écrites sur lui sont peut-être ce qui donne la plus simple et la plus naturelle idée du personnage et de son caractère ; car, à force d'écrire sur Rousseau, on finit, ce me semble, par l'alambiquer terriblement et le mettre à la torture. Bernardin le montre tel qu'il était en ces années 1772-1776, dans leurs longues promenades et leurs conversations familières sur tous sujets. Ils s'entendaient véritablement et pensaient tous deux à l'unisson sur des points élevés. C'était Bernardin qui avait écrit : « La nature offre des rapports si ingénieux, des intentions si bienveillantes, des scènes muettes si expressives et si peu aperçues, que qui pourrait en présenter un faible tableau à l'homme le plus inattentif le ferait s'écrier : *Il y a quelqu'un ici !...* » Et Rousseau lui répondait dans la même pensée : « Il y a un si bel ordre dans l'ordre physique, et tant de désordre dans l'ordre moral, qu'il faut de toute nécessité qu'il y ait un monde où l'âme soit satisfaite. » Et il ajoutait avec effusion : « Nous avons ce sentiment au fond du cœur : *Je sens qu'il doit me revenir quelque chose.* » Que les personnes religieuses, avant de frapper sur Bernardin et sur Rousseau, veuillent toujours se rappeler ces deux belles paroles de l'un et de l'autre, ce *quelque chose* et ce *quelqu'un*.

Au moment où il voyait ainsi assez habituellement Rousseau et où il cherchait à adoucir ses humeurs sombres, Bernardin était lui-même ou allait être atteint, à quelque degré, du même mal. Il le confesse dans son Préambule de *l'Arcadie*, et, quand il n'en conviendrait point, sa Correspondance avec M. Hennin ne permet pas d'en douter. M. Hennin, de résident qu'il était à Genève, était devenu, en mars 1778, premier commis aux Affaires étrangères sous M. de Vergennes. Bernardin, dans son illusion facile, crut à l'instant avoir trouvé en lui un protecteur puissant, tandis qu'il ne retrouvait en effet qu'un ami sage, fidèle, solide, essayant de le servir avec suite et pas à pas, mais n'étant lui-même, à l'égard des ministres, que dans une position subordonnée et secondaire. La Correspondance qu'on a de l'un à l'autre ne donnerait au lecteur qu'une idée imparfaite et trop inégale de leurs relations, si l'on ne savait que beaucoup des réponses de M. Hennin ont été supprimées; que ce digne ami qui ne répond pas toujours agit plus qu'il ne parle; qu'il y a des moments où les lettres qu'il reçoit coup sur coup de Bernardin le prennent au milieu d'un travail accablant : « Votre troisième lettre, lui écrivait-il (18 novembre 1780), est la *soixante-dix-neuvième* à laquelle je doive réponse aujourd'hui, et il y en a qui roulent sur des affaires pressées. » Et en post-scriptum : « J'avais écrit *neuf* heures hier soir lorsque j'eus fini la minute de cette lettre. Je n'y voyais plus. Je l'ai donnée à mon copiste qui n'a pu l'expédier que ce matin. » Bernardin, qui vit dans la solitude, dont les nerfs sont excités, qui n'a pas de cesse qu'il n'ait reçu réponse, a le tort de se croire des droits là où il ne peut demander encore que des grâces. Il suppose que le Gouvernement lui doit réparation et indemnité pour ses aventures de Pologne et pour ses diverses entreprises avortées, même pour les *Mémoires* qu'il a adressés à plusieurs ministères sans qu'on les lui demandât. Un jour, après bien des efforts, M. Hennin lui obtient de M. de Vergennes (29 novembre 1780) une gratification de trois cents livres sur les fonds destinés aux gens de Lettres : « C'est peu de chose, mais il s'agit de débuter. » D'ailleurs ces gratifications sur les fonds littéraires sont *annuelles* et équivalent à une pension à vie, quoiqu'on ne l'annonce pas formellement. Bernardin, qui a sollicité à satiété, s'irrite de la forme, et du fonds sur lequel la somme est assignée; c'est comme officier du roi, comme capitaine-ingénieur qu'il veut être indemnisé, ou comme ayant servi la politique française en Pologne; il écrit au ministre « qu'il lui est impossible d'accepter une aumône de son département. » J'ai sous les yeux une longue lettre de M. Hennin qui lui répond tout ce qui se peut de plus sensé : « Je vous avouerai même, ajoute-t-il, que je partais (quand j'ai reçu votre lettre) pour aller demander à M. le marquis de Castries une pareille somme annuelle pour vous, une pension sur les fonds de la Marine, avec l'espérance d'y réussir tôt ou tard. » Il lui donne, en finissant, des conseils affectueux : « Mon ami, vous vous êtes trop séquestré du monde; vous ne connaissez plus ni les hommes ni la marche des affaires. Comment voulez-vous sortir d'un état qui vous peine, si vous repoussez les mains qui peuvent vous en tirer? » Cette susceptibilité de Bernardin se manifeste dans les moindres choses; il n'est pas content si on lui adresse les lettres de Versailles avec la qualification d'*ingénieur de la Marine*, il dit qu'il ne l'a jamais été. Si on lui donne, en lui écrivant, son prénom de *Bernardin* à côté du nom de Saint-Pierre, il s'en formalise également : « M. Panckoucke, dit-il en un endroit, est le premier de tous les hommes et le seul qui m'ait appelé *Bernardin*. » En employant si souvent et si familièrement nous-même ce prénom pour désigner le grand écrivain, nous avons presque à demander excuse à ses mânes. Ce mot sur M. Panckoucke se rattache à un autre trait de susceptibilité qui n'eut lieu que plus tard. Bernardin reçut un jour avis que le roi lui accordait une gratification sur le *Mercure*, et qu'il n'avait qu'à passer à la caisse pour la toucher. Mais comme cet avis lui venait du caissier, et sans qu'il y eût une lettre du ministre, M. de Breteuil, il refusa d'abord, et se choqua comme pour la gratification de M. de Vergennes. Sur quoi M. Hennin, qu'il désolait, lui écrivait ce mot, qui résume tout notre jugement : « Vous êtes bon, simple, modeste, et il y a des moments où vous semblez avoir pris pour modèle votre ami Jean-Jacques, le plus vain de tous les hommes. » Cependant, à travers ces boutades et ces quintes d'un cerveau tant soit peu malade, Bernardin ne cesse de solliciter auprès de tous les ministères, et, grâce à de bons amis, parmi lesquels M. Hennin se retrouve toujours, il parvient, avec ces divers lambeaux de secours et de gratifications arrachées, à se former une modique existence. Disons toute notre pensée : si Bernardin n'avait sollicité de la sorte qu'en ces années dont nous parlons, quand il en avait si absolument besoin, quand il était comme un père ou comme une mère voulant produire le fruit ignoré de son génie, l'enfant de ses entrailles, s'il n'avait pas conservé ces habitudes de plainte et de sollicitation jusque dans des temps plus heureux et fait alterner perpétuellement l'idylle et le livre de comptes, ce serait simplement touchant, ce serait respectable et sacré. Il y a bien de charmantes choses mêlées à ces lettres et qui sont faites pour attendrir. Cet homme de génie, âgé de plus de quarante ans, si pauvre qu'il est obligé, quand il veut voir M. Hennin, d'aller à pied de Paris à Versailles et d'en revenir de même, en choisissant à l'avance la lune qui quelquefois le trahit, a des paroles dignes d'un sage de l'Orient ou d'un ancien :

« Enfin j'ai cherché de l'eau dans mon puits; depuis six ans j'ai jeté sur le papier beaucoup d'idées qui demandent à être mises en ordre. Parmi beaucoup de sable, il y a, je l'espère, quelques grains d'or. »

« Les espérances sont les nerfs de la vie : dans un état de tension ils sont douloureux; tranchés, ils ne font plus de mal. »

« On est toujours trop vieux pour faire le bien, mais on est toujours assez jeune pour le conseiller. Que m'importe! j'aurai présenté de beaux tableaux, j'aurai consolé, fortifié et rassuré l'homme dans le passage rapide de la vie. »

« J'ai à mettre en ordre des matériaux fort intéressants, et ce n'est qu'à la vue du ciel que je peux recouvrer mes forces. Je préférerais une charbonnière à un château. Obtenez-moi un trou de lapin pour passer l'été à la campagne. »

Il s'est logé pour travailler plus en liberté dans le faubourg Saint-Marceau, rue Neuve-Saint-Étienne, tout au haut d'une maison d'où l'on a vue sur le jardin des Dames Anglaises : ce n'est pas encore la fin de son vœu, car son vœu c'est un jardin à lui et une cabane, c'est de loger à terre et non si haut. Pourtant, tandis qu'il achève là son livre des *Études*, cette espèce de poëme ou de concert rustique qu'il dédie à la Nature, il a de doux sentiments, précurseurs des joies de la paternité ; il écrit à M. Hennin le 7 février 1784 ces paroles qui sont comme un chant ; il y a au fond de Bernardin une âme pastorale qui, du milieu de ses douleurs, s'éveille au moindre motif et se met à chanter :

« J'irai, dit-il, vous voir à la première violette ; j'aurai bien près de cinq lieues à aller, j'irai gaiement, et je compte vous faire une telle description de mon séjour, que je vous ferai naître l'envie de m'y venir voir et d'y prendre une collation. Horace invitait Mécène à venir manger dans sa petite maison de Tivoli un quartier d'agneau et boire du vin de Falerne. Comme il s'en faut bien que ma fortune approche de sa médiocrité d'or, je ne vous donnerai que des fraises et du lait dans des terrines ; mais vous aurez le plaisir d'entendre les rossignols chanter dans les bosquets des Dames Anglaises, et de voir leurs pensionnaires et leurs jeunes novices folâtrer dans leur jardin. »

Nous dirons quelque chose de l'œuvre une autre fois. Aujourd'hui je n'ai voulu qu'indiquer la préparation pénible et les épreuves qui doivent nous rendre nous-mêmes modestes, reconnaissants envers le Ciel et indulgents. Je n'ai pu toutefois parvenir à fixer le moment précis de la grande crise nerveuse de Bernardin, quand il se montre à nous (Préambule de *l'Arcadie*) frappé d'un mal étrange, sujet à des éclairs qui lui sillonnent la vue, voyant les objets doubles et mouvants, et, dès qu'il rencontrait du monde dans les jardins publics et dans les rues, se croyant entouré d'ennemis et de malveillants. Je conjecture que ce moment de crise bizarre n'est pas éloigné de celui où il écrivait cette jolie lettre, qu'on vient de lire, à M. Hennin.

NOTE.

J'ai pensé qu'il ne serait pas sans intérêt de faire lire en entier deux lettres de M. Hennin supprimées avec intention par M. Aimé Martin, et qui mettent dans tout son jour le travers moral de Bernardin de Saint-Pierre, sans toutefois l'exagérer en rien. Ces lettres, dont je n'ai cité dans l'article précédent que quelques mots, se rapportent, la première, au refus de la gratification accordée par M. de Vergennes, et la seconde, au refus de la gratification sur le *Mercure*, accordée par M. de Breteuil : ces deux refus de Bernardin, est-il besoin de le dire? n'étaient que pour la forme et ne tinrent pas. Les curieux devront remettre ces lettres à leur place dans la Correspondance publiée en 1826.

M. HENNIN A BERNARDIN DE SAINT-PIERRE.

« Versailles, le 3 décembre 1780.

« Il est très-vrai, Monsieur et très-cher ami, que vous soutîntes un jour chez moi les principes qui viennent de vous faire commettre une grande imprudence. Je les combattis, quelqu'un même se joignit à moi ; j'espérai que vous changeriez de façon de penser, et mon amitié ne se ralentit point pour vous procurer quelque grâce du Roi. La lettre du ministre, qui vous annonçait une gratification de 300 livres sur les fonds littéraires, ne pouvant partir jeudi, je me hâtai de vous mander le succès de mes soins. Elle venait d'être signée hier lorsque le ministre m'a renvoyé votre inconcevable lettre où vous rejetez ce qui vous est offert de la part du Roi. Je vous avouerai même que je partais pour aller demander à M. le marquis de Castries une pareille somme annuelle pour vous, une pension sur les fonds de la Marine, avec l'espérance d'y réussir tôt ou tard. Je ne me plaindrai point, Monsieur, du ton que vous avez pris avec moi, parce que je ne veux pas vous aigrir dans un moment où vous vous égarez. Assemblez toute la France, et l'on vous dira que votre dernière lettre à M. le comte de Vergennes est contraire à tous les devoirs. Vous vous faites illusion, Monsieur : le Roi ne vous doit rien pour ce que vous avez fait en Pologne, ni pour vos Mémoires, parce que vous n'avez point agi par son ordre. M. le comte de Vergennes, à qui toutes les personnes qui l'entourent parlent de vous comme d'un homme qui est malheureux, et qui cependant a fait preuve de bonne volonté en Pologne et bien servi à l'Ile de France, qui d'ailleurs peut être employé utilement, vous assigne une gratification sur des fonds affectés à son département et destinés à récompenser des services qui n'y ont qu'un rapport éloigné : vous appelez ce secours une aumône, vous le rejetez, et vous rudoyez l'ami qui, après trois ans de soins, est parvenu à décider le ministre en votre faveur. Il n'y a point d'exemple d'une pareille conduite. Vos Mémoires, quelque utiles qu'ils puissent être, ne sont point un titre pour demander des grâces du Roi comme une chose due. Il n'y a point de semaine où le ministre n'en reçoive de ce genre, etc., etc. » (Suit l'énoncé de quelques principes justes d'administration ; puis M. Hennin continue :)

« Je n'ai pas pris les ordres de M. le comte de Vergennes sur votre seconde lettre. Voulez-vous que celle de ce ministre qui vous annonce la gratification parte? Je ferai en sorte que M. le comte de Vergennes veuille bien ne pas se souvenir que vous avez refusé ce qu'il vous avait accordé par une exception flatteuse. De grâce, Monsieur, consultez-vous avant de décider. Vous m'affligez à un point extrême, vous affligerez tous vos amis; vous ne serez pas même exempt de reproches. Jamais on ne refuse les bienfaits du Roi, à moins qu'ils ne soient humiliants, et celui qui vous est offert est honorable. Je ne sais qui a pu vous dire que les fonds littéraires n'étaient employés qu'en aumônes. Vous êtes à cent lieues du vrai dans toute cette affaire. Mon ami, vous vous êtes trop séquestré du monde; vous ne connaissez plus ni les hommes ni la marche des affaires. Comment voulez-vous sortir d'un état qui vous peine si vous repoussez les mains qui peuvent vous en tirer? Quand 300 livres ne seraient rien pour vous, ne savez-vous pas qu'un bienfait en attire d'autres; que, si vous vivez plus à l'aise, vous serez plus en état de travailler, de vous procurer une existence agréable?

« Je vous prie de me répondre le plus tôt possible. Vous ne pouvez croire à quel point je désire que vous rentriez dans votre assiette pour réparer le tort que vous vous seriez fait si vous n'aviez pas ici quelqu'un qui sait combien le malheur change les idées, et qui ne se lassera de vous rendre tous les services qui dépendront de lui que lorsque, absolument, vous lui interdirez cette satisfaction.

« Un ministre ne peut pas répondre à votre demande d'aller servir un prince étranger. C'est encore une chose que vous saviez avant que vous vous fussiez éloigné de la société.

« J'ai l'honneur d'être, avec un attachement assez inviolable pour tenir encore à bien des épreuves, etc. »

Et en post-scriptum : « Les gratifications sur les fonds littéraires sont annuelles, quoiqu'on ne l'annonce pas. C'est une forme que quelques raisons empêchent de changer. »

La seconde lettre inédite que je donnerai se rapporte à la gratification sur le *Mercure:*

« Versailles, le 13 août 1785.

« J'étais à Paris hier, Monsieur et ancien ami, lorsque la lettre que vous m'avez fait l'honneur de m'écrire le 11 est arrivée ici. Je suis très-fâché de ne l'avoir pas reçue avant de partir, j'aurais été vous gronder de la bonne sorte, comme l'amitié m'en donne le droit. Vous êtes bon, simple, modeste, et il y a des moments où vous semblez avoir pris pour modèle votre ami Jean-Jacques, le plus vain de tous les hommes. Dites-moi, je vous prie, pourquoi vous voulez, dans une chose établie, intervertir l'ordre reçu, pourquoi vous ne regardez pas une note de gratification arrêtée par le Roi dans la forme ministérielle comme un titre suffisant, pourquoi vous voulez surcharger le ministre de Paris de lettres de notifications pour des objets minimes, enfin pourquoi vous vous choquez de ce qui oblige les autres? Quand M. le baron de Breteuil, qui vous a toujours voulu du bien, quoique vous vous soyez éloigné de lui, aurait imaginé de vous en faire sans que vous lui en demandassiez, sans vous en prévenir; quand, en lui parlant souvent de vous, je serais la cause indirecte de ce surcroît de bien-être, peut-il y avoir rien d'humiliant pour vous à être placé au rang des gens de Lettres, puisque vous avez imprimé? Vous qui reconnaissez si bien la Providence, pouvez-vous la méconnaître dans l'aisance qui vous arrive lorsque des infirmités vous la rendent nécessaire? En vérité, vous devenez pour moi inconcevable, et je ne puis m'expliquer votre conduite autrement qu'en considérant que vous vous êtes long-temps aigri contre l'injustice de ceux qui auraient pu vous faire du bien, et que le point de votre cerveau où cette idée est classée est vicié par une humeur caustique qui le dénature au point de rapprocher le bien du mal, la bienfaisance de l'insulte; d'où il résulte que, juste et bon dans tous les autres points de votre vie, dès qu'on touche cette corde vous devenez soupçonneux et injuste. Fâchez-vous, si vous le voulez, de ma franchise; mais, puisque vous me faites votre confession, je vous dois la vérité comme à un ami de vingt-quatre ans, dont le bonheur est pour moi une jouissance et auquel je voudrais que personne n'eût rien à reprocher. Allez, de grâce, chez le caissier du *Mercure*, et dites-lui que, mieux informé, vous acceptez la gratification, et priez-le de vous la délivrer. Je dîne aujourd'hui à Saint-Cloud chez le baron de Breteuil, et, s'il est nécessaire de raccommoder cette affaire, je le ferai.

« Je n'ai absolument pas eu le temps de répondre à vos dernières lettres; je m'en occuperai ces jours-ci. D'ailleurs les circonstances ne m'ont pas mis à portée de voir M. le maréchal de Castries assez libre pour lui parler de ce qui vous intéresse. J'ai l'honneur, etc.

« P. S. — J'avais cru, comme tout le monde, que votre nom de famille était *Bernardin.* »

Lundi, 6 septembre 1852.

BERNARDIN DE SAINT-PIERRE

(Suite et fin.)

Quand j'ai dit que je ne savais trop où fixer le moment de la plus grande détresse et de la crise nerveuse la plus aiguë de Bernardin de Saint-Pierre avant la publication de ses *Études,* je me trompais : c'est dans l'année et dans les mois mêmes qui précédèrent cette publication. Il répétait souvent ce proverbe des Persans : « Le plus étroit du défilé est à l'entrée de la plaine. » Il passa tout l'hiver de 1783-1784 à recopier son ouvrage, à y ajouter, à y retrancher : « L'ours ne lèche pas son petit avec plus de soin. Je crains, à la fin, d'enlever le museau au mien à force de le lécher; je n'y veux plus toucher davantage. » C'est en ces heures d'épuisement qu'il écrit : « Le travail sédentaire est une lime sourde. Il était temps que je finisse le mien; ma vue se trouble le soir, je vois les objets doubles, surtout ceux qui sont élevés ou à l'horizon; mais ma confiance est en Celui qui a fait la lumière et l'œil. » Il est dans le *coup de feu* de ses tableaux; l'enthousiasme le prend lui-même en se relisant, et il jouit le premier des beautés qu'il va introduire : « Il y a eu des moments, s'écrie-t-il, où j'ai entrevu les cieux, éprouvant, à la vérité, dans ce monde, des maux inénarrables. » Il sent qu'il a le charme; le vieux censeur théologien qu'on lui a donné est séduit lui-même, et n'a pu s'empêcher de dire que c'était *divin, délicieux :* « Je sais combien il faut rabattre de ces éloges, mais ils me font plaisir. Pour être utile, il faut être agréable, et j'ose espérer que le tribut que je devais à Dieu et aux hommes plaira à mon siècle. »

Et en effet, les *Études de la Nature*, qui furent publiées en décembre 1784, étaient faites exprès pour le siècle même et pour l'heure où elles parurent, pour cette époque brillante et paisible de Louis XVI, après la guerre d'Amérique, avant l'Assemblée des Notables, quand une société molle et corrompue rêvait tous les perfectionnements et tous les rajeunissements faciles, sans vouloir renoncer à aucune de ses douceurs. Bernardin de Saint-Pierre, dont le plan embrassait « la recherche de nos plaisirs dans la nature et celle de nos maux dans la société » prenait ce beau monde par son faible, et le flattait, même en le critiquant. Son livre n'était pas un ouvrage régulier : il avait eu d'abord l'idée, disait-il en commençant, d'écrire une histoire générale de la nature; mais bientôt, renonçant à un plan trop vaste, il s'était borné à en rassembler quelques portions, et, comme il les appelait, des ruines, n'y laissant debout que le frontispice. Ces ruines de son ouvrage primitif ressemblaient à celles qui sont jetées dans un paysage, et qui le décorent; il les avait revêtues de fleurs et de verdure. Il y avait trop de fleurs, il y avait trop de verdure; mais le siècle en voulait beaucoup, surtout dans les livres. Les systèmes que Bernardin avait mêlés à ses peintures n'y nuisaient pas. Les ignorants, les demi-savants aimaient fort à raisonner de toutes choses, divines et terrestres, depuis l'*Encyclopédie*. Après Buffon, Bernardin de Saint-Pierre paraissait dans ces avenues de la nature comme un grand-prêtre plus doux, plus attrayant, et qui faisait entrer dans ses explications spécieuses quelque chose de l'onction et du sourire de Fénelon. Il commençait par donner l'histoire de son fraisier, et chacun qui en pouvait répéter autant sur sa fenêtre, était gagné à une science si accessible. Il parlait contre les méthodes, contre les bibliothèques, les écoles et les Académies; il protestait contre l'abus et même contre l'usage de l'analyse : « Pour bien juger du spectacle magnifique de la nature, il faut en laisser chaque objet à sa place, et rester à celle où elle nous a mis. » Il voulait donc qu'on s'accoutumât à considérer les êtres en situation et en harmonie, non pas isolés et disséqués dans les cabinets et les collections des savants. Pourtant cette recommandation était bien vague; l'une des études n'empêchait pas l'autre : on examine la plante sur sa tige, et l'on en conserve ce qu'on peut dans les herbiers.

Ces objections et beaucoup d'autres que tout esprit sensé pouvait faire, n'empêchaient pas le succès dû à la nouveauté, à l'enchantement et à la grâce. Bernardin était un peintre qui se disait un ignorant en se croyant mieux informé que les savants, et dont toute la théorie ne devait aboutir qu'à se décrire à lui-même en mille façons variées ses impressions naturelles. Si l'on veut prendre idée tout d'abord de son genre de talent, qu'on relise, dans son Étude première, la composition qu'il fait d'un paysage à l'embouchure d'un fleuve : comme il le dessine! comme il l'ordonne! comme il le tapisse de plantes et d'arbres, heureusement assortis ou contrastés! comme il y verse la lumière, le sentiment de paix, de silence; et comme il y introduit un sentiment moral aussi! Là est le triomphe de Bernardin de Saint-Pierre. Dans le paysage, il a le moral du Poussin, la lumière du Lorrain, et, en décrivant ces objets que d'autres avant lui avaient jugés affreux ou inanimés, il a des mollesses et des blancheurs du Guide. En cela même il abuse, et il a légèrement amolli la nature, il l'a partout argentée trop également. Vieux, quand on lui parlait de Chateaubriand, il répondait : « Je l'ai peu lu, mais il a l'imagination trop forte. » Si l'on avait parlé à Buffon de Bernardin de Saint-Pierre, Buffon aurait eu droit de répondre : « Il a l'imagination trop tendre. »

Bernardin a fait ainsi au moral ; il n'est pas seulement pieux et touchant, il est sermonneur ; il pèche par le trop de sensibilité de son temps, et il y a un certain goût sévère qu'il n'observe pas. Par cet excès, il reste inférieur au Poussin. Dans la composition de ce premier paysage, placé à l'embouchure d'un fleuve, dans une île, voulant y introduire une impression morale, il y suppose un tombeau, et d'abord il y met le tombeau qui était alors classique et de rigueur, celui de Jean-Jacques Rousseau. Puis rejetant ou corrigeant cette première idée : « Voulez-vous, dit-il, augmenter l'impression de ce tableau sans toutefois en dénaturer le sujet ? Éloignez le lieu, le temps et le monument. Que cette île soit celle de Lemnos, les arbres de ces bosquets des lauriers et des oliviers sauvages, et ce tombeau celui de Philoctète. Qu'on y voie la grotte où ce grand homme vécut abandonné des Grecs qu'il avait servis, son pot de bois,... l'arc et les flèches d'Hercule... » Et il compose ainsi tout un effet moral qui gagne à un certain éloignement et devient plus auguste à distance, « parce que faire du bien aux hommes, dit-il, et n'être plus à leur portée, est une ressemblance avec la Divinité. » C'est là une belle pensée. Mais dans une composition assez analogue que nous offre l'Étude treizième, et où il nous montre un voyageur jeté par un naufrage dans une île inconnue, qui se trouve être l'île de Naxos, il a excédé la mesure : appliquant le même procédé d'idéalisation à l'antique histoire d'Ariane, il montre cette jeune fille de Minos, dans le récit légendaire d'un berger, pleurant nuit et jour l'infidèle Thésée et ne pouvant même être consolée par les jeunes Naxiennes qui lui versent du vin dans des coupes d'or. Le berger, indiquant le tombeau que la tradition désigne pour celui d'Ariane, ajoute : « Ce monument, ainsi que tous ceux de ce pays, a été mutilé par le temps et encore plus par les Barbares; mais le souvenir de la *vertu malheureuse* n'est pas sur la terre au pouvoir des tyrans. » Et Bernardin, après avoir achevé son tableau, ajoute à son tour : « Je doute qu'un *athée* même, qui ne connaît plus dans la nature que les lois de la matière et du mouvement, pût être insensible au sentiment de ces convenances présentes et de ces antiques ressouvenirs. » Qu'a de commun, je vous prie, un *athée* avec les idées naturelles que fait naître l'histoire d'Ariane d'après Catulle, dans la bouche du berger? Et qu'a de commun aussi Ariane, amante fugitive puis abandonnée, et qui essaie de noyer son chagrin dans le vin, avec l'idée de la *vertu malheureuse?* Ce sont ces touches du dix-huitième siècle et de l'époque Louis XVI qui me gâtent la Grèce chez Bernardin, et qui me font tache dans les descriptions de son pur talent. Il y a toujours place à un vertueux duc de Penthièvre, en un endroit de ses paysages.

Quand ses descriptions sont un peu moins travaillées, moins concertées, et qu'elles restent à l'état d'esquisses rapides, elles sont aussi plus vraies, et souvent dans une perfection ravissante : je recommande à ceux qui ont le temps de refeuilleter les *Études* la page de l'Étude septième, qui commence ainsi : « Il n'y a que la religion qui donne à nos passions un grand caractère…, » et où l'on voit la jeune Cauchoise en pleurs au bord du rivage, regardant de loin les bateaux pêcheurs partis le matin par un gros temps, et sa station consolée au pied d'un calvaire. Cette page est, à l'avance, du pur et du meilleur Chateaubriand, lorsqu'il n'était que le Chateaubriand du *Génie du Christianisme*.

Mainte page de Bernardin appellerait la même remarque. Dans Chateaubriand il y a souvent une pointe une épigramme ou une amertume qui n'est pas chez son devancier. La trempe chez Chateaubriand est plus forte et moins pure : la forme était déjà tout entière chez Bernardin. Lamartine, dans sa prose, est revenu à ce dernier qui semble plus directement son maître; il reprend volontiers ce même train des épithètes un peu molles et faciles : Chateaubriand les cherchait et les trouvait plus neuves. Il faudrait lire en détail, et l'une à côté de l'autre, quelques pages de ces trois grands écrivains pour mettre la comparaison en pleine lumière. Un caractère commun les unit tous trois : avec Buffon et Jean-Jacques la langue française, malgré ses conquêtes et ses accroissements pittoresques, restait encore en Europe : avec ces trois autres, Bernardin, Chateaubriand et Lamartine, par le luxe et l'excès des couleurs, elle est décidément en Asie.

La première partie des *Études de la Nature* est toute dirigée contre les athées. L'athée, au dix-huitième siècle, était un genre à part, une condition; on disait de tel homme en le désignant du doigt : « C'est un *athée;* » et par conséquent de tel autre : « C'est un *déiste*. » Ces deux systèmes étaient naïvement en présence. Bernardin, religieux de cœur, se fit déiste de profession, et il ne cessa de lutter par toutes les raisons imaginables contre les adversaires. Il plaidait l'ordre et l'harmonie de la nature contre les partisans du désordre et du hasard, et il trouvait dans cette plaidoirie, qu'il se plaisait à prolonger, d'admirables thèmes et des ouvertures pour son talent, en même temps que des prétextes pour ses subtilités bienveillantes et pour les nuances infinies de ses rêveries. Il renchérissait sur *le Vicaire Savoyard*, et semblait avoir pris à tâche de le développer dans mille voies nouvelles, et où se mêlait l'attrait du mystère. Vers la dixième Étude, il commence plus directement l'exposition de ses vues et des harmonies telles qu'il les conçoit, le jeu des contrastes, des consonnances, des reflets et des réverbérations en toutes choses : il y a des détails très-fins, mais c'est déjà bien subtil, et dans sa vieillesse, abondant de plus en plus dans son sens, il exagérera encore tous ses défauts, que nous étale démesurément son ouvrage final des *Harmonies*. La dernière partie des *Études* est plutôt relative à la société, à ses maux, et aux remèdes que propose l'auteur. Il s'en prend à la surabondance des bourgeois oisifs dans les villes, à la grande propriété dans les campagnes, à la plaie du concubinage, du célibat, aux tourments des enfants dans les colléges ; le vrai et le faux, pêle-mêle, et surtout le vague, se font sentir dans ces pages trop empreintes et comme noyées d'une sensibilité monotone. Pour prouver les avantages de la petite propriété, Bernardin nous décrit un paradis terrestre, près de Paris, qui doit tout son bien-être et toutes ses vertus, selon lui, à la division des propriétés : ce sont les prés Saint-Gervais, tout proche Romainville. Il en fait un tableau enchanteur et moral, dans lequel il n'oublie pas les inscriptions bocagères des amants. Plus loin, c'est la création d'un *Élysée* qu'il propose de faire dans une des îles de la Seine au-dessous de Paris, vers le pont de Neuilly. Son imagination ici se donne toute carrière. C'est le genre Ermenonville dans tout son grandiose. Son île est à la fois un cimetière pour les mortels bienfaisants, un verger pour les arbrisseaux exotiques, une prairie artificielle, un prytanée, un rendez-vous de noces et festins pour les pauvres vertueux, un lieu d'asile inviolable pour les pères de famille endettés et pour tous les infortunés : que sais-je encore? Quelqu'un qui entendait lire ce chapitre à haute voix (ce qui en rend plus sensibles les chimères), disait que cela lui faisait l'effet d'une orgie fénelonienne au clair de lune. Moins de dix ans après, comme pendant de ces excès philanthropiques, on avait les horreurs de 93. Par tous ces défauts si chers au siècle, autant que par ses beautés si neuves et si bien ménagées, le livre de Bernardin eut, dès le premier instant, un succès d'enthousiasme.

Inconnu, rebuté et indigent la veille, l'auteur passa en quelques jours à l'état de grand homme et de favori de l'opinion. Les lettres des admirateurs se mirent à lui pleuvoir de toutes parts dans sa solitude : « Des âmes sensibles m'adressent des lettres pleines d'enthousiasme ; des femmes, des recettes pour mes maux ; des gens riches m'offrent des dîners ; des propriétaires, des maisons de campagne ; des auteurs, leurs ouvrages ; des gens du monde, leurs sollicitations, leurs protecteurs, et même de l'argent. Je ne reçois de tout cela que le simple témoignage de leur bonne volonté. » Et Bernardin ajoutait naïvement : « Si le Clergé m'offre une pension, je l'accepterai avec reconnaissance, moi qui n'ai vécu jusqu'ici que des bienfaits du roi. » Il y eut, en effet, un moment où le Clergé eut l'idée singulière d'adopter Bernardin comme adversaire de Buffon et du parti encyclopédiste, et de lui faire une pension comme à son avocat. Ce ne fut qu'une velléité à laquelle un peu de réflexion coupa court. Mais la faveur du monde allait en s'exaltant et gagnait toutes les classes, même les plus hautes. La reine Marie-Antoinette, étant à dîner chez madame de Polignac, citait l'ouvrage des *Études*, « à l'occasion des oiseaux des Indes dont quelques-uns ont des poitrines rouges dans la saison des amours, comme si c'étaient des habits de parade prêtés par la nature seulement pour le temps des noces. » C'était bien là une remarque à frapper une jeune et jolie reine.

Madame de Coislin, une des femmes les plus considérables et les plus consommées de l'ancienne Cour, invitait l'auteur à la venir voir. Pour lui, tout en jouissant de ces témoignages tardifs et empressés, il ne s'y livrait pas ; il se retirait de plus en plus hors de la portée du tourbillon, et achetait un petit ermitage près de la barrière du Jardin-du-Roi, rue de la Reine-Blanche. « Il est allé s'établir, disait Chamfort (alors logé à l'hôtel de Vaudreuil), dans un quartier si perdu et si mal habité, que les personnes qui s'intéressent à lui craignent pour sa sûreté. » — « Je ne sais, répondait Bernardin, si M. de Chamfort connaît des personnes qui s'intéressent à moi. Quand je me suis logé dans le quartier des pauvres, je me suis mis à la place où je suis classé depuis longtemps (1). » Sa plaie n'était point encore fermée, malgré la douceur du succès et la récompense publique de ses travaux : « Vous n'en voyez que la fleur, disait-il à ceux qui le félicitaient, l'épine est restée dans mes

---

(1) Bernardin n'alla jamais depuis dans le monde qu'à son corps défendant. Il y portait de la susceptibilité et de la contrainte. Voici une anecdote que je sais d'original et qui doit être d'une date un peu postérieure ; on y voit comme les belles dames cherchaient l'auteur de tant de pages charmantes et ne le trouvaient pas. Je laisse parler le témoin même qui raconte :

« Bernardin de Saint-Pierre était à la Malmaison chez Madame Lecoulteux du Moley ; il s'y montrait aussi peu aimable que l'abbé Delille l'était aisément ; il disait des choses désagréables aux femmes et sur les femmes. Il avait amené avec lui un chien qui devint malade. Madame Lecoulteux s'en inquiéta et le fit soigner et droguer ; mais la bête mourut. Un matin, comme Bernardin de Saint-Pierre n'était point descendu à l'heure du déjeuner, la maîtresse de la maison envoya sa voir de ses nouvelles. On ne trouva personne, mais quatre lignes seulement dans sa chambre ; il y disait qu'on lui avait tué son chien et qu'il était parti. Là-dessus cette société gracieuse et sentimentale s'émut : on imagina de faire à ce chien chéri des funérailles, un petit tombeau avec branche de saule-pleureur à la Jean-Jacques. On écrivit tout cela au bourru maussade pour l'apaiser : on n'eut pas de réponse. »

nerfs. » Cependant, au milieu de cette souffrance à demi consolée, il suivait sa voie, et il publiait en 1788 le quatrième volume des *Études*, qui contenait *Paul et Virginie*.

Cette simple histoire est l'œuvre véritablement immortelle de Bernardin; elle ne peut se relire sans larmes, ce qui est vrai de si peu de livres admirés en naissant. Je ne recommencerai pas ici une analyse qui a été faite tant de fois; évitons ces commentaires plus longs que le poëme. Tout ici, presque tout est parfait, simple, décent et touchant, modéré et enchanteur. Les images se fondent dans le récit et en couronnent discrètement chaque portion, sans se dresser avec effort et sans vouloir se faire admirer : Bernardin a l'image légère. Toutes ces harmonies, tous ces contrastes, ces réverbérations morales dont il a tant parlé dans les *Études* et dont il traçait une poétique un peu vague, il les a ici réalisés dans un cadre heureux, où, dès l'abord, le site, les noms des lieux, les aspects divers du paysage sont faits pour éveiller les pressentiments et pour concourir à l'émotion de l'ensemble. Ce qui distingue à jamais cette pastorale gracieuse, c'est qu'elle est vraie, d'une réalité humaine et sensible : aux grâces et aux jeux de l'enfance ne succède point une adolescence idéale et fabuleuse. Dès le moment où Virginie s'est sentie agitée d'un mal inconnu et où ses beaux yeux bleus se sont *marbrés de noir*, nous sommes dans la passion, et ce charmant petit livre que Fontanes mettait un peu trop banalement entre le *Télémaque* et *la Mort d'Abel*, je le classerai, moi, entre *Daphnis et Chloé* et cet immortel IVe livre en l'honneur de Didon. Un génie tout virgilien y respire. Vers la fin et dans la scène déchirante de la tempête, Bernardin de Saint-Pierre a montré que son pinceau avait, quand il le voulait, les teintes fortes et sobres, et qu'il savait peindre la nature dans la sublimité de ses horreurs comme dans ses beautés. Relisons donc pour toute analyse *Paul et Virginie*, et, si nous voulons mieux en sentir le prix, essayons de relire, aussitôt après, *Atala* : il y a dans l'impression comparée qui en résultera toute une leçon de rhétorique naturelle.

Napoléon, qui avait été, ainsi que ses frères, des grands admirateurs du roman de *Paul et Virginie* à sa naissance, disait quelquefois à Bernardin de Saint-Pierre, quand il l'apercevait : « Monsieur Bernardin, quand nous donnerez-vous des *Paul et Virginie* ou des *Chaumière indienne*? Vous devriez nous en fournir tous les six mois. » Mais il n'en est pas de ces petits chefs-d'œuvre comme des victoires de héros : on ne les rencontre pas plus d'une fois dans sa vie. Je dis cela de *Paul et Virginie* plutôt que de *la Chaumière indienne* qui, malgré sa grâce et sa fraîcheur, me paraît seulement offrir sous forme exquise les banalités de la morale de 91.

La Révolution, en traversant son existence et en le soumettant à de nouvelles épreuves quand il se croyait au port, n'empêcha point Bernardin de rêver ni de suivre le développement paisible de ses systèmes. Il continua d'écouter l'harmonie des sphères, de croire et de dire « que le genre humain marche vers sa perfection ; que nos aïeux ont traversé l'âge de fer, et que l'âge d'or est devant nous. » Sa plume et son imagination s'accommodaient de ces vues, et la réalité ne le dérangeait pas. Il en jugeait pourtant très-nettement dans les faits particuliers ; il remarque quelque part « que la plupart des hommes n'obéissent qu'à la crainte. » Mais, dans le cabinet, il se remet au système de la bienveillance universelle et de l'amour. Il épousa, en 1792, âgé déjà de cinquante-cinq ans, une jeune personne de vingt-deux, Mlle Félicité Didot, et, dans sa Correspondance avec elle, on ne le voit occupé que de réaliser, comme toujours, son idée d'une île champêtre et d'une chaumière. Il fut quelque temps intendant au Jardin-du-Roi; mais on ne lui laissa point cette place. Nommé professeur de morale à cette École normale qui fut improvisée en l'an III, il parut deux ou trois fois dans sa chaire, et y recueillit des applaudissements pour ses moindres paroles. Il s'estima heureux pourtant que la fin prochaine de l'École vînt le délivrer de cette charge de la parole publique, pour laquelle il était peu fait. Retiré à Essonne, il y perdit bientôt sa première femme, qui lui laissa deux enfants nommés comme de juste *Paul* et *Virginie*, et qui lui légua aussi de fâcheux démêlés avec sa famille. Remarié bientôt après, vers l'âge de soixante-trois ans, à mademoiselle Désirée de Pelleporc, jeune et jolie personne, et qui se plia sans effort à ses goûts, Bernardin de Saint-Pierre eut une vieillesse heureuse. Les lettres qu'on a de lui jusqu'à la fin attestent son imagination riante : « Je suis un vieux arbre, disait-il, qui porte de jeunes rameaux. » Il avait échangé son ermitage d'Essonne pour une autre retraite à Éragny, sur les bords de l'Oise : il s'y livrait aux douces spéculations dont il a rempli ses *Harmonies*. Il se flattait que nous irions un jour dans le soleil, d'où nous jouirions, pour récompense d'une bonne vie, de l'ensemble merveilleux de la création ; il revoyait dans son Paradis la plénitude et le triomphe de sa physique. La Correspondance de Ducis avec Bernardin, durant ces dernières années, est la plus engageante introduction à une étude sur Ducis ; je la mets de côté à dessein. Il y a de très-jolis détails dans les lettres de Bernardin à sa seconde femme ; un pur amour des champs y respire à chaque ligne. A propos d'un changement de lune et d'un redoublement de pluie au mois de mai, il lui écrit : « Cette abondance d'eau accélère la pousse des végétaux ; elle est nécessaire à leurs progrès et à leurs besoins : le mois de mai est un enfant qui veut toujours téter. — Je t'embrasse, mes amours, mes délices, mon mois de mai. »

Ce mois de mai, qui est *un enfant qui veut toujours téter,* n'est-il pas la plus gracieuse et la plus parlante image, surtout adressée à une jeune femme, à une jeune mère?

Quand il vient à Paris pour les séances de l'Institut, Bernardin s'en trouve toujours moins heureux. Un jour, il assiste à une séance où l'on discutait, selon l'usage, le Dictionnaire, cette toile de Pénélope de la langue. Au mot *Appartenir,* on avait mis pour exemple : « Il appartient au père de châtier ses enfants. » Là-dessus Bernardin proteste, il se révolte, et trouve étonnant qu'entre tant de relations chères qui lient un père aux enfants, on soit allé choisir la plus odieuse, celle par laquelle il les châtie :

« Là-dessus, Morellet, le dur; Suard, le pâle; Parny, l'érotique; Naigeon, l'athée; et autres, tous citant l'Écriture et criant à la fois, m'ont assailli de passages et se sont réunis contre moi, suivant leur coutume. Alors, m'animant à mon tour, je leur ai dit que leurs citations étaient de pédants et de gens de collège, et que, quand je serais seul de mon opinion, je la maintiendrais contre tous. Ils ont été aux voix, levant tous la main au ciel; et, comme ils s'applaudissaient d'avoir une majorité très-grande, je leur ai dit que je récusais leur témoignage, parce qu'ils étaient tous célibataires. »

Être célibataire, c'était, à ses yeux, un vice, et la plus grande injure; il avait instinctivement la morale des Patriarches. Même lorsqu'il est le mieux traité et le plus choyé dans ses voyages à Paris, lorsque chacun le caresse et veut le retenir, Bernardin ne soupire pas moins après sa solitude champêtre; il sent que la vie s'écoule, que ses dernières pages à achever le réclament, et il écrit alors naïvement à sa jeune femme :

« Je suis comme le scarabée du blé, vivant heureux au sein de sa famille à l'ombre des moissons; mais, si un rayon du soleil levant vient faire briller l'émeraude et l'or de ses élytres, alors les enfants qui l'aperçoivent s'en emparent et l'enferment dans une petite cage, l'étouffent de gâteaux et de fleurs, croyant le rendre plus heureux par leurs caresses qu'il ne l'était au sein de la nature »

C'est là, pour le style et le riant de l'image, du saint François de Sales tout pur.

Je n'aurais probablement point songé à parler de la séance publique à l'Institut, du 24 novembre 1807, dans laquelle Bernardin eut à recevoir à la fois les trois nouveaux académiciens, Laujon, Raynouard et Picard, si M. Villemain, dans son Rapport public du 19 août dernier, n'avait jugé à propos, par un coup de talent, de rendre un éclat inattendu à cette ancienne séance. Je serai ici tout à fait franc. Comme les intentions de M. Villemain, à cette occasion, ne me paraissent point avoir été très-nettes ni très-pures, je serai d'autant plus net à mon tour. M. Villemain avait besoin, dans son Rapport, d'un morceau à applaudissement, d'un *air de bravoure* qui fît épigramme contre l'état de choses présent, et il crut l'avoir trouvé dans cette ancienne séance où Bernardin célébrait l'aigle impériale, alors au plus haut de son vol et au zénith de sa gloire. Car vous sentez bien que plus on peut montrer que l'aigle était haute autrefois, plus il en résulte qu'elle doit paraître petite aujourd'hui : des deux aigles on prend la plus grande et on la laisse tomber comme du ciel pour griffer l'autre. Le procédé que M. Villemain a employé pour atteindre à son effet est piquant et peut trouver place dans les Traités de rhétorique. Il a supposé qu'on assistait à cette ancienne séance académique ; il a donné à entendre qu'il y assistait lui-même, simple lycéen alors, pour avoir le droit de la décrire. « Dans cette halte de victoires qu'on appelait la paix, au bruit de ces crosses de fusils posées un moment à terre, » il a montré le public d'élite accouru en foule à cette paisible fête littéraire, les bancs des académiciens envahis, l'auditoire en attente, et il s'est écrié : « Quel contraste dans toutes les âmes, entre ces purs, ces gracieux souvenirs et ce ciel d'airain ? Quelle émotion grave et presque terrible dans l'assemblée, lorsque le *mélodieux orateur*, comme le Nestor d'une autre *Iliade*, mais Nestor qui flattait au lieu d'avertir, *avec sa voix encore si accentuée sous la faiblesse de l'âge*, abordant le sujet inévitable, retraça les derniers prodiges du Conquérant, qu'il nommait le Libérateur... » Puis est venue une citation du discours de Bernardin de Saint-Pierre sur l'aigle, — l'aigle impériale d'alors; — et là-dessus l'habile orateur, toujours ému et comme entraîné par ses souvenirs, s'est de nouveau écrié : « A cette image hardie, nouvelle, qui semblait suspendre la foudre sur toutes les têtes, l'auditoire *se souleva tout entier d'enthousiasme*, et ces voûtes parurent s'abîmer au bruit des applaudissements. » — Le morceau achevé, avec tous ses contrastes et ses ironies, M. Villemain est rentré dans son sujet de rapporteur en disant : « Vous pardonnez, Messieurs, *l'exactitude de ces souvenirs,* un de ces priviléges du temps, que le **talent** seul des jeunes candidats ne suppléerait pas. »

Il y a, à toute cette éloquence moins foudroyante qu'il ne semble, et plus épigrammatique que sérieuse, un seul malheur, c'est que les choses ne se sont point passées tout à fait ainsi, c'est que M. Villemain n'assistait pas à cette séance : autrement, lui qui a une si parfaite mémoire, il ne l'aurait pas inventée avec ce luxe d'imagination rétrospective. Bernardin de Saint-Pierre, à cette époque, avait soixante-dix ans; il n'avait jamais été orateur, et, quand il fut nommé directeur de l'Académie, on lui avait fait l'objection sur la faiblesse de sa voix, qui l'empêcherait au besoin, lui disait-on, de féliciter l'Empereur. Sur quoi il avait répondu : « J'ai assez de voix pour lui parler à six pas de distance. » Mais le *Nestor mélodieux* n'en avait pas assez pour prononcer son discours en séance publique; ce fut François de Neufchâteau qui le lut pour lui. Je ne sais s'il le lut mal, mais ce discours très-long et plein de hors-d'œuvre, venant après trois discours consécutifs, parut peu agréable à l'assemblée. Écoutons M. de Feletz, rapporteur de la séance dans le *Journal de l'Empire* d'alors (26 novembre) :

« Après avoir jeté, dit-il ironiquement, quelques *fleurs* sur M. Portalis..., sur MM. Picard, Raynouard, Le Brun, Gin, Blin de Sainmore, Dotteville, etc., M. Bernardin passe à une longue homélie en l'honneur de la philosophie, très-digne d'être prêchée dans un temple de Théophilanthropes. Ici, comme historien, je dois remarquer un fait dont je souffrais réellement pour l'orateur; c'est qu'une foule nombreuse désertait l'auditoire : je ne pousserai pas même l'exactitude de l'historien jusqu'à répéter ce que quelques-uns disaient en sortant. Au milieu du bruit qu'occasionnaient tous ces déplacements multipliés, on n'entendait guère que le mot *philosophie*, sortant à chaque instant de la bouche de l'orateur. »

Les curieux qui ne s'en tiendraient pas à cette impression de M. de Feletz peuvent voir ce qui est dit dans la *Gazette de France* du 26 novembre, et dans le *Journal de Paris* du 25. Ces deux journaux, favorables à Bernardin de Saint-Pierre, dissimulent son échec du mieux qu'ils peuvent; mais la conclusion, c'est que ce discours est venu une heure trop tard, et qu'il a paru rempli de réflexions intempestives, « surtout aux approches de l'heure où l'on dîne. » Une femme qui écrivit sur cette séance académique une lettre, insérée dans la *Gazette de France* du 28 novembre, disait, en arrivant au discours de Bernardin de Saint-Pierre :

« Peut-être l'attention était épuisée, quand le président a pris la parole, ou plutôt a demandé à M. François de Neufchâteau de la prendre pour lui; la première partie de son discours a été écoutée, et elle méritait de l'être. Trois réponses à faire à trois candidats, des regrets à donner à ceux dont ils occupaient les places, lui fournissaient des idées nombreuses et variées, des images brillantes ou aimables comme les talents qu'il avait à célébrer... Il a loué les trois récipiendaires et leurs trois prédécesseurs, mais il ne s'est pas assez arrêté sur leur éloge, et l'on peut dire qu'il les a traités comme Pindare (lisez *Simonide*) traitait les héros des Jeux Olympiques, dont sa muse se contentait de dire un mot, pour parler ensuite de Castor et Pollux. M. Bernardin de Saint-Pierre ne nous a point parlé, il est vrai, de Castor et Pollux, mais il a parlé de la philosophie qu'il a prise pour thèse et pour muse. Il nous a entretenus des *Harmonies de la Nature*, qu'il nous a montrées jusque dans la poésie française qui, en admettant la *rime masculine* et la *rime féminine*, avait l'avantage, comme toutes les espèces du règne animal et végétal, de réunir les deux sexes. Sa dissertation sur les principes philosophiques a été fort longue. Le public a vainement essayé de le suivre dans les différents siècles, dans les différentes régions du globe ; il nous a fait passer en revue les Druides, les Gaulois, les Romains, César, les Francs et les Saxons, Clovis, Louis XIV. Je n'ai rien retenu de la dernière partie du discours qu'une longue nomenclature de noms et de personnages qu'on ne s'attendait point à voir paraître en cette occasion. Les auditeurs ont montré de l'impatience ; j'avoue que j'étais moi-même fort ennuyée des *Harmonies de la Nature*, et je me proposais de faire une critique plus sévère que celle qu'on vient de lire ; mais je viens de relire *Paul et Virginie*, et je suis désarmée. »

La comparaison de l'aigle qui ne vint qu'à la fin du discours après l'homélie philosophique, et qui, détachée aujourd'hui, produit tant d'effet, ne se trouve point particulièrement indiquée dans les extraits critiques que j'ai lus, et, si elle fut remarquée, je crains que ce n'ait été plutôt à titre d'image singulière et risquée, eu égard au goût du temps. Ce public d'Académie, qui se composait alors, comme aujourd'hui, du beau monde, et qui sentait son faubourg Saint-Germain, avait bien mieux aimé applaudir, dans la première partie de la séance, un passage du discours de Raynouard où, parlant de je ne sais quel poëte tragique puni de mort à Rome pour avoir mis dans une pièce d'*Atrée* des allusions politiques, l'orateur avait ajouté brièvement : « *Tibère régnait!* » Cet applaudissement frondeur donné à un mot qui n'avait certes point une intention si profonde, mais qui rappelait un autre mot récent de Chateaubriand sur *Néron* dans le *Mercure*, nous marque du moins la disposition d'esprit de cet auditoire élégant et nous le fait voir tel qu'il était, très-peu préparé à se soulever tout entier d'enthousiasme et à faire crouler les voûtes de la salle sous ses applaudissements, pour cette péroraison toute napoléonienne et un peu romantique de Bernardin. Pour moi, si j'avais voulu montrer combien le talent de Bernardin de Saint-Pierre est peu flexible et peu capable de se plier aux divers emplois, j'aurais cité précisément ce Discours.

Et sur cette critique que je viens de faire en passant de M. Villemain, de notre éloquent Secrétaire perpétuel, si j'avais besoin de m'excuser, je dirais hautement : Membre de l'Académie française, j'ai le droit de relever, de la seule manière qui puisse le toucher, l'organe de la Compagnie là où il abuse publiquement de son rôle de rapporteur pour y glisser contrairement aux convenances, contrairement aux intentions de beaucoup de membres, ses passions personnelles : biographe littéraire, je souffre toutes les fois que je vois des critiques éminents à tant d'égards et en possession d'un art merveilleux, mais des esprits plus nés évidemment pour la louange ou la fine satire que pour l'histoire, ne songer à tirer parti des faits que pour les fausser dans le sens de l'effet passager et de l'applaudissement. Qu'on retourne la chose comme on le voudra : dans le cas présent, il y a flagrant délit de talent, de malice et d'inexactitude.

Bernardin de Saint-Pierre, qui eut aussi quelquefois maille à partir au sein de l'Académie, vivait donc et vieillissait avec assez de douceur dans sa retraite d'Éragny. Il y mettait la dernière main à son livre des *Harmonies*, qui ne fut publié qu'après sa mort, en 1814. Il cessa de vivre le 21 janvier de cette même année. Cet ouvrage des *Harmonies* offre encore de très-beaux tableaux, aussi beaux que dans aucun des ouvrages précédents, mais aussi toutes les exagérations de système et de style naturelles à l'auteur, et où s'est complu sa vieillesse. Il ne se refuse à aucun rêve, pourvu que le rêve rentre tant soit peu dans ses vues, et il s'y livre désormais avec méthode à la fois et une sorte de délire : on est en plein dans le mysticisme de la nature. Sur le soleil, entre autres énormités étonnantes, il vous dira sans sourciller, par exemple : « S'il était permis à un être aussi borné que moi d'oser étendre ses spéculations sur un astre que je n'ai pas eu même le bonheur de voir dans le télescope, je dirais que sa matière *doit être de l'or*, d'abord parce que l'or est la plus pesante de toutes les matières que nous connaissons : ce qui convient au soleil placé au centre de notre univers... » Cette lecture des *Harmonies*, si on la prolonge, est d'un effet singulier, et que je ne puis mieux rendre qu'en disant qu'il est *efféminant* et qu'il *écœure*. C'est après avoir lu ce dernier écrit, qu'un excellent critique (M. Joubert) a pu dire : « Il y a dans le style de Bernardin de Saint Pierre un prisme qui lasse les yeux. Quand on l'a lu longtemps, on est charmé de voir la verdure et les arbres moins colorés dans la campagne qu'ils ne le sont dans ses écrits. Ses Harmonies nous font aimer les dissonances qu'il bannissait du monde, et qu'on y trouve à chaque pas. » La meilleure lecture au sortir de là, l'antidote le plus direct à prendre, c'est Pascal qui fait, à chaque instant, crier dans l'homme la contradiction éternelle, et qui, dans son langage ferme et nu, est le moins asiatique des écrivains.

De cette étude bien imparfaite, mais qui repose sur plus de lectures et de comparaisons que je n'ai pu en apporter ici, il me semble résulter que Bernardin de Saint-Pierre, dans sa vie, n'a été qu'à demi un sage, et que, dans ses écrits, il a presque aussi souvent erré que rencontré avec bonheur : mais, une fois, il a eu une inspiration simple et complète, il y a obéi avec docilité et l'a mise tout entière au jour comme sous le rayon ; il a mérité par là que son souvenir reste à jamais distinct et toujours renouvelé dans la mémoire humaine, et qu'autour de ce chef-d'œuvre de *Paul et Virginie*, la curiosité littéraire rassemble, sans en rien perdre, les grâces éparses de l'écrivain.

Lundi, 13 septembre 1852.

DUCIS

Il y a pour nous, à la distance où nous sommes déjà de lui, deux hommes et comme deux écrivains en Ducis. Il y a l'auteur tragique qu'on ne lit plus et qu'on peut difficilement relire, celui qui eut l'idée d'introduire sur notre théâtre des imitations de Shakspeare sans savoir l'anglais, et qui, dans l'avertissement qui précède son *Hamlet* (1770), disait naïvement : « Je n'entends point l'anglais, et j'ai osé faire paraître *Hamlet* sur la scène française. Tout le monde connaît le mérite du Théâtre anglais de M. de La Place. C'est d'après cet ouvrage précieux à la littérature que j'ai entrepris de rendre une des plus singulières tragédies de Shakspeare. » Plus tard, Ducis continua la même expérience d'après la traduction de Le Tourneur ; il donna *Roméo et Juliette, le Roi Léar, Macbeth, Jean-sans-Terre, Othello*. Au milieu de ces imitations de l'anglais, il eut l'idée de combiner une double imitation de Sophocle et d'Euripide, et il fit *Œdipe chez Admète*. Enfin, il couronna sa carrière dramatique par une tragédie de son invention, *Abufar* (1795). Ce Ducis, auteur dramatique, qui fut très-contesté en son temps, mais qui réussit, somme toute, en dépit des résistances de Le Kain, des impatiences de Voltaire, des rudesses de Geoffroy, ce Ducis, qui fit couler bien des larmes sous Louis XVI, et que Talma, dans notre jeunesse, nous a ressuscité parfois avec génie, est aujourd'hui mort, ou à peu près mort; et, s'il n'y avait que ce côté-là en lui, nous ne viendrions pas le tirer de ses limbes. Mais il y a le Ducis homme et caractère, poëte au cœur chaud, d'autant plus poëte qu'il parle en prose et non en vers, et qu'il a le langage plus naturel, écrivant à ses amis des lettres charmantes, toutes semées de mots simples et grandioses, de pensées qui sentent la Bible, le livre de *la Sagesse,* et où résonne pourtant comme un lointain grondement du tonnerre tragique. C'est ce dernier Ducis qui nous intéresse avant tout, qui reste pour nous présent et vivant, et qui peut servir aujourd'hui à nous faire apprécier quelque chose de l'autre.

Ducis n'était pas Français d'origine. Né à Versailles le 23 août 1733, d'une mère française et d'un père savoisien, il avait beaucoup de ce dernier. Il était *lion* par son père, disait-il, et *berger* par sa mère. Ses parents, d'ailleurs, tenaient un modeste commerce de lingerie et de poterie. Tout en s'accommodant avec bonheur de cette condition bourgeoise, il y faisait entrer sans trop d'effort de hautes pensées, et sa modestie domestique prenait un caractère de grandeur morale : « Mon père, dit-il quelque part, à propos de je ne sais quel détail de conduite, mon père, qui était un homme rare et digne du temps des Patriarches, le pratiquait ainsi; et c'est lui qui, par son sang et ses exemples, a transmis à mon âme ses principaux traits et ses *maîtresses formes.* Aussi je remercie Dieu de m'avoir donné un tel père. Il n'y a pas de jour où je ne pense à lui; et, quand je ne suis pas trop mécontent de moi-même, il m'arrive quelquefois de lui dire : *Es-tu content, mon père?* Il semble alors qu'un signe de sa tête vénérable me réponde et me serve de prix. » Il écrivait cela à l'âge de quatre-vingts ans, et il se le dit toute sa vie. A Versailles, à deux pas de la Cour, Ducis resta de tout temps un homme de la Savoie, au cœur d'or, aux vertus de famille, sans un jour de désordre ni d'oubli dans les mœurs, chrétien, catholique, pratiquant, aimant à faire des tournées de campagne dans les presbytères des bons curés des environs, et passant de là sans discordance au théâtre, se souvenant de son pays originaire, du village de Haute-Luce (*Alta lux*) voisin du ciel, et, les jours de fête, s'inspirant, dans sa pieuse vision, du désert de la Grande-Chartreuse et des abeilles de la montagne. Lui-même vieux, à la haute stature, de complexion robuste et rustique, il ressemblait assez à un vieux chêne à demi dépouillé et rugueux, où l'abeille a déposé en un creux son miel. Dès sa jeunesse, au milieu de ses travaux dramatiques, il avait un livre secret dans lequel il écrivait tout son examen de conscience, ses sujets de confession et de scrupule devant Dieu; ce registre avait pour titre : *Ma grande Affaire*, c'est-à-dire l'affaire du salut. On conviendra qu'il y a bien peu d'auteurs de théâtre qui soient habitués à tenir de la sorte leur vie en partie double; et, chez celui dont nous parlons, il y avait harmonie et simplicité.

De là l'originalité de Ducis, originalité sincère, généreuse, dont les contemporains ne tardèrent pas à s'apercevoir en écoutant ses tragédies, et qui aujourd'hui ne nous échappe qu'à cause du mauvais goût général, du style banal et convenu où elle est noyée. La vocation de Ducis fut longue à se dégager; pour suivre ma comparaison, il était comme ces arbres forts et à l'écorce rude dont les jardiniers disent qu'ils se décident lentement. Après des études assez bonnes, commencées à la campagne et achevées à Versailles, il devint secrétaire du maréchal de Belle-Isle, qui l'emmena dans une de ses tournées en France ; il fut ensuite au même titre auprès du comte de Montazet, avec qui il voyagea en Allemagne. Au retour, il eut une place dans les bureaux de la Guerre, ou du moins on lui laissa les appointements sans les fonctions ; il était incapable de ce genre d'assujettissement. Sa première pièce donnée au Théâtre-Français fut la tragédie d'*Amélise*, de laquelle Collé dit en son Journal (janvier 1768) : « Les Comédiens français ont donné, le samedi 9 du courant, la première représentation d'*Amélise*, tragédie d'un M. d'*Ussy*, auteur inconnu. On m'a dit que sa pièce fut huée depuis un bout jusqu'à l'autre... Messieurs les gentilhommes de la Chambre avaient forcé les Comédiens à représenter cette rapsodie. » Un an après (30 septembre 1769), Ducis, âgé de trente-six ans, trouvait sa voie et ouvrait sa veine en donnant *Hamlet*. Il serait superflu aujourd'hui et fastidieux de montrer en détail en quoi Ducis gâtait et faussait Shakspeare : ce n'était qu'à ce prix qu'il pouvait le faire pardonner et applaudir. L'à-propos est si souverain dans ces choses de théâtre, que les pièces de Shakspeare, sentimentalisées par Ducis et rabaissées au ton des *Nuits* d'Young, réussirent et firent fureur en leur temps, tandis que, du nôtre, le vrai et grand Shakspeare, reproduit et calqué avec art par des hommes de talent et d'étude, n'a jamais pris pied qu'à demi. Aux tragédies de Ducis, il ne faut demander ni plan, ni style suivi, mais des mots et quelques scènes. Dans son *Roméo et Juliette*, par exemple, comme si la matière de Shakspeare ne lui suffisait pas, il trouvait moyen de faire entrer le célèbre épisode de Dante, où l'on voit Ugolin enfermé dans sa tour et réduit (selon l'interprétation qui prévalait alors) à dévorer ses enfants. Ducis transportait cette situation au vieux Montaigu, père de Roméo ; il faisait raconter à ce vieux père lui-même, échappé de sa tour, cet atroce supplice infligé par son ennemi, et quand, le récit terminé, Roméo (qui se trouve être un dernier fils de ce Montaigu-Ugolin) dit un peu simplement au vieillard :

>............ Ah! de sa barbarie
> Vous dûtes bien, je crois, punir un inhumain.

Montaigu répond : « *Il n'avait point d'enfants!* » Ce trait paraissait égal aux plus beaux traits de Corneille ; mais il était pris lui-même de Shakspeare dans *Macbeth*, et appliqué à cette imitation de Dante introduite dans *Roméo*. On assiste à l'amalgame de Ducis. En revanche, ne cherchez dans son *Roméo* ni l'alouette, ni le rossignol, ni la scène du balcon. Dans son *Œdipe chez Admète*, où il confond deux actions distinctes, deux tragédies, celle d'Alceste voulant mourir pour son époux, et celle d'Œdipe expirant entre les bras d'Antigone, Ducis a plus que des mots; il a, au troisième acte et au cinquième, des tirades pathétiques, une touche large, comme lorsque Œdipe, s'adressant aux Dieux, les remercie, jusque dans son abîme de calamités, de lui avoir laissé un cœur pur :

> C'est un de vos bienfaits que, né pour la douleur,
> Je n'aie au moins jamais profané mon malheur...

On s'explique aussi très-bien le succès de son *Othello*, représenté pour la première fois en 1792, et parlant comme un soldat parvenu qui sert avec désintéressement la République et n'a rien à envier aux grands :

> Ils n'ont pas, tous ces grands, manqué d'intelligence,
> En consacrant entre eux les droits de la naissance :
> Comme ils sont tout par elle, elle est tout à leurs yeux.
> Que leur resterait-il s'ils n'avaient pas d'aïeux?
> Mais moi, fils du désert, moi, fils de la nature,
> Qui dois tout à moi-même, et rien à l'imposture
> Sans crainte, sans remords, avec simplicité,
> Je marche dans ma force et dans ma liberté.

Les scènes, même gâtées de Shakspeare, mais appropriées en gros à un public qui ne savait rien de l'original et qui s'était accoutumé à croire que Ducis l'*embellissait*, donnaient à ce genre bâtard de tragédie un intérêt extraordinaire, et le jeu de Talma sut l'élever vers la fin jusqu'aux apparences de la beauté. Mais, même avant Talma, et du temps de Brizard ou de La Rive, La Harpe sentait bien qu'il y avait là-dessous une force supérieure cachée : « C'est bien heureux, disait-il en parlant de Ducis, que cet homme n'ait pas le sens commun ; il nous écraserait tous. »

Personne ne fit, dans le temps, à Ducis les vraies objections ; on lui reprochait de trop imiter Shakspeare, et non pas de l'imiter mal. Il eût été digne de connaître face à face ce génie qu'il admirait confusément, et d'allumer son âme au tonnerre même. Dans le temps où il travaillait à sa pièce du *Roi Léar*, il écrivait :

« Nous portons, nous autres, des volcans dans notre âme : nous sommes lions ou colombes. Nous avons besoin d'indulgence ; mais les priviléges de ces complexions fortes en rachètent tous les défauts. J'en sens l'influence dans mes ouvrages ; une émotion puissante me transporte sur les hauteurs de mon sujet. J'aime à traverser des abîmes, à franchir des précipices... Je ne sais à quel degré de talent je pourrai m'élever dans mes ouvrages ; mais, si la nature m'a donné une façon particulière de la voir et de la sentir, je tâcherai de la manifester franchement, *sans autre poétique que celle de la nature*, avec une douceur d'enfant ou une violence de tourbillon. Je sens qu'au fond je suis indisciplinable... »

Ducis se trompait sur un point : il était beaucoup plus de son siècle et du goût d'alentour qu'il ne le croyait. Si l'on relit, comme je viens de le faire, *le Roi Lear* de Shakspeare, et qu'on lise à côté la soi-disant imitation française, il est impossible de voir dans celle-ci autre chose qu'un travestissement sentimental à l'usage de ce dix-huitième siècle qui a tant abusé des mots de *vertu* et de *nature*, mais jamais plus que par la bouche de

Ducis. Dans le quatrième acte, qui se passe dans une forêt à l'entrée d'une caverne, il est souvent question de *lit de roseaux.* On apporte le roi Léar endormi sur un *lit de roseaux,* et on le place « vis-à-vis les rayons de l'aurore naissante qui pénètrent dans la caverne. » Puis, quand les émissaires du duc de Cornouailles arrivent, on essaie de le cacher, et Oswald, le chef de cette troupe, ne l'ayant point trouvé d'abord, dit au vieillard qui habite la caverne : « Si Léar vient te demander asile et un lit, refuse; » ce qui dans le style de Ducis se traduit en ces incroyables vers :

> Si Léar, par ses pleurs, sous cette horrible voûte,
> Vient implorer tremblant, la nuit, saisi d'effroi,
> *La grâce d'y fouler ces roseaux près de toi,*
> Sois sourd à sa prière et demeure inflexible.

Il y a aussi de ces autres vers incroyables de dureté :

> Fils du *comte de Kent, quand* votre noble audace...

Avec cela, des vers à effet, des traits qui ne manquent jamais leur coup au théâtre. Quand le tyran, le duc de Cornouailles, interroge la fille pieuse de Léar, la *Cordélia* de Shakspeare devenue ici la sensible *Helmonde,* et lui demande comment le vieux roi est arrivé jusqu'à elle dans la caverne : « *Qui l'a guidé vers vous?* » Helmonde répond : « *Les éclairs et les Dieux!* » Ducis fait grande consommation de foudre et d'éclairs.

Cette pièce du *Roi Léar* réussit beaucoup (janvier 1783). Le public éclata en larmes. Ducis, demandé après la pièce, eut la faiblesse de se laisser amener sur le théâtre : il prenait ces ovations au sérieux dans sa cordialité naïve. Il conduisit ses deux filles à l'une des représentations, et il disait dans sa verve d'enthousiasme, en les voyant pleurer : « Si elles n'avaient pas fondu en larmes, je les aurais étranglées de mes mains. » C'est là un mot à la Diderot; Ducis, s'en sans douter, a beaucoup d'un Diderot resté innocent et vertueux.

« Vous avez passé à travers le siècle sans qu'il déposât sur vous aucune de ses taches, » lui écrivait Thomas : cela n'était vrai qu'au moral; car, pour la langue et le style, le siècle avait donné à Ducis toute sa teinte.

Quoiqu'il eût débuté tard, la situation de Ducis était faite d'assez bonne heure; nommé secrétaire de *Monsieur* depuis Louis XVIII, il avait été désigné, par son grand succès d'*Œdipe chez Admète*, à remplacer, honneur insigne! Voltaire à l'Académie française, et il avait réuni presque toutes les voix. Comme on ne pouvait songer à chercher un égal, on avait eu le bon goût de se tourner vers un homme de talent et de bien, jouissant de la considération universelle. La première phrase du discours de réception de Ducis (4 mars 1779) fut saluée d'un long applaudissement : « Messieurs, il est des grands hommes à qui l'on succède et que personne ne remplace... » Ainsi Voltaire fut remplacé et célébré par celui même dont il avait tant de fois parlé comme d'un auteur visigoth ou allobroge et ne sachant pas écrire : « Vous avez vu sans doute *Hamlet*, écrivait-il à d'Argental lors de la première pièce de Ducis qui eut du succès; les Ombres vont devenir à la mode; j'ai ouvert modestement la carrière, on va y courir à bride abattue : *domandava acqua, non tempesta*. » Lui aussi, Voltaire, il voulait une réforme, et il eut une révolution.

Entre Voltaire et Ducis il y avait, d'ailleurs, tous les contrastes. Quand Voltaire, quittant Ferney, était arrivé à Paris pour y triompher et y mourir, Ducis n'avait point fait comme tous les gens de Lettres qui étaient allés lui rendre hommage, et, n'étant pas connu de lui, il n'avait pas cru devoir le visiter. Le sachant malade de ce dernier excès de fatigue parisienne, il écrivait à un ami : « Bon Dieu ! comme je fuirais la capitale si j'avais la centième partie de la gloire de M. de Voltaire, avec ses quatre-vingt-quatre ans ! Comme je me tiendrais sur mon pré auprès de mon ruisseau, car j'aurais un ruisseau alors ! Cette soif insatiable de gloire au bord du tombeau, cette inquiétude fiévreuse, cette *complexion voltairienne*, je ne comprends rien de tout cela. »

La Correspondance de Thomas avec Ducis (1778-1785) commence à nous donner jour sur la vie intérieure du tragique plein de bonhomie, que Thomas comparait au Père Bridaine : « Vous êtes, lui disait-il, le missionnaire du théâtre ; vous faites la tragédie comme le Père Bridaine faisait ses sermons, parlant d'une voix de tonnerre, criant, pleurant, effrayant l'auditoire comme on effraie des enfants par des contes terribles... » Il exprimait assez bien par là ce que son ami avait d'inculte, d'outré et de populaire. Thomas, malade de la poitrine, était allé prolonger sa vie aux rayons du soleil de Provence ; Ducis, pendant ce temps, et au lendemain du succès du *Roi Léar*, était cruellement frappé dans son bonheur domestique : il perdait ses deux filles, il avait perdu sa première femme ; il ne lui restait plus que sa mère, et il remarquait à ce sujet, en faisant un retour sur lui-même et en se comparant à son ami Thomas, soigné par sa sœur : « Il y a une espèce d'hymen tout fait entre les sœurs qui ne se marient pas et les frères libres et poëtes, un recommencement de maternité et d'enfance entre les mères veuves et leurs fils poëtes, sans engagements. J'en ai été un exemple frappant. Quand mes cheveux étaient prêts à blanchir, la mienne, avec un sentiment de douce compassion, voyant mes distractions nombreuses, l'indépendance de mes goûts, mon incapacité absolue pour les affaires et la fortune, me disait (c'était son mot) : « *Mon enfant! mon pauvre enfant! mon pauvre homme!* » — Je m'arrête dans ma citation, car, dans le reste du discours que Ducis prête à sa mère, ou qu'il poursuit en son propre nom, il est question du *service des Muses* et du *fantôme de la gloire*. Mais, en choisissant chez Ducis et en coupant les citations à temps, combien l'on trouverait ainsi de ces belles et douces pensées!

Ducis, ayant fait un voyage en Savoie pendant que Thomas était à Lyon, partit de Chambéry (juin 1785) pour rejoindre son ami, et il eut, en traversant les montagnes, un accident de voiture qui faillit le faire périr. Thomas accourut, le soigna, le fit transporter à sa maison de campagne, à Oullins près de Lyon, et bientôt après les deux amis célébrèrent leur joie d'être ensemble, leur tendresse et leur admiration mutuelle, au sein de l'Académie de Lyon, par des Épîtres et par des embrassements publics qui excitèrent beaucoup d'applaudissements et quelques sourires. Madame Roland, cette femme d'esprit, et qui n'était pas si déclamatoire que quelques personnes l'ont pensé, a fort bien raillé ces scènes sentimentales où les acteurs trop sincères oubliaient qu'il y avait des témoins désintéressés et froids. La mort de Thomas, survenue à l'improviste au moment où son ami venait de guérir, arrêta l'impression de ridicule et remit aux choses un cachet de gravité.

Ducis, pour être tout à fait à son avantage, avait besoin de vieillir. La Révolution, en approchant, le prit dans son mouvement et lui souffla de son ardeur; il était très-lancé à certains égards, bien qu'il restât inébranlable sur le chapitre de la foi religieuse et de l'orthodoxie. Les amis littéraires parmi lesquels il acheva de vivre, et qui l'ont fait le plus royaliste et le plus bourbonien possible, ont dissimulé et recouvert de leur mieux cette période patriotique et républicaine de Ducis. Il n'était pas de ceux à qui il faut demander une grande logique ou une suite exacte dans les idées et dans les actions : « son âme était plus forte que sa tête, » et, pourvu que sa conscience fût nette, il n'en était pas à une contradiction près. On l'a loué d'avoir refusé, en octobre 1793, la place de conservateur de la Bibliothèque nationale devenue vacante par la démission de Chamfort, et que le ministre Paré lui offrait : mais il est remarquable qu'à cette date, où Chamfort lui-même était dépassé, on ait eu l'idée de la lui offrir. Qu'il nous suffise de reconnaître qu'il demeura en tout temps, et au milieu des diverses illusions qu'il put traverser, *l'honnête Ducis*. La pièce d'*Abufar*, la seule tout à fait originale qu'il ait composée, fut représentée en avril 1795. Elle avait été très-louée à l'avance, et la première représentation en souffrit : elle ne reprit qu'après coupures, aux représentations suivantes. La scène se passe en Arabie, sous la tente, et nous rend ou veut nous rendre des mœurs bibliques, patriarcales. C'est un frère (Farhan) qui se croit amoureux de sa sœur, et une sœur (Saléma) qui se croit éprise de son frère; mais, à la fin, il se trouve que ce n'est qu'une sœur adoptive : sans quoi, Ducis dérobait d'avance à Chateaubriand la situation de René et d'Amélie. Le sentiment du désert et de l'immensité, de la fuite à travers les sables, est assez bien rendu en bien des endroits : un air brûlant y circule. Les éloges qu'on y entend de la vertu, de la liberté, de la mélancolie, donnent la date française : c'était l'heure où Legouvé faisait un poëme sur ce dernier sujet, *la Mélancolie*. Un vers qui est dans la bouche d'Abufar, marquait de flétrissure le régime de la mauvaise République :

> **Où la vertu n'est point, la liberté n'est pas!**

L'ouvrage tournait finalement à la vertu, puisque Farhan n'est pas le vrai frère de Saléma, et Abufar pouvait dire en finissant à tout ce qui l'entoure :

Donnez-vous tous la main, et soyez tous heureux!

Il y a un certain Fharasmin, Persan et prisonnier, qui renonce à la Cour des rois pour devenir pasteur et pour épouser une des filles d'Abufar. Farhan avait cru d'abord ce Fharasmin amoureux de Saléma et l'avait voulu traiter en rival. Quand il apprend de lui que ce n'est point de Saléma, mais d'Odéide, que Fharasmin est amoureux, il y a un premier mot qui lui échappe et que Talma disait admirablement : « *Tu ne me trompes pas?* » Ce sont là des beautés qui sont des créations de l'acteur, et qu'on ne devinerait jamais à la lecture.

Ducis, à partir de cette date, peut être considéré comme rentré sous la tente et ayant accompli son cercle tragique; il devient patriarche et solitaire de plus en plus. Au printemps de 1800, je le trouve allant à Essonne chez un voisin de Bernardin de Saint-Pierre (M. Robin) pour y assister à une petite fête homérique. On inaugure, au milieu de la verdure, des ruisseaux et des fleurs, les bustes d'Homère et de Jean-Jacques Rousseau; Bernardin de Saint-Pierre et Ducis portent les couronnes que de jeunes enfants déposent ensuite sur les deux marbres : « Votre fête était simple, écrit Ducis à son hôte d'Essonne, comme les beautés de l'*Iliade* et d'*Héloïse.* » Cet Homère, que Ducis fêtait ce jour-là, et qui était aussi simple que l'*Héloïse,* tenait un peu, je le crains, de celui de Bitaubé. Le malheur de Ducis est de n'avoir jamais bien fait ces distinctions.

C'était le temps où Bonaparte, qui avait fort goûté Ducis, et qui lui avait fait beaucoup d'avances pendant son séjour à Paris après la première campagne d'Italie, jusqu'à vouloir l'emmener avec lui dans l'expédition d'Égypte, fondait un Gouvernement nouveau et cherchait à y rattacher tout ce qui avait nom et gloire. On a souvent raconté comment il échoua auprès de Ducis, qui refusa tout, le Sénat, la Légion-d'Honneur : « Je suis, disait-il, catholique, poëte, républicain et solitaire : voilà les éléments qui me composent, et qui ne peuvent s'arranger avec les hommes en société et avec les places... Il y a dans mon âme naturellement douce quelque chose d'indompté, qui brise avec fureur, et à leur seule idée, les chaînes misérables de nos institutions humaines. » Et encore : « Ma fierté naturelle est assez satisfaite de quelques *non* bien fermes que j'ai prononcés dans ma vie. Mais j'entends qu'on se plaint, qu'on gémit, qu'on m'accuse; on me voudrait autre que je ne suis. Qu'on s'en prenne au potier qui a façonné ainsi mon argile ! » Ces nobles paroles, et d'autres encore que l'on pourrait rappeler, sont un peu gâtées par des vers violents et d'un goût détestable, que M. Campenon a pris soin de nous conserver et qui parodient la cérémonie du Couronnement. Si l'éditeur les avait jetés au feu, nous aurions eu le plaisir de nous figurer un Ducis aussi indépendant et plus calme.

Ducis était de cette race de philosophes, d'amis de la retraite et de la Muse, qui n'entendent rien à la politique ni à la pratique des affaires, et qui ont droit de résumer toute leur Charte en ces mots : « Quand un homme libre pourrait démêler dans les querelles des rois (rois ou chefs politiques de tout genre) le parti le plus juste, croyez-vous que ce serait à le suivre que consiste la plus grande gloire ? » Mais, cela dit, il ne faut pas qu'en s'abstenant de prendre part dans les affaires décisives du monde, ces sages et solitaires y jettent au passage leurs boutades rimées ni leurs satires.

Malgré ces coins d'humeur et ces instants irrités, Ducis

était assez habituellement calme pour que sa figure de vieillard, en ces années, ait bien de l'expression antique, et que nous la trouvions de plus en plus noble et belle. Voici quelques pensées que j'extrais des lettres écrites par lui dans sa vieillesse :

« Je suis auprès de mes consolateurs, de vieux livres, une belle vue et de douces promenades. J'ai soin de mes deux santés : je tâche de les faire marcher ensemble, et de n'avoir mal ni à l'âme ni au corps. »

« Je ne puis vous dire combien je me trouve heureux depuis que j'ai secoué le monde. Je suis devenu avare ; mon trésor est la solitude. Je couche dessus avec un bâton ferré, dont je donnerais un grand coup à quiconque voudrait m'en arracher. Mon cher ami, le monde ira comme il plaira à Dieu : je me suis fait ermite. »

« Oui, mon ami, j'ai épousé le désert, comme le Doge de Venise épousait la mer Adriatique : j'ai jeté mon anneau dans les forêts. »

Mais ne sentez-vous pas aussitôt comme Ducis, dans cette prose naturelle et sortie du cœur, a le mot large et pittoresque ? tout cela se noyait et se masquait plus ou moins dans sa poésie.

Dans sa cellule de Versailles, à côté de son Horace, de son Virgile et de son La Fontaine, il lisait les *Vies des Pères des Déserts*, traduites par Arnauld d'Andilly :

« Je continue auprès de mon feu des lectures douces et des heures paisibles qui vont à petits pas comme mon pouls et mes affections innocentes et pastorales. Mon cher ami, je lis la vie des *Pères du Désert* : j'habite avec saint Pacôme, fondateur du monastère de Tabenne. En vérité, c'est un charme que de se transporter sur cette terre des anges : on ne voudrait plus en sortir. »

Dans ces pages de Ducis, on sent comme la saveur de la solitude ; il y avait un idéal de chartreux au fond de l'âme de ce tragique ; il y avait même quelque chose de plus doux :

« Vous êtes, écrivait-il à Talma en 1809, vous êtes dans la force de votre âge, de votre talent et de votre gloire. Je ne suis plus qu'une ruine couverte d'un peu de mousse et de quelques petites fleurs qui me consolent et me déguisent les outrages du temps. Je vous assure que mon âme, autrefois si avide d'impressions, actuellement s'y dérobe par faiblesse, et ne peut supporter ce qui l'émeut trop et ce qui l'agite. Il faut que je me mette en mesure avec mes moyens, et que je n'éloigne pas de moi la douce Muse qui s'y proportionne. Je conserve, loin du vent, *cette petite lampe de religieuse* qui m'éclaire encore. »

Et à Bernardin de Saint-Pierre, il exprime la même idée par une autre image :

« Je ne sais plus trop quand je reviendrai à Paris. Je dois me tenir comme une petite fleur timide sous une cloche de verre que je suis toujours prêt à casser. »

Un sentiment de famille se mêlait sans cesse à cette joie chrétienne du solitaire, et venait la tempérer par quelques regrets : il se reportait à son enfance, aux années meilleures, à ses jouissances de fils, de père et d'époux :

« Les mœurs ne s'apprennent pas, c'est la famille qui les inspire. Je suis, mon cher ami, comme un pauvre hibou, tout seul, *sicut nycticorax in domicilio*. Je songe douloureusement au passé, au présent, et doucement à l'avenir. »

Quel vif et pur sentiment de foi à l'immortalité dans ce mot : *doucement à l'avenir !*

« Au moment où je vous écris, disait-il à Bernardin de Saint-Pierre, à qui la plupart de ces jolies lettres de la fin sont adressées, je suis seul dans ma chambre : la pluie tombe, les vents sifflent, le ciel est sombre, mais je suis calme dans mon gîte comme un ours qui philosophe dans le creux de sa montagne. Et vous, mon ami, vous regardez le berceau de votre petit enfant, et sa mère et sa grand'mère, et vos deux aînés Paul et Virginie : votre cœur s'attendrit et jouit. La Providence est visiblement sur les berceaux... »

« Le bonheur d'une famille vertueuse est un chef-d'œuvre de la Providence. Tout y attache et rien n'y brille. »

Et ressongeant à son passé, à tout ce qu'il avait perdu, cela le menait à dire :

« Que voulez-vous, mon ami? il n'y a point de fruit qui n'ait son ver, point de fleur qui n'ait sa chenille, point de plaisir qui n'ait sa douleur : notre bonheur n'est qu'un malheur plus ou moins consolé. »

Ducis, dans ses dernières années, a fait beaucoup de poésies diverses où il exprime ses prédilections, ses goûts; il chante le ménage des deux Corneille, il célèbre et paraphrase La Fontaine en des vers qui se sentent de la lecture habituelle et de l'esprit du grand Fabuliste. On en pourrait citer quelques-uns; mais, en général, ces pièces de vers pèchent par le tissu et par le style qui ne se soutient pas. Au milieu d'accents très-naturels, il y paraît tout à coup de faux oripeaux ou des trivialités bourgeoises. Je ne saurais indiquer aucun de ces morceaux qui fasse plaisir d'un bout à l'autre. N'ayant pas eu la force et l'art de se créer une langue poétique à son usage, il n'y a qu'en prose, et dans ce qui saute du cœur sur le papier, que le poëte s'est montré tout à fait lui-même.

Ducis ne se doutait pas de tout ce qui manquait à son expression en vers. Parlant des petites pièces familières qu'il adressait à son *Caveau* et à ses dieux *Pénates*, à sa *Musette :* « Il y a dans mon clavecin poétique, disait-il, des jeux de flûte et de tonnerre : comment cela va-t-il ensemble? je n'en sais trop rien, mais cela est ainsi. » Eh bien! dans tous ses vers, il n'y a rien qui soit mieux que ces deux lignes de prose qu'on vient de lire. Et quand il a voulu peindre les champs dans ses rimes, qu'a-t-il trouvé qui approche, pour la grâce et la fraîcheur, de ce qu'il écrivait un jour à Lemercier du mimieu des landes de la Sologne : « J'ai fait une lieue ce matin dans des plaines de bruyères, et quelquefois entre des buissons qui sont couverts de fleurs, et qui chantent. Pourquoi ne sommes-nous pas ensemble? C'est ce que je me dis toutes les fois que j'ai douceur et surabondance de mélancolie. »

Notez qu'il n'écrivait ainsi en prose que parce qu'il était foncièrement poëte par l'imagination et par le cœur. O Poésie française, me suis-je dit bien des fois en lisant Ducis, que tu es femme du monde, volontiers capricieuse et infidèle, et que tu sais aisément trahir ceux qui t'aiment!

M. Campenon, dans ses *Lettres sur Ducis*, a raconté une anecdote qui peint bien la bonhomie pieuse de cet adorateur et de ce profanateur innocent de Shakspeare. Ducis avait placé le buste du grand William dans sa chambre à coucher, non loin du portrait de son père et de sa mère :

« Je n'oublierai jamais, dit M. Campenon, qu'étant allé le voir à Versailles par une assez froide journée de janvier, je le trouvai dans sa chambre à coucher, monté sur une chaise, et tout occupé à disposer avec une certaine pompe, autour de la tête de l'Eschyle anglais, une énorme touffe de buis qu'on venait de lui apporter : « *Je suis à vous tout à l'heure,* » me dit-il comme j'entrais, et sans se déranger ; et, remarquant que j'étais un peu surpris de l'attitude où je l'avais trouvé : « *Vous ne voyez donc pas que c'est demain la Saint-Guillaume, fête patronale de mon Shakspeare?* » Puis, s'appuyant sur mon épaule pour descendre, et m'ayant consulté sur l'effet de son bouquet, le seul sans doute que la saison eût pu lui offrir : « *Mon ami*, ajouta-t-il avec une figure dont l'expression m'est encore présente, *les anciens couronnaient de fleurs les sources où ils avaient puisé.* »

Cette anecdote, si bien racontée par M. Campenon, m'est toujours restée dans l'esprit à l'état d'image charmante ; et, comme un peu de malice n'est pas défendu, ce qui ajoute, pour moi, à la grâce de cette petite scène, c'est de voir M. Campenon consulté sur le couronnement de William Shakspeare et, peu s'en faut, obligé d'y aider.

Ducis ne mourut que le 30 mars 1816, à l'âge de près

de quatre-vingt-trois ans. Il vécut assez pour voir la première et la seconde Restauration, pour être reçu de Louis XVIII, qui l'accueillait coquettement chaque fois avec des citations de son *Œdipe chez Admète*. Il put même, sur le passage du roi, se parer, avec une joie un peu enfantine, de cette croix de la Légion d'honneur qu'il avait refusée dix ans plus tôt. Il y a un moment où les plus vertes vieillesses ont peine à ne pas tourner à l'attendrissement. J'ai essayé de faire entrevoir ce qu'il y eut longtemps de mâle, de généreux et d'élevé dans celle de Ducis. Son âme forte et riche, un peu rude de surface, n'acquit toute sa saveur et sa maturité qu'à un âge très-avancé. Les lettres qu'on a de lui mériteraient d'être recueillies à part dans un volume; elles disposent à être moins sévère pour ses tragédies, elles y révèlent la trace de talent qui s'y noie trop dans le mauvais goût du siècle, et on en vient à reconnaître qu'avec tous ses défauts, et en usant d'une moins bonne langue, Ducis, dans la série de nos tragiques, va tendre la main à Rotrou par delà Corneille.

Mais Rotrou poëte reste incomparablement au-dessus : c'est le Corneille de Ducis.

Lundi, 20 septembre 1852.

M. ÉTIENNE

ou

UNE ÉMEUTE LITTÉRAIRE SOUS L'EMPIRE.

Ce n'est pas tout à fait un homme de la famille de Ducis, que M. Étienne. Il n'était pas du temps des Patriarches, mais bien de son temps, et il offre un type exact et distingué de l'homme de Lettres et de l'homme de talent à la date précise où il vint. Dans ce qu'on a écrit jusqu'à présent sur lui, je remarque bien des choses convenues et commandées, qui masquent un peu la physionomie véritable ; je n'ai aucune raison pour n'en pas restituer quelque chose ici, d'autant plus qu'il doit s'y mêler bien des éloges. Seulement, on n'y trouvera aucun reste de superstition ni de culte : bien que M. Étienne ait été l'honneur de l'ancien *Constitutionnel*, nous parlerons de lui ici sans solidarité aucune et sans prétendre à aucun lien. Au théâtre, nous l'avons mainte fois applaudi, et nous avons joui avec tout le public de ses productions gracieuses : hors de là, dans la politique ou dans la critique littéraire, nous ne nous sommes jamais accoutumé à le considérer comme un de nos pères, et nous doutons fort qu'il daignât nous reconnaître lui-même pour être de la maison.

Né le 6 janvier 1778, à Chamouilly près de Saint-Didier, dans la Haute-Marne, M. Étienne vint à Paris

vers 1796 ; il n'avait rien que son esprit. Il y joignait
dans la jeunesse un extérieur agréable, une belle taille
qu'il eut toujours, une physionomie heureuse et pré-
venante. Un caractère facile et souple ne démentait pas
ces apparences. Simple teneur de livres d'abord chez un
marchand de bois de la Rapée, il demanda des ressources à son talent ; il écrivit dans les journaux ; il fit
des pièces pour les divers théâtres, quelquefois seul, le
plus souvent en collaboration de quelques jeunes
auteurs qui débutaient comme lui. On peut suivre
aujourd'hui de point en point la série de ses essais et
de ses progrès dans les quatre volumes d'OEuvres dramatiques publiées par la famille, et où M. Alphonse
François a fait entrer des notices exactes et curieuses.
Depuis la première pièce de M. Étienne, *le Rêve*, donnée
au Théâtre-Favart en janvier 1799, jusqu'aux *Plaideurs
sans Procès*, donnés au Théâtre-Français en octobre
1821, on a tout ce qu'il a produit pour la scène, vau-
devilles, impromptus, arlequinades, les jolis opéras-
féeries comme *Cendrillon*, les jolis opéras-comiques
comme *Joconde*, qui firent courir tout Paris. Mais cet
ensemble un peu disparate, même les petites comédies
par lesquelles il préludait à un genre plus élevé,
auraient peu mérité, ce semble, les honneurs du recueil,
s'il n'y avait pour clef de voûte la comédie des *Deux
Gendres*, la meilleure comédie en cinq actes et en vers
qu'on ait donnée sous l'Empire.

Il est difficile d'asseoir un jugement littéraire complet sur les premiers essais dramatiques de M. Étienne.
L'ingénieux éditeur, M. Alphonse François, a dit à propos de l'opéra-comique du *Rêve* : « *Le Rêve* est le premier ouvrage de M. Étienne. On y voit déjà toutes ses
qualités, une imagination naturelle et gaie, un style
clair et piquant, surtout l'art si difficile de conduire une
action et d'enchaîner les scènes. L'auteur avait à peine

vingt ans. » Il m'est impossible, à moi qui n'y suis pas obligé, de voir tant de choses dans *le Rêve*, et il serait aussi facile et plus certain d'y relever dans le dialogue des choses communes et peu délicates, de même que dans *le Pacha de Surêne* ou dans *le Chaudronnier homme d'État*. On y trouve de la gaieté, sans doute, de la facilité, de l'esprit, mais du commun (ce mot est essentiel), et, avant de se prononcer, il faut attendre. Dans *la Petite École des Pères*, comme dans *les Deux Mères* (1802), deux pièces que M. Étienne fit de société avec M. Gaugiran-Nanteuil, on distinguait une intention morale, un effort vers un genre plus vrai, vers la peinture de mœurs réelles ; il y a dans plus d'une scène comme un premier tracé de bonne comédie. « Le fond est bon, disait Geoffroy de cette *Petite Ecole des Pères*; il était même susceptible d'être plus étendu ; la morale de la pièce est en action et non pas en sentences ; on y trouve de l'instruction et point de sermons. » *Une Heure de Mariage* (1804) est une spirituelle et gaie folie, un peu gâtée par les couplets ; mais il y a d'heureuses scènes, un jeu de partie carrée qui est mené très-habilement. *La Jeune Femme colère* (1804), assez généralement louée, me plaît peu : la leçon morale qui consiste, de la part du jeune mari, à vouloir corriger le défaut de sa femme en l'imitant lui-même et en le lui présentant comme dans un miroir grossissant, me paraît brusque, outrée et peu vraisemblable. Lu, ce n'est pas un moment admissible ; bien joué, il suffit que cela amuse. J'aime bien mieux *Brueys et Palaprat* (1807), acte très-agréable en vers, vif, rapide, semé de vers bien nés et qui se font retenir. C'est par où M. Étienne préludait véritablement aux *Deux Gendres*, cette pièce qui est le point central où son œuvre dramatique vient aboutir.

Cependant, depuis ses premiers essais, M. Étienne avait été heureux ; il avait rencontré l'à-propos, et la fortune lui avait souri. Au camp de Boulogne, employé alors dans les fourrages de l'armée, il avait fait, pour le divertissement des troupes, deux petites bluettes qui l'avaient mis en vue, et M. Maret, depuis duc de Bassano, s'était chargé de son avenir. Il avait accompagné dans plusieurs voyages ce laborieux et fidèle commis de l'Empereur. Quand l'Empire fut établi au complet et que l'organisation administrative s'étendit à tout, même à l'esprit public, M. Étienne fut choisi pour remplacer M. Fiévée comme censeur ou, si vous aimez mieux, comme rédacteur en chef préposé au *Journal de l'Empire* (toutes les biographies glissent le plus qu'elles peuvent sur cet endroit), et, bientôt après, prospérant toujours, il remplaça Esménard comme chef de la division des journaux et de la librairie au ministère de la Police générale. C'est à ce moment que le succès éclatant de la comédie des *Deux Gendres* vint le désigner, d'autre part, comme un successeur presque direct de Molière. La pièce avait été représentée, pour la première fois, à la Comédie-Française le 11 août 1810; l'année suivante, la mort de Laujon laissant une place vacante à l'Académie, M. Étienne y fut nommé de préférence à Alexandre Duval, et il prit séance, le 7 novembre 1811, par un discours de réception qui fut très-remarqué, et où il soutenait cette thèse piquante que, quand tout serait détruit des deux derniers siècles, il suffirait que les comédies seules survécussent, pour qu'on pût deviner par elles « toutes les révolutions politiques et morales » de ces deux siècles. Il faisait une assez spirituelle démonstration de son paradoxe sur les principales comédies, depuis *le Misanthrope* jusqu'à *Figaro*. Il y avait là une apparence d'idée neuve, un aperçu poussé à l'effet. M. de Fontanes, qui répondait à M. Étienne, ramena d'un mot les choses dans leurs justes bornes; il loua d'ailleurs le récipiendaire en des termes dignes et d'une parfaite convenance : « Les applaudissements du public, disait-il, ont déterminé nos suffrages plus que la bienveillance des illustres amis dont votre jeunesse a droit de s'honorer. » M. Étienne n'avait alors que trente-trois ans.

C'est ici que se place un des plus curieux épisodes littéraires d'alors, un de ces accidents qui caractérisent le mieux et l'esprit de l'époque en particulier et l'éternel esprit de cette race parisienne, qui survit à toutes les époques et que les régimes les plus divers n'ont point changé. Paris, de tout temps, qu'on vive sous l'ancien régime, ou sous une époque impériale, ou sous un gouvernement constitutionnel, Paris a besoin d'un nouvel entretien tous les quinze jours ou tous les mois : que ce soit un discours d'orateur, une question Pritchard, l'arrivée d'une troupe de danseuses espagnoles ou hongroises, cela revient presque au même pour la dose de l'intérêt. On en parle autant qu'on en peut parler, à toute heure et en tout lieu; on en parle à satiété et trop, on use le sujet (1), et puis tout d'un coup on n'en parle plus, et à peine si l'on s'en souvient. Le président Hénault, l'un des hommes qui connaissaient le mieux son ancienne France et son ancien Paris, disait en notant cette brusque alternative d'intérêt et d'indifférence : « C'est une drôle de chose que ce pays-ci : je crois que la fin du monde ne ferait pas une nouvelle au bout de trois jours. » Trois jours, c'est peu ; depuis que nous sommes un peuple sérieux, nous allons aisément à la quinzaine : passé cela, on rabâche, on tourne sur soi-même et on travaille dans le vide jusqu'à ce qu'un

(1) « Je me souviens, dit Montesquieu en ses *Pensées*, que j'eus autrefois la curiosité de compter combien de fois j'entendrais faire une petite histoire qui ne méritait certainement pas d'être dite ni retenue : pendant trois semaines qu'elle occupa le monde poli, je l'entendis faire **deux cent vingt-cinq fois**, dont je fus très-content. »

nouveau relais d'attention survienne et renvoie à cent lieues le précédent. Mais l'exemple le plus frappant et le plus régulier, le cas le plus classique que je connaisse de la maladie parisienne, de cette fureur d'intérêt à propos de peu de chose, et de cette surexcitation passionnée suivie d'oubli et de silence, est peut-être ce qui arriva à l'occasion des *Deux Gendres* de M. Étienne.

Le moment était des plus favorables; à cette fin de 1811, la paix de l'Empire était ou semblait profonde; les esprits, reposés depuis des années, n'attendaient qu'une occasion pour dépenser leur trop-plein de santé et de force. Le succès de M. Étienne au Théâtre-Français avait été la grande nouvelle littéraire depuis plus d'un an; sa réception facile et précoce à l'Académie avait fort occupé tous les curieux et tous les amateurs littéraires, dont le nombre était grand à cette époque la plus oisive de l'Empire. Tout à coup un bruit sourd se répand; dans les cafés, dans les Athénées, dans les théâtres, on se dit à l'oreille : « Vous ne savez pas? cette pièce en cinq actes et en vers, ce phénix de haute comédie, qui a valu tant d'applaudissements et de profits à son auteur, on dit qu'il n'en est pas l'auteur véritablement, qu'il l'a copiée ou imitée, qu'il l'a prise je ne sais où. » Les rivaux jaloux, les vaudevillistes dépassés par un ancien confrère, les auteurs critiqués dans le *Journal de l'Empire*, allaient s'informant, remontant à la source, et, en attendant, ils répétaient le fait dans tout son vague et l'amplifiaient. Les mieux informés surent bientôt qu'il existait à la Bibliothèque impériale un exemplaire d'une ancienne comédie en vers, provenant de la bibliothèque du duc de La Vallière, et ayant titre : *Conaxa, ou les Gendres dupés*. C'était le Catalogue de La Vallière, rédigé par M. de Bure, qui avait mis sur la voie. On s'assura que cette vieille pièce, attribuée à un jésuite, sur le nom duquel on n'était pas d'accord, avait un fond commun avec la pièce nouvelle, et qu'il se trouvait même quelques vers exactement semblables dans les deux ouvrages, de telle sorte que le simple hasard n'avait pu produire cette rencontre. Il arriva bientôt comme dans la fable : le nombre de ces vers qu'on disait les mêmes dans les deux pièces, variait et grossissait en passant de bouche en bouche; quelques-uns disaient cent et même davantage; mais n'importe le nombre. Quoi donc? M. Étienne, qui avait déjà donné trois éditions de sa pièce sans préface et sans un mot d'avertissement, avait-il eu, pour la composer, quelque secours particulier dont il ne s'était pas vanté? On juge que, le champ une fois ouvert aux conjectures, la malignité, l'envie, ou ce simple plaisir si naturel à tout homme de prendre son prochain en faute, se mirent de la partie et s'y jouèrent en tous sens.

M. Étienne, assez discret de sa nature et aimant assez à éluder les difficultés plutôt qu'à les affronter, garda le silence tant qu'il put. Il y eut un moment pourtant où il dut parler; il écrivit dans les journaux, à la date du 5 décembre 1811, une lettre qui commence par ces mots : « Je viens d'apprendre qu'on a trouvé, il y a quelques jours, une comédie manuscrite d'un jésuite, ayant pour titre : *Onaxa, ou les Deux Gendres dupés.* Je suis bien aise d'être le premier à publier cette nouvelle. Le sujet des *Deux Gendres* est pris dans une anecdote très-ancienne; c'est celui qu'a traité Piron (dans *les Fils ingrats*), et je ne serais pas surpris qu'un jésuite s'en fût emparé... » M. Étienne, en écorchant ainsi le nom de *Conaxa* dont il faisait *Onaxa*, marquait assez qu'il n'avait nulle connaissance de cette ancienne pièce, ou du moins du manuscrit ainsi intitulé, et il en provoquait hardiment la confrontation avec son propre ouvrage : « Si quelque héritier ou quelque ami du jésuite voulait même le faire imprimer. disait-il, je lui indique l'adresse de Le Normant et Barba, chez lesquels va paraître ma quatrième édition. » Dans une Préface qu'il se décida à joindre à cette quatrième édition mise en vente à quelques jours de là, il entrait dans quelques explications, et racontait qu'un de ses amis, M. Lebrun-Tossa, lui avait proposé de traiter ce sujet des *Deux Gendres*, il y avait six ans, et lui avait remis « *un projet de canevas de pièces en trois actes.* » Il ajoutait d'ailleurs qu'il avait commencé sa pièce seul, étant en Pologne, et plaisantait fort ses ennemis qui l'accusaient de plagiat. La préface était spirituelle, d'un ton leste et dégagé.

Pourtant, au milieu de tout ce qu'il disait de vrai, il y avait un coin de dissimulation et un côté faible. Au moment où il écrivait cette Préface, M. Étienne ne paraissait pas soupçonner que ce *projet de canevas de pièce* que lui avait donné M. Lebrun-Tossa, et dont il parlait aussi négligemment que possible, n'était autre, à très-peu près, sauf changement du nom des personnages, que la pièce de *Conaxa* retrouvée à la Bibliothèque impériale; il ne croyait pas qu'on pût prendre la mesure exacte du secours qu'il avait reçu, dont il n'avait point parlé jusque-là et dont il ne parlait même alors que le moins possible. Une nature franche aurait de bonne heure coupé court à tout par un libre et fier aveu : la discrétion intéressée, la réticence fine de M. Étienne amena la situation fausse d'où il n'est sorti (j'en demande pardon à tous ses défenseurs officiels) que moyennant quelque légère atteinte.

Ses ennemis, ou plutôt cette foule de malins et de désœuvrés qui s'acharnaient à cette affaire, se réjouirent de le voir donner à demi dans le piége : ils n'eurent plus qu'une occupation, exhumer cette comédie de *Conaxa*, dont l'auteur était inconnu et qui remontait par sa date à la fin du règne de Louis XIV, la faire imprimer, puis la faire représenter à l'Odéon, afin de mettre, sinon le larcin, du moins la dissimulation dans tout son jour. Cette pièce, en effet, fut représentée au second Théâtre-Français (alors Théâtre de l'Impératrice) le 3 janvier 1812. Pour que rien ne manquât aux agréments de la guerre, ce théâtre était dirigé alors par M. Alexandre Duval, le concurrent vaincu de M. Étienne à l'Institut, et assez jaloux, par position comme par nature, de ses succès. Rien n'était curieux comme la vue de la salle à cette première représentation : le plus vif du spectacle consistait dans les spectateurs : « Il était piquant, dit M. Sauvo dans un judicieux feuilleton du *Moniteur* (4 janvier), de voir cette attention soutenue, ce passage continuel des mêmes yeux sur deux imprimés différents, ces coups de crayon donnés à tous deux successivement, et surtout ces cris de joie, ces applaudissements immodérés qui se faisaient entendre lorsque certaines situations, certains passages ou même quelques vers paraissaient établir des ressemblances entre l'ancien et le nouvel ouvrage. » Ces vers qui s'étaient fort multipliés dans les récits qu'on faisait au premier moment de la découverte, s'étaient successivement réduits. Quelques jours avant l'impression du manuscrit, il n'y en avait plus que cent de copiés ; le jour de la publication, le chiffre tomba à cinquante ; enfin, vérification faite, il ne s'en trouva qu'une douzaine au plus. C'était assez, avec l'ensemble des circonstances, pour donner explosion à la malice.

Mais l'affaire ne faisait que s'engager, et l'on n'était pas au bout. M. Sauvo, dans ce même feuilleton du *Moniteur*, avait dit un mot qui rejaillissait sur M. Lebrun-Tossa, le même qui avait procuré le fonds de la pièce, et qui avait dû être, dans le principe, le collaborateur de M. Étienne. On semblait rejeter sur lui le tort de ces imitations : « M. Étienne, disait-on dans *le Moniteur*, paraît ne pas douter qu'il ne doive à cette communauté

d'un moment les imitations qui lui sont reprochées. »
Là-dessus, M. Lebrun-Tossa, qui jusqu'alors avait été
tout à M. Étienne, jusqu'au point de concerter avec lui
les lettres palliatives qu'il fallait écrire pour ramener le
public, tourne brusquement, et, obéissant à des sentiments fort équivoques, lance une brochure intitulée :
Mes Révélations. Après avoir raconté comment, dans un
triage de vieux papiers qui se faisait aux Archives de la
Police, il avait mis la main sur le manuscrit en question et l'avait sauvé des flammes, puis l'avait confié à
M. Étienne, il entrait dans le vif et divulguait les secrets
du ménage. En un style incorrect, tantôt emphatique
et tantôt trivial, et encore à demi révolutionnaire, point
ennuyeux ni fade cependant, il donnait plus d'un détail médiocrement honorable pour lui-même, mais
nullement agréable pour l'ancien ami devenu son adversaire. M. Étienne, qui venait de perdre en ce moment
sa mère, et qui avait décidément besoin d'une plume
pour le défendre, trouva celle d'Hoffman qui, dans une
lettre datée de Passy et insérée dans les journaux, le
30 janvier 1812, annonça un peu solennellement « qu'il
était temps de terminer le procès qui s'était élevé entre
la comédie des *Deux Gendres* et celle de *Conaxa,* » ajoutant qu'il avait en main toutes les pièces décisives pour
trancher le différend. Une quinzaine de jours après (février 1812), il faisait paraître une brochure intitulée :
Fin du procès des Deux Gendres, ce qui parut une prétention exorbitante à la foule des spectateurs non encore
rassasiés. Les pamphlets lui arrivèrent de toutes parts :
Réponse à M. Hoffman... Vives Escarmouches avec M. Hoffman... Les Gouttes d'Hoffman... M. Lebrun-Tossa, à son
tour, donna le *Supplément à mes Révélations;* il n'y disait
qu'une assez bonne chose, noyée dans beaucoup d'autres faites pour soulever le dégoût. On n'a pas oublié
que M. Étienne, dans sa Préface de la quatrième édition

des *Deux Gendres*, Préface qu'il s'était empressé depuis de retirer et de supprimer, avait dit de son ancien collaborateur qu'il en avait reçu « *un projet de canevas de pièce en trois actes;* » M. Lebrun-Tossa insistait sur une expression si singulière et si évasive, et, à la suite d'un apologue assez plaisant, il arrivait à cette conclusion que je résume ainsi : « Quoi? je vous ai donné *trois aunes de bon drap d'Elbeuf*, et vous jurez n'avoir jamais reçu que l'*échantillon d'un échantillon de drap!* »

Ce qu'il y eut, dans ces mois de janvier et de février 1812, de brochures, de pamphlets, de caricatures, de chansons pour et contre M. Étienne à ce sujet des *Deux Gendres*, ne saurait s'énumérer que dans un catalogue : *Lettre d'Alexis Piron à M. Etienne. — Lettre de Nicolas Boileau à M. Etienne. — L'Etiennéide. — La Stéphanéide. — Le Martyre de Saint Etienne...* etc. Les journaux que M. Étienne tenait plus directement sous sa dépendance se fermaient à ce bruit extérieur : la presse un peu plus libre de la Galerie-de-bois s'en dédommageait en feuilles légères. A part Hoffman, défenseur en titre, aucun écrivain de nom ne prit part à la querelle proprement dite, du moins ostensiblement. Mais dans les salons, dans les cafés, de Tortoni à l'Athénée, on ne parlait d'autre chose. Si au Palais-Royal on voyait un groupe un peu animé, on était sûr, en approchant, que c'était du grand sujet qu'il était question. La plupart des brochures, est-il besoin de le dire? étaient contre. On harcelait l'homme heureux et en crédit, qu'on avait pris en demi-faute. C'était pour beaucoup une manière indirecte de fronder le Gouvernement dont M. Étienne était l'agent et le favori. Il y avait une petite intention de Mazarinades sous cet appareil d'émotion littéraire. Quelques-uns de ces écrits, pourtant, témoignent de l'impartialité et du bon sens. La conclusion finale est que, littérairement parlant, M. Étienne a eu tout droit d'imiter comme il l'a fait, mais que, moralement, il a eu tort de dissimuler son procédé avec tant de discrétion, et presque de le nier.

La pièce de *Conaxa*, prise d'un sujet venu du xvie siècle, et même plus ancien peut-être (1), est dans la forme une pièce de collége : il n'y a point de rôle de femme, et la gaieté des valets qui y surabonde, les plaisanteries sur le bâton qui y reviennent sans cesse, étaient bien de nature en effet à réjouir des écoliers. Un vieux père, un marchand retiré, Conaxa, s'est dessaisi de tout son bien en faveur de ses gendres, et, malmené par eux, il est réduit au désespoir. Il doit loger tantôt chez l'un, tantôt chez l'autre, et chacun d'eux le rebute ; le voilà dans la rue avec son valet, ne sachant où donner de la tête, ne voulant plus d'une hospitalité qui est au prix de tant d'avanies, quand un ami sensé lui indique le bon moyen de se faire soigner et respecter : c'est de s'en venir chez lui, de s'y faire apporter, au su et vu de tous, un coffre-fort bien lourd, et d'y compter ses écus d'une façon bien sonnante. Les gendres croiront qu'il a encore du vaillant et reviendront lui faire la cour ; et, lui, il leur fera ses conditions. La pièce n'est que l'historiette mise en vers et en scènes très-naturelles, d'un comique un peu bas, mais franc. Le style a de la naïveté, de la verve, parfois de la vigueur, et l'on est même étonné d'abord que M. Étienne n'y ait pas plus emprunté pour la diction. Mais son style, à lui, appartient à ce genre épuré et clarifié de l'Empire qui, à part quelques bons vers qui se détachent, n'a rien de coloré ni de saillant. Les bons vers de *Conaxa* sentent le Régnier et le ton de la vieille satire : si l'auteur moderne les avait in-

(1) Dans une Notice lue à la séance publique des cinq Académies, du 25 octobre 1852, M. J.-Victor Le Clerc a montré que le fond de l'histoire des *Deux Gendres* se trouvait dans un très-ancien Fabliau, et remontait au moins au treizième siècle.

troduits dans son courant limpide, ils y auraient fait tache. La véritable invention de M. Étienne est dans le caractère qu'il a donné aux deux gendres : de l'un, il a fait un vaniteux actif et brillant, un ambitieux politique qui vise au ministère; de l'autre, un fade et faux philanthrope du moment et dont on peut dire :

> Il s'est fait bienfaisant pour être quelque chose;

grand auteur de brochures, grand orateur de comités, et franc égoïste sous ces beaux semblants de bienfaisance :

> Il a poussé si loin l'ardeur philanthropique,
> Qu'il nourrit tous ses gens de soupe économique.

Et encore (car ce contraste entre la conduite et les écrits est perpétuel et d'un effet sûr) :

> Vous y plaignez le sort des nègres de l'Afrique,
> Et vous ne pouvez pas garder un domestique.

Ces caractères, qui étaient bien dans la coupe du jour et qui sont soutenus jusqu'au bout; le ressort de la crainte de l'opinion opposé à celui de l'avarice pure; d'heureuses descriptions, jetées en passant, des dîners du grand ton :

> Ceux qui dînent chez moi ne sont pas mes amis;

une peinture légère des faillites à la mode, qui ne ruinent que les créanciers, et après lesquelles le banquier, s'élançant dans un brillant équipage, dit nonchalamment :

> Je vais m'ensevelir au château de ma femme;

l'intervention bien ménagée de deux femmes, l'une, fille

du vieillard, et l'autre, sa petite-fille; l'habile arrangement et le balancement des scènes; d'excellents vers comiques, semés sur un fond de dialogue clair, facile et toujours coulant, voilà des mérites qui justifient pleinement le succès et qui mettent hors de doute le talent propre de l'auteur. Maintenant, ce talent était-il de nature à récidiver et à faire preuve d'invention véritable, autant que d'adresse, de facilité élégante, de combinaison et d'habileté? Je me permets d'en douter, et la suite n'a pas répondu.

Ou plutôt chacun aujourd'hui peut faire la réponse à la question que je pose ainsi : La comédie des *Deux Gendres* était-elle une fin, le dernier mot d'un talent arrivé à son plus haut terme, ou n'était-ce qu'un point de départ et un premier pas dans la grande carrière?

« J'attends M. Étienne à sa seconde comédie, » disait alors plus d'un bon juge. Cette seconde grande comédie ne vint pas. Ce n'est que la complaisance ou l'esprit de parti qui ont pu vouloir la reconnaître dans *l'Intrigante* (1843), pièce faible et froide, qui se trouva bien de n'avoir que quelques représentations et d'avoir subi une interruption politique qui la sauva de sa mort naturelle. Deux ou trois bons vers qu'on en cite toujours, ne font pas une pièce. Après ce grand succès des *Deux Gendres* et l'éclat qui s'en était suivi, M. Étienne, intimidé plutôt que piqué d'honneur et enhardi, rentra insensiblement dans son train facile d'opéras-comiques agréables ou de petites comédies sans conséquence. Il continua d'être heureux dans le second ordre. Bientôt les événements politiques, en venant le frapper, le servirent encore; ils lui ouvrirent une carrière toute nouvelle, aussi utile et plus sûre, celle de l'Opposition dite des quinze ans.

M. Étienne, en 1812, s'était vu tout à coup impopulaire comme homme du pouvoir, comme instrument du

Gouvernement et organe de la censure officielle : la Restauration le voua à un rôle tout différent. Par sa radiation injuste de l'Institut après les Cent-Jours, on fit de lui l'homme de l'opinion, et il profita avec art de ce revirement inattendu : « Il est des injustices si criantes, disait-il, qu'il y a une certaine douceur à les subir ; le public vous rend alors bien plus que l'autorité ne vous ôte. » Il est vraiment curieux de considérer ce fonds du vieux parti libéral à sa naissance, de voir quels en furent les premiers fondateurs, et d'où ils étaient sortis. M. Étienne qui, dans la plupart de ses articles, de ses préfaces ou de ses notices, à tout propos, fait des appels à la liberté de la presse, des allusions aux ciseaux des censeurs, avait tenu lui-même sans bruit ces ciseaux au temps de sa belle jeunesse. C'est à lui que l'un de ces auteurs de brochures disait en 1812, en parlant du silence imposé aux journaux sur la dispute de *Conaxa* : « Rendez-nous, Monsieur, la malignité des journaux... rendez-nous leur fiel... Laissez-nous rire d'un sot écrivain ou d'un insolent plagiaire... Je n'exige pas, Monsieur, que vous trahissiez vos devoirs, mais n'exigez pas non plus qu'ils oublient les leurs... Rendez aux journaux, je vous le demande en grâce, leur indépendance ; brisez le charme que vous avez étendu sur eux (1). » La contradiction du double rôle de M. Étienne est ici frappante. Je n'entrerai pas dans l'examen détaillé de son mérite comme publiciste et écrivain politique : ses Lettres écrites dans *la Minerve* nous le montrent à son avantage, élégant, d'une élégance assez commune et monotone, fin, facile, adroit à trouver les prétextes d'opposition et les thèmes chers au public français ; il

---

(1) Dans la brochure intitulée : *Observations sur le jeune homme qui a écrit la comédie intitulée les Deux Gendres, ou Lettre à M. Étienne* (1812).

n'oubliait de caresser aucun lieu-commun national, toutes les fois que cela servait à ses fins; il savait le joint de chaque préjugé pour y entrer à la rencontre. Le journaliste en lui avait retenu de l'auteur comique bien moins la verve ou la gaieté que l'épigramme. Il avait gardé de son ancien passage au pouvoir une sorte de modération de plume et de discrétion polie jusque dans l'attaque et le dénigrement; il avait de la tenue. En somme, il n'était pas difficile de sentir que ces hommes faisaient de l'opposition parce que c'était l'opposition qui était alors le pouvoir.

Il représente à merveille dans son groupe, et avec plus de distinction que tout autre, cette bourgeoisie contente d'elle-même, et ne voulant qu'elle ni plus ni moins, ayant du sens, l'instinct des intérêts et des courants d'opinion immédiats, mais sans idées élevées, sans horizon, sans but social hautement placé. Son buste (et je parle ici du marbre, tout en me souvenant de la personne vivante) m'a toujours frappé à la fois par une certaine bonhomie riante de physionomie, par ce qu'il y a de proéminent à la voûte du sourcil, et par la fuite du front. J'y vois observation, finesse, une certaine naïveté qui s'y combine et qui aurait besoin d'être expliquée, et aussi l'absence d'étendue.

Parmi les traits caractéristiques de M. Étienne, il en est un qui est trop remarquable pour n'être pas noté, c'est la distraction. Il était fabuleusement distrait; j'ai entendu citer, à cet égard, des anecdotes qui sont singulières et pourtant de toute vérité. A un certain dîner où il avait commencé par déclarer qu'il ne mangeait pas de bouilli, on lui en fit manger trois et quatre fois de suite sans qu'il s'en aperçût. A sa campagne de Sorcy près de Void, aux environs de Commercy, on l'a vu quelquefois le matin, en robe de chambre dans son verger au pied d'un arbre, et le soir il y était encore.

Ce serait là un beau champ pour entamer un parallèle de lui à La Fontaine; mais, quoique le bonhomme et M. Étienne eussent encore de commun, vers la fin, beaucoup de négligence, même sur leur personne, je ne saurais me décider à établir ce parallèle. Il y avait dans La Fontaine un idéal de sensibilité, de poésie, de sincérité, de fierté et d'indépendance, je ne sais quelle chose légère et sacrée qui dépasse trop les qualités estimables, mais ordinaires, du metteur en scène de *Joconde*.

La distraction de M. Étienne ne l'empêcha jamais de saisir l'à-propos et l'occasion quand elle le vint chercher soit dans les Chambres dont il faisait partie, soit dans les solennités académiques. Il représentait assez bien ces jours-là, et trouvait dans sa parole des élégances et des traits qui soutenaient du moins son ancienne réputation. Il eut cela de piquant dans sa vie d'être reçu deux fois à l'Académie française. Même avant la fin de la Restauration, l'injustice dont il avait été frappé fut réparée par une réélection éclatante, et M. Étienne fit sa rentrée dans la Compagnie en prononçant un second Discours de réception le 24 décembre 1829. Il succédait cette fois à M. Auger, son ami, qui s'était donné la mort dans un accès d'égarement funeste, et il terminait son discours par ce mot heureux : « O triste infirmité de notre nature! ô fragilité des raisons les plus fermes comme des plus puissants génies! Cet abîme que Pascal voyait sans cesse à ses pieds, M. Auger y tomba. »

Dans ce Discours, prononcé au fort des querelles littéraires et à l'occasion d'un académicien qui y avait pris part avec zèle et non sans acrimonie, M. Étienne ne manquait pas de lancer son anathème contre les écrivains alors appelés romantiques, dont l'un (M. le comte Alfred de Vigny) devait plus tard le remplacer et le célébrer. Il s'attaquait, au nom de M. Auger, à ces

« novateurs rétrogrades qui, voulant écrire mieux que Racine, n'écrivent pas autrement que Ronsard, et pour lesquels on dirait que Malherbe n'est pas venu. »

M. Étienne, avec tout son esprit, ne savait pas que lui-même était loin d'écrire en vers comme Racine. Une fois, dans une comédie en vers, *Racine et Cavois*, il s'est avisé d'introduire le grand poëte en personne et de vouloir le faire parler, ce qui est plus scabreux que de faire parler Brueys ou Palaprat. Le langage qu'il lui prête, ainsi qu'au spirituel courtisan son interlocuteur, est incroyable de faiblesse et d'anachronisme. Racine, par exemple, y dit à Cavois :

> On le voit aisément, vous vivez à la Cour,
> Où la grâce et l'esprit ont fixé leur séjour ;
> Vous nous en retracez l'exquise politesse,
> Et cet art de louer avec délicatesse.

Et en un autre endroit, parlant de Louis XIV, Racine encore dira :

> Ah ! de ravissement, moi, je suis transporté !
> De tous mes déplaisirs ce moment me console :
> Le roi m'a plusieurs fois adressé la parole.

Et Cavois répond :

> Je n'en suis pas surpris, il aime les beaux-arts ;
> Un homme tel que vous doit fixer ses regards :
> Sous ce rapport du moins il prouve qu'il est juste.

Allons ! allons ! si les uns en style remontaient plus haut que Malherbe, il est bien clair que les autres descendaient quelquefois plus bas que Campistron.

Généralement bon, facile de caractère et obligeant dans le cours habituel de la vie, M. Étienne était passionné et impossible à ramener dans ses antipathies littéraires : c'était sa religion. Une des grandes douleurs de la fin de sa vie, après la perte du *Constitutionnel* qui échappa de ses mains, ce fut de sentir l'arrivée à l'Académie d'une génération littéraire qui, pourtant, l'avait toujours personnellement excepté et ménagé. « Quel malheur d'être loué par un ennemi ! » disait-il.

On s'était accoutumé, par une sorte de déférence et de bonne grâce bien naturelle en France, à rattacher M. Étienne, l'auteur comique applaudi, à tout ce qui concernait la renommée et la mémoire de Molière. Quand il s'agissait de faire une Notice sur le *Tartufe*, c'était à lui le premier qu'on s'adressait; quand il s'agissait d'élever une statue en l'honneur de Molière, c'était lui que la Chambre des pairs (dont il faisait partie dans les dernières années) chargeait du Rapport; c'était lui encore que l'Académie française, dont Molière n'était pas, chargeait du Discours de réparation et d'hommage pour la cérémonie d'inauguration. Les paroles qu'il prononça à cette occasion le 15 janvier 1844 devant le public, par une journée glaciale et en pleine rue Richelieu, furent son dernier succès. A le voir, la tête haute et si bien conservé, rien n'annonçait sa fin prochaine. Il mourut un an après (13 mars 1845).

Quand on vous parle du littérateur de l'Empire dans sa perfection et dans sa justesse, ne pensez ni à Fontanes qui date de plus loin, ni à Andrieux qui a également ses racines au delà, ni à Lemercier déjà célèbre sous le Directoire, ni à Delille qui a débuté avec éclat sous Louis XV : pensez à M. Étienne, né aux Lettres avec le Consulat, éclos à la faveur au temps du Camp de Boulogne, arrivant à son plein triomphe, tout jeune encore, à l'heure de l'apogée extrême de l'Empire. Pensez à cette querelle soudaine des *Deux Gendres* et de *Conaxa*, à cette grande sédition littéraire qui s'en prend sous une forme futile au protégé des ducs de Bassano et de

Rovigo, et qui marque par une guerre digne du *Lutrin* la dernière saison paisible et brillante de l'immortelle époque : l'hiver qui suivit, au lieu des bulletins de *Conaxa*, on avait ceux de la Grande-Armée et de la retraite de Moscou. Songez aussi à cette seconde partie de la vie de M. Étienne, à ce libéralisme politique de la Restauration, dont il devint le champion le plus vulgairement distingué et l'un des plus populaires; considérez la transformation habile et concertée, et ne vous en étonnez pas : mais, si quelqu'un rapprochait d'un peu trop près le nom de Molière et celui de M. Étienne, contentez-vous de demander ce qu'aurait dit Molière s'il avait vu ce changement de comédie, et les mêmes hommes dans les deux rôles, administrant l'esprit public sous l'Empire, refaisant et remuant l'opinion publique sous la Restauration, et y trouvant toujours leur compte. Dans tout ce qu'il a dit sur Molière, M. Étienne n'a jamais songé à ce point de vue, et ç'a été de sa part une distraction.

Lundi, 27 septembre 1852.

BOILEAU

Depuis vingt-cinq ans, le point de vue en ce qui regarde Boileau a fort changé. Lorsque sous la Restauration, à cette heure brillante des tentatives valeureuses et des espérances, de jeunes générations arrivèrent et essayèrent de renouveler les genres et les formes, d'étendre le cercle des idées et des comparaisons littéraires, elles trouvèrent de la résistance dans leurs devanciers; des écrivains estimables, mais arrêtés, d'autres écrivains bien moins recommandables et qui eussent été de ceux que Boileau en son temps eût commencé par fustiger, mirent en avant le nom de ce législateur du Parnasse, et, sans entrer dans les différences des siècles, citèrent à tout propos ses vers comme les articles d'un code. Nous fîmes alors ce qu'il était naturel de faire; nous prîmes les Œuvres de Boileau en elles-mêmes : quoique peu nombreuses, elles sont de force inégale; il en est qui sentent la jeunesse et la vieillesse de l'auteur. Tout en rendant justice à ses belles et saines parties, nous ne le fîmes point avec plénitude ni en nous associant de cœur à l'esprit même de l'homme : Boileau, personnage et autorité, est bien plus considérable que son œuvre, et il faut de loin un certain effort pour le ressaisir tout entier. En un mot, nous ne fîmes point alors sur son compte le travail historique complet, et nous restâmes un pied dans la polémique.

Aujourd'hui, le cercle des expériences accompli et les discussions épuisées, nous revenons à lui avec plaisir. S'il m'est permis de parler pour moi-même, Boileau est un des hommes qui m'ont le plus occupé depuis que je fais de la critique, et avec qui j'ai le plus vécu en idée. J'ai souvent pensé à ce qu'il était, en me reportant à ce qui nous avait manqué à l'heure propice, et j'en puis aujourd'hui parler, j'ose le dire, dans un sentiment très-vif et très-présent.

Né le 1er novembre 1636, à Paris, et, comme il est prouvé aujourd'hui, rue de Jérusalem, en face de la maison qui fut le berceau de Voltaire (1), Nicolas Boileau était le quinzième enfant d'un père greffier de grand'chambre au Parlement de Paris. Orphelin de sa mère en bas-âge, il manqua des tendres soins qui embellissent l'enfance. Ses premières études, ses classes, furent traversées, dès la quatrième, par l'opération de la pierre qu'il eut à subir. Sa famille le destinait à l'état ecclésiastique, et il fut d'abord tonsuré. Il fit sa théologie en Sorbonne, mais il s'en dégoûta, et, après avoir suivi ses cours de droit, il se fit recevoir avocat. Il était dans sa vingt-et-unième année quand il perdit son père qui lui laissa quelque fortune, assez pour être indépendant des clients ou des libraires, et, son génie dès lors l'emportant, il se donna tout entier aux Lettres, à la

---

(1) Voir les *Recherches historiques sur l'Hôtel de la Préfecture de Police*, par M. Labat (1844), page 24, et aussi l'Édition de Boileau par Berriat-Saint-Prix (1830). Cette dernière Édition laborieuse et prolixe, mais utile, est la plus complète pour les détails biographiques. Si au contraire on cherche le goût, il faut s'en tenir à l'Édition de Daunou (1826); il ne manque à cette dernière, pour être parfaite littérairement, qu'un sentiment plus net et plus sûr de ce qui distingue la bonne poésie de la bonne prose.

poésie, et, entre tous les genres de poésie, à la satire.

Dans cette famille de greffiers et d'avocats dont il était sorti, un génie satirique circulait en effet. Nous connaissons deux frères de Boileau, Gilles et Jacques Boileau, et tous deux sont marqués du même caractère avec des différences qu'il est piquant de relever et qui serviront mieux à définir leur cadet illustre.

Gilles Boileau, avocat et rimeur, qui fut de l'Académie française vingt-cinq ans avant Despréaux, était de ces beaux-esprits bourgeois et malins, visant au beau monde à la suite de Boisrobert, race frelone éclose de la Fronde et qui s'égayait librement pendant le ministère de Mazarin. Scarron, contre qui il avait fait une épigramme assez spirituelle, dans laquelle il compromettait madame Scarron, le définissait ainsi dans une lettre adressée au surintendant Fouquet: « Boileau, si connu aujourd'hui par sa médisance, par la perfidie qu'il a faite à M. Ménage, et par la guerre civile qu'il a causée dans l'Académie, est un jeune homme qui a commencé de bonne heure à se gâter soi-même, et que, depuis, ont achevé de gâter quelques approbateurs... » Gilles Boileau, quand il était en voyage, portait dans son sac de nuit les Satires de Regnier, et, d'ordinaire, il présidait au troisième pilier de la grand'salle du Palais, donnant le ton aux clercs beaux-esprits. On l'appelait *le grammairien Boileau*, *Boileau le critique*. C'est assez pour montrer qu'il ne lui manquait que plus de solidité et de goût pour essayer à l'avance le rôle de son frère; mais l'humeur et l'intention satiriques ne lui manquaient pas.

Jacques Boileau, autrement dit l'abbé Boileau, docteur en Sorbonne, longtemps doyen de l'église de Sens, puis chanoine de la Sainte-Chapelle, était encore de la même humeur, mais avec des traits plus francs et plus imprévus. Il avait le don des bons mots et des reparties.

C'est lui qui, entendant dire un jour à un jésuite que Pascal, retiré à Port-Royal-des-Champs, y faisait des souliers comme ces Messieurs, par pénitence, répliqua à l'instant : « Je ne sais s'il faisait des souliers, mais convenez, mon Révérend Père, qu'il vous a porté une fameuse botte. » Ce Jacques Boileau, par ses calembours et ses gaietés, me fait assez l'effet d'un Despréaux en facétie et en belle humeur. Quand il était au chœur de la Sainte-Chapelle, il chantait, dit-on, des deux côtés, et toujours hors de ton et de mesure. Il affectionnait les sujets et les titres d'ouvrages singuliers, l'*Histoire des Flagellants*, de l'*Habit court des Ecclésiastiques*. son latin, car il écrivait généralement en latin, était dur, bizarre, hétéroclite. Pour les traits du visage comme en tout, il avait de son frère cadet, mais avec exagération et en charge. Sinon pour la raison, il était digne de lui pour l'esprit. Un jour le grand Condé, passant dans la ville de Sens qui était de son gouvernement de Bourgogne, fut complimenté par les Corps et les Compagnies de la ville, et, caustique comme il était, il se moqua de tous ceux qui lui firent des compliments : « Son plus grand plaisir, dit un contemporain, était de faire quelque malice aux complimenteurs en ces rencontres. L'abbé Boileau, qui était alors doyen de l'église cathédrale de Sens, fut obligé de porter la parole à la tête de son chapitre. M. le Prince, voulant déconcerter l'orateur, qu'il ne connaissait pas, affecta d'avancer sa tête et son grand nez du côté du doyen pour faire semblant de le mieux écouter, mais en effet pour le faire manquer s'il pouvait. Mais l'abbé Boileau, qui s'aperçut de la malice, fit semblant d'être interdit et étonné, et commença ainsi son compliment avec une crainte affectée : « *Monseigneur, Votre Altesse ne doit pas être surprise de me voir trembler en paraissant devant Elle à la tête d'une compagnie d'ecclésiastiques, car si j'étais à la tête d'une armée de trente mille hommes, je tremblerais bien davantage.* » M. le Prince, charmé de ce début, embrassa l'orateur sans le laisser achever ; il demanda son nom, et quand on lui eut dit que c'était le frère de M. Despréaux, il redoubla ses caresses et le retint à dîner (1). » Le grand Condé l'avait reconnu au premier mot pour être de la famille. Cet abbé Boileau me paraît offrir la brusquerie, le trait, le coup de boutoir satirique de son frère, sans la finesse toutefois et sans l'application toute judicieuse et sérieuse. Le mérite original de Nicolas Boileau, étant de cette famille gaie, moqueuse et satirique, fut de joindre à la malice héréditaire le coin du bon sens, de manière à faire dire à ceux qui sortaient d'auprès de lui ce que disait l'avocat Mathieu Marais : « Il y a plaisir à entendre cet homme-là, c'est la *raison incarnée.* »

Le dirai-je ? en considérant cette lignée de frères ressemblants et inégaux, il me semble que la Nature, cette grande génératrice des talents, essayait déjà un premier crayon de Nicolas quand elle créa Gilles ; elle resta en deçà et se repentit ; elle reprit le crayon, et elle appuya quand elle fit Jacques ; mais cette fois elle avait trop marqué. Elle se remit à l'œuvre une troisième fois, et cette fois fut la bonne. Gilles est l'*ébauche*, Jacques est la *charge*, Nicolas est le *portrait*.

Par ses premières Satires, composées en 1660 et qui commençaient à courir (*Damon, ce grand auteur*, etc. ; *les Embarras de Paris*), par celles qui suivirent immédiatement : *Muse, changeons de style* (1663), et la Satire dédiée à Molière (1664), Boileau se montrait un versificateur déjà habile, exact et scrupuleux entre tous ceux

---

(1) J'emprunte ce détail, ainsi que plusieurs autres qui trouveron. place dans cet article, à un manuscrit de Brossette dont j'ai dû autrefois communication à l'obligeance de M. Feuillet de Conches.

du jour, très-préoccupé d'exprimer élégamment certains détails particuliers de citadin et de rimeur, n'abordant l'homme et la vie ni par le côté de la sensibilité comme Racine et comme La Fontaine, ni par le côté de l'observation moralement railleuse et philosophique comme La Fontaine encore et Molière, mais par un aspect moins étendu, moins fertile, pourtant agréable déjà et piquant. C'était l'auteur de profession, le poëte de la Cité et de la place Dauphine, qui se posait comme juge en face des illustres qu'étalaient en vente les Barbin de la Galerie du Palais. Dans sa Satire adressée à Molière, à qui il demande comment il fait pour trouver si aisément la rime, méfiez-vous, et ne prenez pas trop à la lettre cette question de métier. C'est surtout un prétexte, un moyen ingénieux d'amener au bout du vers l'abbé de *Pure* ou *Quinault*. Boileau ne fait semblant d'être si fort dans l'embarras que pour demander malignement pardon aux gens en leur marchant sur le pied. Toutefois il parle trop souvent de cet embarras pour ne pas l'éprouver réellement un peu. Boileau, dans ses Satires, dans ses Épîtres, nous fait assister sans cesse au travail et aux délibérations de son esprit. Dès sa jeunesse il était ainsi : il y a dans la muse la plus jeune de Boileau quelque chose de quinteux, de difficultueux et de chagrin. Elle n'a jamais eu le premier timbre ému de la jeunesse; elle a de bonne heure les cheveux gris, le sourcil gris; en mûrissant, cela lui sied, et, à ce second âge, elle paraîtra plus jeune que d'abord, car tout en elle s'accordera. Ce moment de maturité chez Boileau est aussi l'époque de son plus vif agrément. S'il a quelque *charme* à proprement parler, c'est alors seulement, à cette époque des quatre premiers chants du *Lutrin* et de l'Épître à Racine.

La muse de Boileau, à le bien voir, n'a jamais eu de la jeunesse que le courage et l'audace.

Il en fallait beaucoup pour tenter son entreprise. Il ne s'agissait de rien moins que de dire aux littérateurs les plus en vogue, aux académiciens les plus en possession du crédit : « Vous êtes de mauvais auteurs, ou du moins des auteurs très-mélangés. Vous écrivez au hasard; sur dix vers, sur vingt et sur cent, vous n'en avez quelquefois qu'un ou deux de bons, et qui se noient dans le mauvais goût, dans le style relâché et dans les fadeurs. » L'œuvre de Boileau, ce fut, non pas de revenir à Malherbe déjà bien lointain, mais de faire subir à la poésie française une réforme du même genre que celle que Pascal avait faite dans la prose. C'est de Pascal surtout et avant tout que me paraît relever Boileau; on peut dire qu'il est né littérairement des *Provinciales*. Le dessein critique et poétique de Boileau se définirait très-bien en ces termes : Amener et élever la poésie française qui, sauf deux ou trois noms, allait à l'aventure et était en décadence, l'amener à ce niveau où les *Provinciales* avaient fixé la prose, et maintenir pourtant les limites exactes et les distinctions des deux genres. Pascal s'était moqué de la poésie et de ces oripeaux convenus, *siècle d'or*, *merveille de nos jours*, *fatal laurier*, *bel astre :* « Et on appelle ce jargon, disait-il, beauté poétique ! » Il s'agissait pour Boileau de rendre désormais la poésie respectable aux Pascals eux-mêmes, et de n'y rien souffrir qu'un bon jugement réprouvât.

Qu'on se représente l'état précis de la poésie française au moment où il parut, et qu'on la prenne chez les meilleurs et chez les plus grands. Molière, avec son génie, rime à bride abattue; La Fontaine, avec son nonchaloir, laisse souvent flotter les rênes, surtout dans sa première manière; le grand Corneille emporte son vers comme il peut, et ne retouche guère. Voilà donc Boileau le premier qui applique au style de la poésie la méthode de Pascal :

Si j'écris quatre mots, j'en effacerai trois.

Il reprend la loi de Malherbe et la remet en vigueur; il l'étend et l'approprie à son siècle; il l'apprend à son jeune ami Racine, qui s'en passerait quelquefois sans cela; il la rappelle et l'inculque à La Fontaine déjà mûr (1); il obtient même que Molière, en ses plus accomplis ouvrages en vers, y pense désormais à deux fois. Boileau comprit et fit comprendre à ses amis que « des vers admirables n'autorisaient point à négliger ceux qui les devaient environner. » Telle est son œuvre littéraire dans sa vraie définition.

Mais cette seule pensée tuait cette foule de beaux-esprits et de rimeurs à la mode qui ne devaient qu'au hasard et à la multitude des coups de plume quelques traits heureux, et qui ne vivaient que du relâchement et de la tolérance. Elle ne frappait pas moins directement ces oracles cérémonieux et empesés qui s'étaient fait un crédit imposant en Cour à l'aide d'une érudition sans finesse de jugement et sans goût. Chapelain était le chef de ce vieux parti encore régnant. Un des premiers soins de Boileau fut de le déloger de l'estime de Colbert, sous qui Chapelain était comme le premier commis des Lettres, et de le rendre ridicule aux yeux de tous comme écrivain.

Dieu sait quel scandale causa cette audace du jeune homme! Les Montausier, les Huet, les Pellisson, les Scudery en frémirent; mais il suffit que Colbert com-

---

(1) Ce fut Boileau, savez-vous bien? qui procura un libraire à La Fontaine pour ses meilleurs ouvrages. La première Édition des Fables, contenant les six premiers livres, fut publiée en 1668, chez le libraire Denys Thierry. Ce Thierry d'abord ne voulait point imprimer les ouvrages de La Fontaine: « Je l'en pressai, dit Boileau, et ce fut à ma considération qu'il lui donna quelque argent. Il y a gagné des sommes infinies. » (*Conversation de Boileau du 12 décembre 1703, recueillie et notée par Mathieu Marais.*)

prit, qu'il distinguât entre tous le judicieux téméraire, qu'il se déridât à le lire et à l'entendre, et qu'au milieu de ses graves labeurs, la seule vue de Despréaux lui inspirât jusqu'à la fin de l'allégresse. Boileau était un des rares et justes divertissements de Colbert. On nous a tant fait Boileau sévère et sourcilleux dans notre jeunesse, que nous avons peine à nous le figurer ce qu'il était en réalité, le plus vif des esprits sérieux et le plus agréable des censeurs.

Pour mieux me remettre en sa présence, j'ai voulu revoir hier, au Musée de sculpture, le beau buste qu'a fait de lui Girardon. Il y est traité dans une libre et large manière : l'ample perruque de rigueur est noblement jetée sur son front et ne le surcharge pas; il a l'attitude ferme et même fière, le port de tête assuré; un demi-sourire moqueur erre sur ses lèvres; le pli du nez un peu relevé, et celui de la bouche, indiquent l'habitude railleuse, rieuse et même mordante; la lèvre pourtant est bonne et franche, entr'ouverte et parlante; elle ne sait pas retenir le trait. Le cou nu laisse voir un double menton plus voisin pourtant de la maigreur que de l'embonpoint; ce cou, un peu creusé, est bien d'accord avec la fatigue de la voix qu'il éprouvera de bonne heure. Mais à voir l'ensemble, comme on sent bien que ce personnage vivant était le contraire du triste et du sombre, et point du tout ennuyeux !

Avant de prendre lui-même cette perruque un peu solennelle, Boileau jeune en avait arraché plus d'une à autrui. Je ne répéterai pas ce que chacun sait, mais voici une historiette qui n'est pas encore entrée, je crois, dans les livres imprimés. Un jour, Racine, qui était aisément malin quand il s'en mêlait, eut l'idée de faire l'excellente niche de mener Boileau en visite chez Chapelain, logé rue des Cinq-Diamants, quartier des Lombards. Racine avait eu à se louer d'abord de Chapelain pour ses premières Odes, et avait reçu de lui des encouragements. Usant donc de l'accès qu'il avait auprès du docte personnage, il lui conduisit le satirique qui déjà l'avait pris à partie sur ses vers, et il le présenta sous le titre et en qualité de M. *le bailli* de Chevreuse, lequel se trouvant à Paris, avait voulu connaître un homme de cette importance. Chapelain ne soupçonna rien du déguisement; mais, à un moment de la visite, le bailli qu'on avait donné comme un amateur de littérature, ayant amené la conversation sur la comédie, Chapelain, en véritable érudit qu'il était, se déclara pour les comédies italiennes et se mit à les exalter au préjudice de Molière. Boileau ne se tint pas; Racine avait beau lui faire des signes, le prétendu bailli prenait feu et allait se déceler dans sa candeur. Il fallut que son introducteur se hâtât de lever la séance. En sortant ils rencontrèrent l'abbé Cotin sur l'escalier, mais qui ne reconnut pas le bailli. Telles furent les premières espiègleries de Despréaux et ses premières irrévérences. Le tout, quand on en fait, est de les bien placer.

Les Satires de Boileau ne sont pas aujourd'hui ce qui plaît le plus dans ses ouvrages. Les sujets en sont assez petits, ou, quand l'auteur les prend dans l'ordre moral, ils tournent au lieu-commun : ainsi la Satire à l'abbé Le Vayer sur les *folies humaines*, ainsi celle à Dangeau sur la *noblesse*. Dans la Satire et dans l'Épître, du moment qu'il ne s'agit point en particulier des ouvrages de l'esprit, Boileau est fort inférieur à Horace et à Pope; il l'est incomparablement à Molière et à La Fontaine; ce n'est qu'un moraliste ordinaire, honnête homme et sensé, qui se relève par le détail et par les portraits qu'il introduit. Sa meilleure Satire est la IXe, « et c'est peut-être le chef-d'œuvre du genre » a dit Fontanes. Ce chef-d'œuvre de satire est celle qu'il adresse à son *Esprit*, sujet favori encore, toujours le même, rimes, métier d'auteur, portrait de sa propre verve; il s'y peint tout entier avec plus de développement que jamais, avec un feu qui grave merveilleusement sa figure, et qui fait de lui dans l'avenir le type vivant du critique.

La sensibilité de Boileau, on l'a dit, avait passé de bonne heure dans sa raison, et ne faisait qu'un avec elle. Sa passion (car en ce sens il en avait) était toute critique, et s'exhalait par ses jugements. *Le vrai dans les ouvrages de l'esprit,* voilà de tout temps sa Bérénice à lui, et sa Champmeslé. Quand son droit sens était choqué, il ne se contenait pas, il était prêt plutôt à se faire toutes les querelles :

> Et je serai le seul qui ne pourrai rien dire !
> On sera ridicule, et je n'oserai rire !...

Et encore, parlant de la vérité dans la satire :

> C'est elle qui, m'ouvrant le chemin qu'il faut suivre,
> M'inspira, dès quinze ans, la haine d'un sot livre... ;

la haine des sots livres, et aussi l'amour, le culte des bons ouvrages et des beaux. Quand Boileau loue à plein cœur et à plein sens, comme il est touché et comme il touche ! comme son vers d'Aristarque se passionne et s'affectionne !

> En vain contre *le Cid* un ministre se ligue,
> Tout Paris pour Chimène a les yeux de Rodrigue.
> L'Académie en corps a beau le censurer,
> Le public révolté s'obstine à l'admirer.

Quelle générosité d'accent ! comme le sourcil s'est déridé ! Cet œil gris pétille d'une larme; son vers est bien alors ce vers de la saine satire, et *qu'elle épure aux rayons du bon sens;* car le bon sens chez lui arrive, à force de chaleur, au rayonnement et à la lumière. Il faudrait relire ici en entier l'Épître à Racine après *Phèdre* (1677), qui est le triomphe le plus magnifique et le plus inaltéré de ce sentiment de justice, chef-d'œuvre de la poésie critique, où elle sait être tour à tour et à la fois étincelante, échauffante, harmonieuse, attendrissante et fraternelle. Il faut surtout relire ces beaux vers au sujet de la mort de Molière sur lesquels a dû tomber une larme vengeresse, une larme de Boileau. Et quand il fait, à la fin de cette Épître, un retour sur lui-même et sur ses ennemis :

> Et qu'importe à nos vers que Perrin les admire?
> . . . .
> Pourvu qu'avec éclat leurs rimes débitées
> Soient du peuple, des grands, des provinces goûtées !

quelle largeur de ton, et, sans une seule image, par la seule combinaison des syllabes, quelle majesté ! — Et dans ces noms qui suivent, et qui ne semblent d'abord qu'une simple énumération, quel choix, quelle gradation sentie, quelle plénitude poétique ! Le roi d'abord à part et seul dans un vers; Condé de même, qui le méritait bien par son sang royal, par son génie, sa gloire et son goût fin de l'esprit; Enghien, son fils, a un demi-vers : puis vient l'élite des juges du premier rang, tous ces noms qui, convenablement prononcés, forment un vers si plein et si riche comme certains vers antiques :

> . . . . Que Colbert et Vivonne,
> Que La Rochefoucauld, Marsillac et Pomponne, etc.

Mais dans le nom de Montausier, qui vient le dernier à titre d'espoir et de vœu, la malice avec un coin de grâce reparaît. Ce sont là de ces tours délicats de flatterie comme en avait Boileau; ce satirique, qui savait si bien piquer au vif, est le même qui a pu dire :

> La louange agréable est l'âme des beaux vers.

Nous atteignons, par cette Épître à Racine, au comble de la gloire et du rôle de Boileau. Il s'y montre en son haut rang, au centre du groupe des illustres poëtes du siècle, calme, équitable, certain, puissamment établi dans son genre qu'il a graduellement élargi, n'enviant celui de personne, distribuant sobrement la sentence, classant même ceux qui sont au-dessus de lui... *his dantem jura Catonem;* le *maître du chœur*, comme dit Montaigne; un de ces hommes à qui est déférée l'autorité et dont chaque mot porte.

On peut distinguer trois périodes dans la carrière poétique de Boileau : la première, qui s'étend jusqu'en 1667 à peu près, est celle du satirique pur, du jeune homme audacieux, chagrin, un peu étroit de vues, échappé du greffe et encore voisin de la basoche, occupé à rimer et à railler les sots rimeurs, à leur faire des niches dans ses hémistiches, et aussi à peindre avec relief et précision les ridicules extérieurs du quartier, à nommer bien haut les masques de sa connaissance :

J'appelle un chat un chat, et Rolet un fripon.

La seconde période, de 1669 à 1677, comprend le satirique encore, mais qui de plus en plus s'apaise, qui a des ménagements à garder d'ailleurs en s'établissant dans la gloire; déjà sur un bon pied à la Cour; qui devient plus sagement critique dans tous les sens, législateur du Parnasse en son *Art poétique*, et aussi plus philosophe dans sa vue agrandie de l'homme (Épître à Guilleragues), capable de délicieux loisir et des jouissances variées des champs (Épître à M. de Lamoignon), et dont l'imagination reposée et nullement refroidie sait combiner et inventer des tableaux désintéressés, d'une forme profonde dans leur badinage, et d'un ingénieux poussé à la perfection suprême, à l'art immortel.

Les quatre premiers chants du *Lutrin* nous expriment

bien la veine, l'esprit de Boileau dans tout son honnête loisir, dans sa sérénité et son plus libre jeu, dans l'agrément rassis et le premier entrain de son après-dînée.

Enfin comme troisième période, après une interruption de plusieurs années, sous prétexte de sa place d'historiographe et pour cause de maladie, d'extinction de voix physique et poétique, Boileau fait en poésie une rentrée modérément heureuse, mais non pas si déplorable qu'on l'a bien voulu dire, par les deux derniers chants du *Lutrin*, par ses dernières Épîtres, par ses dernières Satires, l'*Amour de Dieu* et la triste *Équivoque* comme terme.

Là même encore, les idées et les sujets le trahissent plus peut-être que le talent. Jusque dans cette désagréable Satire contre les *Femmes*, j'ai vu les plus ardents admirateurs de l'école pittoresque moderne distinguer le tableau de la *lésine* si affreusement retracé dans la personne du lieutenant-criminel Tardieu et de sa femme. Il y a là une cinquantaine de vers à la Juvénal qui peuvent se réciter sans pâlir, même quand on vient de lire *Eugénie Grandet*, ou lorsqu'on sort de voir une des pages éclatantes d'Eugène Delacroix.

Mais de cette dernière période de Boileau, par laquelle il se rattache de plus près à la cause des Jansénistes et de Port-Royal, j'en parlerai peu ici comme étant trop ingrate et trop particulière. C'est un sujet, d'ailleurs, que je me suis mis dès longtemps en réserve pour l'avenir (1).

A la Cour et dans le monde, qu'était Boileau dans son bon temps, avant les infirmités croissantes et la vieillesse chagrine? Il était plein de bons mots, de reparties et de franchise; il parlait avec feu, mais seulement dans les sujets qui lui tenaient à cœur, c'est-à-dire sur les matières littéraires. Une fois le discours lancé

---

(1) Voir *Port-Royal*, tome V, livre VI, chapitre 7.

là-dessus, il ne s'y ménageait pas. Madame de Sévigné nous a fait le récit d'un dîner où Boileau, aux prises avec un jésuite au sujet de Pascal, donna, aux dépens du Père, une scène d'excellente et naïve comédie. Boileau retenait de mémoire ses vers, et les récitait longtemps avant de les mettre sur le papier; il faisait mieux que les réciter, il les jouait pour ainsi dire. Ainsi, un jour, étant au lit (car il se levait tard) et débitant au docteur Arnauld, qui l'était venu voir, sa troisième Épître où se trouve le beau passage qui finit par ces vers :

> Hâtons-nous, le temps fuit, et nous traîne avec soi :
> Le moment où je parle est déjà loin de moi !

il récita ce dernier vers d'un ton si léger et rapide, qu'Arnauld, naïf et vif, et qui se laissait faire aisément, de plus assez novice à l'effet des beaux vers français, se leva brusquement de son siége et fit deux ou trois tours de chambre comme pour courir après ce moment qui fuyait. — De même, Boileau récitait si bien au Père La Chaise son Épître théologique sur l'*Amour de Dieu*, qu'il enlevait (ce qui était plus délicat) son approbation entière.

Pour jouir de tout l'agrément du *Lutrin*, j'aime à me le figurer débité par Boileau avec ses vers descriptifs et pittoresques, tantôt sombres et noirs comme la nuit :

> Mais la Nuit aussitôt de ses ailes affreuses
> *Couvre des Bourguignons les campagnes vineuses;*

tantôt frais et joyeux dans leurs rimes toutes matinales :

> Les cloches dans les airs, de leurs voix argentines,
> Appelaient à grand bruit les chantres à matines;

avec ces effets de savant artifice et de légèreté, quand, à la fin du troisième chant, après tant d'efforts, la lourde machine étant replacée sur son banc,

> Le sacristain achève en deux coups de rabot,
> Et le pupitre enfin tourne sur son pivot;

ou avec ces contrastes de destruction et d'arrachement pénible, quand le poëte, à la fin du quatrième chant, nous dit :

> La masse est emportée, *et ses ais arrachés*
> Sont aux yeux des mortels *chez le chantre cachés.*

Tout cela, récité par Boileau chez M. de Lamoignon, avec cet art de débit qui rendait au vif l'inspiration, parlait à l'œil, à l'oreille, et riait de tout point à l'esprit. « On devrait, disait Boileau, ordonner le vin de Champagne à ceux qui n'ont pas d'esprit, comme on ordonne le lait d'ânesse à ceux qui n'ont point de santé : le premier de ces remèdes serait plus sûr que l'autre. » Boileau dans son bon temps ne haïssait pas lui-même le vin de Champagne, la bonne chère, le train du monde; il se ménageait moins à cet égard que son ami Racine, qui soignait sa santé à l'excès et craignait toujours de tomber malade. Boileau avait plus de verve devant le monde, plus d'entrain social que Racine; il payait de sa personne. Jusque dans un âge assez avancé, il recevait volontiers ceux qui l'écoutaient et qui faisaient cercle autour de lui : « Il est heureux comme un roi, disait Racine, dans sa solitude ou plutôt dans son hôtellerie d'Auteuil. Je l'appelle ainsi, parce qu'il n'y a point de jour où il n'y ait quelque nouvel écot, et souvent deux ou trois qui ne se connaissent pas trop les uns les autres. Il est heureux de s'accommoder ainsi de tout le monde; pour moi, j'aurais cent fois vendu la maison. » Boileau finit par la vendre; mais ce ne fut que quand ses infirmités lui eurent rendu la vie plus difficile et la conversation tout à fait pénible.

L'extinction de voix, qui l'envoya aux eaux de Bourbon dans l'été de 1687, fit paraître l'intérêt que les plus grands du royaume prenaient à lui. Le roi à table s'informait souvent de sa santé; les princes et princesses s'y joignaient : « Vous fîtes, lui écrivait Racine, l'entretien de plus de la moitié du dîner. » Boileau était chargé avec Racine, depuis 1677, d'écrire l'Histoire des campagnes du roi. Les courtisans s'étaient d'abord un peu égayés de voir les deux poëtes à cheval, à la suite de l'armée, ou à la tranchée, étudiant consciencieusement leur sujet. On fit sur leur compte mille histoires vraies ou fausses, et sans doute embellies. Voici l'une de ces anecdotes qui est toute neuve; je la tire d'une lettre du Père Quesnel à Arnauld; les deux poëtes ne sont point à l'armée cette fois, mais simplement à Versailles, et il leur arrive néanmoins mésaventure :

« Madame de Montespan, écrit le Père Quesnel (vers 1680), a deux ours qui vont et viennent comme bon leur semble. Ils ont passé une nuit dans un magnifique appartement que l'on fait à Mademoiselle de Fontanges. Les peintres, en sortant le soir, n'avaient pas songé à fermer les portes; ceux qui ont soin de cet appartement avaient eu autant de négligence que les peintres : ainsi les ours, trouvant les portes ouvertes, entrèrent, et, toute la nuit, gâtèrent tout. Le lendemain on dit que les ours avaient vengé leur maîtresse, et autres folies de poëtes. Ceux qui devaient avoir fermé l'appartement furent grondés; mais de telle sorte qu'ils résolurent bien de fermer les portes de bonne heure. Cependant, comme on parlait fort du dégât des ours, quantité de gens allèrent dans l'appartement voir tout ce désordre. MM. Despréaux et Racine y allèrent aussi vers le soir, et, entrant de chambre en chambre, enfoncés ou dans leur curiosité ou dans leur douce conversation, ils ne prirent pas garde qu'on fermait les premières chambres; de sorte que, quand ils voulurent sortir, ils ne le purent. Ils crièrent par les fenêtres, mais on ne les entendit point. Les deux poëtes firent *bivouac* où les deux ours l'avaient fait la nuit précédente, et eurent le loisir de songer ou à leur poésie passée, ou à leur histoire future. »

C'est assez de ces anecdotes pour montrer que le sujet de Despréaux n'est pas si triste ni si uniformément grave qu'on le croirait. Louis XIV, en couvrant Despréaux de son estime, n'aurait pas souffert qu'il fût sérieusement entamé par les railleries de Cour. Le grand sens royal de l'un avait apprécié le bon sens littéraire de l'autre, et il en était résulté un véritable accord de puissances. Boileau, en 1683, à l'âge de quarante-sept ans, ayant produit déjà tous ses chefs-d'œuvre, n'était point encore de l'Académie; il portait la peine de ses premières Satires. Louis XIV était un peu impatienté qu'il n'en fût pas. Une vacance s'offrit; La Fontaine, concurrent ici de Despréaux, ayant été agréé à un premier tour de scrutin et proposé au roi comme *sujet* ou membre (c'était alors l'usage), il y eut ajournement à la décision du monarque, et dès lors au second tour de scrutin académique. Dans l'intervalle, une seconde place vint à vaquer; l'Académie y porta Despréaux, et, son nom étant présenté au roi, Louis XIV dit aussitôt « que ce choix lui était très-agréable et serait généralement approuvé : Vous pouvez, ajouta-t-il, recevoir incessamment La Fontaine, il a promis d'être sage. » Mais jusque-là, et dans les six mois qui s'étaient écoulés d'une élection à l'autre, le roi (remarque d'Olivet) n'avait laissé qu'à peine entrevoir son inclination, « parce qu'il s'était fait une loi de ne prévenir jamais les suffrages de l'Académie. » Nous avons connu des rois qui étaient moins délicats en cela que Louis XIV.

Saluons et reconnaissons aujourd'hui la noble et forte harmonie du grand siècle. Sans Boileau, et sans Louis XIV qui reconnaissait Boileau comme son Contrôleur-Général du Parnasse, que serait-il arrivé? Les plus grands talents eux-mêmes auraient-ils rendu également tout ce qui forme désormais leur plus solide héritage de gloire? Racine, je le crains, aurait fait plus souvent des *Bérénice*; La Fontaine moins de Fables et plus de Contes; Molière lui-même aurait donné davantage dans les Scapins, et n'aurait peut-être pas atteint aux hauteurs sévères du *Misanthrope*. En un mot, chacun de ces beaux génies aurait abondé dans ses défauts. Boileau, c'est-à-dire le bon sens du poëte critique, autorisé et doublé de celui d'un grand roi, les contint tous et les contraignit, par sa présence respectée, à leurs meilleures et à leurs plus graves œuvres. Savez-vous ce qui, de nos jours, a manqué à nos poëtes, si pleins à leur début de facultés naturelles, de promesses et d'inspirations heureuses? Il a manqué un Boileau et un monarque éclairé, l'un des deux appuyant et consacrant l'autre. Aussi ces hommes de talent, se sentant dans un siècle d'anarchie et d'indiscipline, se sont vite conduits à l'avenant; ils se sont conduits, au pied de la lettre, non comme de nobles génies ni comme des hommes, mais comme des écoliers en vacances. Nous avons vu le résultat.

Boileau, vieillissant et morose, jugeait déjà le bon goût très-compromis et déclarait à qui voulait l'entendre la poésie française en pleine décadence. Quand il mourut le 13 mars 1711, il y avait longtemps qu'il désespérait de ses contemporains et de ses successeurs. Était-ce de sa part une pure illusion de la vieillesse? Supposez Boileau revenant au monde au milieu ou vers la fin du dix-huitième siècle, et demandez-vous ce qu'il penserait de la poésie de ce temps-là? Placez-le encore en idée sous l'Empire, et adressez-vous la même question. Il m'a toujours semblé que ceux alors qui étaient les plus ardents à invoquer l'autorité de Boileau, n'étaient pas ceux qu'il aurait le plus sûrement reconnus pour siens. L'homme qui a le mieux senti et commenté Boileau poëte, au dix-huitième siècle, est encore Le Brun, l'ami d'André Chénier, et si accusé de trop d'audace par les rimeurs prosaïques. Boileau était plus hardi et plus neuf que ne le pensaient, même les Andrieux. Mais laissons les suppositions sans but précis et sans solution possible. Prenons les choses littéraires telles qu'elles nous sont venues aujourd'hui, dans leur morcellement et leur confusion; isolés et faibles que nous sommes, acceptons-les avec tout leur poids, avec les fautes de tous, en y comprenant nos propres fautes aussi et nos écarts dans le passé. Mais, même les choses étant telles, que ceux du moins qui se sentent en eux quelque part du bon sens et du courage de Boileau et des hommes de sa race, ne faiblissent pas. Car il y a la race des hommes qui, lorsqu'ils découvrent autour d'eux un vice, une sottise, ou littéraire ou morale, gardent le secret et ne songent qu'à s'en servir et à en profiter doucement dans la vie par des flatteries intéressées ou des alliances; c'est le grand nombre. Et pourtant il y a la race encore de ceux qui, voyant ce faux et ce convenu hypocrite, n'ont pas de cesse que, sous une forme ou sous une autre, la vérité, comme ils la sentent, ne soit sortie et proférée. Qu'il s'agisse de rimes ou même de choses un peu plus sérieuses, soyons de ceux-là.

P. S. Je m'aperçois, en terminant, que je n'ai point parlé d'une *Satire inédite*, attribuée à Boileau, récemment trouvée dans les manuscrits de Conrart à l'Arsenal avec le nom de *Despréaux* au bas, et publiée par un jeune et studieux investigateur, M. L. Passy (*Bibliothèque de l'Ecole des Chartes*, 3ᵉ série, tome III, page 172); mais, après avoir bien examiné ce point, et nonobstant la spirituelle plaidoirie de M. Passy, il me paraît impossible que cette pièce, qui est de 1662, c'est-à-dire postérieure aux premières Satires que Boileau avait déjà composées à cette date, lui appartienne réellement; elle est d'un faire tout différent du sien, plate et de la plus mauvaise école. S'il l'avait faite à dix-huit ans ou à vingt, on n'aurait rien à dire; mais à vingt-six ans, et après les Satires I et VI, qui datent de 1660, c'est impossible.

ADDITIONS ET APPENDICE

(Article *Marmont*, page 51.)

J'ai parlé un peu légèrement de Dandolo, le Vénitien patriote dont la douleur éloquente émut à un certain jour Bonaparte; j'ai emprunté les termes mêmes dont le maréchal Marmont s'était servi à son égard. Le comte Dandolo mérite mieux, et il est connu à plus d'un titre. Napoléon, qui le fit comte et sénateur du royaume d'Italie, l'avait nommé, dans un temps, gouverneur de la Dalmatie, et Dandolo s'honora dans l'administration de cette province. Napoléon, rencontrant son nom à l'occasion des événements qui amenèrent la chute de l'antique république de Venise, a dit de lui dans ses *Mémoires* (tome II, page 233) : « Dandolo, homme d'un caractère vif, chaud, enthousiaste pour la liberté, fort honnête homme, avocat des plus distingués, se mit à la tête de toutes les affaires de la ville... » Son fils, le comte Tullio Dandolo, lui-même écrivain très-connu, possède des lettres de Bonaparte, dans lesquelles le premier Consul parle à son père d'*affection* et de l'*estime la plus vraie*. Le comte Dandolo, cessant d'être sénateur, devint le premier agronome de l'Italie. Daru, dans son *Histoire de Venise*, l'a nommé comme un des savants contemporains les plus distingués, en s'autorisant du témoignage de Berthollet et de Fourcroy.

(Article *Bernardin de Saint-Pierre*, page 420.)

Je crois devoir publier ici dans leur suite et dans leur étendue *treize lettres inédites* de Bernardin de Saint-Pierre adressées en divers temps à M. Duval, négociant genevois à Saint-Pétersbourg, et qui y devint bijoutier de l'Impératrice. Ce précieux dépôt de famille m'a été communiqué par M. Duval-Töpffer. On y voit au vrai les dispositions de Bernardin au moment où il quitte la Russie, ses préoccupations bien moins romanesques qu'on ne l'a supposé; les premiers symptômes de l'écrivain encore inexpérimenté et qui veut poindre; l'utopiste et l'homme à systèmes qui se trahit çà et là; l'amoureux, assez peu enthousiaste d'ailleurs; l'ami reconnaissant et fidèle; le bonhomme qui rêve en tout temps une chaumière et le bonheur de la famille; le délicat blessé et le misanthrope qui va s'ouvrir aux aigreurs; puis, à la fin, l'écrivain tout d'un coup célèbre, mais qui garde de ses susceptibilités, et qui porte jusque dans ses scrupules de probité et dans le paiement de ses dettes d'honneur une application et une affectation minutieuses, un coin de maladie. Ceux qui sont curieux de voir les hommes au naturel, et que les détails de la vie commune ne rebutent pas, peuvent lire cet Appendice.

PREMIÈRE LETTRE.

« Mon très-cher ami,

« Je suis arrivé à Riga le jeudi au soir, après avoir couru la poste constamment le jour et la nuit. Comme vous vous plaisez dans les détails de l'amitié, je vous raconterai brièvement les petits événements de mon voyage.

« Après m'être séparé de vous avec une sensibilité contre laquelle je me croyais aguerri, je vins à me présenter pour surcroît d'attendrissement ce que je venais de quitter, la bonne amitié du Docteur (1), la franchise et les agréments de votre société; puis je me trouvais seul dans des déserts, courant peut-être après une ombre, laissant, à la vérité, un état médiocre, mais qui pouvait prendre un jour de la consistance.

« Dans l'agitation de mon esprit, regrettant ce que je quittais, ne désirant plus ce que je cherchais, désespérant de tout, la vie, mon ami, me parut un poids insupportable; et la seule idée qui me rassura contre l'avenir, ce fut de penser que j'avais en vous un ami, et c'est la plus grande fortune qu'on puisse faire dans ce monde. Enfin, après quelques postes, je me laissai aller à la beauté du jour (2). Il me semblait que les blés croissaient à mesure que j'avançais; j'aperçus des plantes d'une autre espèce, et au troisième jour je vis des forêts où il croissait des chênes (3). J'ai été friponné sur la route par

(1) Le docteur Treytorens, dont le nom a été défiguré dans une lettre de Duval publiée par M. Aimé Martin (*Mémoire sur la Vie et les Ouvrages de Bernardin de Saint-Pierre*, 1826, page 443), et qui est devenu le docteur *Freytouns*.

(2) Voilà l'écrivain sensible qui commence à paraître et à se dessiner.

(3) Bernardin de Saint-Pierre écrit des *chaisnes* : je me permets en quelques

des maîtres de poste, qui m'ont fait payer très-chèrement la permission de coucher chez eux.

« Je suis arrivé à Riga dans une assez mauvaise auberge où il m'en coûte près d'un ducat par jour, sans boire de vin. Point de barque pour Kœnigsberg et pour Dantzick; les chemins de Varsovie impraticables à cause des courses que font les Polonais. Que faire? Le bonheur a voulu que j'aie rencontré un roulier de Kœnigsberg qui part demain pour cette ville. Je me suis accordé pour douze roubles, ce qui est un très-grand marché, à ce qu'on m'assure.

« Mon quibikque ne valait presque rien; toutes les roues étaient déferrées. On m'en offre deux roubles et il faut les prendre; voilà encore du chagrin. — Je suis accablé de sommeil; hier je n'ai point dormi, et c'était la troisième nuit. Ma lettre ne ressemble à rien et je ne peux la mieux faire, car dans dix heures je pars pour Kœnigsberg. J'ai couru toute la journée pour mes passe-ports.

« Je vous écrirai de Kœnigsberg une lettre plus sage. Je vous remercie de votre secret pour faire du beurre. J'ai mis du lait dans une bouteille, je l'ai bien fermée et je l'ai fait mettre dans le fond de la voiture, enveloppée de paille. J'ai voulu voir si le beurre était fait, car il y avait longtemps que je n'avais rien pris. Mais il n'y avait dans la bouteille ni beurre, ni crème, ni lait. La raison physique de cela était le garçon de la poste qui, peu content de moi, l'aura malicieusement et traîtreusement débouchée.

« C'était une pillerie atroce que tous ces coquins. Il y a cinq cent soixante verstes, cela m'a coûté près de vingt roubles, car on change plus de quarante fois de chevaux; et pour frotter ma voiture de goudron, ils me prenaient jusqu'à quinze sols. Si je ne voulais pas payer, ils dételaient les chevaux. Je prenais mes pistolets; ils s'enfuyaient et me laissaient seul. Si je mangeais deux œufs, c'était trente sols. Enfin Dieu me garde de courir la poste avec le privilége de la Cour (1)!

« Adieu, mon très-digne ami; le sommeil m'accable. Soyez persuadé que, partout où je serai, vous aurez un ami qui vous aimera et vous estimera plus qu'un frère.

« Mille amitiés au Docteur, à M. Jurine, à M. Randon, et à toute la charmante société.

« Votre très-sincère et fidèle ami,

« LE CHEVALIER DE SAINT-PIERRE.

« Ce vendredi à minuit (1764). »

endroits de rectifier son orthographe, qui n'est pas plus mauvaise, d'ailleurs, que celle de beaucoup d'écrivains distingués et d'académiciens à sa date.

(1) On conçoit qu'un pauvre voyageur comme l'était alors Bernardin de Saint-Pierre se préoccupe à ce point des détails de poche et d'économie, et y entre par sous et deniers : mais il n'en perdra jamais l'habitude, même lorsqu'il sera au-dessus du besoin.

DEUXIÈME LETTRE.

« Je vous écris, mon très-cher ami, par l'occasion d'un jeune avocat qui retourne à Pétersbourg. Je profiterai à l'avenir de toutes celles qui s'offriront, afin que ma correspondance vous soit moins à charge ; et, afin que vous puissiez juger de mon exactitude, je numéroterai de suite toutes mes lettres.

« Je voudrais bien vous rendre compte de mon voyage depuis Riga jusqu'à Kœnigsberg d'une manière qui vous fût agréable. Mais comment vous promener pendant dix jours dans des plaines de sable ? il n'y a pas là la moindre observation à faire. J'en ai pourtant fait une dont je vous prierai de me rendre raison dans vos loisirs philosophiques : c'est que, depuis Pétersbourg jusqu'à Lubeck, toute cette grande étendue de rivage de la mer Baltique n'est qu'une grande plaine sablonneuse où l'on ne trouve pas un seul rocher, et tout le côté septentrional, en prenant par Wiborg, Frédéricsham, et les côtes de Suède qui sont opposées, ne sont absolument qu'une grande masse de rochers tout nus (1).

« J'ai trouvé dans l'auberge où l'on m'a descendu M. Chandos, associé de M. Jurine. Je l'ai mis au fait autant que je l'ai pu : il m'a paru fort galant homme et très-sensible à l'embarras de M. Jurine. Il m'a assuré qu'il lui était tellement attaché que, quand l'entreprise ne réussirait point, il en supporterait volontiers tous les frais, quelque considérables qu'ils fussent, et qu'il ne négligerait rien pour le tirer de la Russie, si avant peu on ne lui remettait pas les fonds nécessaires.

« Il y avait dans la même auberge deux Génevois, l'oncle et le neveu ; l'un d'eux s'appelle M. Achard, fameux banquier de Genève. *Nous avons beaucoup parlé de vous* ; ils sont tout étourdis du crédit de messieurs vos frères ; ils m'ont dit qu'ils avaient vendu à Francfort pour 27,000 louis neufs de diamants.

« J'ai séjourné ici trois jours, en attendant quelque occasion, avec ce Père de l'Église catholique que j'ai rencontré à Memel. J'ai profité de ce temps pour me faire habiller simplement. C'est un habit de camelot vert tout uni. Il ne s'est présenté aucune occasion. Les voituriers nous demandent 16 ducats pour nous rendre à Varsovie dans huit jours. Avec la même somme, nous y serons en deux jours par la poste.

« Nous allons partir sur-le-champ par la poste. Voilà plus d'une heure que les chevaux nous attendent. Il me fâche très-fort de vous écrire toujours un pied en l'air. J'ai tant de choses à vous dire, mon ami ! Je suis triste et rien ne peut dissiper ma tristesse. Je vous écri-

---

(1) Ici nous pressentons l'auteur des *Harmonies*, et celui qui se pose des questions sur les procédés primordiaux et les contrastes symétriques de la nature.

rai de Varsovie en homme reposé, ainsi qu'à mon ami de Treytorens que j'embrasse de tout mon cœur.

« Aimez-moi toujours, et croyez que personne ne vous est plus sincèrement attaché que

« LE CHEVALIER DE SAINT-PIERRE. »

« P. S. Voici la seconde lettre.

« Vous pouvez croire, mon ami, que vous devez me faire réponse, en attendant que j'écrive de Varsovie où vous aurez tout ce que vous pouvez souhaiter de moi. J'ai écrit d'ici au Chevalier de Chazot des choses affligeantes, mais vraies. Je suis mécontent du présent, j'espère peu de l'avenir, et ce qu'il y a de pis, je regrette le passé.

« Ce 15 juin 1764. »

TROISIÈME LETTRE.

« Mon très-cher et très-digne ami, vous n'aurez pas lieu de vous plaindre de ma négligence. Il y a quinze jours, je vous écrivis une lettre bien longue et tant soit peu gasconne. Je partais pour un voyage où j'aurais été longtemps sans vous donner de mes nouvelles (1). Cette lettre a été brûlée; les événements ont changé tout à fait. Le Ciel, qui veillait sur votre ami, n'a pas voulu qu'il entrât dans cette carrière où il ne se trouvait qu'un peu d'honneur parmi beaucoup de dangers. La relation que je vous envoie vous instruira suffisamment. Je vous prie de la communiquer à M. le grand-maître de l'artillerie (2), auquel j'écris par la même occasion.

« Si j'eusse exécuté le dessein que j'avais formé, je serais à présent errant dans les forêts de la Volhinie, combattant avec des Sarmates qui ne se battront pas encore longtemps. Je serais exposé à tous les événements de ces petites guerres qui sont presque toujours très-pénibles, très-cruelles et très-infructueuses. Voyez comme la scène a changé!

« En arrivant à Varsovie je ne connaissais que M. l'ambassadeur de Vienne (3). Cette connaissance m'a procuré celle de tout le parti français et autrichien. J'étais par cela même dans l'impossibilité de fréquenter aucune personne du parti contraire, et encore moins de ne pas rencontrer le comte Poniatowski dont vous faites tant de cas. Il a donc plu à Celui qui régit tout que je tombasse au pouvoir de ceux contre lesquels j'allais faire la guerre, et que cet événement, loin de me faire tort dans leur esprit, m'ait attiré de leur part toute sorte d'amitiés.

(1) Bernardin avait été près de se jeter dans le parti des opposants au prochain roi de Pologne, Stanislas Poniatowski; il fut arrêté à temps, au moment où il s'embarquait dans cette aventure.
(2) M. de Villebois.
(3) M. de Mercy.

« J'ai songé à profiter de ces bonnes dispositions. Si le Stolnik (1) est élu roi, comme je n'en doute pas, et si les troubles se pacifient, j'ai à lui offrir du zèle et de la jeunesse. Si cette recommandation est suffisante, je le servirai de tout mon cœur, car il est fait pour être aimé. Si les affaires se brouillent, je me retirerai à Vienne, où M. le comte de Mercy est allé.

« J'aurai vu ce qu'on devrait voir dans tous les royaumes et ce qu'on ne voit qu'en Pologne, un homme choisi par sa nation pour la gouverner. J'ai eu l'honneur de souper une fois avec lui, il m'a dit des choses obligeantes. Il s'exprime naturellement et noblement. Je chercherais par inclination à m'en faire un ami, mais il n'y a pas moyen, tout le monde court après ; et puis je songe que dans un mois cet homme aujourd'hui si populaire sera entouré de gardes, qu'on ne l'appellera que Votre Majesté : cela m'étourdit l'imagination.

« Vous croyez, mon cher ami, qu'on s'égorge ici, qu'on se tire jour et nuit des coups de pistolet ; que tous les sabres sont en l'air. Point du tout. On danse du matin au soir. Le parti du candidat donne une fête aujourd'hui : le lendemain c'est le parti saxon. On ne combat que de plaisirs. Vous croiriez que j'en ai beaucoup, car je suis sans cesse dans les plus aimables et les plus brillantes sociétés du monde ; eh bien ! je vous jure que je regrette votre douce amitié, ces promenades si tranquilles, si inconnues, si philosophiques, dignes d'un meilleur climat. Voyez donc comme les choses de ce monde ne sont terribles ou séduisantes que de loin. Pensez donc à moi, mon ami. Aidez-moi à regarder sans étonnement ces désordres de la fortune qui m'ont mis en prison et qui me promènent maintenant dans tous les palais de Varsovie. Parlez-moi, votre voix me rassurera dans la solitude d'une grande maison où je loge. Cette maison était occupée par l'ambassadeur de France et ensuite par le Résident. La Cour les a tous rappelés. Voilà M. le comte de Mercy et le Résident de Vienne partis. Je suis tout seul, je conduis ma barque tout seul. Encouragez-moi du rivage, tandis que je suis à la vue de la côte. Le plus petit vent contraire me fera peut-être disparaître pour toujours. Avant de partir pour mon expédition, j'avais laissé tous mes effets et mon portrait à M. le Résident de France (2). Tout cela devait vous être remis ; mais, puisque je suis à présent hors de tout danger, je crois que vous ne refuserez pas mon billet, moins comme un gage de ma dette que comme une précaution contre les événements qui ne dépendent point de nous.

Faites-moi part de tout ce qui vous regarde, de vos affaires, de votre économie, de vos plaisirs, de votre société ; rien ne m'est indifférent de votre part. Vous pensez bien que je m'intéresse trop sincèrement à notre cher Docteur pour l'oublier. Faites-lui mille re-

(1) Stanislas Poniatowski.
(2) M. Hennin.

mercîments de toutes les amitiés que j'ai reçues de sa part. Je lui écrirai une lettre l'ordinaire prochain.

« Faites mes compliments, s'il vous plaît, à M. de La Randonière, à M. Jurine; enfin il y a une infinité de choses qui peuvent m'intéresser, sur lesquelles vous pouvez vous étendre. Si je vous parlais de ma société, elle n'aurait rien de digne de vous. Ce ne sont que des princesses, des starostines, des palatines, charmantes à la vérité; mais il n'y a pas là un cœur qu'on puisse approcher du sien.

« Songez, mon ami, que je m'occupe de vous, que je parle de vous, lorsque je trouve de bonnes oreilles. Le Résident de France, homme rempli de toutes sortes de connaissances, est parti d'ici avec bien du regret de ne vous pas connaître. Il a bien raison, car je ne donnerais pas votre amitié pour un trône. J'ai parlé de vous au Résident d'Angleterre. Il a été, il y a trois ans, Résident en Russie. C'est un bel homme qui connaît messieurs vos frères.

« Adieu, mon cher ami; soyez persuadé que je serai toujours

« Votre sincère ami,
« LE CHEVALIER DE SAINT-PIERRE.

« Le jeune Duhamel m'est venu voir; il a des espérances.

« Varsovie, ce 28 juillet 1764. »

« P. S. Dans une fête où je me suis trouvé il y a deux jours, j'ai aperçu, parmi les gens qui se tenaient à la porte, un homme que j'ai cru reconnaître. Je suis sorti un instant dans le jardin. Cet homme s'est approché de moi, et j'ai reconnu Bouvier. Il m'a prié de le recommander, ce que j'ai fait dès le soir même à deux ou trois personnes.

« Adressez-moi vos lettres à l'hôtel de France, chez M. de Riancourt.

« Mes compliments, je vous prie, à M. Torelli.

« Encore un mot de conversation, car il me fâche avec vous de laisser du papier blanc. J'ai soupé hier avec M. le Stolnik (1). On a parlé de politique, puis du Canada, des Anglais. J'ai pris la parole et j'ai dit que les Anglais avaient eu bon marché de ce pays-là par la mauvaise manœuvre ou plutôt la trahison de Bigot (2). Le Stolnik m'a dit que, si nous tirions parti de nos avantages, nous serions la plus puissante nation de l'Europe. Après souper on a dansé des polonaises. M. le Stolnik m'a demandé ce que je pensais de voir tant de gens se promener : je lui ai dit qu'en Russie c'était la danse favorite de l'Impératrice, et qu'elle me plaisait. Il a répondu : « Oui, parce qu'on peut faire aller beaucoup de personnes à la fois. » — « Et parce qu'elle me paraît, ai-je dit, la plus convenable à la ma-

---

(1) Vous savez que le Stolnik signifie grand-échanson, et que le grand-échanson est le comte Poniatowski. (Note de Bernardin de Saint-Pierre.)
(2) Intendant du Canada.

jesté du trône. » Il s'est mis à rire, et il s'est mis à conduire une polonaise avec tant de grâce, tant de dignité, que vous auriez été ravi (1). »

QUATRIÈME LETTRE.

« J'ai reçu, mon très-cher ami, la lettre où vous me faites part du malheur qui vous est arrivé (2) : vous pouvez croire si j'y ai été sensible ! J'ai envoyé sur-le-champ cette note chez les principaux bijoutiers de ce pays, et j'ai employé pour cela une personne dont le crédit est plus étendu et plus éclairé que le mien. C'est M. de Jacobowski, baron du Saint-Empire, chevalier de Saint-Louis... qui demeure à Varsovie. Vous pouvez être persuadé que vous serez instruit des indices du voleur s'il s'avise de venir à Varsovie. Vous auriez pu, ce me semble, y joindre les circonstances qui ont accompagné ce vol, et les soupçons légitimes que raisonnablement vous pouvez former. Tout cela aurait mis sur les voies et aurait servi d'instruction à ceux qui se chargeront de ce soin après moi.

« Ma lettre ne vous sera pas encore venue, que mon sort sera décidé ici. Ainsi je ne vous écrirai qu'une seule fois encore pour vous marquer mon départ, ou les arrangements qu'on aura pris avec moi.

« Je me trouve très-embarrassé. Mon inclination m'engage à rester ici ; je sais que mon zèle peut y être nécessaire, que le candidat et la famille du prince Czartoryski ont de la bonne volonté pour moi. D'un autre côté, les personnes qui se sont attachées dès le commencement à la fortune du candidat sont en si grand nombre, le traitement militaire, même des premiers grades, est si peu considérable, que je n'aurais pas le temps d'attendre les nouveaux arrangements qui doivent donner une autre face aux affaires. Je ne dois donc regarder les agréments de mon séjour que pour ce qu'ils sont. D'ailleurs, on me sollicite sans cesse à partir pour Vienne, où l'on m'assure que je serai avec toute sorte d'agrément ; et, comme le service est en Autriche beaucoup mieux récompensé, que j'y ai des recommandations très-fortes, que je reçois des invitations de m'y rendre, il faut que je me détermine immédiatement après l'élection.

« Ainsi je vais donc augmenter l'espace qui est entre nous deux. Je ressemble à ces marins qui, dans le milieu d'une longue navigation, relâchent dans une de ces belles îles qu'on trouve quelquefois au milieu de l'Océan. Ils oublient pour un temps les peines qu'ils ont souffertes ; ils se livrent à la joie de voir de belles prairies, de vertes forêts, et de goûter à l'ombre des rochers un sommeil qui n'est point

---

(1) Nous surprenons ici Bernardin de Saint-Pierre s'essayant à faire sa cour à un roi, et un peu sous le charme d'une parole comme l'était Madame de Sévigné à pareille fête.

(2) M. Duval avait été victime d'un vol.

agité par le mouvement des flots. Mais bientôt les provisions s'épuisent; des vents devenus favorables annoncent une navigation plus heureuse; on lève l'ancre, et on cingle au milieu des mers vers des côtes inconnues.

« Voilà une comparaison qui est belle sans contredit (1); il ne m'aurait pas beaucoup coûté de la filer jusqu'à la fin, mais il faut laisser travailler là-dessus votre imagination.

« Je vous dirai, mon cher ami, car je ne vous cache rien, que j'ai fait ici une inclination qui pourrait mériter le nom de passion (2). Elle a produit de bons effets en ce qu'elle m'a guéri de mes vapeurs. C'est donc un bon remède à vous enseigner que l'amour, et surtout l'amour satisfait. J'en ai fait une si douce expérience, que je vous en fais part comme d'un secret infaillible qui vous sera aussi utile qu'à moi. Mon hypocondrie est presque guérie.

« Il y aurait de quoi flatter mon amour-propre si je vous nommais l'objet de mes feux. Mais vous savez que j'ai plus de délicatesse que de vanité. Aussi ai-je trouvé tout ce qui pouvait m'attacher, des grâces sans nombre, de l'esprit assez, tendresse réciproque, etc...

« Une autre fois vous en saurez davantage. Mais soyez persuadé que l'amour chez moi ne fait point de tort à l'amitié.

« Mes amitiés à notre ami M. le Docteur, auquel j'ai écrit.

« M. le colonel Randon me fait beaucoup de plaisir de se ressouvenir de moi : mais je ne sache pas qu'il m'ait écrit. Je l'embrasse de bon cœur, ainsi que M. Jurine. Je comptais recevoir une seconde lettre dont vous m'avez parlé, mais la poste ne m'apporte rien. Ma prochaine lettre sera plus intéressante. Je vous prie de mettre les vôtres à l'avenir sous l'adresse de M. Hennin, Résident de France à Vienne.

« Je suis, mon très-cher ami, avec une amitié que rien n'égale,

« Votre très-humble et très-obéissant serviteur et ami,

« LE CHEVALIER DE SAINT-PIERRE.

« A Varsovie, ce 5 septembre 1764. »

CINQUIÈME LETTRE.

« Mon très-digne ami, j'ai fait toutes les diligences possibles pour vous assurer des indices de vos effets. J'aurais voulu me charger de ce soin. Je suis au moment de mon départ, et vous recevrez ma lettre

---

(1) L'écrivain, qui l'était d'abord sans le savoir, commence à s'apercevoir qu'il l'est en effet.

(2) Il s'agit de la princesse Marie Miesnik; mais, à la manière même dont Bernardin de Saint-Pierre parle de son amour, on voit combien M. Aimé Martin a exagéré et faussé les couleurs : « Dès le premier jour, s'écrie le biographe, M. de Saint-Pierre éprouva le double ascendant de son génie et de sa beauté; elle devint aussitôt l'unique pensée de sa vie... » et autres phrases de roman.

lorsque je serai à Vienne. Vous augmenteriez ma reconnaissance s'il était possible d'y ajouter quelque chose. J'ai reçu le montant du petit billet de M. Duhamel. Les offres que vous me faites, l'intérêt que vous prenez à moi, les soins de votre tendre amitié, sont pour mon cœur des objets éternels d'attachement. Je ne sais ce que le Ciel me destine ; mais jamais il n'a versé tant de joie dans mon âme. C'était peu de m'avoir donné un ami, l'amour ne m'a laissé rien à désirer ; c'est dans votre sein que je répands mon bonheur. Je n'aurai à l'avenir ni peine ni joie que vous ne les partagiez. Puissiez-vous me payer de la même confiance !

« Je ne vous nommerai pas la personne qui tient après vous le premier rang dans mon cœur. Son rang est fort au-dessus du mien, sa beauté n'est point extraordinaire ; mais ses grâces et son esprit méritent des hommages que je n'ai pu leur refuser. J'en ai reçu des services qui m'empêchent actuellement de profiter de vos offres. Ils m'ont été offerts si tendrement, que je n'ai pu m'empêcher de leur donner la préférence. Je vous prie de me le pardonner. J'ai accepté d'elle environ la valeur de la somme dont vous me faisiez offre.

« J'aurai recours à vous, mon ami, dans des temps d'orage. Je vous appellerai et je m'adresserai à vous lorsque vous serez un peu plus heureux. Il me semble qu'il y aurait de la cruauté à profiter sans discrétion de votre amitié. On ne saigne point les gens qui viennent de perdre une jambe.

« Je passe une partie de la nuit à vous écrire. Je pars demain, et mes malles ne sont pas encore prêtes.

« Dans quel pays et avec quels hommes vais-je me trouver ! Je laisse d'excellents amis derrière moi ; j'en ai quelques-uns à Vienne, quelques autres en France. Je fais comme l'araignée qui attache çà et là les extrémités de sa toile. La mienne est grande, et peut-être n'attraperai-je que des mouches. Je compte assez sur votre amitié pour croire que la distance ne la diminuera point. Je serais dans le globe de la lune, que j'y compterais toujours. Il n'en coûte pas plus à votre esprit de faire le voyage de Vienne que celui de Varsovie. Suivez donc votre ami jusqu'aux bords du Danube, et croyez que rien ne pourra altérer l'amitié qu'il vous a jurée.

« Je garde vos lettres précieusement. Je leur destine dans mon portefeuille une place avec mes brevets et les témoignages honorables que j'ai reçus de mes chefs dès mon enfance. J'y joindrai encore les lettres de ma maîtresse.

« Votre idée de rochers qui partent de Finlande pour les quais de Pétersbourg m'a fort amusé. Mais vous ne répondez pas à ma question sur les sables de la Poméranie. Je vous ferai part encore, de Cracovie et de Vienne, de quelques observations géographiques auxquelles je vous somme de répondre.

« Le temps me gagne, mon cher ami; c'en est assez pour aujourd'hui. Mes compliments au Docteur, à M. Jurine.

« A Varsovie, le 26 septembre 1764. »

SIXIÈME LETTRE.

« Monsieur et cher ami, je reçois, avec le plus grand plaisir, votre lettre du 7 janvier (1), et je m'empresse d'y répondre.

« Je vous dirai bien franchement que j'avais besoin de votre lettre pour me tranquilliser sur votre compte. Quelquefois je vous croyais malade; quelquefois j'imaginais que la distance qui est entre nous, et le temps qui s'est écoulé depuis mon absence, vous avaient refroidi sur notre correspondance. On ne sait trop comme l'on vit avec les philosophes. Comme ils embrassent tout en général, ils dédaignent de rien saisir en particulier. J'ai donc été bien content de vous voir venir me renouveler votre amitié. Je vous assure bien que j'y suis très-sensible et que je mets vos lettres à côté de celles de ma Polonaise. Elle m'a écrit une lettre si honnête sur mon retour dans ma patrie, que je crois qu'elle imagine de me tourner la tête de toutes les manières possibles. Elle me cite des choses admirables sur l'amour de la patrie. Avant que de vous parler de vos nouvelles, je vous dirai un mot des miennes. Le jour que je suis arrivé à Paris, j'ai eu le malheur de perdre mon père. Je me suis hâté de me rendre dans ma famille pour y recueillir quelques débris de patrimoine. C'est à quoi je m'occupe. Nous verrons ensuite à jeter les fondements de ma fortune.

« Je reconnais notre Docteur à son bon cœur, qui l'emporte sur sa prévoyance.

« Le patriarche Randon s'enfilera de sa propre allumette (2). Je suis bien sensible au souvenir de M. le général Dubosquet. Je voudrais que l'occasion se présentât ici de lui témoigner ma reconnaissance. Présentez-lui mon respect, et priez-le de ma part d'en offrir autant à Mademoiselle de La Tour et à sa famille. Vous me flattez trop en me comparant au maréchal Schwerin (3). Si j'avais à choisir mon dernier gîte, ce serait volontiers sur les bords de votre lac, car il n'est pas donné à tous de finir par un coup de tonnerre. Là nous passerions dans notre souvenir tous les événements qui ont changé

---

(1) Cette lettre de Duval a été publiée par M. Aimé Martin (page 435 du *Mémoire sur la Vie et les Ouvrages de Bernardin de Saint-Pierre*, 1826).

(2) Duval, dans sa lettre du 7 janvier, avait dit : « M. Randon, ne sachant que faire, s'est avisé d'épouser une jeune fille de vingt ans, d'une taille presque gigantesque en tout sens, fort aimable d'ailleurs, etc... »

(3) Duval, dans sa lettre, lui avait écrit : « Vous dites qu'il ne vous est pas permis de deviner l'endroit où vous devez mourir, je le crois bien; le général Schwerin en aurait dit autant à votre âge... »

la face des nations. Un jardin, de bon vin, une bergère, voilà pour nos plaisirs (1). Des querelles à apaiser, des questions à résoudre, des malheureux à soulager, voilà votre lot et c'est le meilleur, car faire du bien, c'est régner.

« Vous ne sauriez croire le plaisir que me font vos lettres. Ne me les épargnez pas, puisque ce sont les seules preuves de votre amitié que vous puissiez me donner à une si grande distance. Je vous embrasse de tout mon cœur. Soyez persuadé que je vous aimerai et vous estimerai toute ma vie.

« J'ai l'honneur d'être avec une vraie amitié, Monsieur,

« Votre très-humble et très-obéissant serviteur,

« DE SAINT-PIERRE. »

« P. S. Adressez-moi vos lettres à Paris, à l'hôtel de Grenelle, rue de Grenelle-Saint-Honoré, à M. de Saint-Pierre, capitaine au service de l'Impératrice de Russie.

« Retranchez le titre de *chevalier* qui est une frivolité qui ne convient point à ma fortune, puisque je n'ai aucun ordre de chevalerie. Mes compliments à tous nos amis, que j'embrasse de tout mon cœur.

« A Saint-Romain-en-Caux, ce 18 mars 1766. »

SEPTIÈME LETTRE.

« Monsieur et cher ami, le Roi vient de me nommer son ingénieur à l'Ile de France avec le grade de capitaine et 100 louis d'appointements. Je pars de Paris à la fin du mois, et de Lorient pour les Indes le mois prochain.

« C'est au baron de Breteuil, que vous avez vu Ministre en Russie, que j'ai obligation de ma place. Il m'a servi et obligé avec toute l'amitié d'un père (2).

« Je n'ai point oublié les services que vous m'avez rendus et j'espère que la fortune me mettra bientôt en état de m'acquitter envers vous. Si vous pouviez me faire passer de Pétersbourg par l'occasion des vaisseaux quelque pacotille soit en lits de fer ou ce que vous jugerez plus convenable, j'imagine que j'aurais bientôt acquitté mes dettes. Jusqu'ici ma bourse ne me permet qu'à peine de me fournir les choses nécessaires. Je laisse ces spéculations à votre prudence, car je n'entends rien au commerce.

« Conservez-moi votre amitié, mon cher ami, et donnez-m'en sou-

---

(1) Toujours le même idéal qui se couronnera par la *Chaumière indienne*, mais ici nous l'avons à l'état de prose et avec le côté matériel, que Bernardin ne négligeait pas.

(2) Ceci répond d'avance aux plaintes que Bernardin fera plus tard **du baron de** Breteuil.

vent des preuves en m'écrivant par la voie de la mer qui n'est ni rare, ni coûteuse.

« Je vous prie de faire mes compliments à toutes les personnes qui m'ont conservé quelque amitié, au général Dubosquet, à M. Randon. J'ai appris ici les catastrophes arrivées au S. P. Je plains les malheureux, quoique coupables.

« Instruisez-moi de la fortune des personnes que j'ai connues. Je ne saurais oublier les gens avec lesquels j'ai vécu.

« Il y a ici un homme qui fait le projet d'une Compagnie sur la mer Noire. S'il n'y réussit pas mieux qu'à ses entreprises en Russie, je plains les actionnaires, s'il en trouve.

« Je voudrais vous parler de quelque chose qui vous intéresse. Mais quoi! vous connaissez peu Paris. Quand la fortune nous aura réunis, je vous entretiendrai des mœurs des Africains, de ces forêts d'ébène et de leurs noirs habitants. En attendant, conduisons avec prudence ces barques légères que la Providence nous donne à conduire. Tout passe, et il ne reste de solide et de consolant que le souvenir du bien que l'on a fait. C'est une réflexion qui doit souvent vous rendre heureux.

« Adieu, mon cher ami, je pars avec joie. Je me voyais fondre à Paris à vue d'œil. Je serai plus heureux dans ce nouveau monde. La nature y est meilleure. On peut s'y passer d'habits. Nos forêts ne portent que des glands; celles-ci sont couvertes de fruits. Déjà je voudrais être arrivé; car, pour vous dire la vérité, je déteste la mer. Je souffrirai, car ce voyage est au moins de quatre mois.

« Je suis avec le plus sincère attachement, Monsieur et cher ami,

« Votre très-humble et très-obéissant serviteur,

« DE SAINT-PIERRE. »

« A Paris, ce 24 novembre 1767. »

HUITIÈME LETTRE.

« Enfin, mon cher ami, me voilà dans l'autre monde. Je vous ai mandé ma destination à l'Ile de France où le Roi m'a envoyé comme capitaine-ingénieur. Je vais vous instruire des principaux événements de ma navigation. Nous partîmes du Port-Louis le 3 mars (1), et le 5 du même mois nous essuyâmes, à la hauteur du cap Finistère, un coup de vent qui nous mit en danger et nous inquiéta pour l'avenir. Nous nous aperçûmes que le vaisseau gouvernait fort mal. Un coup

---

(1) Toute cette partie de la lettre contient exactement le même récit qu'on lit dans une lettre à M. Hennin écrite vers la même date. Cet abrégé de sa traversée est une espèce de circulaire que Bernardin de Saint-Pierre adressait à ses amis d'Europe, sans y faire de variantes.

de mer qu'on ne put éviter brisa sur notre avant, rompit quelques barreaux du pont, enleva la petite chaloupe et emporta le maître de l'équipage avec trois matelots; un seul fut rejeté dans les haubans et sauvé après avoir eu l'épaule et la main fracassées. Nous eûmes les vents favorables jusqu'aux Canaries. Nous passâmes au milieu et vîmes au loin Gomère, Palma et le célèbre Pic de Ténériffe qui ressemble à un téton. Enfin, deux mois après notre départ, nous nous trouvâmes sous la Ligne sans avoir éprouvé de chaleurs extraordinaires. Le 22 juin, nous nous trouvions presque nord et sud de Madagascar, lorsque nous essuyâmes une tempête affreuse. A minuit, une lame enfonça trois fenêtres de la grande chambre malgré leurs sabords et y jeta d'un seul coup plus de 20 barriques d'eau. A deux heures et demie du matin, nous entendîmes trois coups de tonnerre à 2 minutes d'intervalle. Le dernier fit l'effet d'un coup de canon de 24 tiré à portée de pistolet. Aussitôt je sentis dans ma chambre une forte odeur de soufre. Je me levai et montai sur le pont où l'on venait d'appeler tout l'équipage. Le grand mât était brisé en cinq ou six endroits; le mât de perroquet avait été emporté, il ne restait plus qu'un tronçon du mât de hune qui pendait avec quelques agrès, accroché aux barres de hune. On examina partout si le feu ne s'était point communiqué au vaisseau, mais on n'aperçut aucune trace de noirceur ni même d'odeur dans les crevasses du grand mât. Le matin du 23, le vent devint si violent que le peu de voiles nécessaires pour gouverner fut emporté. Nous restâmes vingt-quatre heures à sec en travers, ballottés par une mer affreuse. Enfin le beau temps revint; nous vînmes à bout de fortifier le grand mât, et nous arrivâmes, le 14 juillet, à l'Ile de France, malgré le scorbut qui nous enleva neuf hommes et mit hors de service tous les matelots, à l'exception de sept. Les passagers et les officiers firent la manœuvre.

« Voilà, mon cher ami, le précis de mon Journal. Je souhaite un jour vous le communiquer. Je vous dirai, en attendant, que le climat de ce pays-ci vaut mieux que les habitants. Ils ne sont uniquement occupés que de leur commerce, ils sont durs; enfin je ne trouve point d'hommes ici. Je ne sais encore quelle tournure prendra ma fortune. Mes appointements sont ici de 100 louis, et je vous jure que cette somme suffit à peine à vivre.

« J'espère en la Providence de Dieu qui m'a conduit au milieu de tant de dangers. Si, comme le prétend Cicéron, le souverain bonheur après la mort est de connaître, j'ai eu lieu plus qu'une infinité d'autres à cette faveur, ayant parcouru à mon âge une si vaste étendue de terre et de mer. Partout j'ai vu une souveraine Intelligence, un art infini, et à la fois des contradictions apparentes. Je ne suis qu'un ignorant, et je m'anéantis devant ce mystère impénétrable où nous sommes, d'où nous sommes sortis et où nous rentrerons.

« Adieu, mon cher ami, jamais je ne vous oublierai. Puisse le Ciel me rapprocher un jour de vous et me donner bientôt l'occasion de m'acquitter des services que vous m'avez rendus !

« Je suis avec la plus constante amitié, mon très-cher ami,

« Votre sincère ami,
« DE SAINT-PIERRE.

« A l'Ile de France, ce 7 août 1768. »

P. S. Mes amitiés au Docteur et à tous ceux qui s'intéressent à moi. Je n'ai plus d'autre ami qu'un petit chien qui boit, mange et dort depuis trois ans avec moi. »

NEUVIÈME LETTRE.

« Au Port-Louis de l'Ile de France, ce 6 décembre 1768.

« Je ne saurais, mon cher ami, laisser échapper l'occasion de vous donner de mes nouvelles. La frégate du Roi, *la Boudeuse*, commandée par M. de Bougainville, en faisant le tour du monde, vient de passer à l'Ile de France, d'où elle part incessamment pour la France où elle sera rendue dans trois mois et demi d'ici. De là ma lettre sera environ six semaines à vous parvenir. Si vous me faites réponse sur-le-champ (en adressant vos lettres à quelqu'un qui les remette à la Compagnie des Indes à Paris), je recevrai la vôtre à peu près dans un an, car vous savez qu'il faut plus de temps pour venir ici que pour s'en retourner.

« Il n'y a pas moyen d'abréger la route, à moins que Sa Majesté Impériale ne juge à propos d'envoyer ses vaisseaux vers le Nord-Est pour venir ensuite porter son nom et sa gloire dans l'hémisphère austral. Il y aurait dans cet Océan inconnu bien des découvertes à faire. M. de Bougainville, qui a décrit sa route par le détroit de Magellan, a découvert des terres plus grandes que l'Europe ; une île entre autres, très-peuplée, où jamais aucun vaisseau n'était abordé. Les femmes y étaient adorées ; les filles y prodiguaient leurs faveurs. Ils ne connaissaient ni le fer ni la guerre. J'ai vu de leurs flèches émoussées et de leurs haches de pierre très-ingénieusement faites. Les Français ont donné à cette île le nom de Cythère, parce qu'elle semble consacrée à l'Amour. Ce Dieu cruel y fait bien des ravages. Tous les habitants ont la ..... Ainsi voilà une misère de moins que leur vaudra la connaissance des Européens.

« Ils ont trouvé une autre île encore plus maléficiée ; les habitants, les arbres et les fruits étaient couverts de lèpre.

« Tout ceci est très-sérieux. J'ai dîné, il y a quelques jours, avec un habitant de l'île de Cythère. C'est une espèce de mulâtre aux cheveux rudes et noirs, portant la barbe. Il aime les femmes à la fureur ; d'ailleurs, un bon homme. Il pleure quelquefois au souvenir de sa patrie qu'il appelle Taïti. Il s'est embarqué volontairement, mais il ne croyait pas le voyage si long.

« Quand verrai-je donc l'Aigle noir prendre son vol sur les mers de l'Asie? Je crois que je ne balancerais pas à m'embarquer avec ces Argonautes du Nord. Sa Majesté qui donne des royaumes à des étrangers, pourrait bien faire présent d'une île à un de ses anciens serviteurs (1), quoique, à vous dire vrai, j'en sois aussi dégoûté que Sancho après son Gouvernement. On est trop loin de ses amis. Une petite terre et une petite maison aux environs de Paris suffiraient à mon ambition. Les hommes ne valent pas la peine d'être gouvernés. J'admire et je plains ceux que la Providence a placés dans une si grande élévation.

« Aujourd'hui que l'expérience m'a rendu vieux, je n'aspire qu'après le repos. Fatigué de tant d'objets, je cherche à ruminer. Où et quand trouverai-je une retraite qui soit à moi, un jardin que j'aie semé, des arbres que j'aie plantés? Je n'ai pas encore un écu qui m'appartienne. Quoique mon état me donne une espèce d'aisance, il s'en faut beaucoup que je puisse rien réserver pour l'avenir. Cependant je me laisse entraîner au cours universel. Un jour viendra où le Grand Sultan qui donne des couronnes, et l'Arabe du désert qui pille les caravanes, seront enfermés dans la même boîte. Il faut songer à se rendre meilleur; voilà la bonne philosophie. Votre exemple, mon cher ami, m'a instruit plus que les traités de morale. Si le sentiment d'une bonne conscience nous rend heureux, vous devez jouir d'un bonheur inaltérable. Il s'en faut bien que je sois si avancé. Souvent mon cœur est rempli de désirs extravagants. Quoique j'aie vu une infinité d'objets, la plupart ont fait sur moi des impressions durables. Je voudrais revenir sur mes pas et errer encore dans les rochers de la Finlande. Je désire vos climats glacés et vos forêts agitées par d'éternels aquilons (2). Je me ressouviens encore du bonhomme Dubosquet, de ce pauvre général V. (Villebois) aujourd'hui en Livonie, de notre vieux major Randon, et du docteur Treytorens qui ne doute de rien. Je voudrais, s'il était possible, aller boire un punch avec vous tous; ensuite nous promener dans votre capitale qui va croissant et s'embellissant chaque jour.

« Ce me serait une joie infinie de voir votre grande Impératrice accompagnée de toute sa Cour, traversant cette grande place du Palais, suivie d'une multitude de peuples. Je verrais à sa suite des Suédois, des Allemands, des Sibériens, des Tartares, des Indiens ses sujets, etc. Enfin, mon ami, je reviendrais par la Pologne, où... Mais à quoi sert

(1) Il plaisante moins qu'il ne veut en avoir l'air, et, en parlant d'une île où il serait roi et maître, il revient à son vœu de Salente et à son rêve de Robinson Crusoé.

(2) Il y a ici, par avance, du mouvement et de l'aspiration vague de René vers les *Aquilons désirés*.

de renouveler de vieilles douleurs! laissons là les Sarmates et leurs inconstantes beautés.

« Toutes mes amours se réduisent aujourd'hui à un vieux Plutarque et un petit chien qui, sans mes soins, serait tout couvert de puces. J'entends le petit chien qui, depuis trois ans, est mon ami fidèle. Il s'appelle *Favori* et mérite le nom qu'il porte.

« Vous souvenez-vous de cette chasse que nous fîmes aux chiens sauvages dans la (*le mot est déchiré*)? ils ne valaient pas en vérité la queue de *Favori*.

« Voilà ce que je puis vous mander de plus intéressant sur les détails de ma vie privée. Il n'y a point ici de société. Tout est divisé en petites cabales. La Cour vient de faire ici des changements qui ne vous intéresseront guère. Le commandant général est rappelé. On attend l'arrivée du chevalier des Roches qui doit être ici gouverneur.

« Adieu, mon cher ami, portez-vous bien et donnez-moi de vos nouvelles.

« Je suis, avec une constante amitié,

« Votre sincère ami,

« DE SAINT-PIERRE. »

« *P. S.* Faites mes compliments à mes anciennes connaissances et à M. Torelli. Je ne vous offre rien de ce pays-ci, car ma fortune ne me le permet pas encore ; mais à l'année prochaine. »

DIXIÈME LETTRE.

« Cette lettre vous sera remise, Monsieur et cher ami, par un de mes anciens camarades d'études auquel je suis très-attaché. Je n'ai pas cru pouvoir lui rendre un plus grand service que de lui procurer votre connaissance. C'est un ami de dix-sept ans, du petit nombre de ceux auxquels j'ai voué une estime et une confiance que rien n'a altérées. Il s'est chargé de la commission que moi-même j'eusse désiré remplir, de vous dire combien je vous suis attaché. Quoique je sois sensible à son éloignement, je me console par l'espérance de recevoir plus souvent de vos nouvelles, car j'espère qu'il me donnera des vôtres. Les miennes ne sont guère agréables. En vérité, je pourrais dire que je suis malheureux par tout ce qui est au dehors de moi. Aussi je vis dans une solitude qui convient à la disposition de ma fortune et de mon esprit. J'en sors quelquefois pour aller voir M. d'Alembert et votre compatriote, qui n'est pas trop sociable (1).

« Je me suis amusé à écrire des Mémoires sur l'Ile de France qui seront imprimés vers la fin de l'année. J'y ai été décidé par l'envie de témoigner quelque reconnaissance à quelques personnes qui m'a-

(1) Jean-Jacques Rousseau.

vaient obligé. Je vous en réserverai un exemplaire. J'y parle d'un esclave que j'avais, qui portait votre nom, et auquel j'ai donné la liberté.

« On m'a dit que cet ouvrage réussirait. Votre compatriote et M. d'Alembert me l'ont assuré. Mais j'en doute. Si cela arrive, je vous prierai peut-être d'en faire parvenir un exemplaire à Sa Majesté, à qui je dois aussi de la reconnaissance.

« M. Girault vous dira ma position et mes espérances. Je crois avoir rencontré en hommes ce qu'il y a à la fois de meilleur et de plus abominable. Quoique je me trouve ici sans protection, il faut espérer que je trouverai enfin un asile au moins sans sortir de l'Europe. Il y a une Providence, et je n'ai qu'à la remercier de m'avoir permis dans une si mauvaise position d'avoir pu m'acquitter de 100 pistoles de mes dettes anciennes, entre autres du billet que j'avais fait à M. Le Maignan. Donnez-moi donc des nouvelles de votre famille. Que fait le général Dubosquet, M. de Villebois, le docteur Treytorens? J'imagine pour vous que vous devez être heureux, dans quelque événement que vous puissiez vous trouver. Assurez Madame Duval de mon respect et de mon attachement.

« Je suis, avec une amitié inaltérable,

« Votre ami,
« DE SAINT-PIERRE.

« A Paris, ce 29 juillet 1772.

« A l'hôtel de Bourbon, rue de la Madeleine-Saint-Honoré. »

« P. S. Lorsque vous m'écrirez, servez-vous, je vous prie, des occasions que M. Girault vous donnera. Vos lettres m'arriveront avec plus de sûreté. Faites-moi part de toutes vos réflexions, puisque nous n'avons plus que cela de commun. Je ne forme plus de projet, mais j'ai souvent désiré d'avoir une bonne femme comme j'imagine la vôtre, une petite terre agréable et la liberté de m'occuper, dans le voisinage d'un ami comme vous, de l'étude de la nature. Il faudrait cela pour me consoler de la dépravation humaine. En attendant que je puisse naviguer sur cette mer pacifique, je carène mon vaisseau entr'ouvert par les tempêtes. Le premier degré du bonheur est de ne pas souffrir, et voilà où je m'efforce d'atteindre.

« Adieu, mon cher ami, je vous embrasse, vous, votre chère épouse et vos petits enfants que j'aime comme les miens. »

ONZIÈME LETTRE.

« Monsieur et ancien ami, je n'ai point oublié les services que vous m'avez rendus il y a vingt-deux ans. Une des prières les plus fréquentes que j'aie faites à Dieu a été de vous en récompenser et de me faire la grâce de les reconnaître; mais la fortune que j'attendais par le crédit des grands m'a toujours été contraire. Enfin, ayant été forcé de chercher de l'eau dans mon propre puits (1), Dieu m'a fait la grâce d'y en trouver.

« J'ai fait imprimer l'année passée un ouvrage en 3 volumes, intitulé : *Études de la Nature*. Il a été si bien accueilli du public que l'Édition en a été épuisée à peu près dans le cours d'un an. Comme je l'avais faite à mes frais et à crédit, j'ai donc fait trois parts de son bénéfice ; la première a servi à en acquitter les frais, la seconde à payer d'avance ceux d'une seconde édition, et je destine le reste à liquider toutes mes dettes. En conséquence je vous écris, Monsieur et ancien ami, comme au plus ancien de mes créanciers, vous priant de m'envoyer dans le courant de mars prochain une quittance générale de tout ce que je vous dois. Je me rappelle parfaitement bien qu'en 1764, à mon départ de Russie, vous me prêtâtes 100 roubles. Je vous prie de joindre à cette créance celle de 12 roubles que M. Pictet votre compatriote me prêta un jour pour jouer, et que je perdis. Comme j'ignore ce que M. Pictet est devenu et que je sais que dans ce temps-là il vous était redevable d'une forte somme, c'est à vous que je remettrai cet argent. Je me rappelle encore que dans le commencement de notre connaissance à Pétersbourg, vous me prêtâtes 15 roubles avant que je partisse pour Moscou. Ainsi cela fait bien près de 700 liv. que je vous dois. S'il y a quelque chose de plus que je ne me rappelle pas, vous l'y joindrez, m'en rapportant absolument, je ne dis pas à votre conscience qui est inaltérable, mais à votre mémoire sans contredit meilleure que la mienne. Vous aurez donc la bonté de m'envoyer une quittance générale pour toutes ces dettes et pour celle de M. Pictet, qui annulera tous les billets que j'aurais pu faire à cette occasion, et j'en remettrai sur-le-champ le montant à la personne que vous en chargerez à Paris, avec un exemplaire pour vous de la seconde édition de mon livre qui paraîtra alors. Ainsi Dieu me fera la grâce de m'acquitter envers vous de l'argent prêté seulement, car je vous resterai redevable toute ma vie de la bonne grâce, amitié, désintéressement, générosité, avec lesquels vous avez obligé en moi un étranger et un inconnu que vous ne comptiez jamais revoir. Ces choses-là n'ont pas de prix. Ne balancez point à envoyer la quittance que je vous demande, dans la crainte de m'être à charge. Quoique la source de mon aisance soit petite, j'ai lieu d'espérer qu'elle ne tarira pas sitôt. Elle m'a produit dans l'année plus de 10,000 francs de bénéfice, les frais de la première édition montant à 7,000 livres défalquées ; les frais de la deuxième étant à peu près les mêmes, il me reste un millier d'écus dont je ne peux faire un emploi plus juste que de payer mes dettes. De plus, M. le comte de Vergennes

(1) Expression familière à Bernardin de Saint-Pierre qui aime ces images de la *sagesse orientale*.

m'a donné une pension de 500 livres, qui, jointe à une gratification annuelle de 100 pistoles, m'assurera le nécessaire. D'ailleurs j'ai actuellement de nouvelles espérances sur mon horizon, et j'ai eu encore le bonheur de voir les bienfaits du Roi se répandre sur ma sœur et un de mes frères. Ainsi vous voyez bien que Dieu a béni mon ouvrage, puisqu'il en a fait la source de ma fortune.

« J'écris pareillement à M. le prince Dolgorouki qui me prêta 500 livres ou 25 louis vieux à Berlin, où il était alors ministre de Russie. Je vous prie de me donner de ses nouvelles, car je désire m'acquitter envers lui, ou envers ses héritiers, si Dieu avait disposé de lui. Joignez-y aussi des nouvelles du général Dubosquet et de M. de Villebois, auxquels j'enverrais comme à vous un exemplaire de mon ouvrage si je savais où ils sont. J'aurais pris aussi la liberté d'en envoyer un à Sa Majesté votre Impératrice ; mais j'aurais craint que cette marque de mon souvenir ne lui fût pas agréable ; car lui ayant fait parvenir en 1773 un exemplaire de mon *Voyage à l'Ile de France* par la voie de M. Necker alors banquier, elle ne me fit pas l'honneur de me répondre, ce qui me fit de la peine.

« Je vous prie donc, Monsieur et ancien ami, de rejeter entièrement sur ma mauvaise fortune le long délai que j'ai apporté à m'acquitter envers vous ; car j'ai éprouvé une suite d'événements si fâcheux, ou par les amis où j'avais mis ma confiance, ou par mes propres parents, que je puis dire que *les fondements de mon âme en ont été ébranlés* (1). Je n'ai trouvé de consolation que dans la solitude la plus profonde et en Dieu, et j'ai joui, dans ce dernier refuge, où j'aurais dû recourir bien plus tôt, de la plus douce et de la plus heureuse des existences dont ma position fût susceptible ; et à peine j'ai mis au jour ces fruits de ma retraite, qu'il s'est fait une révolution totale dans ma fortune. Cependant ma santé est toujours altérée, j'ai des faiblesses de genoux et des maux de tête habituels, mais légers et point douloureux. Ce sont les ans qui en sont cause. Je redescends la montagne de la vie, mais par une pente bien douce. Un jour nous nous reverrons dans cette vie où il n'y a ni inquiétudes, ni regrets du passé, ni crainte de l'avenir, ni vieillesse, ni douleurs. En attendant, je prie Dieu qu'il vous comble de prospérités, vous, votre digne épouse et vos enfants.

« Je suis avec un sincère attachement, Monsieur et ancien ami,

« Votre très-humble et très-obéissant serviteur,

« DE SAINT-PIERRE.

« A Paris, ce 7 janvier 1786.
« Rue Neuve-Saint-Étienne, près le Jardin du Roi. »

« *P. S.* Adressez-moi, je vous prie, votre réponse sous l'enveloppe

---

(1) Je prie de remarquer cette belle expression, qui se rapporte à la maladie physique et morale dont j'ai parlé

de M. Mesnard de Conichard, adjoint intendant-général des Postes, en son hôtel à Paris.

« Donnez-moi des nouvelles de la personne que j'ai connue sous le nom de Mlle de La Tour. Son souvenir me sera toujours agréable. »

DOUZIÈME LETTRE.

« Monsieur et ancien ami, je n'ai point d'autres livres de compte de mes dettes que les lettres de mes amis que je conserve précieusement. J'ai trouvé dans les vôtres que vous m'envoyâtes à Varsovie un billet dont la valeur n'est pas spécifiée, à tirer sur M. Duhamel s'il était en argent, et vous m'engagiez en même temps à tirer sur vous 100 roubles dans un besoin pressant. Votre lettre est en date du 16 août 1764. Je ne me rappelle plus quel usage j'ai fait de vos offres à cette occasion : seulement je me souviens très-bien que je vous devais précédemment 100 roubles prêtés pour mon départ. Vos livres font foi que je vous dois 200 roubles, et mes billets que vous me renvoyez, 264. Celui de 164 renfermait une dette que je comptais que vous acquitteriez à M. Le Maignan; mais, comme vous ne remplîtes pas cet objet et que j'ai payé à mon retour de l'Ile de France une somme de 64 roubles au moins à Mme Pictet qui me rendit un billet particulier de cette somme, il est clair que ma dette totale envers vous est de 200 roubles qui font, non pas 800 livres au cours actuel du change selon vous, mais 1,000 livres au cours où vous me les avez prêtés.

« Vous avez très-bien deviné que je serais embarrassé actuellement pour vous payer. Mon argent était tout prêt, mais votre réponse est venue trop tard. J'ai payé, depuis trois mois, 550 livres que je devais au prince Dolgorouki, ministre de Russie à Berlin, et acquitté une autre dette plus petite à mon ami M. de Taubenheim, administrateur des Finances à Berlin, avec des envois de livres. J'ai engagé dans l'intervalle M. Hennin, premier commis des Affaires étrangères, à récrire à Pétersbourg pour savoir de vos nouvelles; et comme je n'en recevais point, l'occasion s'est présentée d'employer tout mon argent comptant dans l'acquisition d'une petite maison avec un petit jardin, à Paris, rue de la Reine-Blanche, près de la rue des Gobelins. Elle me coûte 5,000 livres, et avec les frais de lods et ventes, deniers royaux, réparations, cloisons, etc., elle m'en coûtera 7,000 avant trois mois, et je n'en ai que 6 de comptant. Vous avez beau dire, avec votre loyauté et générosité ordinaire, que je ne dois pas me gêner pour votre dette, le plus doux fruit que je tire de mon travail est de m'acquitter de ce que je dois, et, comme votre dette est la plus ancienne que j'aie contractée, et la seule qui me reste à payer, je n'en différerai plus le moment. Comme par mon contrat je ne dois payer les 5,000 livres de mon achat qu'au 1er septembre, il m'est aisé de vous satisfaire à présent, dans l'espérance fondée que mes fonds augmenteront d'ici à ce temps-là par la vente journalière de mon livre. Je profiterai cependant de la facilité que vous m'offrez d'en prendre dix ou douze exemplaires en déduction. J'espère par là le faire connaître en Russie où, excepté le prince Dolgorouki à qui j'en ai envoyé trois exemplaires, je ne crois pas que personne en ait connaissance. Ainsi je vous envoie deux exemplaires pour vous et pour Mme votre épouse, vous priant de les conserver comme une faible marque de mon amitié, et dix autres dont vous vous déferez aisément à 10 livres pièce, qui est leur valeur à Paris : ainsi ces 100 livres, jointes aux 900 livres remises à votre banquier M. Rougemont dont je vous envoie le reçu, font 1,000 livres ou 200 roubles.

« J'espère que vous n'en serez pas embarrassé comme de ma provision de tabac de Finlande que vous m'échangeâtes pour une montre d'or que je garde comme une preuve de votre amitié qu'elle me rappelle sans cesse.

« Si mon livre a cours dans votre pays et que quelque libraire veuille en prendre une certaine quantité, en payant comptant ou simplement sur votre ordre, je lui ferai une remise d'un cinquième, c'est-à-dire je lui donnerai mes trois volumes pour 8 livres, pris en feuilles au magasin chez Didot le jeune. Les Anglais et les Hollandais en tirent beaucoup, ainsi que le Piémont, et je puis vous assurer, sans vanité, que ma fortune serait faite actuellement sans les contrefaçons multipliées de Genève, de Lyon et d'Avignon, qui ont inondé les provinces méridionales et refluent jusque dans Paris. Cette 2ᵉ édition s'écoule donc un peu lentement, mais elle s'écoule, et j'ai lieu de bénir le Ciel qui a permis qu'en un an et demi j'aie tiré du fruit de mes travaux de quoi payer mes dettes, acquitter tous les frais de la présente édition qui m'appartient, et acquérir une petite maison qui sera, s'il plaît à Dieu, la retraite de ma vieillesse.

« J'y ferai graver ces mots d'Horace :

> Sit meæ sedes utinam senectæ,
> Sit modus lasso maris, et viarum,
> Militiæque (1).

« Il ne manquera à mon bonheur que de vous y recevoir un jour et d'y avoir une compagne qui ressemble à la vôtre, et un fils semblable à celui dont vous me faites le portrait.

« Agréez les sentiments inaltérables d'amitié avec lesquels je suis pour la vie, Monsieur et ancien ami,

« Votre très-humble et très-obéissant serviteur,
« DE SAINT-PIERRE.

« A Paris, ce 10 juin 1786. »

(1) On retrouve cette même citation dans une lettre écrite à M. Hennin, à la date du 8 juillet 1786. Bernardin de Saint-Pierre, en écrivant à ses amis, cherchait peu à varier ses expressions, et il se répétait volontiers.

« *P. S.* Adressez-moi vos lettres rue de la Reine-Blanche sous l'enveloppe ordinaire. La vôtre en date du 2 mai m'est parvenue le 6 juin.

« Le prince Dolgorouki m'a mandé la mort de M. de Villebois. Il ignore le sort des autres personnes dont je me suis informé. Donnez-moi des nouvelles du docteur Treytorens. Ces ressouvenirs sont mêlés de plaisir et d'amertume; mais quoi? la vie n'est qu'un petit voyage.

« J'ai reçu si tard le connaissement de mes livres envoyés à Rouen, que je n'ai pu envoyer cette lettre à sa date. Ces livres sont donc embarqués sur le vaisseau *la Dame Sophie*, capitaine Gerrit Ziedzes, parti de Rouen pour Pétersbourg il y a quelques jours, commissionnaire M. Lezurier, consul de Suède à Rouen. J'en ai payé tous les frais de port et de commission jusqu'au vaisseau, et vous acquitterez, s'il vous plaît, ceux de port de Rouen à Pétersbourg qui montent à 2 florins et quelques sols de fret suivant le connaissement, ne m'ayant pas été possible de vous épargner cette petite dépense, ou plutôt n'y ayant pensé qu'après coup (1).

« Je garde par devers moi le reçu que M. Denis Rougemont m'a donné des 900 livres que je vous ai envoyées et qu'il a reçues pour le compte de M. Ador, suivant votre intention. Je ne doute pas que vous n'en ayez déjà la lettre d'avis. Le reçu est du 9 juin. Il me servira de témoignage de l'envoi, ainsi que le connaissement du consul de Suède.

« A Paris, ce 15 juillet 1786.

« DE SAINT-PIERRE. »

TREIZIÈME LETTRE.

« Je suis bien surpris, Monsieur et ancien ami, de ce que vous ne m'avez point donné avis de la réception : 1° des 900 livres que j'ai remises par votre ordre au mois de juin chez M. Denis Rougemont, banquier, rue Saint-Martin, dont j'ai pris un reçu; 2° de l'arrivée de douze exemplaires de la 2º édition des *Études de la Nature*, remis à Rouen au sieur Lezurier, lequel les a fait embarquer sur *la Dame Sophie*, vaisseau du port de 100 tonneaux commandé par le capitaine Gerrit Ziedzes, suivant le reçu dudit capitaine daté de Rouen du 3 juillet; duquel envoi à Pétersbourg à votre adresse j'ai payé commission, emballage et port jusqu'à Rouen.

« Véritablement je suis surpris que vous qui êtes si exact, ayez négligé de me donner avis de l'acquit d'une dette dont j'étais depuis si

---

(1) Je laisse exprès ces détails, qui montrent la part que tenaient ces petites affaires d'intérêt et d'économie au milieu des rêveries et des spéculations morales de Bernardin; autrement on ne connaît pas tout l'homme.

longtemps en peine. D'un autre côté, je pense que, si ces articles ne vous étaient pas parvenus, vous m'auriez témoigné votre inquiétude quelque temps après avoir reçu la lettre que je vous ai écrite à cette occasion en juillet ou août. Il faut donc croire que, m'ayant renvoyé si loyalement mon obligation, vous n'avez pas mis moins de philosophie à recevoir les fonds auxquels elle se montait, ou que vous avez voulu prendre connaissance de mon ouvrage pour m'en parler à fond. C'est à cette dernière pensée que je m'arrête, vous priant instamment de ne pas différer davantage à me donner de vos nouvelles et à me faire part de votre jugement dont je ferai toujours un grand cas, malgré votre modestie (1).

« Je puis vous dire que la bénédiction de Dieu est sur cet ouvrage qui m'aurait déjà valu plus de 60,000 francs sans les contrefaçons nombreuses qui s'en sont faites de tous côtés. Quoi qu'il en soit, j'en ai déjà tiré de quoi acheter une petite maison avec son jardin, que j'arrange peu à peu. Elle me reviendra toute meublée à 10,000 livres: elle est située rue de la Reine-Blanche, près de la barrière du Jardin du Roi, et m'a attiré, depuis quatre mois que j'y loge, des visites des plus considérables. Tel est le fruit que Dieu a accordé à mes travaux. J'ai reçu aussi quelques bienfaits du Roi, sans les solliciter (2), tant pour moi que pour ma famille; entre autres, une gratification nouvelle de 1,000 livres, qui doit être mise en pension au mois de mars prochain. J'aurai alors à cette époque ma subsistance viagère à peu près assurée. La tranquillité de mon esprit a influé aussi sur ma santé; je me porte mieux. C'est aussi un effet de mon régime si exact, que, depuis que mon ouvrage a paru, je n'ai accepté aucun repas en ville, ni aucune partie à la campagne, quoique les invitations de ce genre aient été si nombreuses que je crois, sans exagérer, qu'il y aurait eu de quoi me substanter tout le reste de ma vie. Je vis dans un pays où l'on offre volontiers à dîner à ceux qui n'ont pas de faim (3). Tout ce que j'ai accepté de ces bienveillances de toutes conditions et de tout sexe, c'en sont les simples témoignages, et ils ont été nombreux, car j'ai reçu au moins cent quatre-vingts lettres au sujet de mon livre, auxquelles j'ai toujours répondu, non sans grande fatigue.

« Une de celles qui me *fera* (4) le plus de plaisir, c'est la vôtre, si vous y joignez surtout des nouvelles de votre aimable épouse et de vos chers enfants. Dites-moi aussi ce que vous pensez de ma théorie

---

(1) La réponse de M. Duval à cette lettre a été publiée par M. Aimé Martin (page 440 du *Mémoire sur la Vie et les Ouvrages de Bernardin de Saint-Pierre*, 1826).

(2) *Sans les solliciter* paraît un peu fort, quand on a lu les lettres de Bernardin de Saint-Pierre à M. Henniu.

(3) Bon trait à la Rousseau.

(4) Je laisse l'incorrection.

des marées (1). Nos Académies gardent à ce sujet un profond silence, d'autant que j'ai mis au jour leur erreur si étrange au sujet de l'aplatissement de la terre aux pôles qu'ils ont conclu de ce qui prouve son allongement, je veux dire de la grandeur même des degrés polaires.

« Newton, qui le croirait? a mis le premier cette erreur en avant. Je n'aurai donc pas nos savants pour moi; ils n'encensent que les systèmes accrédités et qui font obtenir des pensions. Mais la preuve que j'ai raison, c'est qu'ils n'ont osé me contredire dans la démonstration géométrique et évidente que j'ai donnée de l'erreur qu'ils professent depuis si longtemps sur la foi d'autrui. Au reste, ma théorie des marées se fait beaucoup de partisans dans la patrie même de Newton, à ce qu'a témoigné ici dernièrement un membre de la Société royale, appelé M. Smith.

« Je vous dis tout ceci sans vanité. Je n'ignore pas que nul n'est prophète dans son pays. Il me suffira de n'être pas persécuté dans le mien, et de cultiver, loin des vaines rumeurs des hommes, le souvenir du petit nombre de ceux dont la Providence m'a ménagé l'amitié lorsque j'étais errant loin de ma patrie. Je mets le vôtre au premier rang et vous prie de me donner des marques de retour, en me donnant de vos nouvelles.

« Agréez les témoignages de la sincère amitié avec laquelle je suis, pour la vie,

« Votre très-humble et très-obéissant serviteur et ami,

« DE SAINT-PIERRE.

« A Paris, ce 23 décembre 1786.

« Rue de la Reine-Blanche, près la barrière du Jardin du Roi. »

« *P. S.* Mettez votre réponse sous l'enveloppe de M. Mesnard de Conichard, adjoint intendant-général des Postes à Paris.

« Je vous souhaite une bonne année ainsi qu'à votre chère famille, dont je ne connais que le respectable chef.

« Si vous trouvez occasion de me rappeler au souvenir du prince Dolgorouki, ci-devant ambassadeur à Berlin, vous m'obligeriez sensiblement. Ce prince m'a appris dernièrement la mort de mon ancien chef, M. de Villebois, et il n'a pu rien me dire du général Dubosquet, auquel je l'avais prié de remettre un exemplaire de mes *Études.* »

(1) Voilà le *dada* qui revient.

Telles sont ces lettres que j'ai voulu laisser dans toute leur naïveté et avec tout leur caractère, pour montrer dans leur juste proportion les différentes parties, tant poétiques et morales que prosaïques et vulgaires, de l'âme et de l'habitude ordinaire de Bernardin. On le voit en définitive bon homme, honnête homme, ressemblant au fond à ses écrits, mais atteint de quelque manie et marqué de mesquinerie et de petitesse.

FIN DU TOME SIXIÈME.

TABLE DES MATIÈRES.

		Pages.
Le Maréchal Marmont.	I.	1
	II.	23
	III.	47
Mᵐᵉ Sophie Gay.		64
Armand Carrel.	I.	84
	II.	105
	III.	128
De la Retraite de MM. Villlemain et Cousin		146
M. Walckenaer.		165
La Reine Marguerite		182
Beaumarchais.	I.	201
	II.	220
	III.	242
Rollin.		261
Mémoires de Cosnac.		283
Madame, Duchesse d'Orléans		305
Paul-Louis Courier	I.	322
	II.	341
Saint Anselme, par M. de Rémusat.		362
L'abbé Gerbet.		378
Les Regrets.		397
Bernardin de Saint-Pierre.	I.	414
	II.	436
Ducis.		456
M. Étienne.		474
Boileau		494
Additions et Appendice. — Sur le comte Dandolo. — Treize lettres inédites de Bernardin de Saint-Pierre		514

FIN DE LA TABLE.